N. C. Wörmer

Nachrichten von Niedersächsischen berühmten Leuten und Familien

Zweiter Band

N. C. Wörmer

Nachrichten von Niedersächsischen berühmten Leuten und Familien
Zweiter Band

ISBN/EAN: 9783743396012

Hergestellt in Europa, USA, Kanada, Australien, Japan

Cover: Foto ©ninafisch / pixelio.de

Weitere Bücher finden Sie auf **www.hansebooks.com**

Nachrichten von Niedersächsischen berühmten Leuten und Familien.

Zweyter Band.

Hamburg,
bey Nicolaus Conrad Wörmer.
1769.

Vorrede.

Der zweyte Band dieser Nachrichten würde keiner neuen Empfehlung bedürfen, da schon in der Vorrede zum ersten Bande alles erwehnet worden, was die eigentliche Beschaffenheit dieses Werks betrift. Denn es ist darin der zweyte Band dem ersten völlig gleich. Man siehet sich aber genöthiget, den Freunden und Lesern unserer Nachrichten zu melden, daß sie mit dem gegenwärtigen Bande geschlossen werden. Die Zerstreuung der Verfasser machet eines Theils die Fortsetzung auf die bißherige Art beschwehrlich. Nechstdem haben des Herrn D. Wincklers Hochwürden die Bemühung, welche mit der übernommenen Direction verbunden, anfangs leichter zu seyn gelaubet, als Sie

Vorrede.

Sie hernach dieselbige erfahren. Daher würde auch Denenselben es nicht möglich seyn, damit dergestalt sich fertier zu befassen. Sonst wäre der geneigte Beyfall, damit hier und auswärts *) billige Gelehrte diese Beyträge zur nähern Kenntniß berühmter Niedersachsen beehret haben, ihren Verfassern der stärkste

Sporn

---

*) Wir wollen nur unter den auswärtigen gelehrten Zeitungen, darin des ersten Bandes mit Ruhm gedacht worden, jetzt die Leipziger neue Zeitungen von gelehrten Sachen, 1767. S. 291. fgg. 478. fgg. 1768. S. 350. fg. die Göt-

Sporn gewesen, der weitern Fortsetzung einen gleichen Fleiß und Eifer zu widmen. Wie sie solche günstige Urtheile mit dem verpflichtesten Dank erkennen: also können sie nicht umhin, hiemit zu gestehen, daß einige unter ihnen mit der Zeit auf eine ähnliche Weise um das Gedächtniß angesehener Männer

elogischen Anzeigen von gelehrten Sachen, 1768. S. 319. fg. die Hällische neue gelehrte Zeitungen, 1768. S. 414. fgg. und die Dreßdensche gelehrte Anzeigen, 1768. S. 383. fg. anführen.

Vorrede.

nen sich verdient zu machen entschlossen sind; doch ohne daß sie sich weder allein an die Grenzen von Niedersachsen binden, noch durch den Zwang, einzelne Stücke zu gewissen Zeiten zu liefern, die Arbeit sich verdrießlich machen sollen. So bald sie dazu den Anfang zu machen im Stande sind, werden sie ihr Vorhaben näher bekannt zu machen nicht ermangeln, und so wohl die Absicht, als die Einrichtung des vorhabenden Werks dem Publico vor Augen zu legen,

da-

damit ein jeder von ihrem Zweck die gehörige Wissenschaft erhalten könne. Biß dahin enthalten wir uns, davon ein Mehreres zu berichten. Alle Wahrheit und Billigkeit liebende Leser werden das bißherige Bemühen unserer Gesellschaft sich auch nach demselben gefallen lassen. Geschrieben zu Hamburg, gegen die Leipziger Ostermesse. 1769.

Nachrichten von Niedersächsischen berühmten Leuten u. Familien.

Das 51. Stück.

Johann Jacob von Mauricius,

Accreditirter Minister der Hochmögenden Herren General-staaten bey dem Niedersächsischen Kreise, und vormahliger General-Gouverneur von Suriname.

So wohl einheimische, als auswärtige Leser unserer Nachrichten würden uns den Vorwurf einer geflissentlichen Unvolständigkeit machen können, wenn sie nicht eine Nachricht von dem am 21sten März dieses 1768sten Jahrs erfolgten Absterben des accreditirten Ministers Ihrer Hochmögenden der Herren Generalstaaten bey dem Niedersächsischen Kreise und Raths-Pensionaits der Stadt Purmerend, Hrn. Joh. Jacob von Mauricius, in denselben lesen solten. Denn, wenn die grosse Welt den Verlust eines der erfahrensten Staatsmänner unsers Jahrhunderts beklaget, der bey wichtigen öffentlichen Staatsgeschäften gebrauchet worden, auch bey einigen derselben, als eine Hauptperson, die Feder geführet hat; wenn hiernächst Hamburg den Verlust eines Gesandten bedauert, der seinen erhabenen Posten eben so zur Zufriedenheit seiner hohen Principalen, als zum Vergnügen unserer Stadt, die er, ohne dem Interesse seines Staats etwas zu vergeben, allezeit aufrichtig und zärtlich geliebet, so viele Jahre hindurch rühmlichst bekleidet hat: so verkennet auch die gelehrte Republick den Verlust eines ihrer würdigsten Mittglieder nicht, sondern nennet vielmehr noch jenseit des Grabes einen Mann

2. Band. A mit

mit einer sich unterscheidenden Hochachtung, den schon sein beständiger vertrauter Umgang mit den Musen kenntlich machen würde, wenn er auch nicht durch viele beyfalswürdige Schriften sich das Bürgerecht in dem Reiche der Gelehrsamkeit erworben hätte.

Unsere Leser mögen es uns zum voraus Dank wissen, daß wir ihnen dasjenige wieder erzählen, was wir von dem Leben dieses gelehrten Staatsmannes aus der Erzählung eines hiesigen Gelehrten, der mehrere Jahre hindurch ein Günstling des Herrn von Mauricius, und ein oftmahliger Gefehrte desselben, wenn er sich zur Sommerzeit von dem Geräusch der Stadt entfernte, zu seyn die Ehre gehabt, erfahren haben.

Der nun verewigte Hr. von Mauricius hat ein ehrwürdiges Alter von 76. Jahren erreichet, und von seiner ersten Jugend kann man dasjenige im eigentlichen und strengen Verstande sagen, was der selige Canzler von Mosheim von den ersten 20. Jahren des menschlichen Lebens angemerket hat, daß sie die Unterscheidungzeichen eines Rätzels an sich haben, welches erst in dem Fortgange des Lebens aufgelöset werden muß. Er hatte sich anfänglich der Gottesgelehrsamkeit gewidmet, und ob er sich gleich durch eine zufällige Gelegenheit veranlasset sahe, diese mit der Rechtsgelehrsamkeit zu verwechseln, so hat es ihn doch niemals gereuet, daß er in den Schulen der Gottesgelehrten erzogen worden. Denn er fand in der genauern Kenntniß der Wahrheiten der Religion etwas ihn selbst Befriedigendes, und seine Seele war mit so starken und geläuterten Religionsbegriffen angefüllet, daß er alle die jungen Herrchen mit einem traurigen Vergnügen oder vielmehr mit einem männlichen Mitleiden übersehen konnte, die über die Religion hoch hinweg sehen, ohne auch nur einmahl die Oberfläche derselben recht zu erkennen. Vermöge der zeitig erlangten Bekanntschaft mit den gelehrten Sprachen, und insbesondere mit der griechischen Sprache, die seine gantze Lebenszeit hindurch seine Lieblingssprache geblieben ist, konnte er auf dem neugewählten Felde der Rechtsgelehrsamkeit gewissere und schnellere Schritte thun, als andere, denen es an dieser Bekanntschaft fehlet. Die hohe Schule zu
Leis-

Johann Jacob von Mauricius.

Leiden ertheilte ihm die Doctorwürde in den Rechten, und die männliche und gesetzte Beredsamkeit, mit welcher er seine practische Arbeiten verschönerte, brachten ihm das Vertrauen der Stadt Purmerent und die ersten Belohnungen seines Fleisches zuwege. Unzufrieden, daß er bloß den Namen eines gründlichen und glücklichen Rechtsgelehrten führen solte, fühlte er einen innern Beruf, seine Stärke in den schönen Wissenschaften zu zeigen. Man lernte ihn, als einen glücklichen lateinischen und holländischen Dichter, kennen, und unter den Verbesserern der holländischen Schaubühne bekam er einen ansehnlichen Rang. Er ließ im Jahr 1717. ein Schauspiel unter dem Titel das Leydensche Studentenleben drucken, und seine Klagen in der Vorrede, daß man andere Stücke von ihm ohne sein Vorwissen und noch dazu fehlerhaft durch den Druck gemein gemacht hätte, sind ein Beweis, wie groß schon damals sein Ansehen gewesen sey. In der That war er einer von denen Schriftstellern, denen ihr günstiges Geschick alle Arbeiten unter ihren Händen zu Meisterstücken werden lässet, wenn andere bey aller nur möglichen Emsigkeit bloß mittelmäßige Sachen hervorzubringen wissen. Ja die Gefälligkeit des Gerüchts gieng damahls so weit, daß selbst fremde witzige Arbeiten auf seine Rechnung geschrieben wurden. Wenigstens sahe er sich veranlasset, den Verdacht, den man auf ihn geworfen hatte, daß er der Verfasser der satyrischen Schriften sey, die unter dem Namen Chrysostomus Mathanasius in holländischer Sprache ausgetheilet, und von vielen mit einem boßhaften Vergnügen gelesen wurden, öffentlich von sich abzulehnen. Er hatte ohngefehr das 36ste Jahr seines Alters zurückgeleget, als ihm der wichtige Posten eines accreditirten Ministers der Herren Generalstaaten bey dem Niedersächsischen Kreise anvertrauet wurde. Damahls fieng er an, unser Hamburg lieb zu gewinnen, weil er dasjenige bey uns fand, was er suchte, nemlich einsichtsvolle gelehrte und redliche Männer, mit welchen er eine genaue und vertraute Freundschaft errichten konnte. Seine Würde ohne Stolz, seine Herablassung ohne Niederträchtigkeit, seine Gefälligkeit ohne Zwang, seine Gemüthsart, die nichts Quälendes und Beschwehrliches an sich hatte, kurz die Tugend in einer liebenswürdigen Geſtalt feſſelte die Herzen ſeiner Freunde, und insbeſondere waren die Namen eines Widow, Surland, Kleſekers, Fabricius und anderer in ſeinem Munde allemal heilige und gewehte Namen. Seine hohe Principalen kannten ſeine groſſe Talente, und nicht ſelten ward er in Staatsgeſchäften von Wichtigkeit gebrauchet. Die Deduction von der Freyheit der Grönländiſchen Schiffahrt, die unter die ſeltenſte Staatsſchriften dieſes Jahrhunderts gerechnet werden muß, weil nur ſo viele Exemplare davon abgedruckt worden, als zur Vertheilung an den Europäiſchen Höfen nöthig war, iſt damals von ihm entworfen worden; und von ſeinem beſonderen Fleiße zeuget die in die holländiſche Dichtkunſt eingekleidete Paßionsgeſchichte. Wer ſich von der erhabenen Würde eines General-Gouverneurs in Suriname richtige Begriffe zu machen weiß, der wird ſich auch von dem groſſen Anſehen, in welchem der Herr von Mauricius im Jahr 1742. geſtanden, als er zu dieſer Würde ernennet ward, richtige Begriffe machen können. Wir haben eine Schrift des jetzigen Herrn Rath Juglers in Lüneburg in Händen, welche de eruditione Theodorae Auguſtae *) handelt, und dem Herrn von Mauricius bey ſeiner Abreiſe nach Suriname zugeeignet war. Hier fand er in einem andern Welttheile ein neues und weites Feld vor ſich, das ſeine Aufmerkſamkeit erſchöpfen konte. Selbſt nach ſeiner Zurückkunft in Europa war nichts fruchtbarer und unterhaltender, als wenn ſeine Geſpräche auf Suriname gelenket wurden. Seinen weiſen Bemühungen hat dieſe wichtige Colonie ihren jetzigen Flor und Sicherheit zu danken, und ſelbſt der mit den ſo genannten Buſch-Negern getroffene Friede, über welchen ihm von übel unterrichteten Anklägern unangenehme Vorwürfe gemachet worden, iſt ein Beweiß ſeiner Weißheit, den die Folge hinlänglich gerechtfertiget hat. Doch die Geſchicklichkeit eines Piloten äuſſert ſich am beſten in Sturm und Ungewitter, und die Surinamiſchen Acten, welche vier ſtarke Bände in Folio ausmachen, ſind öffentliche Denkmähler von der Unſchuld ſeiner Handlungen. Denn ſie

*) Man ſehe den erſten Band dieſer Nachrichten, S. 370. wo ſelbſt auch S. 362. der Freundſchaft des Herrn von Mauricius gegen den Herrn Rath Jugler gedacht worden.

sie haben ihm den rühmlichsten Triumph verliehen. Er hatte ohngefehr 9. Jahre in Suriname zugebracht, als er nach Holland zurückberufen und in seinen vorigen Posten wieder eingesetzet ward. Diß war es, was er wünschte, und nun fieng er an, alle seine Stunden zwischen den Staatsgeschäften und den Wissenschaften zu theilen. Dieser glücklichen Theilung haben wir die vortreflichen Arbeiten zuzuschreiben, die sein Andenken auch der spätesten gelehrten Nachkommenschaft empfehlen werden. Unter so vielen gelehrten Freunden und Verehrern, denen er seine Gedanken und Ausarbeitungen mitzutheilen gewohnt war, waren insbesondere unser Hr. Protosyndicus Kleseker, der selige Herr Prof. Reimarus und der Hr. Doct. und Prof. Schutze, denen er alle seine Handschriften zuerst zu übergeben gewohnt war, ehe sie dem Druck überlassen wurden. Diese gelehrte Männer konnten sich ihm nicht gefälliger erzeigen, als wenn sie ihm durch recht viele Anmerkungen Gelegenheit gaben, der abgehandelten Materie weiter nachzudenken. Und so haben wir nach und nach seinen Besluit der dichtlievenden Vitspanningen met verschiedenen Byvoegzelen, Amsterdam 1762. und sein onlediges ouderdom in taallievenden en historischen Vitspanningen, Amsterdam 1765. u. f. in 2. Bänden in groß Octav erhalten, von welchen alle Kenner urtheilen, daß sie einen reichen Schatz von einer weit ausgedehnten Gelehrsamkeit in sich fassen. Nach dem ersten Entwurf des Herrn Verfassers sollte das letztere Werk aus vier Bänden bestehen, und von den einzelnen Abhandlungen, deren Inhalt die beyden letzten Bände ausmachen sollte, ist das Meiste völlig ausgearbeitet in der Handschrift vorhanden. Es würde eine würkliche Einbusse für die Liebhaber der schönen Wissenschaften seyn, wenn von diesen Handschriften kein öffentlicher Gebrauch gemacht werden sollte. An der Ausgabe selbst ward der vortrefliche Herr Verfasser durch die Beschwerlichkeiten des herannahenden Alters gehindert. Er klagte über die Unbequemlichkeiten des nordlichen Clima, und weil sein Körper unter dem heisseren Himmelsstriche in Suriname zu ganz anderen Empfindungen gewöhnet war, als die rauhere Himmelsgegend in Norden es verstattet, so glaubte er in der Veränderung des Clima

Erleichterungen zu finden. Oft hatte er in Gegenwart eines gelehrten Mannes, den er leiden mogte, den scherzhaften Einfall, daß, wenn sie beyde ungebunden wären, sie ihre Wohnung auf Scio oder Chius oder einer andern von den griechischen Insuln aufschlagen wolten. Im Ernst aber wagte er es vor wenig Jahren, eine Reise in die südlichen Staaten von Europa vorzunehmen. Er kam bis Metz und Paris. Weil er aber nicht die gehofte Linderung fand, sondern vielmehr heftigere Anfälle von den ihm gewöhnlichen hartnäckigen Brustbeschwerden ausstehen mußte, so entschloß er sich zur Rückkehr nach Hamburg, starb aber alhier nach vielen Abwechselungen in der Gesundheit am 21sten März d. J. mit einem gesetzten und wohlgefaßten Gemüthe.

In unserer bißherigen Erzählung sind bereits einzelne Züge anzutreffen, die uns den wahren Character des unvergeßlichen Herrn von Mauricius von einer liebenswürdigen Seite vor Augen mahlen. Wir wollen zuletzt diese einzelne Züge sammlen, und sie nach Art des Zeuxes in ein Gemählde zusammen bringen. Es giebt in der Welt gelehrte Staatsmänner, die man sehr füglich mit grossen und auf Anhöhen hingestellten Bildseulen vergleichen kann, weil sie in der Ferne ein prächtiges Ansehen haben, aber allezeit verlieren, wenn man sie in der Nähe betrachtet. Von dieser Gattung ist der Herr von Mauricius gewiß nicht gewesen. Man konte ihm nahe kommen, und seinen Verstand und sein Hertz in der Nähe prüfen. Sein Ruhm konte dabey nichts verlieren, sondern mußte allemal gewinnen. Er besaß eine weit ausgebreitete, und, wenn wir uns des kühnen Ausdrucks bedienen dürfen, eine stark verdauete Gelehrsamkeit. Und ob er gleich der Meinung war, daß der Stolz der menschlichen Weißheit nur vergeblich nach systematischen Begriffen in den Wissenschaften trachte, so war er doch selbst ein systematischer Gelehrter. Insbesondere unterhielt er mit den alten Griechen und Römern einen beständigen vertrauten Umgang. Die heilige und weltliche Geschichte lag in ihrem ganzen Umfange und mit allen ihren Hülfswissenschaften gleichsam aufgedeckt vor seinen Augen, und alle alte und neue Dichter hatten nichts

Dunkels für ihn. Sein Verstand war stark und dabey ungezwungen, seine Ausdrücke lebhaft und dabey natürlich, und man konte es ihm gleichsam ansehen, daß sich eine Menge von einnehmenden Bildern in seinem Verstande hinzudrängten, wenn sein Mund oder seine Feder die Ausleger seiner Gedanken werden solten. Was ihn aber dabey am schätzbarsten machte, das war die grosse Anlage eines schönen Herzens, daß er aufrichtig und gefällig war, und andere neben sich und über sich leiden konnte. Er war ein Feind des Zwanges und der Schmeicheley, dabey aber unternehmend und standhaft in der Ausführung, und wem er erst einmahl seine Gunst geschenket hatte, den wußte er so gar durch eine etwas beunruhigende Geschäftigkeit zu verpflichten. Ja, welches wir nun noch zum Beschluß mit Vorbedacht hinzusetzen, er war einer von den tiefsinnigen Weltweisen, die es für keinen Schimpf halten, sich aufrichtige Christen zu nennen, einer von den schönen Geistern, die ihre Gaben nicht zur Verachtung der Religion und der Diener der Religion anwenden, einer von den witzerfüllten Männern, die den feinsten Spott in ihrer Gewalt haben, und doch damit weder der Unschuld, noch den guten Sitten zu nahe treten.

So war dieser vortrefliche Mann beschaffen, dessen Verlust zwar hauptsächlich und zunächst von seiner hinterlassenen verehrungswürdigen zwoten Gemahlin, desgleichen von einer durch ihre sanfte Leutseligkeit sich sehr unterscheidenden Fräulein Tochter, und von einem hoffnungsvollem Sohn, der bey einer grossen Fähigkeit die Lust und Freude seiner Lehrer auf dem hiesigen Gymnasio gewesen, beklaget. Allein die Klagen selbst sind noch algemeiner, und er hat in den Gemüthern aller derer, die ihn und seine grosse Eigenschaften gekannt haben, die dauerhaftesten Denkmähler hinterlassen.

Der hiesige geschickte Kupferstecher Frisch hat sein Bild sehr sauber in Kupfer gestochen, und unser Hr. Doctor Schulze diesem Kupferstiche folgende Unterschrift gewidmet:

Exprimit æs faciem pulcra grauitate verendam,
  Non animæ pulcras exprimit illud opes.
Pulcra hæc si pariter potuissent munera sculpi,
  Tabula vix ac vix pulcrior vlla foret.
Nec tamen ingenii pulcri mounmenta latebunt,
  Inque Viri scriptis, quod latet ære, patet.

*   *   *

Obige kurtze Geschichte des weiland überal beliebten Herrn von Mauticius ist entlehnet aus den Hamburgischen Nachrichten aus dem Reiche der Gelehrsamkeit, aufs Jahr 1768. S. 205. fgg.

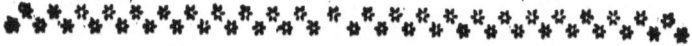

Heinrich Dieterich Baleman,

Beyder Rechten Licentiat, und Bürgermeister der kayserlichen freyen Reichsstadt Lübeck.

Die unzähligen Wohlthaten, mit welchen die Güte des Höchsten die Menschen täglich überschüttet, die Huld und Gnade, die sie auf jeden unter uns, ohne Ausnahme, mit milder Hand ausstreuet, geben uns auf das deutlichste diese Eigenschaft Gottes zu erkennen, daß er das gnädigste und gütigste Wesen sey. Daher kann jeder unter uns sagen: Ich habe einen gütigen Gott. Er ist allerdings gütig. Er ist die Güte selbst.

Diß war der Wahlspruch eines Mannes, dessen Nahme unser benachbartes Lübeck mit besonderer Hochachtung immer genannt hat und künftig nennen wird, dessen Gedächtniß desto billiger auch in unsern Nachrichten der Nachwelt zu empfehlen ist.

(Die Fortsezung folget.)

Nachrichten von Niedersächsischen berühmten Leuten u. Familien.

Das 52. Stück.

Fortsetzung des im vorhergehenden Stück abgebrochenen Artikels.

Der wohlselige Herr Bürgermeister war zu Lübeck den 23. Jun. 1703. gebohren. Sein seliger Vater war Heinrich Balemann, beyder Rechten Licentiat, ältester Bürgermeister und Proto-Scholarcha, und die Mutter Frau Catharina Elisabeth, seligen Dieterich Wolfraths, Kauf- und Handelsmanns daselbst, Tochter. Wie sehr die Vorfahren des seligen Herrn Bürgermeisters sich um die Lübecksche Republik verdient gemacht haben, wird die bloße Meldung der Namen einiger derselben hinlänglich darthun.

Der Grosvater väterlicher Seite war Heinrich Baleman, beyder Rechten Doctor, zweter Syndicus und nachher Mitglied eines Hochweisen Raths und Kämmerey Herr, die Grosmutter Frau Elisabeth, seligen Gerhard Reuters Tochter. Der Grosvater von Seiten der Mutter war Dieterich Wolfrath, Kauf- und Handelsmann, und die Grosmutter Frau Margaretha Catharina, seligen Matthäi Rodde, weiland wohlverdienten Bürgermeisters daselbst, Tochter. Der Eltervater von Seiten des Vaters war Heinrich Baleman, kayserlicher Pfalzgraf und Protonotarius zu Lübeck, die Eltermutter Frau Catharina, seligen Friederich Pöppings, Secretarii, Tochter, die er mit Frau Catharina, einer Tochter des seligen Bürgermeisters Hermann von Dorne gezeuget hatte. Der Eltervater mütterlicher Seite war Adolph Wolfrath, Handelsmann in Lübeck, und die Elter-

Heinrich Dieterich Baleman.

Eltermutter Frau Elisabeth, eine Tochter des seligen Benedict Winklers, der Rechte Doctors und Syndici daselbst. Der väterliche Oberältervater war Heinrich Baleman, berühmter Rechtsgelehrter und Mitglied eines hochweisen Raths daselbst, und die Oberältermutter Gesecke, geb. Ritter. Der mütterliche Oberältervater Dieterich Wolfrath, angesehener Kaufmann, und die Oberältermutter von dieser Seite Frau Catharina, seligen Asmus Jappen, Rathverwandten, Tochter. Der Voroberältervater väterlicher Seite Heinrich Baleman, angesehener Bürger und Kaufmann in Lübeck, und die Voroberältermutter Anna, geb. Baleman. Der Voroberältervater von der Mutter wegen Adolph Wolfrath, fürstlicher Rentmeister zu Düsseldorf, und die Voroberältermutter Frau Anna, gebohrne Graßen. *)

Von solchen Vorfahren entsprossen, machte sich der selige Herr Bürgermeister schon in der zarten Jugend ein Gesetz daraus, so vielen Mustern zu folgen, und in ihre Fußstapfen zu treten. Es ward ihm diß aber so viel leichter, da seine selige Eltern mit der aufmerksamsten Sorgfalt für seine Erziehung und Unterweisung besorgt waren. Gleich nach dem ersten Unterricht im Lesen, Schreiben, und in den Lehren des Christenthums, lernte er die Anfangsgründe der lateinischen Sprache von J. S. von Holten, der damals das Lübecksche Gymnasium besuchte, und von dem damaligen Candidaten eines dasigen Hochehrwürdigen Ministerii, nachherigem Pastor zu Schlutup, Steinfeld. Als von diesen der erste Grund geleget war, schickte ihn sein Vater in die öffentliche Schule, und der damalige gelehrte Rector

Suan-

---

*) Unsere Leser erinnern wir jetzt bey dem Anfang dieses andern Bandes unserer Nachrichten gelegentlich, daß wir nicht ohne Bedacht alle diese Vorfahren des seligen Herrn Bürgermeisters angeführet haben. Da nemlich eine der vornehmsten Absichten dieser Nachrichten ist, eine Kenntniß der Familien zugleich nebst der Geschichte der daraus entsprossenen verdienten Männer den Nachkommen zu liefern: so wünschten wir in Ansehen aller berühmten Leute die Anzeige ihrer Vorfahren so vollständig, als möglich, dem Leser vor Augen legen zu können.

Suantenius führte ihn in die vierte Classe ein, in welcher so wohl, als in den drey obern Classen, er nach und nach der Lehrling und Liebling eines Schävius, Sievers, Stampels, Göldelius und von Seelen war. Dieser letztere ward auch anderthalb Jahre vorher, ehe er die Universität bezog, sein Privat=Lehrer, indem er ihm täglich einen zweystündigen Unterricht ertheilte, in welcher Zeit ihn auch der selige Archidiaconus Beisner in die Logic führte. Wie gut er sich die Unterweisung dieser würdigen Männer zu Nutze zu machen gewust, und wie schöne Kenntnis von vielerley Sachen er gefasset habe, davon zeugten nachher die herrlichen Folgen. Mit der Gelehrsamkeit suchte ihm sein Vater auch die Kenntnis der Welt beyzubringen, die eine vorzügliche Zierde des Gelehrten ist. Er hatte 1720. die erwünschte Gelegenheit zween deutsche Höfe kennen zu lernen, als er seinem seligen Vater, der, nebst dem seligen Syndicus Schävius von einem hochweisen Rath der Stadt Lübeck an den hochseligen König von Engelland, Georg den ersten, und an den Herzog von Braunschweig, August Wilhelm, gesandt ward. Lüneburg, Zell, Hannover und Braunschweig waren die Städte, die er auf dieser Reise, nebst dem, was sie merkwürdiges in sich fassen, kennen lernete.

Nach einer so gründlichen Vorbereitung zu den academischen Studien, gieng er um Ostern 1722. nach der Nürnbergischen Universität Altorf, wo sein selige Vater ehemals den Wissenschaften gleichfals obgelegen hatte. Er nahm dahin seinen Weg über Magdeburg und Leipzig, wo er eben zur Zeit der Messe eintraf. Nachdem diese geendiget war, gieng er weiter über Jena, Coburg, Bamberg, Christian-Erlang und Nürnberg nach Altorf. Einige von seinen gelehrten Beschäftigungen während seines dreyjährigen Aufenthalts auf dieser hohen Schule anzuführen, so hörte er das Recht der Natur bey den seligen Professor Christian Gottlieb Schwarz. Die allgemeine Geschichte und die Geschichte des deutschen Reichs insbesondere trug ihm der weiland berühmte Historicus, Johann David Köhler vor. Die Institutionen erklärte ihm Professor Lichtner,

und die Pandecten der Doctor und Professor Hildebrand. Das deutsche Staats- und Lehen-Recht aber machte er sich bey dem Doctor und Professor Rinck bekannt. Andre Collegia und Uebungen übergehen wir, weil die angeführten schon deutlich zu erkennen geben, daß er sich um Alles, was einem künftigen Rechtsgelehrten zu wissen nöthig und nützlich ist, gehörig bekümmert habe. Eine liebreiche Aufnahme und Begegnung genoß er dabey in dem Hause des berühmten Arztes, des seligen Doctors und Professors Jacob Beyers, dessen Haus- und Tischgenosse er die drey Jahre hindurch gewesen. In dieser Zeit hatte er die seltene Gelegenheit, die in Nürnberg verwahrte Insignien des deutschen Reiches zu sehen, die Krone, Zepter, Schwerdter und Reichsapfel nebst den vorgeblichen Heiligthümern, dem Speer, womit die Seite des Heilandes soll geöffnet worden seyn, einen Dorn aus der Dornenkrone, und ein Stück von der Krippe, die in der Kirche zum heil. Geiste daselbst verwahret, und sonst nur regierenden Fürsten, oder aus alten gräflichen Häusern abstammenden Personen und kayserlichen Gesandten gezeiget werden, und die damals ein Prinz von Sulzbach sich zeigen ließ. Ehe er diesen Musensitz verließ, begab er sich in Gesellschaft des nunmehrigen wohlverdienten Lübeckschen Herrn Bürgermeisters Haecks durch die Oberpfalz nach Regenspurg, diesem Sitz des deutschen Reichstages, wo sie alles Merk- und Sehenswürdige, durch den damaligen Vertreter der Stadt Lübeck, den Rathsverwandten Till, zu sehen bekamen. Kurz nach ihrer Zurückkunft nach Altorf, verliessen sie um Ostern des 1725sten Jahres diesen Ort, giengen durch obengenannte Städte wieder nach Leipzig, und der selige Herr Bürgermeister Balgman ohne langen Aufenthalt nach Halle. Es hatte damals diese Universität die grösseste Anzahl der geschicktesten Lehrer, und eine grosse Menge von vornehmen und wohlhabenden Studierenden hielt sich daselbst auf. Weil der weiland berühmte Thomasius damals keinen Privatunterricht mehr ertheilte, so wählete er unter so viel angesehenen Lehrern vorzüglich, den Geheimenrath Nic. Hieron. Gundling und den Geheimenrath Just Henning Böhmer. Von diesen beyden grossen Männern allein kunte ein dürf-
tiger

tiger Rechtsgelehrter alles gründlich erlernen, was zu seiner Wissenschaft gehörte. Bey dem erstern wiederholte er das Naturrecht, die Pandecten und das Staatsrecht; beym letztern gleichfalls die Pandecten, weil er auf die heutige Anwendung derselben mehr drang, und das geistliche Recht. Der erfahrne Berggerichtsanwald, Doctor Greif, lase ihm ein Collegium practicum.

Nach einem anderthalbjährigen Aufenthalt in Halle, endigte der selige Herr Bürgermeister seine academische Studien, und gieng 1726. um Michaelis über Halberstadt, Wolfenbüttel und Braunschweig auf vier Wochen nach Hause, die Seinigen zu besuchen. Nach dieser kurzen Verweilung trat er wieder die Reise nach Wetzlar an, und gieng über Hamburg, Harburg und Hannover nach Cassel, wo das nicht weit davon liegende Lustschloß, der weisse Stein genannt, und die dabey befindliche Wasserkünste und Cascaden, so wie in Cassel selbst das Modellhaus, seine Bewunderung verdienten. Hierauf setzte er die Reise über die Universitäten Marburg und Giessen fort, nach dem Sitz des Reichscammergerichts. Der zeitige Procurator der Stadt Lübeck von Jülich nahm ihn in sein Hauß auf, und er brachte daselbst fünf Monate zu, damit er sich den Cammerproceß bekannt machen mögte.

Nachdem auch diese Absicht erreichet war, gieng er im Februar 1727. abermal in der ihm so angenehmen Gesellschaft des obgedachten jetzigen hochverdienten Herrn Bürgermeister Hacks von Wetzlar über Friedberg nach Frankfurt am Mayn. Hier besahen sie vornemlich den Römer und das daselbst verwahrte Original der goldnen Bulle, nebst allem, was ihre Aufmerksamkeit verdiente. Von da begaben sie sich nach Maynz, und in einem besonders gemietheten Schiff den Rhein hinab, Bingen und Rheinfeld vorbey über Coblenz, und sahen die gegen über liegende Festung Ehrenbreitstein, und so giengen sie über Bonn nach Cölln. Diese grosse und alte Stadt nebst ihren Merkwürdigkeiten, verdiente einigen Aufenthalt, und die vorgeblichen Leichname der sogenannten heiligen drey Könige waren werth besehen zu werden.

Die

Die vereinigte Niederlande waren hierauf das Augenmerk des seligen Herrn Bürgermeisters Balemans. Ueber Cleve, Nimwegen, Arnheim kam er nach Utrecht, wo er den Anfang einer Belohnung seines Fleißes und der um die Wissenschaften angewendeten Bemühungen einerndete. Er ließ sich von den dasigen Professoren der Rechte van Meuden, Simon van Eck und Eberhard Otto, nachherigem Syndicus der Stadt Bremen, in allen Theilen der Rechtsgelehrsamkeit prüfen, vertheidigte seine Probe-Schrift de appellatione ab executione ohne Beystand, und erhielt darauf den 16. April 1727. die Freyheit, die höchste Würde in diesem Theil der Gelehrsamkeit zu erlangen.

Hierauf besahe er in Gesellschaft des hiesigen neulich verstorbenen Senators D. Friederich Albert Anckelmanns Amsterdam, Harlem, Leyden, den Haag, wo er durch den Lübeckischen Agenten Breyer in verschiedene vortheilhafte Bekanntschaften eingeführet ward. Nach einem Aufenthalt von geraumer Zeit giengen Beyde nach Delft, Rotterdam, Antwerpen, wo ihm die Empfehlung an die derzeitige Haußmeisterin des Oesterreichischen Hauses sehr vortheilhaft war, besuchten demnächst Mecheln und Brüssel, giengen über Mons, Valenciennes, Cambray, Peronne, Amiens, St. Denys nach Paris. Die Betrachtung dieser kleinen galanten Welt, die Besichtigung der vielen seltnen Merkwürdigkeiten dieser Hauptstadt von Frankreich, der Besuch der Büchersäle, nebst den Spatzierfarthen nach St. Clou und den prächtigen königlichen Lust = Schlössern, Meudon, und St. Germain, Marly, Trianon und dem unvergleichlichen Versailles, welches letztere an allen feyerlichen und Gallatagen von unsern Reisenden besucht ward, machten, daß ihnen die Zeit vom Junius biß in den September ausserordentlich kurz vorkam. Im September giengen sie auch nach Engelland, über Abbeville, Boulogne und Calais. Sie landeten durch Sturm zu Deal, und kamen von dannen über Canterbury und Rochester nach London. Ausser dem Vergnügen, diese, mit Paris um den Vorzug streitende, Stadt zu sehen, und die Sitten des Englischen Volks in seinem Lande kennen zu lernen, hatten sie hier das Glück, die

Krönung Königs Georg des Andern, und bald hernach den
Einzug des Lord Maire mit anzusehen. Als unser selige
Herr Senator Anckelmann Engelland wieder verließ, so
fügte es das Glück, daß der selige Herr Bürgermeister
Baleman den Herrn D. Krohn, nachherigen wohlver=
dienten Syndicus der Stadt Lübeck, welcher in der Folge
durch Verschwägerung noch genauer mit ihm verbunden
ward, antraf, und mit ihm eine Reise nach Oxford und
dem prächtigen Marlbroughischen Blenheim vornahm,
auch in seiner Gesellschaft den Tour, Greenwich und die
königlichen Lustschlösser Kensington und Hamptoncourt be=
sahe. Zu Ende des Novembers gieng die Rückreise wieder
über Dover, Calais, Dieppe, Rouen nach Paris, wo er
biß gegen Weyhnachten verweilete. Auf Verlangen seines
seligen Vaters aber gieng er, wegen anscheinender Hoff=
nung einer Beförderung, allein über Soissons nach Rheims,
wo er nicht vergaß sich die Oelflasche zeigen zu lassen, welche
bey Clodoväi Taufe durch ein Wunder vom Himmel soll ge=
bracht worden seyn, mit deren Oele die Könige von Frank=
reich bey der Krönung noch gesalbet werden, setzte ferner
seine Reise über Chalons, Bar, Toul, Nancy, Lüneville
und Bergzabern nach Straßburg fort. Von hieraus em=
pfohl er sich durch eine Bittschrift einem hochweisen Rath
seiner geliebten Vaterstadt, bey sich ereignender Erledigung
eines Secretariats, diese Stelle zu erhalten. In Erwar=
tung einer günstigen Antwort besuchte er das nahe gelegene
Schwaben, verfügte sich über Kehl, Rastadt und Durlach
nach Stuttgard, und nachdem er, was in dieser herzoglichen
Residenz sehenswürdig ist, in Augenschein genommen hatte,
nach dem schönen Ludwigsburg, und von dar nach dem be=
rühmten Tübingen. Die Gelehrte, die er hier kennen zu
lernen Gelegenheit hatte, waren der bekannte Lehrer des
Staatsrechts, Schweder, und der Professor Craß.
Aurach, Ulm und Augspurg besuchte er gleichfalls, und
wandte sich von dar nach Bayern. Der schöne churfürstli=
che Sitz München und die darin befindliche Seltenheiten, die
vortreflichen Alterthümer, die prächtigen Lustschlösser Schleuß=
heim und Nymphenburg hielten ihn mit Vergnügen eine
Zeitlang in diesen Gegenden auf, von wannen er über Linz

sich

sich nach Wien begab. In dieser kayserlichen Residenz gab ihm der Lübeckische Agent Hrunisch gute Anleitung. Doch war ihm die Bekanntschaft mit dem Reichshofrathsagenten Ristler viel vortheilhafter, wie auch die mit dem Bremischen Syndicus Mindemann, die ihm durch dessen Nachfolger, Dürffel, damaliger Amtmann des Hrn. Grafen von Schönburg, verschaffet ward. In dieses letztern und des Ulmischen Consulenten Götters Gesellschaft nahm er auch eine kurze Reise nach Presburg und Edenburg in Ungarn vor. Bald darauf erhielt er von Lübeck die Nachricht von seiner Ernennung zum Secretair der Stadt, welche den 21. Febr. 1728. geschehen war, und die gesuchte Erlaubniß, noch einige Monate auszubleiben. Dies trieb ihn an, desto emsiger den Reichshofrathsproceß zu erlernen, die hauptsächlichsten Seltenheiten, die kayserliche Kunstkammer, den Büchersaal, die Lustschlösser Schönbrunn, Laxenburg, Eberstorf zu besichtigen, den Hof an Gallatagen zu besuchen, und hier mußte es sich fügen, daß er die feyerliche Belehnung des Bischofs von Eichstädt vor dem Thron unter andern Feyerlichkeiten zu sehen das Glück hatte. Zu Ende des Aprils trat er von dar die Rückreise an, und nahm den Weg durch Böhmen über die Hauptstadt dieses Königreichs nach Dresden, weiter nach Berlin, wo eben des Königes von Pohlen, August des zweyten, Majestät in Begleitung des damaligen Churprinzen, des nun hochseligen Königes von Pohlen, August des dritten, Majestät, bey Sr. Majest. dem ebenfalls hochseligen Könige von Preussen einen Besuch ablegten; bey welcher Gelegenheit ausser andern Feyerlichkeiten, die Erleuchtungen der Stadt Berlin und des Schlosses Monbijou, eine Musterung von 18000. Mann, und die durchlauchtigste Gesellschaft an der prächtigsten Tafel die neugierigen Augen unsres aufmerksamen Reisenden an sich zogen. Auch Potsdam vergaß er nicht zu besuchen, wornach er sich über Hamburg von einer so langen Reise nach Hause verfügte, woselbst er den 10. Jul. 1728. glücklich eintraf.

(Der Beschluß künftig.)

Nachrichten
von
Niedersächsischen
berühmten Leuten u. Familien.

Das 53. Stück.

Beschluß des im vorhergehenden Stück abgebrochenen Artikels.

Kaum hatte er sich von seinen mühsamen Reisen einige Tage erholet, so nahm er schon nach geleistetem Eyde Besitz von der ihm zu Theil gewordenen Stelle eines dritten Secretairs, und ließ sich die Registratur anweisen. Er rückte nach und nach in die beyden andern Stellen, und ward nach zehn Jahren den 22. Febr. 1738. Protonotarius, bey welchem wichtigen Amte er die gewöhnlichen Reisen nach Bergedorf immer mit gethan hat. Zwölf Jahre stand er diesem seinem Amt mit allem Eifer und unermüdetem Fleiße vor, da er nach Absterben seines seligen Herrn Vaters, der den 28. May 1750. zu seiner Ruhe eingieng, den darauf folgenden Julius desselbigen Jahres, zu allgemeinen Freude der Bürgerschaft, zu Rath gekohren ward. In dieser neuen Würde hat der wohlselige Herr Bürgermeister, ausser den meisten und allgemeinen kleinern Officiis, nach und nach der Aufsicht über den Bauhof, die Artillerie, den Marstall vorgestanden. Er bekleidete die Stelle eines Herrn der Wedde, des Kriegsgerichts, der Accise, des zehnten Pfennings, und zuletzt des Gerichts. Den 27. Junius 1761. ward er an die Stelle des seligen Herrn Consulis Carstens zur Bürgermeisterwürde erhoben. Wie vortheilhaft für seine Vaterstadt, mit welchem eifrigen Bestreben für das gemeine Beste er in diesem wichtigem Ammte allezeit beschäftiget gewesen, ist niemand in Lübecks Mauren unbekannt. Der allgemeine Ruf rühmet seinen Eifer für das allgemeine Wohl, seine Standhaftigkeit, seine unpartheyische Gerechtigkeitsliebe und alle Tugenden, die einen Patrioten verehrungswürdig machen, einmüthig, und jederman beklaget daselbst den grossen Verlust, den diese Stadt durch seinen Tod erlitten.

Niemand aber fällt dieser Verlust schmerzlicher, als der, durch seinen Hintrit tiefgebeugten hinterbliebenen Frau Wittwe, Frauen Magdalena Elisabeth, des seligen Johann Georg Tesdorpfs, ansehnlichen Kauf- und Handelsmanns daselbst, eheleiblichen Tochter, mit welcher sich der selige Herr Bürgermeister in das Bündniß der Ehe im Jahr 1730. den 27. December eingelassen hatte. Die zärtlichste Liebe von beyden Seiten und der angenehmste Umgang beglückten diese Ehe, die Pfänder der Liebe aber, welche Gott schenkte, vermehrten dieses Glück. Von neun derselben sind noch vier am Leben, die nebst drey Enkeln den besten Vater und den zärtlichst gesinneten Großvater beweinen. Ihre Namen sind:

1. Heinrich Baleman, gebohren den 15. September 1731. beyder Rechten Doctor und berühmter Consulent in Lübeck, welcher sich den 30. Oct. 1760. mit Jungfer Maria Lindenberg, des seligen Dieterich Gerhard Lindenbergs eheleiblichen Tochter, glücklich verheyrathete, und in dieser erwünschten Verbindung zwar das Glück hatte Vater einer Tochter zu werden, die den 16. October 1761. gebohren ward, und in der heil. Taufe den Namen Maria empfieng, dieselbe aber den 5. August 1762. wieder verlohr, da ihr die Mutter nach einigen Monaten, nemlich den 20. April 1763. in die Ewigkeit nachfolgete, worauf er sich den 12. December 1766. wieder mit Jungfer Engel Catharina, Herrn Peter Meno Rehm, hinterlaßnen Tochter, ehelich verband.

2. Nicolaus Georg Baleman, gebohren den 9. Nov. 1732. welcher sich der Arzneygelahrtheit gewidmet und darin die Doctorwürde erhielt, den 10. Jan. 1756. aber verstarb.

3. Catharina Elisabeth, welche den 16. Nov. 1733. gebohren, und den 16. August 1753. an Herrn Matthäus

Heinrich Dieterich Baleman. 19

thäus Rodde, angesehenen Kauf- und Handelsherrn in Lübeck, verheurathet worden, aus welcher beglückten Ehe der selige Herr Bürgermeister nachfolgende Enkel gesehen hat. 1) **Matthäus**, gebohren den 2. Aug. 1754. 2) **Heinrich Dieterich**, gebohren den 2. Nov. 1755. gestorben den 28. Febr. 1758. 3) **Peter Heinrich**, gebohren den 17. May 1757. 4) **Maria Elisabeth**, gebohren den 21. Jan. 1759. 5) **Maria Dorothea**, gebohren den 6. Febr. 1735. welche in demselben Jahr den 23. Dec. gestorben. 6) **Heinrich Dieterich**, gebohren den 31. Jul. 1736. der ein angesehener Kauf- und Handelsmann daselbst ist. 7) **Gerhard Friederich**, gebohren den 2. Aug. 1737. welcher sich der Handlung gewidmet, aus dieser Zeitlichkeit aber den 21. Jan. 1761. von dem Höchsten abgefordert worden; 8) **Catharina Magdalena**, gebohren den 2. Sept. 1738. welche dieser Welt den 25. Merz 1740. entrissen worden; 9) **Peter Heinrich**, gebohren den 14. Merz 1742. der sich der Kaufmannschaft gewidmet; 10) **Magdalena Elisabeth**, gebohren den 16. April 1752. welche wieder zu ihrer Ruhe den 2. Jan. 1763. eingegangen.

Die Betrübnis aller Hinterbliebenen ist um so viel grösser, je unvermutheter und plötzlicher sie diß ihr theures Haupt fallen sehen, und je weniger sie vorbereitet gewesen, diesen schmerzhaften Fall zu erwarten, zumahl dem seligen Herrn Bürgermeister eine dauerhafte und gute Gesundheit von der göttlichen Güte geschenket zu seyn schiene, die nur im vorigen Jahre durch einige kleine Zufälle erschüttert worden. Denn es ward der Wohlselige zwar im letztverwichenen Sommer und nachher verschiedentlich von leichten Zufällen beunruhiget, wovon die Umstände keineswegs gering zu achten waren, sintemal die Sprache, das Gedächtnis und in der rechten Hand das zarte Gefühl der Finger schwehr und wankend wurden. Doch ward durch göttliche Hülfe und gebrauchte Mittel selbigen leicht abgeholfen. Seit acht Tagen vor seinem Ende aber stellete sich ein Husten mit etwas Auswurf ein. Allein am 6. April des gegenwertigen 1768sten Jahres, da er noch des Morgens nach dem

Rathause gefahren, auch nach seiner Zuhausekunft sich zum Mittagsessen niedergesetzet hatte, ward er um ein und ein halb Uhr Nachmittages vom Schlage auf der rechten Seite dergestalt gerühret und gelähmet, daß sogleich ein oftmaliges Gähnen und Röcheln der Brust, auch Röthe des Angesichtes, benebst dem Verlust der Sprache und aller äusserlichen Sinne erfolgten. Mit der grössesten Geschwindigkeit wurden zwar alle Mittel, welche die Arzneykunst als dienstsam anglebet, so wol innerlich, als äusserlich angewendet, aber sie waren nicht hinlänglich, das Uebel zu heben. Denn er starb noch an demselben Abend gegen 8. Uhr zum allgemeinen Leidwesen der ganzen Stadt, besonders seiner angesehenen Familie.

Die an dem Tage seiner feyerlichen Beerdigung, welche den 14. April darauf erfolgte, zum Andenken eines so verdienten Regenten gedruckte beyde Gedächtnißschriften, deren jede einen Bogen in Folio ausmachet, und deren letztere wir zum Grunde unserer gegenwärtigen Erzählung geleget haben, führen folgende Aufschrift:

a) Exsequias tristes viri magnifici et illustris, HENRICI DIETERICI BALEMANNI, I. V. L. reipublicae Lubecensis Consulis immortaliter meriti et Scholarchae grauissimi, solenniter ducendas indicit, atque tanti viri memoriam omnibus ac singulis de meliori commendat *Joh. Daniel Overbeck*, Gymnas. Lubec. Rector. Lubec. 1768.

b) Getreue Lebensbeschreibung des weiland Magnifici, wohlgebohrnen und hochweisen Herrn, Herrn Heinrich Dieterich Baleman, der Rechten Licentiaten, der kayserlichen freyen Reichsstadt Lübeck hochverdienten Herrn Bürgermeisters, aus dem eigenhändigen Aufsatz des Wohlseligen entworfen, und am Tage seiner volkreichen Beerdigung dem hochansehnlichen Leichengefolge auf Verlangen mitgetheilet von Johann Georg Gesner, des Gymnasii Conrector. Lübeck, 1768.

Christian Samuel Ulber,

Pastor zu St. Jacobi und Scholarch in Hamburg.

Je bekannter dieser ehrwürdige Mann sich durch verschiedene beyfalswürdige Schriften in der gelehrten Welt gemacht, desto weniger können wir umhin, auch mit seiner Geschichte unsere Nachrichten zu zieren.

Schlesien ist sein Vaterland, und zu Landshut in Schlesien ist er im Jahr 1714. den 26. August gebohren. Sein Vater, Heinrich Ulber, war damals Prediger und Senior bey der Gnadenkirche in Landshut, und seine Mutter, Catharina Rosina, war eine gebohrne Bauchin. Die ersten Jahre der Kindheit brachte er im Hause und unter den Augen seines mütterlichen Großvaters, eines Predigers zu Kunitz im Lignitzischen Fürstenthum, Joh. Christoph Bauchs, zu. Dieser ehrwürdige Greiß, der den Namen eines rechtschaffenen Israeliten, in dessen Geist kein Falsch war, im eigentlichen Verstande verdiente, machte sich eine Freude daraus, ihn mit den ersten Begriffen, die er von Gott und der Welt erhalten solte, bekannt zu machen, und das Andenken von desselben redlicher Bemühung um seine Erziehung hat den angenehmsten Eindruck bey ihm zurück gelassen. Da sein glückliches natürliches Genie durch einen vortheilhaften Unterricht geschickter Lehrer mehr ausgebildet werden mußte, so ließ die gute Verfassung der damals vortreflich eingerichteten Schule in seiner Vaterstadt seine Eltern bey ihrer Wahl nicht lange zweifelhaft bleiben. Die beyden würdigen Schulmänner, Kranz und Langhans, welche viele andere brave Männer dem Dienste der Kirche und des Staats zugeführet haben, brachten ihn so weit, daß er im Jahr 1732. um Ostern die hohe Schule zu Jena mit Nutzen besuchen konnte. Hier wurden die berühmten Männer, Walch, Ruß, Hamberger, Reusch, Halbauer, Köhler und Carpov, seine Lehrer, die ihm in ihren Vorlesungen ein weites Feld eröfneten, auf welchem er die Kräfte seines Verstandes üben, und seine bereits erhal-

erhaltene Einsichten erweitern konnte. Bey der Anlage eines guten und wißbegierigen Herzens, diesem grossen Geschenke der Vorsehung, gelung es ihm, unter so guter Anführung seinen Verstand zu bessern, seinen Witz zu läutern, sein Gedächtniß mit den nützlichsten Erkenntnissen anzufüllen, und seine Begierde nach einer gründlichen Gelehrsamkeit zu befriedigen. Unter dem Bewußtseyn, daß er seine akademischen Jahre nach ihrer Bestimmung pflichtmäßig zugebracht hatte, verließ er im Jahr 1735. nach Michaelis diese hohe Schule, nachdem er vorher von einer schwehren Krankheit, die ihn auf einer kleinen Reise nach Leipzig heimgesuchet hatte, wieder hergestellet worden war. Mit dem Anfang des nächstfolgenden Jahrs ward ein junger Herr von Stosch in dem Hause des Herrn Barons von Richthofen zu Peterwitz seiner Aufsicht anvertrauet; und die Tage, die er in der Gesellschaft des edel denkenden Herrn Barons zu Peterwitz zugebracht hat, rechnet er unter die vergnügtesten seines Lebens. Der Ruhm von unsers Herrn Ulbers Geschicklichkeit in glücklicher Bildung der Jugend ward bald ausgebreitet, und er würde, um diese Talente noch ferner anwenden zu können, häufige Gelegenheit gehabt haben, wenn es nicht der göttlichen Vorsehung gefallen hätte, ihn frühzeitig zum Lehramte in der Kirche zu berufen. Schon im Jahr 1737. den 30. October ward er als Prediger zu Heinersdorf, einem Dorfe unweit Lignitz, ernannt; welches Amt er im Jahr 1738. am 8ten Sonntage nach Trinitatis antrat, dasselbe auch einige Jahre hindurch unter den deutlichsten Bemerkungen kenntlicher Fußstapfen des göttlichen Segens verwaltete. Dadurch ward das Unangenehme und Beschwehrliche, welches die weitläuftige Wirthschaft und Landbausorge zu Heinersdorf begleitete, einigermassen bey ihm versüsset. Es ist möglich, daß diese Anmerkung über die für einen Geistlichen beschwehrliche Landwirthschaft denenjenigen Predigern, die in unsern Tagen ihr Lehramt mit einem starken Antheil an Ackeracademien und öconomischen Gesellschaften glücklich oder unglücklich zu vereinigen wissen, nicht sonderlich gefallen werde. Sie werden sagen, daß Urtheile von dieser Art die Zärtlichkeit und Gefälligkeit gegen die Urtheile der heutigen Welt verletzen. Allein man unterscheide nur die Zeiten. Noch vor dreyßig Jahren glaubte man in aller Unschuld, der grosse Umfang des evangelischen Lehramts und die göttliche Drohung, daß das Blut der verwahrloseten Seelen von den Händen der Lehrer gefodert werden solle, müsse die ganze Aufmerksamkeit des Lehrers erschöpfen. Man war so gar fruchtbar an Entwürfen, wie es zu verhüten sey, daß die Prediger nicht immer aufs freye Feld hinausgerufen, sondern mehr in ihre Studirstuben zurückgeführet, und zum Forschen in der Schrift angewiesen werden könnten. Allein freylich haben sich die Zeiten geändert, nachdem einige oeconomischschöpferische Geister ihr Senfkorn vom Gehirne dazu angewendet haben, um nicht nur eine nahe Verbindung zwischen der Seelensorge und der Wirthschaftssorge zu erfinden, sondern auch mit einer recht Ovidianischen Meisterhand eine wirkliche Verwandlung, oder wenigstens etwas, das einer Verwandlung sehr ähnlich siehet, zu Stande zu bringen. Man halte uns daher einen alten Gedanken zu gute, ob er sich gleich nach solcher Herren Urtheil für unsere aufgeklärte Zeiten nicht recht zu schicken scheinen mögte. Gnug, das Beschwerliche bey der Landwirthschaft, nebst der Hofnung, die sich Herr Ulber machen konnte, daß er auf einem weitern Felde mehr Nutzen zu stiften vermögend seyn würde, machte ihm die Trennung von seiner bisherigen Gemeinde erträglich, als er im Jahr 1740. den 22. August zum Diaconus in Landshut berufen, und von der damaligen österreichischen höchsten Landesherrschaft in diesem neuen Amte bestätiget ward. Er trat daselbe im Jahr 1741. am Sonntage Quinquagesima unter den eifrigsten Segenswünschen seiner neuen Zuhörer an; und man kann leicht erachten, daß sein damals noch lebender Vater, der nunmehr das Vergnügen hatte, mit ihm an einer Gemeinde zu arbeiten, bey seinen Wünschen nicht der kaltblütigste werde gewesen seyn. Doch diese Freude dauerte nicht lange, indem dieser sein redlicher Vater noch in demselben Jahre, im 23. Jul. im 67sten Jahre seines Alters an einem Schlagflusse plötzlich starb, dadurch aber unsers Herrn Ulbers Vorstellungen, wie sanft ihm seine Tage in der Geselschaft eines so sehr um ihn verdienten Vaters verfliessen solten, vereitelt wurden.

Nun war es Zeit, an eine Gehülfin zu denken, mit welcher er sein Herz freundschaftlich theilen, und die zugleich durch Gottesfurcht und Tugend sein Amt schmücken könnte. Er suchte und fand eine solche Gehülfin an der Tochter eines angesehenen Kaufmanns und Vorstehers der Kirche in Landshut, Heinrich Liehrs, Jungfer Beata Rosina Liehr, mit der er sich 1742. den 27. Novemb. ehelich verband. Obgleich diese Ehe nicht mit Kindern gesegnet worden, so ist sie doch bisher ein Muster einer glücklichen und vergnügten Verbindung blieben.

Nach dem Tode seines Vaters und des beredten Melchior Gottlieb Minors, auf welchen unser Hamburg zweymal einen vergeblichen Anspruch gemacht hat, stieg er von dem Diaconat zum Archidiaconat und Seniorat. Und nun glaubte er zuversichtlich, daß er seine Jahre in Landshut, wo die herzlenkende Kraft Gottes ein abermaliges vielfaches Siegel des Segens auf sein Lehramt gedrücket hatte, beschliessen würde. Er befand sich so gar im Jahr 1752. den 6. October gleichsam am Rande des Grabes, als er an einem Tage, an welchem er in der Vormittagspredigt seine Zuhörer mit sehr ernstlichen und rührenden Todesgedanken unterhalten, das Unglück hatte, auf einer Krankenreise einige hundert Schritte von seinem Hause von scheugewordenen Pferden mit dem Wagen umgeworfen zu werden, wobey er den linken Arm zerbrach, auch in eine schwehre Krankheit verfiel, die kaum durch zweymaligen Gebrauch des Carlsbades im Jahr 1753. und 1754. gelindert werden konnte. Allein er muste erfahren, daß die Wege der Vorsehung nicht unsere Wege sind. Der wollüstige Klügling, der eine Sache nur halb durchzudenken, und sich doch etwas Ganzes daraufeinzubilden pfleget, mag immerhin von einem wilden Ohngefehr träumen, wenn er die Spuren der göttlichen Vorsehung verkennet.

(Der Beschluß künftig.)

Nachrichten von Niedersächsichsen berühmten Leuten u. Familien.

Das 54. Stück.

Beschluß des im vorhergehenden Stück abgebrochenen Artikels.

Man warte auf die Besserung eines solchen Geschöpfes lange, biß es das grosse Stufenjahr des Lebens zurückgeleget hat; und wenn es sich alsdenn noch immer in seinen eingefleischten Contradictionen verwirret: so feyre man getrost ein Befreyungsfest, wenn man einem solchen Geschöpfe entronnen ist, das sich besser für einen heissern Himmelsstrich schicket, wo die Garstigkeit der Seelen mit der Garstigkeit der Körper der Hottentotten verglichen werden kann. Es war eine wirklich kenntliche göttliche Vorsehung, als Herr Alber im Jahr 1757. den 5. Junius an die Stelle des unvergeßlichen Neumeisters zum Pastor der St. Jacobi Kirche in Hamburg alhier einstimmig erwehlet ward. Er erkannte das Göttliche bey diesem Beruf, und hielt mitten in den heftigsten Kriegesunruhen am 2ten Sonntage nach Trinitatis 1757. zu Landshut seine Abschieds- und am 28. October desselben Jahrs in Hamburg seine Antrittspredigt. Doch mußte er noch vorher in Landshut eine harte Prüfung erfahren, als am 20. April ein wahnwitziger Mensch in einer frühen Morgenstunde um 4. Uhr in sein Schlafzimmer drang, und wohl nichts anders, als ihn zu ermorden, zur Absicht hatte. Eine unleugbare Probe der Vorsehung, daß die Augen dieses Menschen geblendet, und die mörderische Faust desselben zurückgehalten ward!

Wie beliebt unser Herr Pastor Ulber nicht nur bey seiner Gemeine, sondern auch bey Allen, die Redlichkeit und Verdienste zu schätzen pflegen, sey, das weiß ganz Hamburg, und wir erwehnen dessen alhier nicht mit Mehrerm, um nicht den Verdacht einer Schmeicheley auf uns zu laden. Daß aber auch Auswärtige ihm nicht weniger ihre Achtung widmen, erhellet aus den öffentlichen Merkmahlen, welche er davon empfangen. Die königlich deutsche Gesellschaft zu Königsberg zehlet ihn seit dem Jahr 1754. unter ihre Ehrenmitglieder, und die hohe Schule zu Wittenberg hat ihn aus freyer Bewegung im Jahr 1767. den 30. April mit dem poetischen Lorbeer gekrönet, wie das Letztere in den **Hamburgischen Nachrichten aus dem Reiche der Gelehrsamkeit**, 1767. S. 616. erzählet wird. Einen ansehnlichen Theil seines Lebens aber hat er besonders auf die Erforschung der Natur gewandt, und seine Bemerkungen haben ihm die vorzügliche Liebe derer erworben, welche die Größe des Schöpfers in seinen Geschöpfen verehren.

Das Ulbersche Bildniß hat der geschickte Griffel unsers berühmten Künstlers Fritsch mehrmals sehr sauber in Kupfer gestochen, den Ulberischen Geist aber erkennet man aus desselben gedruckten Schriften, die wir noch nach der Zeitordnung nennen wollen:

1) **Das Herz voll Furcht und Freude bey einem Diener Gottes. Die Landeshutsche Anzugspredigt.** Lauban. 1741. in Quart.

2) **Gottgeheiligte Betrachtungen über den leidenden und sterbenden Jesum**, in 24. Paßionspredigten. 1. und 2. Theil. Breslau. 1749. Neue Auflage 1753. in Octav. S. Leipziger neue Zeitungen von gel. Sachen, 1749. S. 540. fg. 1757. S. 325. fg. Krafts theologische Bibliothek, im 5. Bande, S. 205. fgg.

3) **Die mächtige Gnade Gottes in ohnmächtigen Menschen. Eine Trauerrede bey dem Grabe des Commercienraths Fischers in Landeshut.** 1749. in Folio.

4) Die

4) **Die allervollkommenste Freyheit eines Freyherrn.** Eine Trauerrede bey Beerdigung des Hn. Baron von Czettritz in Schwarzwaldau. Jauer. 1753: in Fol.

5) **Die wahre Ehre eines Gelehrten;** bey der Aufnahme zu einem Ehrengliede in die königl. deutsche Geselschaft zu Königsberg. 1754. Stehet in der ersten Sammlung der eigenen Schriften dieser Geselschaft, S. 283. fgg.

6) **Das Göttliche im Carlsbade.** Auch eine Schrift für diese Geselschaft am Gedächtnißtage ihrer Stiftung. Breslau. 1755. in Quart.

7) **Evangelischer Wegweiser in Erklärung einiger wichtiger Gewissensscrupel,** welche den Glauben und die Gottseligkeit eines Christen betreffen, nebst einer Vorrede Johann Friedrich Burgs. Lignitz. 1755. in Octav.

8) **Die Canzel Gottes auf dem Steinhaufen zu Lissabon,** bey Veranlassung des dasigen grossen Erdbebens. Lignitz. 1756. in Quart. S. Krafts theologische Bibliotheck, im 13. Bande, S. 166.

9) **Der Christ in Adersbach,** oder erbauliche Gedanken über das Steingebürge in Böhmen. Breslau. 1756. in Quart. S. Hamburgische Nachrichten aus dem Reiche der Gelehrsamkeit, 1762. S. 308.

10) **Das rege Gewissen beym Donnerwetter.** Eine Stiftspredigt über 2. Mos. 9, 27. in Landshut den 23. Sept. 1755. gehalten. Stehet in dem 4. Bande der Götzischen Sammlung der Canzelreden, S. 271. fgg.

11) **Die weinende Liebe bey dem Abschiede eines Lehrers aus seinem Vaterlande.** Landeshuttische Abschiedspredigt. Lignitz und Hamburg. 1758. in Quart. S. Hamburgische Nachrichten aus dem Reiche der Gelehrsamkeit, 1758. S. 189. fs.

12) Das schwehre Herz eines Seelenhirten bey der Uebernahme einer fremden Heerde. Hamburgische Anzugspredigt. Hamburg. 1758. in Quart. S. die gedachte Hamburgische Nachrichten, 1758. S. 48.

13) Der christliche Creutzträger, oder erbauliche Betrachtungen über das menschliche Elend des Leibes und der Seele. Hamburg. 1760. in Quart. Zwote und vermehrte Auflage, Hamburg. 1766. in Octav. S. Hamburgische Nachrichten, 1759. S. 7. fg. 221. fg. 798. fg. 1760. S. 428. fg. 1766. S. 640. Danziger theologische Berichte, im 6. Bande, S. 295. fgg.

14) Jesus im Munde und der Teufel im Herzen. Eine Predigt über das Evangelium am 23. Sonntage nach Trinitatis. Ist die 6te in dem 7ten Bande der Götzischen Sammlung von Canzelreden, S. 215. fgg.

15) Das Herz im Munde bey einem evangelischen Lehrer. Einführungsrede, als Herr Hasse, Diaconus an der Kirche zu St. Jacobi, vorgestellet ward. Hamburg. 1762. in Quart. Ist im 1sten Anhang des 11ten Bandes der Götzischen Sammlung von Canzelreden, S. 303. fgg. wieder abgedruckt. S. Hamburgische Nachrichten aus dem Reiche der Gelehrsamkeit, 1762. S. 412. fg.

16) Die Stimmen der Andacht an Sonn- Fest- und Paßionstagen in heiligen Liedern. Hamburg. 1763. Zwote Auflage, 1764. in Octav. S. Hamburgische Nachrichten, 1763. S. 782. fg.

17) Send- und Trostschreiben an Hrn. Pastor Klug zu Neumark in Schlesien, mit besondern Anmerkungen über Matth. 18, 10. Stehet in dessen gedruckten Threnodia. 1765.

18) Der rechtschaffene Naturalist mit seinem christlichen Auge und Herzen bey natürlichen und

welt-

weltlichen Dingen. Hamburg. 1765. Neue Auflage, 1766. in Octav. S. Göttingische Anzeigen von gel. Sachen, 1766. S. 421. fgg. Hamburgische Nachrichten, 1765. S. 213. fg. 1766. S. 36. fgg.

19) **Erbauliche Denkzettel oder Entwürfe seiner Predigten in Hamburg von 1758. biß 1767.** Zehn Jahrgänge, in Octav, die einzeln bereits 2 biß 3mal wieder aufgeleget worden.

20) **Vorrede zu Hrn. Pastor Liebrichs in Lomnitz neuer geistlichen Liedersammlung. 1768. in** Octav.

* * *

Eine kurze Nachricht von dem Leben und Schriften des Herrn Pastor Ulbers lieset man in den Hamburgischen Nachrichten aus dem Reiche der Gelehrsamkeit, 1762. S. 306. fgg.

Christian Ernst Lundius,

Königl. Dänischer Consistorialrath, Probst des Amts Flensburg und der Landschaft Bredstedt, und Pastor zu St. Johannis in Flensburg.

Wenn gleich manchmahl die Gunst der Hohen in der Welt auch durch Nebenwege erlanget wird, die nicht von einem jeden rechtschaffenen Mann erwählet zu werden pflegen: so ist doch an denen, die sonst ihrer Würdigkeit wegen bekannt sind, es unstreitig ein desto gewisseres Merkmahl, wie verehrungswürdig sie zu achten sind, wenn die Gnade grosser Herren in besondern Proben ihre Verdienste erhebet. Diß gilt von unserm seligen Herrn Consistorialrath Lundius gleichfals.

Er betrat den Schauplatz dieser Welt im Jahr 1683. den 13. März, und ward in dem Kirchspiel Ulderup, in dem zum Fürstenthum Glücksburg gehörigen Sundewitt, gebohren.

Sein

Sein seliger Vater war **Philipp Lundius**, 46jähriger Pastor der Gemeine Ulderup, und in den letzten Jahren zugleich Inspector der Sundewitschen Kirchen, nebst dem Pastor **Harboe** in Broacker, der nach dem Tode seines Vaters Probst aller Glücksburgischen Kirchen geworden. Sein Vater starb im 68sten Jahr seines Alters, und war folglich frühe, nemlich in dem 22sten Jahre seines Alters ins Amt gekommen. Seine selige Mutter war **Catharina Elisabeth**, gebohrne **Schultzen**, eine Tochter **Johann Schultzens**, gewesenen Advocaten und Notarius in der Stadt Harburg, welche 1700. im 49sten Jahre ihres Alters verstorben. Sein Großvater väterlicher Seite war **Johann Lundius**, 31jähriger Pastor der erwehnten Ulderupschen Gemeine, und ein Bruder von dem gelehrten **Zacharias Lundius** in Copenhagen. Sein Eltervater dieser Linie war **Georg Lundius**, Pastor zu Nübel, im vorgedachten Glücksburgischen Sundewitt; und sein Großeltervater **Johann Lundius**, Pastor zu Düppel, einer Gemeine in der Grafschaft Reventlau oder Sandberg, in dem Sundewitschen District gelegen. Seine Großmutter väterlicher Linie war **Metta Lundius**, gebohrne **Holsten**, eines Bürgers, Kaufmanns und Deputirten der Stadt Flensburg, **Johann Holsten**, Tochter, die seinem Großvater, **Johann Lundius**, 1654. ehelich angetrauet worden. Sein Großvater von mütterlicher Seite war **Johann Schultz**, Juris Practicus und Notarius der Stadt Harburg, wie schon vorher gemeldet worden; seine Großmutter dieser Lienie aber **Anna Christina**, des seligen **Jacob Dirckſen**, Kaufmanns in Kiel, und **Elisabeth**, gebohrnen **Röpken**, Tochter.

In der heiligen Taufe, dazu ihn seine Eltern bald nach seiner leiblichen Geburt beförderten, ward ihm der Nahme **Christian Ernst** beygeleget. Bey zunehmenden Jahren widmete ihn sein Vater dem Studieren, und zwar besonders, nach seiner eigenen Neigung, dem Studio theologico, machte mit seiner Information selbst den ersten Anfang, vertraute ihn aber nachher geschickten Lehrern, so wohl in seinem eigenen Hause, als auch in der Sonderburger Stadtschule,

Schule, an; wie er denn niemals ohne Hochachtung, Liebe und herzliche Dankbarkeit der Treue und des unermüdeten Fleißes seines damaligen Rectors Lorenzens sich erinnert, und seine Asche stets verehret hat. An anderweitiger sorgfältigen Erziehung und so wohl väterlicher, als mütterlicher Vermahnung zum Guten liessen es auch seine Eltern nicht ermangeln. Besonders hatte seine selige Mutter, als eine fromme und dabey ernstliche Frau, ihn stets um und bey sich, merkte auf seine Schritte und Tritte, und führte ihn überall, so wohl durch ernstliche Weisung, als liebreiche Erinnerungen, unabläßig von Kind auf zu allem Guten an. Kurz vor ihrem Tode vermogte sie seinen Vater dahin, daß er sich entschloß, ihn auf das Lübeckische Gymnasium zu senden, damit er daselbst zu den akademischen Studien gründlicher vorbereitet würde. Da aber der Tod derselben dazwischen kam, ließ ihn sein Vater noch in der Information des vorgedachten seligen Rectoris Lorenzens, biß er ihn geschickt fand, die Universität zu beziehen. Seine Wahl fiel auf Wittenberg, wohin er ihn im 18ten Jahr seines Alters sandte. Auf dieser Academie bediente sich der Wohlselige des Unterrichts der damals lebenden berühmten Lehrer, D. Deutschmanns, D. Löschers, D. Neumanns, Prof. Wichmannshausen, Prof. Kirchmaiers, insonderheit aber des weiland berühmten D. Gottlieb Wernsdorfs, in allen Theilen der Theologie, den Sprachen, der Philosophie, Kirchenhistorie, und so ferner, übete sich auch daneben unter den damahligen Adjunctis, nachmahligen ordentlichen Professoren, Klausing im Hebräischen, Zeibich in der Homilie, Berger in einem Collegio disputatorio über Königs Theologiam positiuam, Wagner in der Philosophie. Vornehmlich hatte er das Glück, mit dem erwehnten seligen D. Wernsdorf einen vertraulichen Umgang zu pflegen, und genoß der Liebe desselben also, daß er ihn in allen Vorfällen treulich und väterlich unterrichtete, ermahnte und erweckte. Nachdem er sich daselbst beynahe drey Jahre aufgehalten hatte, verließ er nach dem Willen seines Vaters Wittenberg, und besuchte auf seiner Rückreise die berühmten Universitäten Leipzig, Halle und Kiel, hielte sich auch auf der letztern einige Zeit noch auf, des Umgangs mit

mit den daßgen Professoribus Pasch und Kortholt zu genießen.

Nachdem er hierauf bey seinem Vater wieder angelanget war, und daselbst einige Monate sich aufgehalten hatte, ward er durch Vermittelung des seligen Musäus, Syndicus der Universität Kiel, von dem Herrn Geheimenrath und Probsten des adelichen Klosters in Preetz, weiland Herrn **Wulf Blome**, zum Informator bey seinen jüngsten Söhnen, **Detlev** und **Christoph Blome**, angenommen. Diese beyde ihm anvertrauete jungen Leute informirte er zwey Jahr, biß sie nach der Universität, der älteste nach Leiden, und der jüngste nach Kiel, giengen. Mit dem letztern, welcher noch jung, und etwa 18. Jahr alt war, gieng er auf Verlangen seines Vaters nach Kiel, und blieb daselbst im Hause und am Tische des seligen Professoris Pasch, dessen Aufsicht er anvertrauet war, noch ein halb Jahr bey demselben. Wie er darauf Kiel verließ, und nach Flensburg kam, um zu seinem Vater zurück zu kehren, ward er wider alles Vermuthen von dem seligen Justitzraht und Amtsverwalter Meley bey seinem einzigen Sohn, **Georg Friderich Meley**, als Informator wieder angenommen, welche ihm freywillig angetragene Condition er mit Einwilligung seines Vaters annahm, und von 1707. bis 1709. mit vielem Vergnügen verwaltete.

Im Jahr 1709. gieng der damalige Conrector, unser hiesige nachmahlige berühmte Professor und Pastor, **Johann Christoph Wolf**, dessen Gedächtniß Hamburg immer unvergeßlich bleiben wird, von der Flensburgischen Schule weg, und der damalige Quartus an der dasigen Schule, **Thom. Claußen**, erhielte das Conrectorat, der fünfte College, **Bernhard Prehn**, des Quarti Stelle. Unser Herr Lundius aber ward ohne sein Suchen zum fünften Lehrer von beyden Collegiis, dem Magistrat und Ministerio, einstimmig wieder erwählt. In diesem Amte stand er biß Anno 1712. Denn in diesem Jahr starb der damalige Diaconus an der St. Johannis Kirche zu Flensburg, **Georg Pfeiffer**.

(Der Beschluß künftig.)

Nachrichten von Niedersächsischen berühmten Leuten u. Familien.

Das 55. Stück.

Beschluß des im vorhergehenden Stück abgebrochenen Artikels.

Bey dieser Vacanz ward er nebst dem schon gemeldeten Conrector und nachherigen königlichen Hofprediger, auch endlich Generalsuperintendenten der Herzogthümer Schleßwig und Holstein, seligem Thomas Claussen, und einem Flensburgischen Studioso, Balthasar Holst, der nachher sein Nachfolger an der dasigen Schule ward, zur Wahl präsentiret, den 20. April gewählt, und noch in demselben Jahr von Ihro königlichen Majestät confirmiret, ferner ordiniret, und am Fest der heiligen Dreyeinigkeit introduciret. Von Anno 1715. biß 1724. hielt er auch die Montagspredigten im Kloster. Anno 1724. gefiel es gedachter königlichen Majestät, seinen Collegen, den Probsten und Pastoren zu St. Johannis in Flensburg, Andres Hoyer, zum Generalsuperintendenten an des seligen Thomas Claussens Stelle zu berufen. Und da ward unser Herr Lundius durch ordentliche Wahl einstimmig am 10. September zum Pastor seiner Gemeine erwählet, vociret und bestätiget, ihm auch Anno 1735. von Sr. königlichen Majestät nach dem Tode des seligen Franciscus Möllers die Flensburgische Probstey conferiret, und er 1738. ohne sein Wissen und Suchen, nach dem Tode des seligen Consistorialraths und Probsts Schraders in Tundern, zum Consistorialrath mit Siz und Stimme im Oberconsistorio zu Gottorf allergnädigst ernennet. Ja es hatten Ihro königliche Majestät das allergnädigste Zutrauen zu ihm, zu zwey-

2. Band.   E   enma-

enmalen ihm die Vices des Generalsuperintendenten, und zugleich die Inspection in den adelichen Kirchen des Herzogthums Schleswig, so wol nach des seligen Generalsuperintendenten Conradi Absterben, als nach dem Abzug des Generalsuperintendenten Reuß, da derselbe nach Tübingen gieng, wo er noch als Canzler mit Ruhm lehret, allergnädigst anzuvertrauen.

Was seinen Ehestand betrift, so hat er sich zweymal verheurathet, und zwar zum erstenmal Anno 1713. den 28. Februar mit des damahligen Rathsverwalters und Eigenthumsherren der Flensburgischen Kupfermühle, **Hilmar von Lutten**, und seiner Ehefrau Anna von Lutten, gebohrnen Andersen, aus Steinberg, jüngsten Tochter, **Helena**. Mit derselben zeugte er zween Söhne, **Philipp Ernst Lundius**, jetzigen Pastoren zu Ladelund, im Amte Tundern, und **Hilmar Lundius**, Kaufmann in Flensburg. Im Jahr 1731. den 9. December aber verlohr er diese würdige Ehegattin. Er verheurathete darauf Anno 1732. den 28. October sich zum zweytenmal, nemlich mit Frau **Dorothea Emerentia Vogt**, gebohrnen **Hadern**, des seligen Gerhard Wilhelm Haders, Kauf- und Handelsmanns in Cappel, und Frau Dorothea Hadern, gebohrnen von Mellen, Tochter, welche im Jahr 1729. den 4. October, an den damahligen Pastoren zu Rabenkirchen, Joachim Henning Vogt, verheurathet worden, mit demselben aber nur 18. Wochen in der Ehe gelebet, indem ihr seliger Mann an den Blattern starb, und sie schwanger hinterließ, da sie denn 1730. den 8. Julius von einen Sohn, Joachim Henning Vogt, entbunden ward. Den seligen Herrn Consistorialrath Lundius erfreuete sie mit zwoen Töchtern, welche beyde noch am Leben sind, und das Absterben ihres geliebten Vaters mit desselben beyden Söhnen ersterer Ehe, die auch noch im Leben sind, beklagen. Die erste dieser zwoen Töchter, **Helena**, ward 1755. an den Herrn Pastor **Hans Balslöv** zu Düppel, die zwote, **Dorothea**, aber 1761. an Herrn **Matthias Schmidt**, Predigern der St. Johannisgemeine zu Flensburg, verheurathet.

Seine

Seine Leibesumstände waren so beschaffen, daß er die Zerbrechlichkeit seiner äusserlichen Hütte täglich empfand, indem er am Leibe und Gemüth beständig allerley hypochondrische Zufälle erfahren muste, und daher niemals glaubte, ein so hohes Alter, als ihn Gott in der That erleben lassen, sich versprechen zu können. Insonderheit war er im 42sten Jahr seines Alters, da er zum Pastorat an der St. Johanniskirche in Flensburg gelangte, fast beständig kränklich, wodurch er dergestalt angegriffen ward, daß er es nicht überleben zu können vermeinte. Es gefiel aber dem Höchsten, ihn dasselbe nicht nur überleben zu lassen, sondern auch seinem Leben eine ganze Reihe von Jahren zuzusetzen. In seinem 60sten Jahre suchte ihn Gott mit einem so heftigen hitzigen Fieber heim, daß er in den ersten drey Wochen täglich den Tod vermuthen muste, und selbst sein Medicus, Herr Licentiat Friderich Lomarch, an seiner Genesung zweifelte. Gott aber bewies auch damahls an ihm, daß er ein Gott sey, der da hilft, und ein Herr, der vom Tode errettet. Anno 1760. da er täglich mehr und mehr erfuhr, daß die Jahre da wären, da die Lichter dunkel wurden, die Müller müßig stehen, die Hüter zu zittern anfangen, und die Hütte überall den Einfall drohete, fand er sich gemüßiget, mit Ihro königlichen Majestät allergnädigsten Genehmigung obgedachten seinen Schwiegersohn, Herrn Matthias Schmidt, sich zum Adjunctus zu wählen. Im Jahr 1762. am Feste Trinitatis hielte er noch, als 50jähriger Lehrer seiner Gemeine, mit grosser Munterkeit des Geistes seine Jubelpredigt. Und obgleich die Leibeskräfte von Zeit zu Zeit merklich abnahmen, er auch besonders 1764. den 24. Januarius und 1765. den 21. Junius sehr schwere Zufälle hatte, so behielte er doch nicht allein bey seinem hohen Alter ein scharfes Gesicht, sondern seine Seelenkräfte blieben auch beständig munter, und je mehr sein äusserer Mensch verwesete, desto mehr wuchs er an dem inwendigen Menschen. Im Jahr 1766. den 6. December aber überfiehl ihn seine letzte Krankheit, und er bewieß in derselben gegen seine Freunde, welche ihn besuchten, eine grosse Glaubensfreudigkeit, biß er 1767. den 21. Januarius, Nachmittags um 4½ Uhr, sanft und selig verschied, nachdem

dem er sein ruhmvolles Alter gebracht auf 83. Jahre, 10. Monate und 8. Tage. Es ward darauf den 29. desselben Monats sein entseelter Leichnahm bey einer ansehnlichen Folge beerdiget, an demselben Tage aber ihm von seinem Schwiegersohn und Collegen, Herrn Matthias Schmidt, in der Johanniskirche eine Leichenpredigt gehalten, wobey der Pastor zu St. Nicolai daselbst, Herr Michael Gerkens, die Standrede hielte. Jene ist auf 5½ Bogen in Quart gedruckt, und führt die Aufschrift: Jesus, als der einige Grund unserer Seligkeit, wurde bey der Beerdigung des wohlgebohrnen, hochehrwürdigen und hochgelahrten Herrn, Herrn Christian Ernst Lundius, Ihro königl. Majestät zu Dännemark, Norwegen, 2c. würklichen Consistorialraths, Probsten des Amtes Flensburg und der Landschaft Bredstedt, und vieljährigen treufleißigen Seelsorgers der St. Johannis Gemeine in Flensburg, 1767. den 29. Jan. einer ansehnlichen und zahlreichen Versamlung in der St. Johanniskirche in Flensburg aus 1. Timoth. 1. v. 15. 16. vorgestellet, und auf vieler Verlangen zur allgemeinen Erbauung dem Druck übergeben von Matthias Schneidt, Diacono der St. Johannisgemeine in Flensburg. Flensburg. 1767. Zwey Bogen in Quart macht aber die letztere, nemlich die Standrede aus, welche bey dem Sarge des weiland wohlgebohrnen, hochehrwürdigen und hochgelahrten Herrn, Herrn Christian Ernst Lundius, königl. Consistorialraths, Probsten des Amts Flensburg und der Landschaft Bredstedt, und Hauptpredigers der St. Johannisgemeine in Flensburg, gehalten worden von Michael Gerkens, Pastor zu St. Nicolai in Flensburg. Flensburg 1767.

Die Schriften des seligen Mannes, welche er sowohl durch den Druck bekannt gemacht, als auch im Manuscript hinterlassen, hat man, als unleugbare Beweise seiner Geschicklichkeit, anzusehen. Die Erstern sind folgende:

1) Bo

1) Bericht von einem merkwürdigen Casu, der in der Flensburgischen Präpositur bey Abschaffung des *Exorcismi* vorgefallen. Es ist derselbe 1745. den 9ten Februar abgefasset, und in den Zusätzen zu der historischen Nachricht von dem, in den Herzogthümern Schleßwig-Holstein bißher bey der heiligen Taufe gebrauchten, *Exorcismo* aus Licht gestellet, welche der gelehrte Herr Professor Olaus Heinrich Moller dem 6. Stück der Dänischen Bibliothek, S. 124. fgg. einverleibet hat, und die nachher in des seligen Herrn Consistorialrath Krafts bekannten ausführlichen Historie vom *Exorcismo*, Sect. IV. §. 6. pag. 1037. seqq. wieder gedruckt sind.

2) Das Muster einer Gott gefälligen Jubelfeyer, an dem von Ihro Königl. Majestät zur dankbaren Erinnerung der von Gott zu unserm Segen bißher erhaltenen dreyhundertjährigen Erbfolge unserer allergnädigsten Könige aus dem hochgräflichen Oldenburgischen Hause, auf den 28sten October des 1749sten Jahres in unsern Reichen und Landen allerhöchst angeordneten allgemeinen Jubelfest, nach Anleitung des zu erklären allerhöchst verordneten Jubeltextes, so wie derselbe Psalm. 89. v. 1-6. enthalten, entworfen, und der Gemeine zu S. Johannis in Flensburg vorgestellet. Flensburg. 1750. in Quart.

3) Einweihungsrede, bey der feyerlichen Einsegnung eines in der Kirchen zu St. Nicolai in Flensburg aufgerichteten neuen Altars, wie dieselbe Dom. IV. Adventus Anno 1749. vollzogen ward, gehalten, und nebst der dabey musicalisch aufgeführten Cantate auf Verlangen zum Druck überlassen. Flensburg. 1750. in Quart. S. des seligen Lic. von Seelen Syllogen Memorabilium Flensburgensium, pag. 245. seqq.

4) Ansprache an die Längenhorner Gemeine. Ist eine Vorrede zu zwoen Trauer- und Gedächtnißreden, bey der am 9ten December 1750. feyerlich voll-

vollzogenen Leichenbegängniß Herrn Peter Caspar Jessen, treuwachsamen Pastoris der Gemeine Langenhorn, und wohlverdienten Senioris des Ministerii der Landschaft Bredstedt, gehalten von Heinrich Petersen, Diener am WortGottes zu Langenhorn; und Johann Matthiesen, Past. in Borgum. Flensburg. 1751. in Quart.

5) Die Dankopfer, die wir in unserm Dänischen Zion heute Gott schuldig sind; an dem von Ihro Königl. Majestät zum Gedächtniß der im Königreich Dännemark vor hundert Jahren eingeführten Souverainität, auf den 16ten October 1760 angeordneten Dank- und Jubelfest, aus dem zur Vormittagspredigt allerhöchst vorgeschriebenen Jubeltext Psalm. 18. v. 50. 51. der Gemeine zu St. Johannis in Flensburg vorgetragen, und auf allergnädigsten Befehl eingesandt. Flensburg. 1760. in Quart.

6) Die Verbindlichkeit eines Lehrers, seine Seele an seinem Jubeltage besonders zum Lobe Gottes zu erwecken; in einer, im Jahr 1762. am Sonntage Trinitatis gehaltenen, Dank- und Jubelpredigt aus dem Sonntagsevangelio Joh. 3. v. 1-15. der Gemeine zu S. Johannis in Flensburg vorgestellet, und zum beständigen Denkmahl der in seinem 50jährigen Amte reichlich genossenen Güte Gottes dem Druck übergeben. Flensburg. 1762. in Quart.

Die im Manuscript von bem seligen Manne hinterlassene Sachen sind verschiedene theologische Bedenken, Ordinations- Introductions- und andere geistliche Reden, welche obgedachter Herr Professor Moller in der unten anzuführenden Abhandlung S. 66. fg. so gründlich, ordentlich und erbaulich abgefasset zu seyn versichert, daß sie der gelehrten Welt mitgetheilet zu werden verdienten. Von folgenden hat derselbe daselbst die Aufschriften nahmhaft gemacht:

(1) Stand-

(1) Standrede, Anno 1725. den 6. November gehalten bey der Bahre Johann Mollers, Rectoris der lateinischen Schule in Flensburg, in welcher der größeste Ruhm desselben darinn gesetzet wird, daß er bey seinem Wissen die Hauptabsichten jederzeit geführet, damit seinem Vaterlande zu nutzen, und sich selbst in der Zeit auf die folgende Ewigkeit zu erbauen.

(2) Nachricht von den separatistischen *Motibus* in der Landschaft Bredstedt, und dem Verfahren des Flensburgischen Consistorii in Ansehung derselben, insoweit sie den *Studiosum B.* betreffen.

(3) Gedächtnißrede, bey feyerlicher Bestattung der weiland hochedlen Frauen Catharina Maria, gebohrnen Müllerin, des hochedlen und hochgelahrten Herrn Georg Clüden, ersten, ältesten und worthaltenden Bürgermeisters in Flensburg, Ehegattin, als dieselbe 1747. den 31. Mart. am Charfreytage selig in ihrem Heiland entschlafen, und darauf den 11. April zu ihrer Ruhestäte gebracht worden, über die Worte 2. Tim. 2. v. 11. Das ist je gewißlich wahr: Sterben wir mit, so werden wir mit leben! auf Verlangen gehalten.

(4) Oratio de diuersitate munerum in republica tam sacra, quam ciuili, in introductione *Laur. Prehn*, Quinti, 1736. d. 1. Maii habita.

(5) Oratio de requisitis boni Cantoris, quae sunt 1. φύσις, quae Cantorem format, 2. μάθησις, quae instruit, 3. ἄσκησις, quae perficit; in introductione *Joh. Georgii Wilh. Felicii*, Cantoris, 1739. d. 3. Nouemb. habita.

(6) Oratio de emendatione eclesiae et reipublicae, ab emendatione scholarum inchoanda, cum *Laur. Prehn* et *Petrus Cramerus*, ille ut Conrector, hic vero Collega quintus scholae Flensburgensis 1744. de 28. Januarii inaugurarentur, habita.

(7) Oratiuncula de pulvere scholastico minime sordido, cum *Joh. Jacobus Sibeth*, Wismariensis, defuncto Cantori, *Joh. Georgio Wilh. Felicio*, in officio succederet, munusque auspicaretur, d. 2. Aprilis 1748. habita.

(8) Oratio inauguralis de otio senectutis, cum *Olaus Henricus Moller*, Professor historiae literariae in universitate Regia Hafniensi ordinarius, in officium Rectoris scholae Flensburgensis solemniter immitteretur, in auditorio ejusdem superiori d. 29. Maii 1750. habita.

(9) Rede von der Unwissenheit, einer Quelle des Unglaubens, bey der Einführung Balthasar Holst, als Adjuncti seines Vaters, 1752. den 11. Julius gehalten.

(10) Oratio de necessitate studii grammatici, in introductione *Balthasaris Holst*, Quarti, et *Burchardi Hansen*, Quinti. 1755. d. 4. Novembris habita.

(11) Oratio de sapientia, optimo scholae ornatu, in introductione *Burchardi Hansen*, Quarti, et *Simonis Bladt*, Quinti, 1759. d. 19. Julii recitata.

* * *

Die Quellen unserer, von dem seligen Herrn Consistorialrath Lundius alhier kürzlich gelieferten, Geschichte sind

a) Historische Nachricht von der Kirche zu St. Johannis in Flensburg, wie auch von den Pastoribus, die vor und nach der Reformation seit 300. Jahren derselben vorgestanden, die bey Gelegenheit zwoer Reden, in welchen dem --- Herrn Christian Ernst Lundius, --- ein ehrwürdiges Ministerium und Schulcollegium --- zu seiner frohen Jubelfeyer Glück werden, zu deren Anhörung --- eingeladen wird, entworfen hat Olaus Heinrich Moller, Professor historiae literariae ordinarius bey der königl. Universität zu Copenhagen, und Rector der lateinischen Schule hieselbst, Flensburg. 1762. in Quart, S. 54=68.

b) der kurzgefaßte Lebenslauf des seligen Herrn Consistorialraths, welcher der oben angeführten, von dem Herrn Matthias Schmidt gehaltenen und herausgegebenen, Leichpredigt, S. 37=42. beygefügt worden.

Nachrichten von Niedersächsischen berühmten Leuten u. Familien.

Das 56. Stück.

Johann Ludewig Levin Gebhardi,
Königl. Großbritannischer Rath, und Professor bey der Ritteracademie zu Lüneburg.

Der Gebhardische Nahme ist in der Gelehrtenhistorie zu bekannt, als daß man nicht wissen solte, wie viel berühmte Leute von diesem Geschlecht unser Niedersachsen aufzuweisen habe. Man wird sich daher um so weniger wundern, daß auch die Geschichte dieses gelehrten Mannes jetzt von uns hier unsern Lesern mitgetheilet werde.

Es ward derselbe zu Braunschweig 1699. am 19. May, alten Stils, gebohren. Sein Vater war der geschickte Rector des dasigen Martinsgymnasii, Johann Albrecht Gebhardi, und die Mutter, Clara Hedewig, eine gebohrne Böttichern. Jener unterrichtete ihn selbst, und brachte ihn frühzeitig zum Geschmacke an der Historie, verstarb aber schon 1710. im 46sten Jahre seines Lebens. Der Sohn bekam also neue Lehrer, unter welchen ihn der damahlige Conrector Pohlmann zu den Alterthümern, sein Collega Biehl aber, nachheriger Pastor allda, zum Lesen der griechischen Schriftsteller fleißig anhielt.

Seine Neigung zu den historischen Wissenschaften, welchen er sich in der Folge der Zeit vorzüglich gewidmet hat, äusserte sich schon auf diesem Gymnasio, indem er 1715. und 1716. zwo selbst verfertigte Reden öffentlich hielt, deren erstere de origine Domus Borussicae, die andere de migratione scientiarum handelte.

Im Herbste des Jahres 1716. bezog er die Universität zu Helmstedt, wo er von Treuern, Wiedeburg, von der Hardt, dem Abt Schmidt, und Simon Friedrich Hahn die Philosophie, Mathematic, die orientalischen Sprachen, die Theologie, wie auch die Kirchen- und weltliche Geschichte erlernte. Darauf gieng er um Ostern 1718. nach Jena. Seine Lehrer allda in der Theologie, Philosophie, Mathematic, Reichshistorie, nicht weniger der Jurisprudenz, besonders dem Staats- und Lehnrechte, waren Förtsch, Buddeus, Walch, Wiedeburg, Brückner, Ditmar und Burc. Gotth. Struve. Er beschloß seine academischen Lehrjahre im Februar 1720. unter des letztern Vorsitze mit einer unten vorkommenden Disputation, welche von ihm nicht so wohl gegen die Opponenten, als gegen den Präses selbst, vertheydiget ward.

Im October des Jahres 1721. erhielt er die Stelle eines Hofmeisters bey des neulich verstorbenen königl. Großbrittannischen Hofmarschalls von Werpup Excellenz, welchen Herrn er 1722. nach Halle führte, und bey dieser Gelegenheit den Vorlesungen der beyden ehemahligen dasigen grossen Rechtsgelehrten, Ludewigs und Gundlings, beywohnete, ohne jedoch zu den Anhängern des einen oder des andern dieser Männer zu treten.

Er ward darauf am 18. September 1723. zum Professor der Theologie, Logic und Philologie bey der Ritteracademie zu Lüneburg bestellet. Diese Wissenschaften lehrte er bis 1746. da er solche mit der Profession der Geschichte und Mathematic vertauschte. Der hochseelige König, Georg

Johann Ludewig Levin Gebhardi.

org der Zwecte, belohnte auch seinen so lange bewiesenen Fleiß am 30. August gedachten Jahres mit dem Character eines Raths. Ob ihm schon verschiedenemahl nachher historische Lehrämter auf Universitäten angetragen worden, so trug er doch Bedenken, Lüneburg, wo er sich einmahl eingerichtet hatte, zu verlassen, und starb daselbst am 10. November 1764. im sechs und sechzigsten Jahre seines Alters.

In der Ehe hat er seit dem 1. October 1732. mit Frauen **Catharina Elisabeth Reiners**, aus Wolfenbüttel, gelebt, und mit selbiger 7. Kinder erzeugt, welche er jedoch, biß auf zweene Söhne, frühzeitig durch den Tod verlohren hat. Der jüngere, **Just Heinrich Gebhardi**, starb auch schon 1763. zu Petersburg, wohin er auf Befehl des Herzogs, **Georg Ludewigs**, von Holstein-Gottorp, welcher sich ehedem auf der Lüneburgischen Ritteracademie des Unterrichts des Vaters bedienet hatte, unter gar vortheilhaften Bedingungen in dem vorhergehenden Jahre gefodert worden war. Die bald nach seiner Ankunft erfolgten Veränderungen in Rußland vereitelten aber alle Absichten, daher ihn der Herr D. Büsching, als Lehrer bey der neuen lutherischen Realschule, anbrachte. Eben derselbe hat ihm auch ein wolabgefaßtes Denkmahl gestiftet. Der älteste Sohn, Herr **Ludewig Albrecht Gebhardi**, hat nach des Vaters Ableben 1765. die dritte Lehrstelle bey der Lüneburgischen Ritteracademie erhalten.

Unser selige Rath Gebhardi war von ordentlicher Natur, wohl gebildet, und ziemlich stark, im Umgange aufrichtig, angenehm und manierlich. Man mogte ihn sehen, wenn man wollte, so zeigte sich immer eine besondere Munterkeit und Gegenwart des Geistes, welche ihn nicht eher, als in den letzten Tagen des Lebens, verließ. Er arbeitete fleißig, und wir haben die Früchte seiner gelehrten Bemühungen in verschiedenen Schriften erhalten, welche ihn dem Andenken der Nachwelt empfehlen. Selbige sind in folgens der Ordnung ans Licht getreten:

1) Facta

1) Facta Sereniſſimorum Ducum Brunſuicenſium heroica. Jenae. 1720. Eine unter des ſeligen Burchard Gotthelff Struvens Vorſitz gehaltene Diſputation. 17. Bogen.

2) Hiſtoriſche und genealogiſche Erläuterung der europäiſchen Kayſerl. und Königl. Häuſer, der ausgeſtorbenen chriſtlichen Kayſerl. und Königl. Häuſer, auch der mahomedaniſchen und heidniſchen Häuſer, nebſt einem Anhange von den Regenten der Juden. Lüneburg. 1730. und 1731. Drey Theile, im größten Folioformate, welche zuſammen 5. Alph. 18. Bogen ſtark ſind, und in den Actis Eruditorum. 1730. pag. 335. ſqq. wie auch 1731. pag. 430. ſqq. recenſiret werden. Er fieng dieſe Arbeit vornehmlich auf Ueberredung des Raths Pfeffingers, ſeines Collegen, 1725. an, und war Anfangs nur geſonnen die Lohmeierſchen genealogiſchen Tabellen nachzuſehen, richtiger zu machen und fortzuſetzen. Allein er ſahe die Schwierigkeit und das Unangenehme dieſer Arbeit bald ein. Deßhalben gieng er ganz davon ab, und verfertigte aus den beſten Quellen ein neues Werk, deſſen Gränzen ſich über Lohmeiers Ziel erſtreckten, und welches nicht bloß zum Gebrauch der Lernenden, ſondern auch zum Nutzen eines Geſchichtſchreibers eingerichtet werden ſollte. Eine ſo ausgedehnte Abſicht nahm ihm fünf Jahre weg, und er fiel darüber in eine langwierige Krankheit. Dieſen dreyen Theilen ſollte, nach des Verfaſſers Plan, der Chrfürſten, der deutſchen Fürſten, der Reichsvaſallen in Italien und dem Arelat, endlich der deutſchen Reichsgrafen und Herren Stammgebäude folgen. Allein da die Einrichtung der letztern Stammtafeln weit mühſamer war, und viele oft verſteckte Stellen einzelner Urkunden dabey gebraucht werden mußten: ſo erfoderte ſolches eigene und beſondere Ausführungen. Daher ſahe er ſich genöthiget, zuvor eine zuſammen hängende genealogiſchcritiſche Geſchichte eines jeden Hauſes auszufertigen; und ſodann erſt die Stammtafeln daraus zu entwerfen. Beyde Arbeiten ſind von dem Verſtorbenen in der Folge der Zeit beynahe zu Stande ge-

kommen, und nicht lange vor seinem Ende noch, so viel die immer zunehmende Schwachheit verstattete, fortgesetzt worden. Also hat er in lateinischer Sprache die Geschichte der Bayerschen, Lothringischen, Oesterreichischen, Sächsischen, Brandenburgischen, Mecklenburgischen, und vieler andern vornehmer Häuser vollendet; die Geschichte der übrigen Herren aber in Ordnung gebracht, und biß zur völligen Ausarbeitung in seinen Papieren hinterlassen. Die ganze Einrichtung dieser Geschichte, welches ein neues Werk werden sollte, erhellet aus verschiedenen Theilen derselben, die entweder unverändert, oder übersetzt, von ihm herausgegeben worden, und weiter unten Nummer 5. 6. 7. 9. und 11. angezeiget erscheinen.

3) Diss. de titulo Domini de Domo S. Michaelis. Luneburgi. 1731. in groß Quart. Der jetzige Oberhauptmann zu Bederkesa, Herr Wilh. Heinr. Grote, vertheidigte unter ihm diese Schrift, worinn ein beträchtliches Stück der Historie vom Michaeliskloster zu Lüneburg erläutert wird. Sie ist 6. Bogen stark.

4) Disquisitio de originibus Coenobii S. Michaelis. ibidem. 1732. in groß Quart. 3. Bogen stark. Damit wünschte er dem damahligen Landschaftsdirector, Joachim Grote, zu seinem Nahmenstage Glück, an welchem vor 200. Jahren die Reformation mit diesem Kloster vorgegangen war.

5) Reges Francorum Merouingici, documentorum auctoritate asserti. Luneburgi. 1736. in Quart, auf 1. Alph. 2½ Bogen. S. Acta Eruditorum, 1738. pag. 364. sqq.

6) Aquilonales Marchiones Electores Brandenburgici, documentorum auctoritate asserti. Lips. 1742. in Quart. S. Leipziger gel. Zeitungen, 1742. S. 599. sq. Göttingische Zeitungen von gel. Sachen, 1742. S. 422. sg.

7)

7) **Historischgenealogische Abhandlungen. Erster Theil. Lüneburg. 1747. in Octav.** Der zweete folgte zu Braunschweig 1762. Den dritten gab der Herr Sohn 1766. nach seinem Tode heraus, und fügte nicht allein ein paar eigene Abhandlungen, sondern auch eine Nachricht von des Verfassers Leben hinzu, woraus der gegenwärtige Aufsatz meistentheils genommen ist. Endlich erschien der **vierte Theil 1767.** welcher ebenfalls eine Abhandlung von dem Herrn Herausgeber enthält. Alle vier Theile füllen zusammen 2. Alph. 14. Bogen aus. Man findet viele genealogische Nachrichten darinn, welche für seine grossen Stammtafeln und andere dazu gehörige Schriften desselben zu weitläuftig waren. S. **Göttingische Zeitungen von gelehrten Sachen,** 1747. S. 772. fgg. 1761. und 1762. S. 988. fgg.

8) Progr. de ficto quodam Caesarum eleuandorum scuto. Luneburgi. 1750. auf 3. Bogen, in Folio. Man sehe davon die **Leipziger gel. Zeit.** 1750. S. 765. fg. **Göttingische gel. Zeit.** 1750. S. 625. fgg.

9) **Einladungsschrift von dem Ursprunge des durchlauchtigsten Hauses der Fürsten zu Nassau.** 1752. in Fol. 6. Bogen stark. Beyde Programmata sind zu Anhörung einiger öffentlicher Reden ausgefertiget worden, und des jetzt regierenden Erbstatthalters Durchl. haben die dabey gehabte Mühe mit einer ansehnlichen Schaumünze gnädigst vergelten lassen.

10) Dissertatio secularis de re litteraria Coenobii S. Michaelis in vrbe Luneburga, a prima origine, ad annum 1686. Luneburgi. 1755. in groß Quart, 21. Bogen, nebst einem Kupferblatte. Damit zeigte er einige öffentlichen Reden junger vom Adel an, welche die Jubelfeyer der hundertjährigen Stiftung der Ritteracademie veranlasset hatte. Die ganze Schrift enthält eine Menge merkwürdiger Nachrichten, und es ist nur Schade, daß der Verfasser die Fortsetzung von der nachher errichteten Ritter-

Johann Ludewig Levin Gebhardi. 47.

academie, deren Curatoren, Lehrern und vornehmsten Bürgern nicht auch geliefert habe, wozu er am Ende seiner Abhandlung Hofnung macht. S. Göttingische Anzeigen von gel. Sachen, 1755. S. 491. fgg.

11) Origines serenissimorum Ducum Meclenburgicorum. Luneburgi. 1761. 11½ Bogen in Folio. Die hohe Vermählung Sr. jetzt glorreichstregierenden Großbrittannischen Majestät gab die Gelegenheit zu dieser Abhandlung, und er kündigte zugleich zwo feyerliche Reden an. S. Göttingische Anzeigen von gelehrten Sachen, 1762. S. 636. fgg.

Sonst hat er auch noch einige kleinere historische Ausarbeitungen in verschiedenen Sammlungen abdrucken lassen, nehmlich:

12) **Genealogische Deduction der Schwäbischen Ida**, in der Hamburg. vermischten Bibliothec, im 3. Bande, S. 59. fgg.

13) **von dem Hause der Widonen; von der Agnes von Brandenburg, Herzogin zu Braunschweig; vom Herkommen Kayser Lotharius des dritten; von den Ebersteinischen Grafen an der Weser;** in den Hannöverischen Intelligenzblättern, 1753. St. 81. und der Zugabe, St. 87. in den Braunschweigischen Intelligenzblättern, 1745. S. 56. in dem Hannöverischen Magazin, 1752. S. 1255.

14) **Geschichte der Grafen von Wernigerode aus dem Unwianischen Geschlechte.** Sie füllt das
ganze

ganze erste Stück im 2. Bande der Sammlung ungedruckter Urkunden, und anderer zu Erläuterung der Niedersächsischen Geschichte und Alterthümer gehörigen Nachrichten, aus, welche man dem Herrn Hofgerichtsaſſeſſor von Bilderbeck zu danken hat, und iſt 1754. zum Vorſchein gekommen.

Zu dieſer Gattung muß noch eine gewiſſe Schrift geſetzt werden, deren Inhalt 1745. im 49. Stück der Braunſchweigiſchen Anzeigen ſteht, und welche die Nachkömmen Unwians, Herrn im Havegau, nehmlich die Grafen von Valkenſtein, Reinſtein, Wernigerode, Ruppin, Lindow, Müglingen, Blankenburg, Woldenberg, die Herren von Habeborn, die Pfalzgrafen von Sachſen, und die Oeſtlichen Marggrafen bekannt macht.

Auſſer dieſen angeführten Stücken hat er auch verſchiedene lateiniſche und deutſche Gedichte verfertiget, und unter ſeinen Handſchriften wird eine Ueberſetzung vieler Oden des Horatz; der Pſalmen Davids, aus der Italiäniſchen Umſchreibung des Juſtiniani; und eine Geſchichte der Wiſſenſchaften und Künſte des jetzigen Jahrhunderts angetroffen. In der letztern wollte er die Lebensumſtände der Gelehrten und Künſtler, merkwürdige Bücher und Kunſtſtücke, neue Entdeckungen, Freygebigkeiten und Ermunterungen groſſer Herren, auch überhaupt alles, was mit den Wiſſenſchaften einige Verbindung hat, genau erzählen. Allein es iſt nur bey Sammlungen verblieben, womit er im Jahre 1725. aufhörte.

* * *

Woher dieſe unſere Nachricht genommen ſey, iſt S. 46. im Anfang erwehnet worden.

Nachrichten von Niedersächsischen berühmten Leuten u. Familien.

Das 57. Stück.

Ernst Ludewig Orlich,
Pastor zu St. Michaelis und Scholarch, in Hamburg.

Da das Andenken dieses ehemahligen begabten Lehrers allhier noch keinesweges erloschen ist, so werden die Leser unserer Nachrichten von demselben eine Erzehlung seiner vornehmsten Lebensumstände vermuthlich schon erwartet haben. Wir liefern sie daher anjetzt, nach einer von guter Hand erhaltenen zuversichtlichen Abschilderung seines Characters.

Er ward im Jahr 1706. den 10. May zu Nelben an der Saale, im Herzogthum Magdeburg, gebohren. Sein seliger Vater war Johann Martin Orlich, damaliger Rentheinheber des Fürstlich Köthenschen Guthes zu Ammestorf, im Fürstenthum Köthen; seine Mutter aber Anna Dorothea, gebohrne Bertram, des Freysassen und Gerichts-Schulzen zu Girsleben Tochter. Sein Groß-Vater war Martin Orlich, Freysasse zu Nelben, und Gerichtsverwalter der Rauchauptschen adelichen Güther zu Trebnitz an der Saale. Sein Eltervater, Martin Orlich, war der Religion wegen genöthiget worden, seine Familie und Güther in Böhmen mit seiner Mutter zu verlassen, und hatte sich in Magdeburg mit des damaligen Bürgermeisters von Ahlemann Tochter, Jungfer Helena, verheyrathet, starb aber, als er wegen der damals vorseyenden

den betrübten Belagerung der Stadt Magdeburg, sich mit seiner Frau nach Hamburg begeben muste, wider alles Vermuthen Anno 1637. und ward ihm erst nach seinem Tode den 28sten April desselben Jahrs sein Sohn, obgedachter Martin Orlich, daselbst gebohren.

Unser selige Herr Orlich ward schon in seinem sechsten Jahre der Theologie gewidmet, und zu seinen beyden Oheims, die damahls Inspectores auf dem Pädagogio zu Halle waren, zur Erziehung und nöthigem Unterricht geschickt. Er war auch daselbst biß in sein zehntes Jahr. Da aber diese seine Oheims ins Predigamt gerufen wurden, kam er zu seinem ältern Onkel, dem damaligen Oberamtmann in Eisleben, und hatte in den dasigen Schulen, wie auch sonst daselbst, in den nöthigen und nützlichen Wissenschaften den gehörigen Unterricht. Von da ward er in seinem zwölften Jahr auf die Schulen zu Aschersleben und Quedlinburg gethan, wo er am erstern Orte besonders der treuen Vorsorge im Geist- und Leiblichen des dasigen seligen Oberpredigers Weißbecks sich zu erfreuen hatte, von welchem er nicht allein mit aller Liebe und Sorgfalt in den Gründen unserer geheiligten Religion unterrichtet, sondern auch nach erlangter Erkenntniß und darüber abgelegten Bekenntniß confirmiret ward. Er hat hernach diesen rechtschaffenen Lehrer nicht allein biß an sein Ende, als seinen besten Lehrmeister, verehret, sondern auch bey zweifelhaften Fällen in seinem Amte sich seines Raths sehr oft bedienet.

Im Jahr 1724. den 24sten April bezog er die Universität zu Halle, und setzte sich unter Anführung der damahligen berühmten Lehrer dieser hohen Schule in allen Theilen der Theologie recht fest. Im Monath Junius 1727. gieng er nach Cotbus in der Nieder-Laußnitz bey dem Kriegsrath und Oberamtmann Ferrari in Condition. Anno 1729. um Johannis predigte Er auf Verlangen zur Wahl eines Diaconus in Crossen, wollte aber die Wahl nicht abwarten, sondern gieng im Monath Julius wieder nach Halle, und von da zu seinen beyden Oheims, damahligen Superintendenten zu Grätz und Löbenstein. Während dieser Reise geschahe es, daß der wirklich an ihn ergangene Ruf nach Crossen durch einen

Ernst Ludewig Oelich.

einen Einschlag an einen Freund bey Halle, der eben damals verreiset gewesen, so lange liegen blieb, daß wegen zu lange zurückgebliebener Antwort man zu Crossen einen andern zum Diaconus daselbst erwählete. Ob nun gleich seine beyden Oheime alle Fürsorge für ihn bewiesen, und die Herren Grafen von Reuß alle Hoffnung zur Beförderung ihm versicherten, so gefiel es ihm doch nicht, in der dasigen Gegend zu bleiben, sondern er reisete auf schriftliches Anhalten einiger guten Freunde 1730. im Monath Januarius wieder nach Cotbus, und erlernte in kurzer Zeit die in denen dasigen Gegenden noch allezeit beybehaltene Wendische Sprache, wollte aber von da eben wieder wegreisen, als er auf die Wahl zum Prediger kam, ward auch von einem edlen Rath in Cotbus zum Prediger in Kolckwitz im Monath November des erwehnten 1730sten Jahrs erwählet. Nach erhaltenem Beruf gieng er zu seinen Eltern, um es ihnen zu melden. Hernach reisete er nach Cüstrin, und ward den 22sten December daselbst examiniret. Am 4ten Sonntage des Advents hielt er seine Probepredigt, und ward darauf am dritten Weynachtstage in der großen Kirche zu Cüstrin ordiniret. Am Neujahrstage 1731. verrichtete er seine erste Amtspredigt, und erhielt zugleich zu dem Sächsischen Filial Gulben die Vocation von dem dasigen Patron, dem Herrn Landrath von Pannewitz, ward auch am 2ten Sonntag nach Epiphanias von dem seligen Inspector Fabricius in Kolckwitz introduciret. Er predigte alle Sonntage an beyden Orten in Wendischer und Deutscher Sprache.

Darauf verheyrathete er sich im May 1731. mit Fräulein Juliana Charlotte von Schmieden, des ehemahligen Rußischen Vicepräsidenten von Schmieden Tochter, und einer Schwester der Frau Kriegsräthin Ferrarien in Cotbus, welche ihm aber vier Wochen hernach schon durch den Tod entrissen wurde. Er lebte 3½ Jahr im Wittwerstande. Im Jahr 1735. aber schritte er zur zwoten Ehe, und verband sich den 27. April mit Jungfer Henriette Louise heim, des seligen Johann Adolph Heims, Amtsverwalters zu Valkenhagen in der Grafschaft Lippe, jüngster

Tochter,

Tochter, welche wegen des frühzeitigen Verlusts ihrer Eltern ſich ſeit ihrem zwölften Jahre bey ihren nächſten Anverwandten daſiger Gegend aufhielt.

Im Jahr 1736. erhielt er einen Ruf zur Gaſtpredigt nach Cüſtrin, wo der damahlige Archidiaconus verſtorben war. Er legte dieſe Predigt mit Beyfall ab, war aber kaum von Cüſtrin wieder zurückgekommen, als er einen Ruf nach Trebnitz im Magdeburgiſchen bekam. Die Liebe zu ſeinen Eltern, welche ſich an dieſem Orte aufhielten, verurſachte ſo viel, daß er dieſe Vocation annahm, und zu Cüſtrin von der Wahl gelaſſen zu werden ſich ausbat. Im Jahr 1737. gleich nach Neujahr reiſete er daher mit den Seinigen nach Trebnitz, und ward daſelbſt am 3ten Sonntage nach Epiphanias von dem Herrn Inſpector Sturm introduciret. Schon Anno 1740. ward er nach Alsleben, nahe bey Trebnitz, zum Prediger an dem daſigen Dohm beruffen, hatte ſich auch bereits in Anſehen dieſer Stelle auf bringendes Anhalten ſo weit eingelaſſen, daß ihn das königliche Conſiſtorium zu Magdeburg auf ſein Anſuchen und gethane Vorſtellung, wozu ihn die Liebe ſeiner Gemeinde und derſelben Anhalten vermogte, hiervon nur diſpenſiren konnte. Er blieb alſo dießmal noch zu Trebnitz, und ward auf Befehl des gedachten Magdeburgiſchen Conſiſtorii zu Alsleben eine neue Wahl vorgenommen. Im Jahr 1744. aber bekam er einen Ruf nach Großenſalze bey Magdeburg, welchen er, wegen der dabey verſpührten göttlichen Direction anzunehmen willens war, doch durch das Anhalten ſeiner Gemeinde, wie auch den Wunſch ſeiner geliebten Eltern, auszuſchlagen bewogen ward. Da aber dieſer Ruf zum zweytenmahl an ihn gelangete, machte ihm ſolches hernach viele Unruhe in ſeinem Gemüthe, daß er auch nicht lange darauf in eine ſchwere Krankheit verfiel. Während dieſer Krankheit ſtarb ſeine Mutter, die ihn noch wenige Tage vorher beſuchet hatte. Er entſchloß aber damahls bey ſich ſelbſt, keinen Beruf, welcher ohne ſeine Veranlaſſung an ihn kommen würde, künftig wieder auszuſchlagen. Im folgenden Jahr ſtarb ſein Vater, der einige Zeit ſchon ſich bey ihm in ſeinem Hauſe aufgehalten hatte, an einer langwierigen Krankheit. Deſſen Tod ſetzte ihn in neue Betrübnis.

xis. Einige Monathe darnach im Jahr 1746. ward er nach Magdeburg zu einer Wahlpredigt, bey daselbst erledigtem zwoten Predigerstelle an der St. Catharinenkirche, eingeladen. Er folgte dieser Einladung, hielt im Monath Januarius 1747. seine Wahlpredigt, und bekam darauf die ordentliche Vocation. Die zeitlichen Umstände, worinn er durch diesen Ruf gesetzt waren, menschlichen Ansehen nach, bedenklich. Man hatte dem ersten Prediger an erwehnter Kirche, welcher wegen zugestoßener Schwachheit sein Amt nicht mehr verrichten konnte, sein Salarium und gewisse Einnahme gelassen. Es war folglich für den neuen zweeten Prediger nur ein schwaches Salarium, nebst einigen Accidentien, ausgesetzt worden. Verschiedene Freunde riethen ihm daher, die Vocation zurücke zu senden. So gar wurden ihm Briefe dieses Inhalts ohne Namen zugeschickt; wie er diß alles in seiner hernach gehaltenen Abschiedspredigt in Magdeburg, die zugleich mit der Braunschweigischen Antrittspredigt gedruckt worden, selbst erwehnet hat. Dieser bedenklichen Umstand ungeachtet blieb er dennoch bey seinem gethanen Gelübde, dergleichen Ruf zu folgen, hielt also in Trebnitz seine Abschiedspredigt, welche mit der Magdeburgischen Antrittspredigt in Magdeburg 1748. im Druck herausgekommen, reisete gleich nach Ostern 1747. nach Magdeburg ab, und ward Dienstags darauf, nach einer vom seligen Senior Struven gehaltenen Rede, von dem Stadt-Syndico Schmaligan im Namen eines edlen Raths der Stadt Magdeburg daselbst introduciret. Gott ließ es ihm in diesem neuen Amte nicht an Liebe und Segen fehlen. Das äußerte sich auch in Ansehen des Zeitlichen. Ohne sein Zuthun hatte das dasige Kirchen-Collegium die Liebe für ihn, daß es von demjenigen, was durch ihn die Kirchen-Gefälle verbessert wurden, ihm alle Vierteljahre bey ihrer gewöhnlichen Abrechnung ein Ansehnlichs zufließen ließen. Er war daher zufrieden, und wünschte sich keine Veränderung, noch weniger suchte er sie. Doch ward er im Jahr 1748. ganz unerwartet von Braunschweig aus eingeladen, eine Wahlpredigt bey der daselbst erledigten Predigerstelle an der St. Martinskirche abzulegen. Dieser unerwartete Antrag so wohl, als verschiedene dabey sich eräugende Vorfälle, machten ihn willig, dem erwehnten Verlangen ein Genügen zu leisten, und er reisete zu der bestimmten Zeit dahin ab, ward auch zu dem erwehnten Ammt würklich erwählet, und solche Wahl von dem durchlauchtigsten Herzoge confirmiret. Er gelangete daher im Monath Julius 1749. mit den Seinigen zu Braunschweig an, und ward daselbst am 17ten Sonntage nach Trinitatis nach gehaltener Antrittspredigt von dem Herrn D. Röcher, damahligen Superintendenten der Braunschweigischen Kirchen, introduciret. Im Jahr 1750. bekam er den Antrag zur Dohmpredigerstelle, die in Betracht verschiedener Umstände ihm nicht unangenehm seyn konnte. Allein der Vorwurf, den er sich machte, seine Gemeinde in so kurzer Zeit wieder zu verlassen, war die Ursache, daß er solchen Antrag von sich ablehnete. Im Monath Januarius 1753. ward er von Lüneburg aus befraget, ob er die Vocation zur dasigen Superintendentur anzunehmen gesonnen wäre. Da aber kurz zuvor die Repräsentanten seiner Gemeinde bey Ihro Durchlauchten um seine Beybehaltung angehalten, und um gnädigste Vermittelung gebeten hatten, so äusserten Ihro Durchl. der Herzog in denen gnädigsten Ausdrücken dieses ihr Verlangen. Er antwortete hierauf, daß er auf solche gnädige Aeußerung so gleich nach Lüneburg schreiben, und obschon der Ausschlag der Wahl annoch zweifelhaft wäre, dennoch nicht gerne die Lüneburger mit einer vergeblichen Wahl beleidigen wolle, schrieb darauf sogleich nach Lüneburg, und bat, statt seiner einen andern auf die Wahl zu nehmen. Doch wider alles Vermuthen hatte man acht Tage früher gewählet, und den Abend, da dieser Brief mit der Post abgegangen war, kam schon die Nachricht, daß die Wahl geschehen sey, da denn auch den darauf folgenden Tag die Vocation wirklich erfolgete. Sr. Durchlaucht der Herzog wünschten, daß Herr Orlich sein vorhin gethanes Versprechen erfüllen mögte. Er schickte darauf die erhaltene Lüneburgische Vocation durch denjenigen, welcher die Bestätigung seines bereits vorher gethanen Versprechens abhohlen sollte, an Ihro Durchl. den Herzog, und übergab sich Gott und dem Ausspruch desselben. Da nun Höchstdieselben, unter den gnä-

digbigsten Ausdrücken und Versicherung Ihrer Aufmerksamkeit auf ihn und die Seinigen, die Zurücksendung der Vocation verlangen ließen, so erklährte er sich diesem Verlangen gemäß, und sandte selbige zurück. Ihro Durchl. der Herzog aber begnadigten ihn aus selbst eigner Bewegung mit einer Zulage. Dennoch war er wegen dieses ausgeschlagenen Berufs nicht gänzlich ohne Gemüthsunruhe, und der göttliche Befehl: Du sollst auch andern Gemeinden das Evangelium predigen, und gehen, wohin ich dich sende! auf welchen ihn ein Mann aus treuem Herzen zurückzudenken veranlaßte, vermehrte seinen Kummer aufs neue. Eine zehn Wochen anhaltende Krankheit von den heftigsten Gichtschmerzen folgte ein viertel Jahr darauf. In dieser Krankheit nahm er sich abermals vor, wenn ihm Gott wieder einen Ruf zuschicken sollte, wolle er folgen. Nach überstandener Krankheit reisete er zur Bade- und Brunnencur nach Pyrmont, und befand sich darauf recht wohl, setzte auch diese Cur hernach alle Jahr mit Nutzen fort.

Doch die Vorsicht hatte es beschlossen, ihn noch ausser Braunschweig in der Kirche zu gebrauchen. Das zeigete sich im Jahr 1761. Denn da im Jahr 1760. den 6. Julius unser Hamburg seinen berühmten D. Friederich Wagner durch den Tod eingebüsset hatte; ward Herr Orlich an desselben Stelle wieder 1761. den 2. August erwählet. So ungerne er Braunschweig verließ, so wenig konnte er doch umhin, diesem Hamburgischen Ruf Folge zu leisten, und erhielte darauf von seinem durchlauchtigsten Landesherrn die gnädigste Dimißion, reisete den 28. September, nachdem er Sontags vorher seine Abschiedspredigt gehalten hatte, von Braunschweig ab, und kam alhier den 26. September glücklich an. Am 20. October hielte er in der kleinen St. Michaeliskirche seine Anzugspredigt, und ward nach derselben von dem Herrn Senior Gözen gewöhnlichermassen introducirt, hatte auch die Freude Anno 1762. den 19. October die grosse neuerbauete St. Michaeliskirche feyerlich mit zuweihen.

Im Jahr 1764. den 4. Julius reisete er mit dem Herrn Pastor Ulber und dessen Frau Liebste, wie auch noch einer

andern

andern Freundin, nach Pyrmont, der Brunnencur sich daselbst zu bedienen. Er kam mit seiner Gesellschaft glücklich und wohl zu Pyrmont an, fieng auch den Brunnen nach Wunsch zu trinken an. Doch am 15. Julius befiel er wider alles Vermuthen mit einem Schlafluß, woran er kurz nach 10. Uhr Abends verschied, nachdem er sein rühmlich geführtes Alter auf 58. Jahre, 2. Monathe und 5. Tage gebracht hatte.

Wie schmerzlich durch die Nachricht hievon nicht nur seine, ihn sehr liebende, Gemeine, sondern auch besonders die hinterlassene Frau Wittwe und seine sämmtliche Familie betrübet worden, ist leicht zu erachten. Sie hatte das Vergnügen gehabt, in ihrer Ehe ihn mit zehen Kindern zu erfreuen, wovon vier in ihrer Jugend, nemlich zween Söhne und zwo Töchter, dem seligen Manne in die Ewigkeit vorgegangen, fünf Söhne und eine Tochter aber noch am Leben sind. Der älteste Sohn, **Timo Ernst Ludewig Orlich**, erlangte den 22. December 1763. zu Helmstädt die Würde eines Doctoris beyder Rechten, wie in den **Hamburgischen Nachrichten aus dem Reiche der Gelehrsamkeit**, 1764. S. 173. fg. gemeldet worden, ward aber nach seines Vaters Tode Kriegs- und Domainenrath bey der königl. Preußischen Cammer zu Cleve. Der zweete, **Johann Gottlieb Ludewig Orlich**, ward 1763. den 26. Februar zu Frankfurt an der Oder beyder Rechten Licentiat, wie in den gedachten **Hamburgischen Nachrichten**, 1763. S. 264. erzählet wird, nachher bey der königl. Preußischen Cammer zu Mörs und Geldern, als Referendarius, bestellet, stehet aber jetzt als Kriegs- und Domainenrath bey der zu Hamm neu errichteten königl. Preußischen Märkischen Cammer. Der dritte, **August Wilhelm Leopold Orlich**, war zuerst fünf Jahre in herzogl. Braunschweigschen Diensten, und zwar die letzten Jahre Lieutenant, ward aber kurz vor dem Absterben seines Vaters in unserer Stadt Dienste, als Oberlieutenant, aufgenommen.

(Der Beschluß künftig.)

Nachrichten von Niedersächsischen berühmten Leuten u. Familien.

Das 58. Stück.

Beschluß des im vorhergehenden Stück abgebrochenen Artikels.

Die auf denselben, der Ordnung nach, folgende Tochter hält sich noch bey ihrer Mutter auf. Der vierte Sohn aber ist seit seinem 15ten Jahr in fürstl. Braunschweigschen Diensten gestanden, und ist anjetzt Lieutenant bey Sr. Durchl. des Erbprinzen Regiment. Der fünfte Sohn, der seines seligen Vaters Verlust bereits in seinem achten Jahre beweinen muste, befindet sich gleichfals noch bey seiner Mutter.

Wir müssen noch die Schriften des seligen Herrn Pastoris anführen. Folgende sind uns bekannt geworden:

1) Die Arbeit der Lehrer und Zuhörer in den Gemeinden des Herrn an ihren Seelen, in einigen heiligen Reden bey Veränderung seines Amts vorgestellet. Magdeburg. 1748. in Quart. S. Leipziger neue Zeitungen von gelehrten Sachen, 1749. S. 199.

2) Oeffentliche Zeugnisse seiner Amtsveränderung in einigen heiligen Reden dargeleget. Braunschweig. 1750. in Octav. S. Hamburgische Berichte von gelehrten Sachen, 1750. S. 607.

3) Die gute Gestalt eines Proselyten, in einer Rede bey der Taufe eines ehemahligen Juden vorgestellet, nebst dem ihm gegebenen Unterricht.

Braunschweig. 1754. in Octav. S. die Acta historico-ecclesiastica, im 18. Bande, S. 904. fgg. und die Leipziger Zeitungen von gelehrten Sachen, 1754. S. 333. fg.

4) Sammlung einiger Predigten. Braunschweig. 1761. in Octav. S. Hamburgische Nachrichten aus dem Reiche der Gelehrsamkeit, 1761. S. 523. fg.

5) Das Sterbebette der Frommen, als eine heilige Stäte. Eine am Feste der Reinigung Mariä 1757. gehaltene Predigt. Sie stehet im 5. Theil der Gözischen Canzelreden, S. 239. fgg.

6) Das Amt eines evangelischen Lehrers nach dem Muster Jesu, in einer Abschiedspredigt zu Braunschweig vorgestellet. Hamburg. 1761. in Quart. S. die gedachte Hamburgische Nachrichten, 1761. S. 793. fg. Sie ist auch in dem 9. Theil der Gözischen Canzelreden, S. 281. fgg. befindlich.

7) Die Ausbreitung des Evangelii, als die Hauptpflicht christlicher Lehrer, in einer Antritspredigt zum Pastorat an der Michaeliskirche in Hamburg vorgestellet. Hamburg. 1761. in Quart. S. die obgedachte Hamburgische Nachrichten, 1761. S. 794. fg. Sie ist gleichfals in den Gözischen Canzelreden, im 10. Theil, S. 89. fgg. gedruckt.

8) Einweihungspredigt der neuen St. Michaeliskirche zu Hamburg. Hamburg. 1762. in Quart. S. die Nova Acta historico-ecclesiastica, im 4. Bande, S. 423. fg. und die Hamburgische Nachrichten aus dem Reiche der Gelehrsamkeit, 1762. S. 765. fg.

9) Dank- und Freudenpredigt an dem 1763. gehaltenen Friedensfeste. Hamburg. 1763. in Quart. S. die Hamburgische Nachrichten, 1763. S. 389.

10) Entwürfe seiner Sonn- und Feyertagspredigten. Drey Jahrgänge. Hamburg. 1762. 1763. 1764. in Octav.

Ernst Ludewig Otlith.

11) Daß ihm die Vorrede zuzuschreiben sey, welche vor dem kurzen Entwurf der heilsamen Worte, welche im Jahr 1757. über die gewöhnlichen Sonn- und Festtagsevangelia in den Hauptpredigten des Braunschweigischen Stadtministerium vorgetragen, Braunschweig, 1758. in Octav, befindlich ist, hat der selige Mann selbst angezeiget in dem kurzen Vorbericht zu dem ersten Jahrgang seiner Hamburgischen Entwürfe von 1762. Es stehen auch in diesem kurzen Entwurf seine eigene Dispositiones der im Jahr 1757. in Braunschweig gehaltenen Predigten.

* * *

Eine kurze Nachricht von desselben Leben und Schriften ist zu finden

a) in D. Otto Nathanael Nicolai ersten Fortsetzung des Magdeburgischen Cleri oder Lebensbeschreibungen der evangelischen Prediger in Magdeburg, so der selige M. Friedrich Gottlieb Rettrer herausgegeben, Magdeburg, 1765. in Quart, S. 85. fgg.

b) in der Nouis Actis historico-ecclesiasticis, im 5. Bande, S. 544. fgg.

Sein wohlgetroffenes Kupfer stehet vor dem 9. Theil der Götzischen Sammlung auserlesener Canzelreden.

Matthäus Rodde,

Bürgermeister der kayserlichen freyen Reichsstadt Lübeck.

Es werden in unsern Tagen, und sind zu allen Zeiten viele nicht zu den Gelehrten gerechnet, ob sie es gleich oft mit eben so viel, oder gar mehrerem Recht verdienet hätten, als einige dererjenigen, welchen man diesen Rahmen ohne Bedenken beyzulegen gewohnt ist. Ein solcher

cher war auch dieser verehrungswürdige Mann, dessen Gedächtniß einer spätern Dauer vollkommen würdig ist.

Es vermehrte derselbe die Anzahl der Lebendigen zu Lübeck im Jahr 1681. den 10. September. Seine Eltern waren **Matthäus Rodde**, Kaufmann und Handelsherr daselbst, und **Anna Dorothea**, gebohrne **Schreibern**. Seine väterlichen Vorfahren stammten aus Westphalen. Auf väterlicher Seiten waren seine Großeltern **Matthäus Rodde**, Kaufmann in Lübeck, und **Catharina**, gebohrne **Brandes**, eine Tochter des seligen **Johann Brandes**, Herrn des Raths, und **Catharina**, gebohrnen **von Lüneburg**; auf mütterlicher Seiten **Johann Schreiber** oder **Schryber**, ein Kaufmann, und **Anna**, gebohrne **von Senden**, eine Tochter des seligen **Berend von Senden**, und **Dortheen**, gebohrnen **von Lengerken**, deren Vater **Georg von Lengerke** Rathsherr in Lübeck gewesen. Sein Eltervater väterlicher Seite war **Matthäus Rodde**, ehemaliger Bürgermeister der Stadt Lübeck, und seine Eltermutter **Anna**, gebohrne **Prünsterero**, eine Tochter des seligen **Franz Prünsterer**, aus Nürnberg, Herrn des Raths zu Lübeck. Desgleichen waren auf mütterlicher Seite sein Eltervater **Matthias Schryber**, ein Kaufmann, und seine Eltermutter eine gebohrne **von der Wieden**, eine Tochter des seligen **Matthias von der Wieden**, Seidenhändlers. Der Stifter seines Geschlechtes in Lübeck war sein Oberältervater väterlicher Seiten, **Adolph Rodde**, Herr des Raths daselbst, aus Münster in Westphalen gebürtig, allwo dessen Vater, Großvater und Eltervater ein gutes Andenken ihrer auch in Lübeck noch bekannten Namen nachgelassen haben. Desselben Ehefrau war **Catharina**, gebohrne **Bremers**, aus Lübeck.

Das Bewußtseyn, von so wackeren Voreltern abzustammen, würde auch einen minder edlen Geist, als der seinige war, haben ermuntern können, eine würdige Lebensbahn zu wandeln. Was er zu thun nicht nur das Vermögen, sondern auch den Willen haben würde, das konnte schon aus

den

den erstern Merkmahlen seines Verstandes und liebenswürdigen Herzens geweissaget werden. Es entdeckte sich frühzeitig bey ihm ein gewisser Hang, mit seinen Neigungen auf etwas Ausnehmendes und Vorzügliches zu verfallen, und ein natürlicher Trieb, Alles, was er vornahm, mit gutem Bedacht, stiller Ueberlegung, sorgfältiger Aufmerksamkeit, und großer Wißbegierde zu behandeln. Was der zarten Jugend zuerst eingepräget wird, das pfleget sonst selten ohne Widerwillen, oder doch die meiste Zeit nur aus Gehorsam und weil es so seyn muß, von ihr angenommen zu werden. Aber unser wohlseliger Herr Rodde fand sogleich in den Dingen, welche ihm die erste Erkenntniß mittheileten, so viel Süßigkeit, daß er nie vergnügter war, als wenn er sich immer weiter darinn unterrichten konnte. Seine Lehrer, die das Christenthum und andere schätzbare Einsichten und Geschicklichkeiten bey ihm zu gründen hatten, bekamen davon eine erwünschte Erfahrung über die andere. Er hatte so viel Lust zu seinen Arbeiten, als wenn es sein Wunsch gewesen wäre, sein Leben mit nichts, als den Studien, hinzubringen. Dieses geschahe zwar hernach nicht. Aber sein jugendlicher Fleiß hat überaus viel Gutes bey ihm gestiftet und zu verschiedenen großen Eigenschaften, die ihn hernach von andern unterschieden, den ersten Grund geleget.

Er hatte sein sechzehntes Jahr bis zur Hälfte vollbracht, als sich der göttliche Wink über seine zukünftige Lebensart in gewissen äußerlichen Umständen deutlicher erklärete, als er sich bisher in seinen angebohrnen Trieben und Neigungen schien entdecket zu haben. Man befand nach vielen Ueberlegungen, daß für seine künftige Wohlfahrt nicht besser würde gesorget werden können, als wenn man ihn der Handlung widmete. So bald er sahe, daß dieses beschlossen ward, wünschte er in unserm Hamburg seine Lehrjahre zuzubringen. Aber dieses wollte ihm so fort noch nicht glücken. Und weil gleichwohl die Absicht auf die Fremde gerichtet blieb, so mußte er sich bequemen, in Stockholm bey einem Lehrherrn, der ihm und seinem Vater sehr angepriesen ward, in Dienste zu gehen. Nachdem er allda 1697. den 10. May angelanget war,

war, sahe er in kurzer Zeit, daß er nicht so angekommen sey, als er es sich nach den gemachten Beschreibungen vorgestellet hatte. Wie konnte eine Erfahrung von dieser Art ihn anders, als betrüben? Weder die Handlung des Hauses, noch die Begegnung der Leute war so beschaffen, daß er sich gänzlich dabey beruhigen konnte. Und dennoch war er willens, unter Gottes Beystand alles gedultig und biß zum Ausgang der ihm bestimmten Zeit auszuhalten. Zu den harten Prüfungen, die dabey über ihn ergiengen, fügten sich zuletzt so bedeckliche Umstände, daß in diesem Entschluß eine Aenderung getroffen werden mußte. Kaum hatte er vier Wochen zu Stockholm in Gesundheit zugebracht, so überfiel ihn ein hitziges Fieber, in welchem er einige Tage ohne Verstand und oft auch ohne Hoffnung zum Aufkommen hinbrachte. Nachdem man endlich meinte, daß die Krankheit gewichen wäre, hatte sie traurige Ueberreste nachgelassen. Er führte beständig in Schweden ein sieches Leben, und konnte in diesem Lande auf keine Weise wieder zu Kräften kommen. Er sahe wohl, daß er auf einen guten Abschied aus seinen damaligen Verbindungen bedacht seyn müßte. Dazu bequemte sich auf vielfältige Anhalten seines Herrn Vaters endlich auch sein Lehrherr, so gern ihn derselbe als einen gesitteten, tüchtigen und brauchbaren jungen Menschen bey sich behalten hätte.

Er kam also zu Anfange des Maymonats 1699. wiederum nach Lübeck, und ward in kurzer Zeit völlig gesund. Nach Verlauf dreyer Monate hatte er würklich das Glück in Hamburg bey einem Kaufmanne, der mit Gewürzwaaren einen großen Handel trieb, in die Lehre gegeben zu werden. Doch war es wiederum hart, daß die zwey Dienstjahre, die er in Schweden ausgehalten hatte, fast gar nicht gerechnet wurden, und daß er, wie der geringste Anfänger, es sich gefallen lassen mußte, bis Ostern 1707. und also beynahe ganzer acht Jahre von neuem auszudienen. Indeß halfen ihm seine Tugend und Gottseligkeit alles überwinden. Sein Fleiß verdoppelte sich bey einer jeden neuen Gelegenheit, etwas zu lernen, und seine natürliche Geschicklichkeit so wohl, als die er sich bereits erworben hatte, war Ursache, te, daß er ungleich mehr Einsichten und Fertigkeiten zulegte, als andere in dem Ablaufe eben so vieler Jahre zu gewinnen pflegen.

Es fehlte auch an Veranlassungen nicht, dieselbe bald mehr, als es bißher geschehen können, auszuüben und an den Mann zu bringen. Im Jahr 1707. auf Ostern trat er alhier zu Hamburg zum erstenmal auf vier Jahr in eine Contoirbedienung. Dieselbe gab ihm die schönste Gelegenheit, im Briefwechsel und allerley Gewerben und Handlungsgeschäften sich immer geübter und vollkommner zu machen. Einen besonders vorzüglichen Nutzen verschafte ihm eine Reise nach Holland, die er in den Angelegenheiten seines Handlungsherrn im Jahr 1709. innerhalb fünf Monaten zurück legte, und eine andere, die im Jahr 1711. auf gleiche Weise nach Berlin, Leipzig und Dresden, und von dannen weiter über Liegnitz nach Breslau angestellet ward. Als er diese letzte Reise that, waren die erwehnten vier Jahre seiner Bedienung schon zu Ende gegangen. Sein gewesener Herr hatte ihn zu derselben nur aus gutem Vertrauen zu seiner Freundschaft und zu den edlen Gesinnungen, die er an ihm wahrgenommen, zu vermögen gewußt. Dieser Mann hatte es überhaupt sehr gut mit ihm im Sinn. Eben auf seine nachdrückliche und gegründete Empfehlungen geschahe es, daß verschiedene Lübeckische nach Portugal handelnde angesehene Häuser, insbesondere der damalige Senator Peter Heinrich Tesdorf, nachmaliger Bürgermeister daselbst, ihr Augenmerk auf ihn richteten, um die Betreibung ihres wichtigen, zu Lissabon blühenden, Handels durch ihn zu besorgen. Er war also kaum von seiner Reise nach Sachsen und Schlesien zu Hamburg und fernerweit zu Lübeck wiederum angekommen, als er unter vielen Gunstbezeigungen und vortheilhaften Erbietungen von Seiten seiner Gönner zur Abreise nach Portugal sich entschloß.

Diese Reise nahm annoch in demselben Jahre mit dem Juliusmonat ihren Anfang. Er gieng über Hamburg nach Holland, und von dar nach London, worauf er sich zu Falmouth auf ein Packetbooth einschifte, und mit demselben zu Anfange des Octobermonats, glücklich zu Lissabon anlangte, allwo er bey dem Contoir seiner neuen Handlungsherren, de la Foutaine, Vos und Tesdorf, überaus willkommen war. Die vorzügliche Bedingung, welche man ihm dabey eingieng, bestand darinn, daß er, wie es gewöhnlich ist, nach Verlauf einiger Jahre mit in diese Handlungsgesellschaft treten, und alsdenn alle dabey erwachsende Vortheile mit genießen sollte. Auch dieses geschahe einige Jahre später, als er es sich vorgestellet hatte. Auf verlängerte Lehrjahre folgten bey ihm auch langwierige Bedienungsjahre. Aber sein Ziel ward doch dadurch nicht eigentlich verrückt. Selbst seine Gedult fand ihre Stärkung und Unterstützung, weil er die Mittel kannte und zu gebrauchen wuste, manche Zeit, die viele mit Eckel als überflüßig ansehen, zu seinen erheblichen Vortheilen anzuwenden. Er lase zum Exempel, so oft er Musse hatte, mit grosser Begierde allerhand gute Bücher. Sogar die lateinische Sprachlehre kam ihm nie gänzlich aus den Händen, geschweige aus dem Gedächtniß. Er fand an derselben völlig denjenigen Nutzen, den Gelehrte und Ungelehrte oft nur gar zu wenig beherzigen, und daher die Gewohnheit haben, die Zeit, welche sie oder andere auf die kunstmäßige Erlernung der lateinischen Sprache verwendet haben oder noch verwenden, für ungewöhnlich lang und bey nahe für verlohren zu halten. Er sahe deutlich, was für einen beträchtlichen Einfluß die gründliche Erkenntniß in dieser Sprache in unglaublich viele andere Dinge habe, die auch einem Kaufmanne zu statten kommen. Niemand hat mit leichterer Mühe die Holländische, Französische, Portugiesische und andere Sprachen gründlich erlernet, als er es mit Hülfe der lateinischen Sprache und durch die beständige Erinnerung an dieselbe gethan hat. Niemand hat vielleicht sorgfältiger und grundrichtiger deutsch geredet und geschrieben, als er, der manchen Gelehrten in diesem Stücke, wenn er wollte, beschämen konnte, und der andere vielmal mit vermehrten Erkenntnissen von dieser Art von sich gelassen hat. Eben daher war er im Stande, in den verschiedenen Mundarten, die ihm bekannt waren, sich schriftlich, kurz, deutlich und ungleich bestimmter, als viele andere, auszudrücken, auch seinen Briefwechsel sehr bequem, glücklich und auf eine Art, die ihm Ehre machte, zu unterhalten.

(Der Beschluß folgt.)

Nachrichten
von
Niedersächsischen
berühmten Leuten u. Familien

Das 59. Stück.

Beschluß des im vorhergehenden Stück abgebrochenen Artikels.

Verehrungswürdig machten ihn jedoch vornehmlich einem jeden, der ihn kannte, seine Eigenschaften. Er übte ein mustervolles Christenthum, welches durch seinen Mund, durch sein Bezeigen, durch vielfältige Proben seines Gott gewidmeten Herzens, Rührung und Erbauung stiftete. Er unternahm nichts, wobey ihm nicht die Furcht des Höchsten vor Augen stand und ihre Maaßregeln an die Hand gab. Daneben besaß er eine ungemeine Treue und Emsigkeit in seinem Beruf. Man konnte es ihm vielmal ansehen, daß Handelssachen Kopfsachen und fähig sind, die ernsthaftesten Gedanken eines Menschen aufzufodern. Aber desto freundlicher, höflicher, leutseliger und gesprächiger war er wiederum gegen andere, mit denen er in Unterredung gerieth, und wuste dieselben auf eine angenehme und unterrichtende Art über viele Dinge Stunden lang zu unterhalten. In seinem Begegnen war er deutsch, treuherzig, vertraulich und gründlich. Die Mischung der Huld und des Ernstes, die sein Angesicht bezeichnete, ward überall in seinem Wesen bemerket. Sein Herz war zu erhaben, als daß er hätte schmeicheln, und zu liebreich, als daß er hätte störrisch seyn oder verfolgen können. Sein Geist war freudig, standhaft, thätig und aufgeweckt biß in sein Alter, und hatte Munterkeit gnug, seinen ansehnlichen und wohlgebildeten Körper biß

2. Band.

zu allerletzt dergestalt zu beseelen, daß er stets viel Feuer und jugendliches Ansehen übrig zu behalten schien.

Im Jahr 1722. war er schon eine gute Zeitlang ein Mitglied der obgedachten Handlungsgesellschaft in Lissabon gewesen. Sehr oft aber hatte sich eine patriotische Sehnsucht in sein Vaterland bey ihm gereget. Nachdem er endlich im Stande zu seyn glaubte, wieder in seine Heimat zurück zu kehren, wuste er mit seinen Gesellschaftern und mit andern entferntern Freunden, welche der Briefwechsel mit ihm verband, die Anstalten zu verfügen, daß er unter gänzlicher Bewilligung derselben und unter ihren vielen Glückwünschen im Juliusmonat des gedachten Jahres seine Reise nach Hause antrat. Er reisete bald über die See nach London, und kam von dannen über Holland, Bremen und Hamburg im November nach Lübeck. Daselbst empfieng ihn jedermann mit Hochachtung, Liebe und Freundschaft. Aber nirgend war die Freude über seine Ankunft grösser, als in dem Hause des schon vorhin gedachten seligen Peter Heinrich Tesdorps, damaligen Bürgermeisters der Stadt Lübeck. Aus eben diesem Hause entstand ihm dasjenige Glück, welches er unter den so vielen erfreulichen Begebenheiten, die ihm allhier wiederfahren sind, als eine der angenehmsten, zeitlebens angesehen hat.

Er verheyrathete sich nemlich im Jahr 1723. den 30. August mit Jungfer Maria Tesdorpfen, damaligen einzigen noch übrigen Tochter dieses gedachten seligen Bürgermeisters zwoter Ehe. So beglückt diese Verbindung in allen Stücken zu schätzen war, so sehr ward es von einem jedweden bedauret, daß sie bereits nach eilf Jahren wiederum getrennet ward, indem ihm im Jahr 1734. den 13. Febr. solche seine liebenswürdige Ehegattin durch einen viel zu frühen Tod von der Seite gerissen ward. Indessen hat er die Freude gehabt vier Kinder, wovon ein Sohn verstorben ist, und von zween derselben unterschiedene Enkel und Enkelinnen zu sehen.

Sein ältester Sohn, Herr Matthäus Rodde, angesehener Kaufmann und Handelsmann in Lübeck, gebohren 1724. den 19. Julius, verheyrathete sich den 16. August 1753.

Matthäus Rodde.

1753. mit Jungfer Catharina Elisabeth Balemann, ältesten Tochter des seligen Herrn Bürgermeisters Heinrich Dieterich Balemanns. Die aus dieser glücklichen Ehe erzielten Kinder sind 1) Matthäus, gebohren 1754. den 2. August, 2) Heinrich Dieterich, gebohren 1755. den 2. November, gestorben 1758. den 26. Februar, 3) Peter Heinrich, gebohren 1757. den 17. May, 4) Maria Elisabeth, gebohren 1759. den 21. Januar.

Sein zweytes Kind, eine Tochter, Namens Magdalena Margaretha, gebohren 1725. den 10. August, ward im Jahr 1744. den 9. Junius mit Herrn Nicolaus Barward Mentz, Kaufmann in Lübeck, verheurathet, und hat ihn mit acht Kindern, welche noch alle leben, erfreuet. Es sind namentlich diese: 1) Maria Elisabeth, gebohren 1745. den 10. September, 2) Christina Margaretha, gebohren 1748. den 24. Januar, 3) Matthäus Nicolaus, gebohren 1749. den 29. August, 4) Anna Catharina, gebohren 1751. den 23. Julius, 5) Catharina Magdalena, gebohren 1753. den 27. Junius, 6) Ludewig, gebohren 1755. den 24. October, 7) Peter Heinrich, gebohren 1757. den 27. März, 8) Nicolaus Barward, gebohren 1760. den 10. November.

Sein drittes Kind, ein Sohn, Namens Peter Heinrich, ward 1727. den 3. April gebohren, starb aber noch in demselben Jahre im September.

Sein jüngster Sohn, Herr Peter Heinrich Rodde, gebohren 1730. den 9. Februar, treibet die Handlung zu Lübeck.

Ein Jahr nach dem betrübten Absterben seiner geliebten Ehegenoßinn gefiel es der Vorsehung, ihn nach allerley verwalteten bürgerlichen Aemtern unter die Väter der Stadt Lübeck zu versetzen, indem er im Jahr 1735. den 19. Febr. zum Mitgliede eines hochedlen Rathes daselbst erwehlet ward. Es geschahe biß zum grossen Vergnügen der ganzen Stadt, die in ihm lange einen verständigen und unermüdeten Patriotrioten gekannt, und nun so vielmehr Gelegenheit hatte, seine viele dem gemeinen Wesen zuträgliche Tugenden, seine Einsichten, seinen Eifer für die Gerechtigkeit und Wahrheit, seine ungefälschte Bürgerliebe, seine unauslöschliche Begierde, Gutes zu stiften, und sonst viele trefliche Gaben und Eigenschaften kennen zu lernen und dankbar zu verehren. Eben daher war es 22. Jahre darnach eine allgemeine Freude für Lübeck, als er im Jahr 1757. den 27. November zur ansehnlichen Bürgermeisterwürde emporstieg.

Er war schon hoch bejahret, als dieses geschahe. Allein er war ein viel zu liebenswürdiger Greis, ein viel zu verehrungswürdiger Vater des Vaterlandes, ein viel zu lobwürdiger Regent, als daß man seiner Jahre nicht noch viele hätte wünschen sollen. Noch mehr. Man versprach sich derselben mit vergnügender Hofnung immer mehrere, weil sein gesetzter und standhafter Geist und Körper ihm das allerspäteste Alter zu verkündigen schienen. In der That ist er in seinem Leben fast stets bey guter Gesundheit gewesen. Das Podagra beunruhigte ihn zwar zuweilen durch einige Anfälle. Aber dieselben waren doch selten von langer Dauer oder grosser Heftigkeit. Wer konnte es strafen, wenn Liebe und Hofnung noch immer auf sein längeres Leben Rechnung machten?

Seit dem 3. Januar des 1761sten Jahres mehrten sich einige sorgsame Vorstellungen. Er kam mit einiger Unpäßlichkeit vom Rathhause, und muste sich bald zu Bette legen. Nach Verlauf verschiedener Monate kam er zwar wieder hervor, und schien sich darnach aufs neue recht erholet zu haben. Aber die allgemeine Freude hierüber hatte sehr kurzen Bestand. Denn da ihn seit dem Anfang des gedachten 1761sten Jahres eine Art einer unordentlichen Gicht eine geraume Zeit angegriffen, und die Kräfte sehr mitgenommen hatte, so erfolgte hierauf eine Art ungesunder Schwülstigkeit; welche die Aerzte Cachexiam nennen, und eine sehr beschwerliche Engbrüstigkeit, als merkliche Zeugen überflüßiger schädlichen Feuchtigkeiten und der geschwächten Kräffte der innerlichen Theile. Ob nun wohl durch den Gebrauch
dien-

tenlicher Mittel bey herannahender gelinderer und angeneh-
merer Witterung, so wohl in Ansehung des Geschwulstes,
als des Athemholens, eine Linderung erfolgte, so wolten
doch wegen der hohen Jahre die völlige Kräfte nicht nach
Wunsche erfolgen, sondern ein langwieriger scorbutischer
Ausschlag, schlaflose Nächte und andere üble Zufälle nahmen diesen wohlverdienten Mann am 11. September des
Morgens frühe zwischen drey und vier Uhr aus der Welt.
Am 17. September ward sein entseelter Leichnam mit einem
ansehnlichen Gefolge zur Erden bestattet. Das Andenken
seiner Tugenden und Verdienste aber bleibet Lübeck unvergeßlich.

* * *

Das zu Ehren des seligen Herrn Bürgermeisters gedruckte
zwiefache Denkmahl, deren jedes einen Bogen in Folio stark
ist, führet folgende Aufschrift:

a) Exsequias tristes funeri viri magnifici et illustris,
Domini MATTHAEI RODDE, Consulis de re-
publica Lubecensi immortaliter meriti et Scholarchae grauissimi, solenniter ducendas indicit, ac
tanti Viri memoriam omnibus et singulis de meliori commendat *Jo. Henr. à Seelen*, SS. Theol.
Lic. et Gymn. Lubec. Rect. Lubec. 1761.

b) Leben und Verdienste des weiland Magnifici,
hochedelgebohrnen und hochweisen Herrn,
Herrn Matthäus Rodde, hochansehnlichen und
hochverdienten zweyten Bürgermeisters der
kayserlichen freyen und des heiligen Römischen Reichs Stadt Lübeck und Scholarchen,
zum fortdaurenden Andenken des Wohlseligen aus bewährten Nachrichten aufrichtig
beschrieben, und dem vornehmen und volkreichen Leichengefolge am Tage der Beerdigung vorgeleget von Johann Daniel Overbeck,
des Lübeckschen Gymnasii Conrector. Lübeck,
1761.

Johann Mattheson,

Großfürstl. Hollsteinischer Legationsrath.

Daß es für das Reich der Wissenschaften kein Schade sey, die Liebe dazu mit der Liebe der Music zu vereinigen, beweisen die Exempel vieler grosser Gelehrter der gegenwärtigen und vorigen Zeiten. Herr Mattheson aber verdienet besonders zur Bestätigung dieses Satzes angeführet zu werden.

Er ward alhier in Hamburg 1681. den 28. September gebohren. Sein Vater, Johann Mattheson, war Acciseeinnehmer hieselbst. Sein Großvater war ein wohlversuchter Kriegsmann, und sein Eltervater Stadtschreiber in Wismar. Sein Geschlecht aber kömmt eigentlich aus Norwegen her. Seine Mutter Margaretha, gebohrne Höling, war aus Rendsburg gebürtig. Seine Eltern trugen für seine Erziehung alle schuldige Sorge, und übergaben ihn verschiedenen besondern Lehrern. Nachdem seine zween Brüder jung verstorben, muste er die hiesige Johannesschule besuchen, woselbst er, nebst den lateinischen und griechischen Sprache, anfangs durch den damaligen Sub- und hernach Conrector, Paul Georg Krüsike, so dann durch den Rector, Johann Schulze, in andern Wissenschaften mit Fleiß unterrichtet ward. Im siebenden Jahr seines Alters machte man mit ihm den Anfang zur Music, mittelst getreuer Anweisung eines geschickten Mannes, der Nicolaus Hanf hieß, und vorhin Capelldirector des Bischofs von Lübeck zu Eutin gewesen war, hernach aber, da die Capelle daselbst eingieng, Organist am Dom in Schleswig ward. Dieser unterrichtete ihn vier Jahr auf dem Clavier und in der Setzkunst, ein anderer, Namens Woldag, zu gleicher Zeit in der Singekunst. Dabey hatte er auch in Tanzen, Reissen, Rechnen, auf der Gambe, Violine, Flöte und Hoboe, ferner bey heranwachsenden Kräften im Fechten bey dreyen Meistern, im Reiten u. s. f. seine Uebundungen. Nachdem er sich, bey so zartem Alter, 1690, mit einer umfänglichen hellen und lieblichen Discantstimme, auch selbsteigener Composition, in verschiedenen Kirchen, wie auch zum öftern mit Orgelspielen (ohngeachtet die Füsse das Pedal noch nicht erreichen konnten) als ein neunjähriger Knabe hören ließ; nicht weniger in besonders angestellten Concerten sich selbst bey seinen Singen alles Vorgelegte mit dem Generalbaß acompagnirte; ja schon bey Nebenstunden einiges vornehmes Frauenzimmer unterrichtete; gefiel er dem seligen Gerhard Schott, nachmals Rathman dieser Stadt, dermassen, daß ihn derselbe aufs Theater brachte, und biß an sein Ende, welches den 25. October 1702. erfolgte, gebrauchte. Nach der Zeit setzte unser Mattheson seine theatralische Uebungen noch biß 1705. fort, zusammen ganzer 15. Jahr, ins vier und zwanzigste seines Alters, und stellte die letzten 7. oder 8. Jahre über fast immer die Hauptperson vor. Ob ihn nun zwar diese Arbeit von förmlicher Besuchung hoher Schulen abhielte, welches sonst ihm allerdings nöthig gewesen wäre, da ihn sein Vater hauptsächlich der Rechtsgelehrsamkeit gewidmet hatte, er auch zu solchem Ende Annp 1690. zwey Collegia bey den beyden berühmten Juristen, D. Schneegaß und D. Kellner, mit hielt: so schienen ihm doch die Singspiele in der That eine musicalische Universität zu seyn, ohne deren Beyhülfe weder er, noch ein anderer in den auserlesensten Theilen der Tonwissenschaft niemals etwas rechtes würde zuwege bringen können. Weßwegen er (da indessen seine übrige Bestrebungen nicht an die Seite, sondern nebst gründlicher Erlernung der französischen, englischen und italiänischen Sprachen, ununterbrochen fortgesetzet wurden) die lange Zeit seiner Opernverrichtungen desto weniger bedaurete, da ihm solche die allerbeste Gelegenheit gegeben, sich in der Composition mehr, als auf den gewöhnlichen Academien geschiehet, umzusehen. Er hatte zwar, durch Anführung seines zweyten, dritten und vierten Lehrmeisters in der Music, Namens Brunmüller, Prätorius und Kerner, schon vorlängst Kirchenstücke gesetzet, Fugen und Contrapuncte in grosser Anzahl ausgeführet. Allein in den Opern erfuhr er er erst, daß ihm Melodie, Leben und Geist fehlte, bevor ab da der geschickte Director, Johann Siegmund Cousser, eine bisher unbekannte Art zu singen einführte, und sich äuserst angelegen seyn ließ, in der poetischen Music alles zu verbessern, ja nach dem ächten welschen Geschmack einzurichten. Vor seiner Zeit war der Kapellmeister, J. G. Conradi, dem Musicwerke der Singspiele vorgesetzet, der auch das seinige, nach damaliger Art, gut gnug verachtete. Als aber nachgehends der erfindungsvolle Reiser hervortrat, fiel das alte Wesen dadurch fast gänzlich weg, und wollte niemand etwas anders hören oder machen, als was dieser Componist gesetzt hatte.

Anno 1693. erlebte Mattheson, als ein Knabe von 12. Jahren, das Glück, dem Vicekönige in Norwegen, und Brudern Christians des fünften, Königes in Dännemark, dem Grafen von Güldenlöw, dermassen zu gefallen, daß ihn dieser Herr als einen Edelknaben aufnehmen, mit seinen Kindern ferner erziehen, und dem Vater einen jährlichen Gehalt reichen lassen wolte. Dieser grosse Prinz und Statthalter nahm ihn, bey angestellten grossen Gastmalen, öfters auf seinen Schooß, ließ das Clavier vor sich auf die Tafel setzen, daß er singen und es zugleich bespielen. muste.

Anno 1699. verfertigte er seine erste Oper, Plejades, machte in derselben die Hauptparthie, dirigirte das ganze Wesen, und setzte viele Leute in eine vergnügte Verwunderung. Damals hatte er nur sein siebenzehntes Jahr zurück geleget. Drey Jahr hernach 1702. folgte das zweyte Drama seiner Composition, Porsenna, welches gleichfals mit vielem Beyfall aufgenommen ward. Hieher gehöret noch ein Trauerspiel, der Tod des grossen Pans genannt, auf des Herrn Schott Absterben Anno 1702. an dessen Composition unser Mattheson viel Theil genommen. Seine dritte oder vielmehr vierte theatralische Arbeit war eine Handlung aus der Opera, Victor, davon zween andere Componisten die beyden übrigen Actus auf sich nahmen, und also mit ihm gleichsam um den Preiß stritten.

(Die Fortsetzung folgt.)

Nachrichten von Niedersächsichsen berühmten Leuten u. Familien.

Das 60. Stück.

Fortsetzung des im vorhergehenden Stück abgebrochenen Artikels.

Den 9. Julii 1703. ward er mit dem berühmten Händel auf der Hamburgischen Maria Magdalenen Orgel bekant. Sie reiseten den 17. August mit einander nach Lübeck, und bespielten daselbst die Orgeln. Denn man wollte dem damahligen wackern Organisten an dortiger Marien-Kirche, Dieterich Buxtehude, gerne einen tüchtigen Mann zum Beysitzer, der zugleich sein Nachfolger werden könnte, aussuchen. Hier genoß er die Ehre, mit der Gräfinn Aurora von Königsmark bekant zu werden, welche eine ungemeine Beförderin schöner Wissenschaften war, von welcher er hernach viele hohe Gnade empfangen hat. Die Gelegenheit dazu gab ein außerordentliches Concert, welches bey dem Grafen von Eckh, damahligen kayserlichen Gesandten im Niedersächsischen Kreise, gehalten ward, und dessen jüngste Fräulein Tochter Herr Mattheson unterwieß.

Wie die Opern 1704. aus gewissen Ursachen still lagen, that er eine Reise nach Holland, um von dannen weiter nach England, Frankreich und Italien zu gehen. In Holland versuchte er die besten Orgelwerke; hielt zu Amsterdam verschiedene Concerte auf der Dule, in Gegenwart der portugischen Juden, und wäre bald gar Organist an der großen Pfarrkirche zu Harlem geworden; wie er denn daselbst in Gegenwart der Bürgermeister und Schöpfen am 17. März Nachmittags über zwo Stunden auf beyden, in selbiger Kirche befindlichen, Werken zur Probe spielte, hernach aber sich in einem eigentlich dazu angestellten Concert auf dem Flügel und Clavichordio mit der Stimme hören ließ. Worauf ihm folgendes Tages durch die Rathsherren von Saanen und Geerlingen der Dienst mit 1500. Gulden Einkommens angetragen ward. Er bat sich zwar darüber Bedenkzeit aus, lehnte aber hernach diesen Beruf von sich bescheiden ab. Doch war die vornehmste Ursache, warum er die Reise nicht weiter, als Leiden, fortsetzte, nicht nur eine kleine Krankheit, dadurch er seine Gefährten, die nach England fortzogen, verlohr, sondern weil auch seine Eltern und Freunde in Hamburg, vor andern Händel, auf seine Rückreise drungen.

Bey seiner Zurückkunft und den wieder angefangenen Singspielen in Hamburg erweckte ihm der Neid neue Verdrießlichkeiten. Weil aber auch die Opern verboten wurden, reisete er den 9ten August nach Quedlinburg, und im September darauf nach Meklenburg, um sich mit der Musik in Kirchen und Klangsälen hervorzuthun. Am 20sten October, da der Schauplatz wieder in Hamburg eröffnet ward, ließ er seine vierte Opera aufführen, die Cleopatra hieß, und er ahmte darin die Person des Antonius so natürlich nach, daß die Zuschauer, bey der verstellten Selbstentleibung, ein lautes Geschrey erhuben, gleichwie solches auch wirklich zwey Jahr zuvor bey des Mutius Handbrand geschehen war.

Den 7. November dieses Jahrs ließ der damalige königl. Großbritannische Gesandte im niedersächsischen Kreise, Johann von Wich, unsern Mattheson zur Unterrichtung seines Sohnes, welcher dem Vater hernach in seiner Würde gefolget ist, berufen, und gegen ein ansehnliches Jahrgeld, zur allgemeinen Aufsicht der Erziehung, als Hofmeister bestellen. Doch im folgenden 1705. Jahr den 17. Febr. nachdem er den Nero in einer Oper gleiches Namens vorgestellet hatte, nahm er von der Schaubühne seinen ordentlichen Abschied, und richtete sein Augenwerk auf etwas Wichtigeres und Dauerhafteres. Ohne sein Gesuch

ward

Johann Mattheson.

ward er den 17. April von dem damahligen Oberalten und Vorstehern der St. Catharinen Kirche hieselbst, Höckenkamp, zur Anwartschaft auf den Organistendienst, welchen der abgängige Johann Adam Reinke besaß, und zum Probespielen erfordert. Weil aber dieser bey dem Kirchgeschwornen Jerusalem es verbat, er sich auch zu etwas anders, als einem Organisten, aufgelegt zu seyn befand, so ward die Sache ausgesetzet, und hernach diesseits nicht wieder rege gemacht. Den 11ten Junii kam der Wolfenbüttelsche Klosterrath Töpfer in Hamburg, und berief die berühmte Conradi samt unserm Mattheson, Namens seiner Durchl. Herrschaft, auf die instehende Laurentiusmesse zu den Braunschweigischen Opern. Der durchlauchtigste Herzog Anton Ulrich unterhielt sich etliche mahl bey der Tafel mit Mattheson von der Music und den theatralischen Sachen. Unter währender Messe componirte er ein französisches Operetgen, welches auf Befehl des Königsmärkischen Hauses, nach seiner Wiederkunft von Braunschweig, auf Dero Gütern im Holsteinischen bey Plön aufgeführet ward. Die Gräfinn Löwenhaupt, auch eine Königsmarkinn von Geburth, und Schwester der obgedachten Gräfin Aurora, hatte die Poesie selbst dazu verfertiget, unter dem Namen: Le Retour du Siecle d'or, d. i. die Wiederkehr der güldnen Zeit. Aber eben damahls in dem besten Lauf seines Glückes hatte er das Unglück, daß ihn eine Verstopfung des Gehörs überfiel, davon er lange Zeit ein Geheimniß machte, und eben dadurch verursachte, daß das Uebel, wiewohl damahls mehrentheils nur auf einer Seite, Wurzel faßte, auch nach und nach mehr zu, als abnahm, bevoraus durch die vielfältige folgende Reisen und Verkältungen, bey einen etwas hitzigen Gehirne und Geblüte.

Wie er sich hiernächst insonderheit, mit allem Ernst, auf die englische Sprache, Geschichte, Rechte und Staatskunde legte, beehrte ihm der Herr von Wich am 6ten Januar 1706. mit dem Character, der wirklichen Verrichtung und den Einkünften seines Secretairs. Dabey hatte er Gelegenheit und Muße, die allgemeinen Rechte, nebst den besondern Seeund

und Handlungsgesetzen, die Welthändel, samt andern dahin gehörigen Wissenschaften, vornehmlich aber die besten Nachrichten von den Angelegenheiten der europäischen Staaten kennen zu lernen, und sich darin zu üben. Das waren abermahl Dinge, die man ihm auf Universitäten nicht würde haben beybringen können, und worin er also sein Selbstlehrer seyn muste. Den 5. Junius dieses Jahrs muste er in gewissen wichtigen Geschäften nach Hannover reisen, woselbst er beyläufig die dasigen Virtuosen hörte, auch mit dem berühmten Farinelli und Venturini Bekanntschaft machte. Er gieng von da nach Quedlinburg, und weiter nach Obersachsen, von dannen er über gedachtem Quedlinburg wieder zurück nach Hamburg kehrte. Anno 1707. ward er abermahl in königlichen Angelegenheiten nach Obersachsen versandt, als sich der König von Schweden Carl XII. zu Altranstadt aufhielt. Nach glücklich abgelegter Commißion in Sachsen verfügte er sich wieder in sein Vaterland, und hatte daselbst die Ehre, mit zween großen königl. Ministern, dem Grafen von Strafford, Ambassadeur in Berlin, und dem ehmahls in Sachsen gekannten Robinson, hernach Gevollmächtigten auf dem Congreß zu Utrecht und Bischoff von London, Umgang zu pflegen.

Im Jahr 1708. nahm die, wegen der Hamburgischen Zwistigkeiten, so der Rath mit den Bürgern hatte, angeordnete große kayserliche Commißion ihren Anfang, dabey denn die fremden Gesandten, absonderlich aber die englische, als Mediateurs, und ihre Secretairen, alle Hände voll zu thun bekamen. Den 25. Junius wohnte er der zwoten Verheyrathung seines Vaters bey, nachdem er am Ende des Jahres 1707. seine liebe Mutter im 68sten Jahr ihres Alters verlohren hatte. Der Abgesandte Robinson führte den Vater zur Trau. Den 30. desselben Monaths ließ er sich, auf Begehren einiger Herren Gesandten, mit Orgelspielen in der Catharinen-Kirche hören; reisete darauf den 15. Sept. nach Bremen, um daselbst ein Mittel wieder seinen Zufall zu suchen, welches aber wenig fruchtete. Endlich gab er auch ein Flöten-Werk, so zu Amsterdam zweymahl in Kupfer gestochen

stochen worden, unter diesem Titel heraus: Douze Sonates, a 2 & 3 Flutes, sans Basse. Es kam sonst in diesem Jahre der berühmte englische Altist Abel nach Hamburg, mit welchem unser Mattheson im Monath October verschiedene Concerte im sogenannten Drillhause und auf dem Niedernbaum anstellete. Dem obigen Werke folgte bald eine Uebersetzung aus dem Englischen, von ganz anderm Inhalt, nemlich, die durch ein Automaton zu findende, von Johann Corte angegebene, Longitudo, ins Deutsche, und, aus des Erfinders Munde, in Ordnung gebracht. So mäßigte er die öffentlichen Sorgen mit besondern Bestrebungen, und verwechselte die eine Arbeit mit der andern.

Zu Ende des Jahres hatte man die Quedlinburgische Abteysache unter Händen. Es wollte nemlich Preußen der erwählten Aebtißinn, einer holsteinischen Prinzeßinn, den Besitz und die Einführung streitig machen. Dieser Fürstinn nahm sich England an. Und es kam auch damit 1710. am 25. Sept. zum guten Ende. Denn die Prinzeßinn Maria Elisabeth ward zum zweytenmal als Aebtißinn erwehlet, und förmlich angenommen.

Im Junius 1709. erklärte die Königinn Anna von Engelland den Herrn von Wich zum außerordentlichen Abgesandten, nicht nur an die Hanseestädte des niedersächsischen Kreises, sondern auch an die Herzoge von Holstein und Meklenburg. Weil nun dadurch desselben ordentliche Einkünfte vermehret wurden, so legte er auch der Besoldung seines Secretaires, unsers Matthesons, ein Erkleckliches zu. Hiedurch ward dieser in den Stand gesetzet, sich auf eine anständige Weise zu verheurathen. Er verlobte sich darauf den 25. August mit Jungfer Catharina Jennings, einer Tochter des seligen Johann Jennings, Rectoris oder Hauptpastoris der Kirchspiele Calston, Badland und Cherill, in der Grafschaft Wiltschire, aus welchem adelichen Geschlechte auch der berühmte Admiral, Viconte Johann Jennings, herstammet. Die Hochzeit ward den 9. October gehalten. Kinder hat ihm diese seine geliebte Ehegattin nicht gebohren,

aber

aber tausend Vergnügen erwecket, welches oft bey Kindern fehlet.

Das Jahr 1710. ward lauter Staatsgeschäften gewidmet. Die Quedlinburgische Sache, die hamburgische Commißion, die Tractaten zwischen Dännemark und Holstein, in welchen allen England das Mittleramt führete, nahmen viel Zeit weg. Doch was die Music betrifft, so ward dieselbe so wenig auf die Seite gesetzet, daß vielmehr unser Mattheson, zu seiner besondern Uebung und Lust, eine neue Oper, die Boris hieß, so wohl der Poesie, als Composition nach, verfertigte, selbige aber, aus gewissen Ursachen, dem Theater zu überlassen Bedenken trug. Sie ist also nicht aufgeführet worden.

Das Erste, so Anno 1711. vorfiel, war, daß der so genannte Collateralvergleich zwischen Dännemark und Holstein, am 5. Januar auf dem Schauenburgischen Hofe förmlich unterschrieben ward. Es gediehe auch in diesem Jahr ein Handlungs-Tractat zwischen England und Hamburg zur Vollkommenheit, welcher in auswärtige Sprachen übersetzet und gedruckt worden. So bald unserm Herrn Mattheson die Hände von diesen Verrichtungen ein wenig frey waren, nahm er die Music aufs neue vor, und verfertigte abermahl eine Oper, Henrico IV, König von Castilien, welche man den 9. Febr. zum erstenmahl aufführte, dabey er selbst dirigirte, und das Clavier schlug, auch hernach die Arien daraus durch den Druck ans Licht stellete, unter dem Titel: Arie scelte de l'Opera Henrico IV. Rè di Castiglia. Es ward ihm ferner in diesem Jahre ein geistliches Werklein aus dem Englischen zu übersetzen aufgetragen, nemlich Bischof Robinsons Predigt vor dem Parlament. Die englischen und holländischen Abgesandten reiseten am 24. Jul. 1712. dem Könige von Dännemark entgegen, der mit Heeresmacht heraus an die Elbe rückte. Mattheson ließ sich ins Dänische Lager abfertigen, um die Anstalten daselbst zu untersuchen. Wie Stade den 6. September übergangen, ist bekannt. Was hiebey zu schreiben zu berichten, und sonst zu thun vorgefallen, ist leicht zu erachten.

Johann Mattheson.

Unter seinen grössesten Ergetzlichkeiten zehlete er den angenehmen und erbaulichen Umgang mit dem großen Barthold Heinrich Brockes, und es findet sich in seinen Denkbüchern der 14. Julius und 27. October vor allen bemerket, weil er an selbigen Tagen das Vergnügen gehabt, diesen vortrefflichen Mann und ehmahligen Schulgenossen in seinem Hause zu sehen und zu bewirthen. Sonst übersetzte er auch noch in diesem Jahre ein Werklein aus dem Englischen, welches er dem damahligen Syndicus Garlieb Sillem, nachherigem ältesten hochverdienten Bürgermeistern unserer Stadt, zuschrieb. Es enthält die Eigenschaften und Tugenden des edlen Tobacks.

Unsere Unruhen um Hamburg her nahmen indeß mehr zu, als ab. Die Schweden steckten Anno 1713. Altona in Brand. Der Czaar Peter kam in der Stadt, und trat bey dem Großbrittannischen Gesandten ab. Aber Mattheson ließ sich in seinen Cirkeln nichts hindern, sondern fing nunmehro mit Macht an, Musicam didacticam et theoreticam schriftlich zu treiben, wovon im Monath Junius eine Probe erschien, unter dem Titel: Das neueröffnete Orchester. Zu einer Nebenarbeit erwehlte er die Geschichte eines Scotländers, der lange Zeit auf einer wüsten Insul allein gewohnet hatte, aus dessen eigenem Munde verdeutschet, unter dem Titel: Alexander Selkirchs Begebenheiten. Die Uebersetzung des Tatlers erschien dabey wöchentlich auf einem halben Bogen, und verursachte vieles Aufsehen. Der Anfang mit diesen fliegenden Blättern ward den 13. May gemacht, und der zu Ende des Jahr, dem Werke vorgesetzte, Titel war: Der Vernünftler, d. i. ein teutscher Auszug aus den engländischen Sittenschriften des Tatlers und Spectators.

Da den 21. Junius der Großbrittannische Abgesandte von Wich nach England reisete, allwo er den 27. October im 42. Jahr seines Alters starb, und die Pest in Hamburg so stark wütete, daß sich die Wichsche Familie auf einem, ausserhalb der Ringmauer belegenen, Garten aufhalten muste, vertrat unser Mattheson die Stelle eines Subdelegati zum erstenmal, im Nahmen des jungen von Wich, welcher eben von seinen Reisen zurück gekommen war, und

noch

noch nicht 18. Jahr erreichet hatte. Der verstorbene Herr von Wich hatte vor, ihn naturalisiren und zum Parlamentsgliede wählen zu lassen. Allein er selbst betrachtete diese Anschläge von Erhöhungen, wie eine von denjenigen Opern, die man ein paarmal aufführet, und hernach unter die Bank wirft. Inzwischen ließ er sichs mit allem Fleiße angelegen seyn, dem jungen Cyrill von Wich die Nachfolge der Gesandtschaft, so viel an ihm war, auszuwürken, brachte es auch durch gewisse Freunde bey Hofe, absonderlich durch den Grafen von Strafford, dahin, daß Anno 1714. den 15. März die königlichen Credenzbriefe, welche den 14. Februar datirt waren, mit dem Residentencharacter einliefen, und den 19. darauf durch seine Hand dem präsidirenden Bürgermeister mit den gewöhnlichen Formalitäten überreichet wurden.

Als den 12. August 1714. die Königin Anna dieses Zeitliche gesegnete, und der Churfürst von Braunschweig-Lüneburg zum Könige von Großbritannien ausgerufen ward, muste unser Herr Mattheson mit dem Herrn Residenten nach Hannover sich verfügen, ehe der König aufbrach. Da auch hernach auf Ihrer Maj. Krönungsfest den 15. November ein grosses Mahl hier angestellt ward, verfertigte er dazu eine grosse Serenate, dazu der weiland berühmte Dichter, Joh. Ulrich Rönig, die Verse machte. Sonst wurden von ihm in eben diesem Jahre nicht nur viele Hochzeit- und andre Musicen, auf vornehmer Leute Begehren, aufgeführet worden; sondern er ließ auch die, im vorigen Jahre, auf Kupfer gebrachte grosse Claviersonata, Sonata per il Cembalo genannt, drucken, auch sein hermonisches Denkmahl in London stechen, und daselbst ans Licht stellen, welches einen doppelten Titel führet, davon der deutsche bereits genannt ist, der französische aber so lautet: Pieces de Clavecin en deux Volumes, consistant en Ouvertures, Preludes, Fugues, etc. Auch gehört zur öffentlichen Arbeit dieses Jahres noch eine von ihm aus dem Englischen übersetzte Schrift, genannt: Königl. Großbritannischer Gnadenbrief.

(Die Fortsetzung folgt.)

Nachrichten von Niedersächsischen berühmten Leuten u. Familien.

Das 61. Stück.

Fortsetzung des im vorhergehenden Stück abgebrochenen Artikels.

Im Monath Junius 1715. machte man dem Könige von Dännemark die Cour, wie Se. Majestät mit einer Armee auf der Granderheide stunden, und den Zug nach Pommern vornahmen; dabey sich auch unser Herr Mattheson einfand. Am 26. Julius empfieng der Herr von Wich seine neue Credentiales vom Könige Georg I. als Resident in den Hanseestädten, Lübeck, Bremen und Hamburg, welche Herr Mattheson, als Secretair, am 29. desselben Monaths gewöhnlicher maaßen, dem präsidirenden Bürgermeister, Herrn Gerhard Schröder, eigenhändig übergab. Den 29. August darauf erhielt er von dem Domcapitel die Anwartschaft auf das Directorium musicum und auf das, demselben anhängige, Canonicat bey der Cathedralkirche. Ob nun zwar der am 1. September erfolgte Todesfall des Königs von Frankreich, Ludewigs des XIV. vielen Sachen in Europa ein günstigeres Ansehen gab, ruheten doch die Scotländischen Rebellen so wenig, daß sie vielmehr von allen Orten Geräthschaften zum Kriege herbeybringen ließen. Da denn unter andern durch Herrn Matthesons Wachsamkeit ein mit dergleichen verbotenen Waaren beladenes Scotländisches Schif in dem Hamburger Haven entdecket, in Verhaft genommen, und die Ladung, welche meist in Stückkugeln bestund, confiscirt ward. Den 12. December ward ihm aufgetragen, eine vollstimmige Kirchen-

muss

music auf das bevorstehende Weihnachtfest im Dohm anzustellen, welche auch mit gutem Fortgang vollzogen ward. Sonst verfertigte er auch in diesem Jahr verschiedene andere Musicen.

Als 1716. den 28. May der König von Dännemark durch Hamburg auf das Vorwerk Ham fuhr, und mit dem Czaaren daselbst sich unterredete, machte solches viel Nachdenkens. Am 2. Junius ließ der Czaar eine Oper in Hamburg spielen, und reisete den 4. nach Pirmont, der König von Dännemark aber nach Glückstadt. Den 10. Julius wurde der rebellische Lord Duffus durch die Großbritannische Gesandtschaft in Hamburg gefangen genommen, als er aus der Comödie kam, den 15. nach Haarburg gebracht, den 24. aber auf ein Englisches Schif nach London ausgeliefert. Die Untersuchung aller verrätherischen Schriften dieses Lords fiel Herrn Mattheson zu. Den 18. August muste er auf 10. englische Schiffe, die auf dem Strohm lagen, wegen der Ueberläuffer, ein königliches Proclama mit gehörigen Ceremonien bekannt machen. Auch ward eine Schrift von ihm aus dem Englischen übersetzt und der Presse übergeben, nemlich die Anrede des p. t. Lords Großmeisters von England, bey Verurtheilung 6. Lords.

Anno 1717. übersetzte er in zween Tagen acht gedruckte Bogen, nemlich die Görzische und Gyllenborgische Briefe. Den 9. April gab er Veritophili Beweißgründe mit einer Vorrede heraus, imgleichen die Vertheidigung des wider die Schwedischen Gesandten in England angestellten Verfahrens. Die Musicen im Dohm hatten ihren Fortgang mit grossen Oratorien. Er machte auch ein umfängliches Concert zum Ehrenmahl des Dohmcapitels. Den 19. Julius gab er das beschützte Orchester oder dessen zwote Eröfnung heraus. Den 26. September, am Dankfeste wegen der türkischen Niederlage, stellete er den siegenden Gideon, und hernach am 31. October den reformirenden Johannem, auf

das

das zweyte Lutherische Jubelfest vor, *) gerieth aber den 23. September durch Sturm und Ungewitter in grosse Wassersgefahr, woraus ihn Gott sichtbarlich errettete. Er wollte nemlich einige Sänger zur Verstärkung hohlen, und fuhr deßwegen mit einem kleinen Nachen über die Elbe, bey schönen Wetter hin, bey sehr bösem aber wieder her.

Anno 1718. brachte er im Februario die berühmte Brockesische Paßion in die Music. Als nun am 11. März der bißherige Musicdirector am Dohm gestorben war, nahm er am 24. desselben Monaths feyerlichen Besitz von seinem Canonicat, führte auch am Palmsonntage oberwehntes Paßionsoratorium mit vielem Beyfall im Dohm auf.

Anno 1719. den 8. Februar ward ein neuer und erweiterter Heringstractat geschlossen, und von unserm Mattheson in der Conferenz besiegelt. Das Epicedium, so er um diese Zeit, auf den Tod Carls des XII. Königs von Schweden, verfertigte, und am 26. Februar mit anständigem Trauergepränge im Dohm aufführte, hatte das Glück, einen besondern Beyfall zu finden.

Den 26. April muste er dem Grafen von Metsch, als neuem kayserl. Gesandten, eine Bewillkommungsrede halten, wie er vorhin dem Grafen von Schönborn, nachherigem Cardinal, und dem Grafen von Sur gethan hatte. Auf die Ostermesse gab er ein neues Buch von seiner Arbeit heraus, nemlich die exemplarische Organistenprobe im Generalbaß.

Den 15. Junius trafen Ihro königl. Hoheit, der verstorbene Herzog von Holstein, Carl Friederich, in Hamburg ein, und den 30. erhielte Herr Mattheson von desselben erstem Minister Nachricht, daß Ihro Hoheit ihn zu dero Capellmeister erkennen würden. Den 3. Julius ward er deßwegen zur Audienz und zum Handkuß gelassen, empfieng auch den 4. darauf seinen Bestallungsbrief. Den dritten Pfingstfeyertag vorher hatte er ein neues Oratorium im Dohm

*) Man sehe die davon in Octav heraus gekommene umständliche Beschreibung, S. 156.

Dohm aufgeführet, von der Poesie des seligen Herrn Pastor Neumeisters, genannt: Die Frucht des Geistes. Den 8. October aber hielt er auf Befehl eine starke Abendmusic bey Hofe, und den 30. noch eine andere. An selbigem Tage kam der Herr Abgesandte von der Göhrde, wo sich der König von Großbritannien aufhielt, wieder zurück, nachdem er Zeit seiner Abwesenheit unserm Herrn Mattheson, als Secretair, die Verwaltung aller Sachen aufgetragen hatte. Bemeldter Herr Abgesandte brachte bey dieser Gelegenheit neue Credentiales und den Titel eines Ministers in diesen Ländern mit sich, welches, als etwas Sonderliches, angesehen ward.

Das erste im Jahr 1720. war die Herausgabe des brauchbaren Virtuosen, XII. Sonata per il Violino, overo Flauto traverso. Auf Ostern verfertigte und führte er im Dohm ein neues Auferstehungsoratorium von Weichmannischer Poesie auf. Hierauf veränderten sich die musicalischen Verrichtungen in eine königliche Commißion, da er nemlich den 20. April nach Sachsen reisen muste. In Leipzig zog ihn der Generalfeldmarschall, Graf von Flemming, nicht nur an seine Tafel, sondern erwiese ihm auch sonst viel Ehre. Bey seiner Zurückkunft in Hamburg beschäftigte er sich wieder mit der Music. Denn im May veranlaßte ihn ein gewisser Artikel in den Memoires de Trevoux, die Reflexions sur l'eclaircissement d'un Probleme de Musique herauszugeben.

Mylord Carteret langte den 8. November von seiner Schwedischen Gesandschaft in Hamburg an, und fand an unsers Mattesons Music solche Lust, daß er einst zwo ganzer Stunden, ohne von der Stelle zu weichen, bey ihm saß und zuhörete, zuletzt aber in Gegenwart der hohen Gesellschaft dieses Urtheil fällete: Händel spielte zwar ein schönes und fertiges Clavier, aber er sünge dabey nicht mit solchem Geschmack und Nachdruck. Dieser große Mann, der hernach Staatssecretair und Viceköng in Irland geworden, reisete den 14. November in Gesellschaft des Herrn von Wich, als seines nahen An-
ver-

verwandten, nach England. Mittlerweile ward dem Herrn Secretair Mattheson die Verwaltung der königl. Geschäfte im niedersächsischen Kreyse, als Subdelegato, durch ordentliche Credentiales und geschriebene Instructiones, aufgetragen. Diese Reise währete vier Monath. Wider den Leidigen Actienhandel ließ er um selbige Zeit eine Betrachtung über das Finanzwesen drucken, und schrieb sie E. hochedl. Rath in Hamburg zu.

Anno 1721. zur Fastenzeit kam eine neue Paßionsmusic im Dohm zum Vorschein. Das Oratorium hieß der blutrünstige Keltertreter. Diesem folgte am 5. May von dem forschenden Orchester die dritte Eröfnung. Am dritten Sonntage nach Trinitatis führte er abermal ein neues Oratorium im Dohm auf, unter dem Namen des Sündenschaafes, verfertigte auch das dritte neue Oratorium von diesem Jahr, dessen Poesie der berühmte Johann Ulrich König einsandte, und welches den Namen der göttlichen Vorsorge führte. Am 15. Sonntage nach Trinitatis ward dasselbe im Dohm abgesungen.

Unser selige Telemann, welcher statt des am grünen Donnerstage dieses Jahrs verstorbenen Joachim Gerstenbüttels, Cantor alhier worden war, hielt den 17. September seine erste Musc, Vormittags in der St. Catharinen Kirche, und Mattheson des Nachmittags im Dohm. Bey dieser Veränderung meineten verschiedene Leute, der letztgenannte würde einen Mitwerber abgeben. Allein er that deswegen keinen einzigen Schritt, und machte nicht die geringste Bewegung. Den 1. October empfieng er von gedachtem seligen Telemann den ersten Besuch. Endlich verfertigte er auf Weihnachten das vierte Oratorium dieses Jahrs.

Im Jahr 1722. erfolgte ein neues Oratorium auf Ostern, unter dem Namen des Siegesfürsten. Er machte hernach ein theatralisches Vorspiel in italiänischen Versen auf den neuen König von Frankreich, betitelt: Prologo per il Rè Ludovico XV. übersetzte auch noch drey andre Opern, nemlich Zernobia, Arsaces und Nero, aus
dem

dem Italiänischen, in welchem letztern Stücke er verschiedene neue Anordnungen der Arien machte, das ganzen Recitativ setzte, und viele Stücke von seiner Composition auf Begehren hinzufügte. Er fieng auch um diese Zeit an, eine Critick zu schreiben, und gab monathlich ein Stück davon heraus. Das Werk bestehet in einer Untersuchung und Beurtheilung musicalischer Schriften, und führet den Namen: Critica musica. Auf Pfingsten stellte er in einem neuen Oratorio das Grosse in dem Kleinen vor.

Im May 1723. übersetzte er eine wichtige Staatsschrift, nemlich die Großbritannische Verrätherey, brachte daneben ein neues Paßionsoratorium in die Music, welches das Lied des Lammes hieß. Im August übersetzte er die Moralschrift: Moll Flanders. Im September führte er abermal ein neues Oratorium im Dohm auf, der liebliche David betitelt. Den 10. November starb sein Vater, 72. Jahr und 5. Monath alt.

Die ersten drey Wochen des Jahres 1724. über befand er sich etwas krank. Kaum aber hatte er sich ein wenig wieder erhohlet, so ergrif er die Feder zu einem neuen weitleuftigen Werke, von 8. biß 9. Alphabeth, englischen Drucks, und übersetzte solches. Der musicalischen Critic erster Band ward im November fertig. Und zugleich besorgte er auch eine neue, mit eigenen Anmerkungen vermehrte, Auflage von Niedtens Handleitung zur Variation des Generalbasses.

Anno 1725. schrieb er einen Nucleum Melothesiae, zum Dienst eines braven Organistens in Reval, auch ein neues Oratorium zur Dohmsmusic auf Ostern, der Daniel genannt, dessen Poesie der selige Herr Schubart, nachmahliger Prediger an der hiesigen St. Michaelis Kirche, verfertigte.

Den 5. August reisete der Herr von Wich nach Hannover zum Könige, blieb daselbst vier Wochen, und brachte den Character eines Envoyé extraordinaire mit zurücke. Mittlerweile muste Herr Mattheson nicht nur aller Sachen und Correspondenzen wahrnehmen, sondern brachte daneben

neben am 16. Sonntage nach Trinitatis den so genannten Davidischen Trost, nach marcellischer Composition eingerichtet, aufs Dohmchor, endigte auch den zweyten Band seiner Critick. Den 5. October reisete der Herr Envoyé nach Lübeck, und überlieferte daselbst seine dritten Credenzbriefe. Daher muste sein Secretair, Herr Mattheson, alle Gesandtschaftssachen besorgen. Doch widmete er dabey seine Nebenstunden der Uebersetzung der Lebensbeschreibung Mariae Scoticae. Auf Weihnachten erfolgte abermal ein neues Oratorium, dessen Poesie der selige Herr Pastor Neumeister verfertigte, unter dem Titel des gottseligen Geheimnisses.

Anno 1726. den 22. Sept. führte er wieder ein neues Oratorium in der Dohmskirche auf, der undankbare Jerobeam betitelt, davon er auch die Worte selbst gesetzet hatte. Den 30. September errettete ihn Gottes Hand sichtbarlich vom Tode, da er auf der Bille in augenscheinliche Lebensgefahr gerieth.

Im Jahr 1727. übersetzte er eine englische Staatsschrift, nemlich eine Untersuchung der Großbritannischen Aufführung, welche bey den kayserlichen Ministern viel Aufsehens machte. Im Merz erfolgte noch eine andre Schrift von solcher Art, nemlich die Herannäherung des Krieges. Diese Uebersetzungen geschahen zum Vortheil des Großbritannischen Hofes, auf dessen Befehl, und mit des Königes gnädigster Aufnahme. Der Ephorus Göttingensis war eine Vertheidigung der Kirchencantaten. Am 6. Julius führte er ein neues Oratorium unter dem Titel Joseph auf, dazu der selige Schubart abermal die Poesie verfertigte. Denn 22. Junius starb der König von Engelland, Georg der I. auf der Reise, und den 26. ward Georg der II. wieder zum Könige ausgerufen. Dem verstorbenen Könige, als Bischofen, sollte im Dohm alhier ein feyerliches Leichenbegängniß gehalten werden. Herr Mattheson setzte zu solchem Ende ein Epicedium auf. Allein das hohe königliche Ministerium zu Hannover genehmigte ein feyerliches Gepränge nicht, weil es mit der

der Beerdigung selbst in der Stille zugegangen war. Die Arbeit dieses Jahrs beschloß er mit einem neuen Weihnachtsoratorium, unter dem Titel: **Das erfüllte Wort der Verheissung.**

Anno 1728. kam der **musicalische Patriot**, eine Wochenschrift, zum Vorschein. Zu gleicher Zeit gab er Ramseys reisenden Cyrus heraus. Die Gesandtschaftsverrichtungen verursachten ihm um diese Zeit viele Arbeit; und weil die Kirchenmusicen in den hohen Festen, am dritten Feyertage oft auf schwere Posttage fielen, setzte es dabey oft viele Schwierigkeiten. Der Soisonsche Congreß kam dazu, und veranlassete neuen Briefwechsel.

Nachdem ein hochehrwürdiges Dohmcapitel durch ein öffentliches Instrument die gute Aufführung ihres bisherigen Directoris Chori musici mit völliger Zufriedenheit attestiret hatte, erhielt er, wegen merklicher Schwäche des Gehörs so wohl, als in Betracht einiger Mißhelligkeiten unter den Sängern, den 15. October dieses Jahrs seine Erlassung vom Dohmchor, dem er zuerst 15. Jahr, als Sänger, hernach aber 10. Jahr, als Director und Sänger zugleich, vorgestanden hatte, mit Beybehaltung seines Vicariats. Er machte sich so denn über die Oper Aesopus, wozu die Verse von ihm, die Noten aber von dem seligen Telemann herrühreten.

Im Jahr 1729. nahm er eine neue Arbeit vor, nemlich die **Anmerkungen über die Großbritannische Aufführung**, welche von der obgedachten Untersuchung ganz unterschieden. Hiernächst besorgte er die neu übersehene Auflage der grossen **Generalbaßschule**. Die **Wichtigkeit des Großbritannischen Reichthums** bekam die nächste Stelle in seinen öffentlichen Schriften. Den 4. Junius langte der König von Großbritannien, Georg der II. zu Hannover an. Herr von Wich begab sich den 28. nach Hofe, blieb daselbst über 2. Monath, und trug die erbliche Würde eines Baronets von Großbritannien davon. Unser Mattheson bekam indessen seine gewöhnlichen Vicariam Legationis.

(Die Fortsetzung folgt.)

Nachrichten von Niedersächsischen berühmten Leuten u. Familien.

Das 62. Stück.

Fortsetzung des im vorhergehenden Stück abgebrochenen Artikels.

Seine Anmerkungen über den Sevilischen Tractat, als ein Vorwurf aller politischen Händel dieser Zeit, traten Anno 1730. ans Licht. Dabey stiftete er zur Lust im März eine Gesellschaft, die, wegen ihrer Zahl, den Namen der sieben freyen Künste bekam. Der schwere Weinbruch aber eines Mitgliedes, und desselben bald darauf erfolgter Tod aber machten nach zween Jahren ein Loch darin. Herr Mattheson hatte schon in seinen jüngern Jahren zwo dergleichen Gesellschaften errichtet, mit welchen es aber immer bald zu Ende gieng. Er übersetzte ferner, aus dem Lateinischen den gelehrten Cantor. Als der Herr Baronet von Wich besonderer Geschäfte halber im Monat November nach London zu kommen Erlaubniß erhielte, empfieng Herr Mattheson seine ordentliche Instructiones am 8. December, fast eben des Inhalts, wie sie die Gesandten selbst haben, und führte die Administration.

Das Jahr 1731. fieng sich mit vielen Zwistigkeiten unter den englischen Kauf- und Seeleuten an, die nach den dahin gehörigen Rechten entschieden werden mußten. Da auch der Großbritannische Hof um diese Zeit mit anzüglichen Schrifften angegriffen ward, und zu derselben Abfertigung eine Schutzschrift drucken ließ, ward unserm Mattheson aufgetragen, solche ins Deutsche zu übersetzen und gemein zu machen, welches auch im Monath Februar geschahe. Das Werk hieß: Betrachtungen über den gegenwärtigen Zustand der Europäischen Staatsgeschäfte. Vieler andern Aufträge zu geschweigen, so trat auf Ostern die große Generalbaßschule oder zwote Auflage der Organisten-Probe ans Licht. Darauf nahm er auch die kleine Generalbaßschule vor die Hand. Die im vorigen Jahre angefangnen Beyträge zu den Niedersächsischen Nachrichten setzte er von nun an mit beständigem Fleiß biß ins dritte Jahr fort. Im April gab er ein Schediasma epistolicum de eruditione musica heraus. Im November errichtete er eine neue gelehrte Gesellschaft von sieben Mannspersonen, und nannte sie den Orden des guten Geschmacks. Er dauerte aber nicht länger, als ein Jahr.

Im Jahr 1734. übersetzte er Zarlins Werk von der Gedult, samt einigen Stücken der Wochenschrift Béc, die Biene, die nebst vielen andern Beyträgen in den Versammlungen des gedachten Ordens verlesen wurden. Nebst der Uebersetzung des zweeten Bandes Burnetscher Geschichte gab er zwanzig Briefe heraus, unter dem Titel: Freundschaft nach dem Tode. Er ließ zugleich zu Thurnau in Franken ein Notenwerk von Fugen in Kupfer stechen. Er machte sich darauf über die Remarks of Burnet. Auch schrieb er eine Sammlung von 20. gesandtschaftlichen Briefen innerhalb 13. Stunden sauber ab, ließ sie binden, und dem Hamburgischen Magistrat einhändigen, der sie verlanget hatte. Die Briefe betrugen 14. Bogen, und waren alle von der Großbrittannischen Gesandtschaft in der Stadt Hamburg Angelegenheiten abgelassen.

Anno 1735. erschien an der Neujahrs-Messe seine kleine Generalbaßschule, und im Monath May von der sogenannten Singersprache in zwölf Fugen der erste Theil.

Im Februar 1736. stellete er eine Relation succincte touchant les Appanages des Princes Eveques de Lubec in Französischer Sprache ans Licht. Im April kam der Antiburnet oder die Anmerkungen über Burnets Geschichte heraus.

aus. Im September reisete der Herr von Wich nach Paris, und da muste Herr Mattheson hier seine Stelle wieder vertreten. Am Ende des Jahrs aber ward er herzlich krank vom Magen = Weh. Solche Beschwerung währte fast zwey Jahr, und war Anfangs mit ängstlichen Zufällen vergesellschaftet, die einem Schlage nicht unähnlich sahen. Mit dem Jahr 1737. vermehrte sich der schwehre Umlauf des Geblüts in den zarten Theilen des Haupts, daß er sich biß den 18. März im Zimmer halten muste. Dennoch kamen der Fingersprache zweyter Theil, und der Kern melodischer Wissenschaft aus der Presse.

Im Anfange des Jahrs 1738. sahe man einige fliegende Blätter über die letzte Arbeit, mit dem Titel: Gültige Zeugnisse über die jüngste Matthesonische Kernschrift. Ein gewisser junger Mensch, der bey ihm aus= und eingieng, hatte sich 2. oder 3. Briefe ausgebeten, und dieselbe unter der Hand drucken lassen. Im Jahr 1739. aber um Ostern trat der vollkommne Capellmeister ans Licht. Kurz, wie sein emsiges Bemühen jederzeit gewesen, der Kirche, dem Staat, und der musikalischen Jugend nach Vermögen zu dienen: also sind davon seine, vielen nicht unbekannte, Beschäftigungen, wie auch seine Schriften, ein Beweiß.

So weit gehet die Geschichte des Herrn Matthesons, die wir aus der, von ihm selbst Anno 1740. in Quart allhier in Hamburg herausgegebenen, Grundlage einer Ehrenpforte, woran der tüchtigsten Capellmeister, Componisten, Musikgelehrten, Tonkünstler ꝛc. Leben, Werke, Verdienste ꝛc. erscheinen sollen, zum fernen Ausbau angegeben, S. 187=217. entlehnet, doch nur das Vornehmste daraus genommen haben. Denn es ist dieselbe mit den allergeringsten Kleinigkeiten zu sehr angefüllet, und in einem gar zu panegyrischen Ton abgefasset. Wir bedauren aber, daß wir nicht im Stande sind, von den weitern Umständen des Herrn Matthesons nach dem 1739sten Jahr unsern Lesern eine Nachricht zu ertheilen, wohin besonders gehöret, daß er, nachdem er über 40. Jahr im königlichen Großbrittannischen Diensten gestanden, hernach in Groß

Großfürstliche Hollsteinische Dienste übergetreten, darinn er etliche 20. Jahr. gewesen. In den Hamburgischen Berichten von gelehrten Sachen, Anno 1753. S. 462. wird erwehnet, daß er am 8. Februar selbiges Jahres seine Ehegattin durch den Tod verlohren habe, und daß er den Vorsatz gehabt, ein gewisses Capital von seinem Vermögen dazu anzuwenden und zu vermachen, daß davon nach seinem Tode hier ein Professor und öffentlicher Lehrer der Music unterhalten werden könne. Ob diß geschehen, wissen wir nicht. Daß er aber der hiesigen neuen St. Michaeliskirche bey seinem Leben schon 44000. Mark Hamburger Courant zum neuen Orgelbau verehret habe, ist bekannt, und nach Würden in dem Hamburgischen Correspondenten, Anno 1764. Num. 67. gerühmet, bey Gelegenheit seines daselbst erwehnten Absterbens, welches im gedachten 1764sten Jahr den 17. April erfolget ist. Bey seiner Beerdigung ward das fröliche Sterbelied, womit er sich selbst poetisch und harmonisch in seinem 83sten Jahr zu Grabe gesungen, öffentlich in gedachter St. Michaeliskirche aufgeführet, wie in den Hamburgischen Nachrichten aus dem Reiche der Gelehrsamkeit, 1764. S. 268. gemeldet ist. Sein Bildniß siehet man in eben dieser Kirche, ihm zu Ehren aufgerichtet, wozu der selige Herr Prof. Richey die Aufschrift gemacht.

Was seine Schriften betrift, so sind zwar die mehresten derselben in obiger Geschichtserzählung bereits angeführet. Da wir aber sonst die Gewohnheit haben, am Ende der Lebensbeschreibungen sie zu erzählen, so wollen sie auch hier dasselbe thun, zumahl sie oben nicht alle genennet worden. In dem erwehnten Stück des Hamburgischen Correspondenten heißet es, daß seiner gedruckten, theils Staats- und historischen, theils moralischen, am meisten aber musicalischen Werke an der Zahl 88. an Manuscripten jedoch wohl zwey biß dreymahl so viel vorhanden seyn. Eine vollständige Anzeige dieser seiner herausgegebenen Schriften, welche sonst schwehrlich würde zu finden seyn, hat er selbst in den Hamburgischen Nachrichten aus dem Reiche der

Johann Mattheson.

der Gelehrsamkeit, 1759. S. 687. fg. 703. fg. 719. fg. und 743. fg. bekannt gemacht, woher wir sie jetzt unsern Lesern vor Augen legen wollen:

A. Herausgegebene Schriften.

1) Douze Sonates à 2. et 3. Flutes sans Basse, gravees deux fois, à Amsterdam. 1708. III. Voll. in Folio.

2) Die durch ein Automaton zu findende Longitudo, aus dem Englischen. Hamburg. 1708. in Quart.

3) Bischofs Robinson Parlamentspredigt, aus dem Englischen. Hamburg. 1711. in Quart.

4) Arie scelte de l' Opera Henrico IV. Rè di Castiglia. Hamb. 1711. V. Voll. in lang Folio.

5) Die Tugenden des Tabacks, aus dem Englischen. Hamb. 1712. in Octav.

6) Orcheftre, erste Eröfnung. Hamb. 1713. zwote Eröfnung. 1717. dritte Eröfnung. 1721. in Duodez.

7) Der Vernünftler, theils aus dem Englischen, theils aus eigner Erfindung. Hamb. 1713. in Quart.

8) Geschichte von Alexander Selkirch, aus dessen Munde beschrieben. Hamb. 1713. in Quart.

9) Sonata per Cembalo, in Grösse einer Landkarte. Kupfer. Hamb. 1713.

10) Harmonisches Denkmahl, XII. Suites pour le Clauecin. Kupfer. London. 1714. in groß Folio.

11) Großbritannischer Gnadenbrief, aus dem Englischen. Hamb. 1714. in Quart.

12) Anrede des Lord Großmeisters in England, bey Beurtheilung 6. rebellischer Lords. Hamb. 1716. in Quart.

13) Görtzische und Gyllenborgische Briefe, übersetzt. Hamb. 1717. in Quart.

14) Vertheidigung des Verfahrens wider die Schwedischen Gesandten in England. Hamburg. 1717.

15) Organistenprobe im Generalbaß. Hamb. 1719. in Quart.

16) Betrachtung des Actienhandels, aus dem Französischen. Hamb. 1720. in Octav.

17) Der brauchbare Virtuose, XII. Sonates pour la Traverse ou le Violon. Hamb. 1720. in Folio.

18) Reflexions sur l'éclaircissement d'un problème de Musique. Hamb. 1720. in Folio.

19) Prologo per il Ré Ludovico XV. Hamb. 1722. in Quart.

20) Critica musica. Tom. I. Hamb. 1722. Tom. II. 1725. in Quart.

21) Zenobia, eine aus dem Italienischen übersetzte Oper. Hamb. 1722. in Quart.

22) Arsaces, eine dergleichen Oper. Hamb. 1722. in Quart.

23) Nero, dergleichen, doch mit vielen Zusätzen. Hamb. 1722. in Quart.

24) Die Großbritannische Hauptverrätherey, aus dem Englischen übersetzt. Hamb. 1723. in Quart.

25) Moll Flanders Begebenheiten, aus den Englischen. Hamb. 1723. in Octav.

26) Bischof Burnets Geschichte seiner Zeit. Erster Band. Hamb. 1724. Zweyter Band. 1735. in Quart.

27) Niedtens Handleitung zur Variation des Generalbasses, mit Anmerkungen. Neue Ausgabe. Hamb. 1724. in Quart.

28)

Johann Mattheson.

28) Mariae Scoticae **Lebensbeschreibung. Aus dem Englischen.** Hamb. 1726. in Octav.

29) **Untersuchung des Großbritannischen Betragens.** Hamb. 1727. in Quart.

30) Ephorus Goettingensis, **von der Kirchenmusic.** Hamburg. 1727. in Quart.

31) **Die Herannäherung des Krieges. Aus dem Englischen.** Hamb. 1727. in Quart.

32) Ramseys **reisender Cyrus. Aus dem Englischen.** Hamb. 1728. in Octav.

33) **Der musicalische Patriot.** Erster und letzter Band. Hamb. 1728. in Quart.

34) 35) 36) Miscellanea Matthesoniana. Drey starke Quartbände, in deren einem 27. im andern 37. und im dritten 9. Stück, als Oratorien, Gedichte auf Hochzeit- und Namensfeste, Vorreden zu fremden Büchern, Parlamentsreden, u. s. f. Hamb. in Quart. zu verschiedenen Zeiten gesammelt.

37) **Aesopus. Eine Oper, aus den Italienischen.** Hamb. 1728. in Quart.

38) **Anmerkungen über die Großbritannische Aufführung. Aus dem Englischen.** Hamb. 1729. Eine von Nro. 29. ganz unterschiedene Schrift.

39) **Wichtigkeit des Großbritannischen Reichthums und Kaufhandels. Aus dem Englischen.** Hamb. 1729. in Quart.

40) **Betrachtungen über den Sevilischen Tractat. Aus dem Englischen.** Hamb. 1730. in Quart.

41) **Der gelehrte** Cantor. **Aus dem Lateinischen.** Hamb. 1730. in Quart.

42) **Die grosse Generalbaßschule; oder der Organisten Probe** zwote und vermehrte Auflage. Hamb. 1731. in Quart. S. **Niedersächsische Nachrichten**

richten von gelehrten Sachen, 1731. S. 165. fg. 253. fgg.

43) Betrachtungen über den gegenwärtigen Zustand der Europäischen Staatsgeschäfte. Aus dem Englischen. Hamb. 1731. in Quart. S. gedachte Niedersächsische Nachrichten von gelehrten Sachen, 1731. S. 116.

44) De eruditione musica Schediasma epistolicum ad *Jo. Christoph. Kruſike.* Hamburg. 1732. Zwote Auflage. 1752. in Quart. S. Niedersächsische Nachrichten von gel. Sachen, 1732. S. 658. fgg.

45) Freundschaft nach dem Tode. Aus dem Englischen. Hamb. 1734. in Octav. S. die bemeldte Niedersächsische Nachrichten, 1734. S. 260. fg.

46) 47) 48) Beyträge zu den Niedersächsischen Nachrichten von gelehrten Sachen. 3. Bände. 1731. 1732. 1733. in Octav.

49) Tagebuch des Ordens vom guten Geschmack, gestiftet durch Mattheson. Hamburg. 1733. 1734. in groß Quart.

50) Die kleine Generalbaßschule. Hamb. 1735. in Quart. S. Niedersächsische Nachrichten von gel. Sachen, 1735. S. 9. fgg.

51) Die Fingersprache. Ein Fugenwerk fürs Clavier, in Kupfer. Erster Theil. 1735. Zweyter Theil. 1737. in groß Folio.

52) Anmerkungen über Burnets Geschichte. Hamb. 1737. in Quart.

53) Kern melodischer Wissenschaft. Hamb. 1737. in Quart.

54) Der vollkommene Capellmeister. Hamburg. 1739. in Folio.

(Der Beschluß künftig.)

Nach-

Nachrichten von Niedersächsischen berühmten Leuten u. Familien.

Das 63. Stück.

Beschluß des im vorhergehenden Stück abgebrochenen Artikels.

55) Die musicalische Ehrenpforte, Lebensbeschreibungen berühmter Tonmeister. Hamb. 1740. in Quart.

56) Unterirdisches Klippenconcert in Norwegen. Hamb. 1740. in Quart.

57) Gedanken über die kritische Historie der deutschen Sprache. Hamb. 1741. im 23sten Stück der Beyträge, imgleichen über die freyen Urtheile, den Hamburgischen Correspondenten, die Hamburgischen Berichte, u. s. f.

58) Pamela. Aus dem Englischen übersetzt. 7. Bände. Hamb. 1742. 1743. in Octav.

59) Die neueste Untersuchung der Singspiele, nebst einer Probe vom musicalischen Geschmack. Hamb. 1744. in Octav. S. Hamburgische freye Urtheile und Nachrichten, 1744. S. 261. fg.

60) Rémèdes contre la Médisance et contre les Ecrits satyriques. Hamb. 1745. in Octav.

61) Das erläuterte Selah, nebst einigen andern nützlichen Anmerkungen und erbaulichen Gedanken über Lob und Liebe. Hamb. 1745. in Octav.

2. Band.   G   6.

S. Hamburgische Berichte von gel. Sachen, 1745.
S. 337. fgg. freye Urtheile und Nachrichten,
1745. S. 382. fgg.

62) Sieben bis achthundert Schriftstellen, die
sich ausdrücklich auf die Tonkunst beziehen. Hamb.
1745. in Octav.

63) Versuch einiger Oden über die Gebote Gottes. Hamb. 1745. in Octav.

64) Beyträge zu den freyen Urtheilen und Nachrichten zum Aufnehmen der Wissenschaften, auch
zu den Hamburgischen Berichten. Hamburg. 1745.
in Octav.

65) Behauptung der himmlischen Music aus
den Gründen der Vernunft, Kirchenlehre und
heiligen Schrift. Hamb. 1747. in Octav. S. Hamburgische Berichte von gelehrten Sachen, 1747.
S. 237. fg.

66) Der verdächtige Todesfreund. Opus inimici
mortis. Hamb. 1747. in Octav.

67) Systematische Klanglehre. Hamb. 1748. in
Octav.

68) Mithridat wider eine welsche Schmähschrift,
unter dem Titel: la Musica. Hamb. 1749. in Octav.

69) Nachricht von einem in Freyberg aufgeführten Schulsingspiele, in den Beyträgen zur Historie
und Aufnahme des Theaters befindlich, im vierten
Stücke. Stuttgard. 1750. in Octav.

70) Bewährte Panacea, als eine Zugabe zu dem
musicalischen Mithridat, überaus heilsam wider
die leidige Racherie irriger Lehrer, schwehrmüthiger Verächter und gottloser Schänder der Tonkunst. Erste Dosis. Hamb. 1750. Zwote Dosis, oder
wahrer Begrif des harmonischen Lebens. Hamb. 1750. in
Octav. S. die Hamburgische gelehrte Neuigkeiten,
1750. S. 226. fgg. 563. fg.

71)

71) Gespräche der Weißheit und Music. Hamb. 1751. in Octav.

72) Odeon morale, jucundum et vitale. Zwo Oden und ein Dutzend singbare Lieder. Kupfer. Nürnb. 1757. in groß Folio. S. Hamburgische gelehrte Neuigkeiten, 1751. S. 769. fgg.

73) Die Freuden-Academie. Erster Band. Hamb. 1751. Zweyter Band. 1753. in Octav. S. Hamburgische Berichte von gelehrten Sachen, 1753. S. 305. fgg.

74) Philologisches Tresespiel. Hamb. 1752. in Octav. S. die gedachte Hamburgische Berichte, 1752. S. 766. fgg.

75) Beyträge zum Idiotico Hamburgensi, durchgehends in demselben eingeschaltet. Hamb. 1754. in groß Octav.

76) Plus ultra, ein Stückwerk neuer und mancherley Art. Erster Vorrath. Hamb. 1754. Zweyter Vorrath. 1755. Dritter Vorrath. 1756. Vierter Vorrath. 1756. in Octav.

B. Sachen, die zum Druck ausgefertiget worden.

a) Der bescheidene musikalische Dictator, mit einem Intermezzo für den so genannten Menschen.

b) Eloquentia verticordia sonora.

c) Die Thorheit in der Augenorgel, welche sich anjetzt von neuem reget. Französisch und Deutsch.

d) Gedultlehre. Aus dem Italienischen des Zarlins.

e) Erwegung der Armuth und Mißgunst. Aus der englischen Biene.

f) Ausführliche Abhandlung vom Bücherschreiben.

g) Begriff von unverlohrnen Künsten.

h) Rechte mathematische Form der Tonkunst, mit den wohlbestellten Pauckenspiel.

i) Nothwendige Verbesserung der Sprache und Reime in den gewöhnlichen Kirchenliedern.

k) Animaduersiones in sacrum Textum, quoad differentiam interpretum.

l) Monathliche und tägliche Seelensorgen.

m) Wahrscheinliche Seeligkeit Esaus. Aus dem Lateinischen.

n) Biblische Lebens- Todes- und Auferstehungs-Gedanken.

o) Samlung vieler nachdenklicher Stellen von Glaubenslehren, guten Werken, Tugenden, Lastern und Trostsprüchen.

p) Vorbereitungswoche zum heil. Abendmahl, cum Carmine, und was von solcher Vorbereitung eigentlich zu halten.

q) Verschiedene Psalmen in deutschen Versen, samt andern ungekünstelten Reimen.

r) Herzliche Gebethe ex tempore.

* * *

Außer der oben erwehnten Ehrenpforte ist auch von seinem Leben und Schriften biß aufs Jahr 1729. einige Nachricht zu finden in dem großen Universal-Lexico aller Wissenschaften und Künste, im 19. Bande, S. 2118. sqq.

Chri=

Christian Wilhelm Franz Walch,

der Theologie Doctor und erster Professor, wie auch ordentlicher Professor der Philosophie auf der Universität zu Göttingen.

Es gehöret zu den vornehmsten Arten der Glückseligkeit für gelehrte und berühmte Männer, daß ihr Ruhm durch ihre Erben fortgepflanzet wird. An den dreyen *) Söhnen des berühmten Herr Kirchenraths Walchs zu Jena siehet man ein sehr erfreuliches Beyspiel des Segens, welchen der Höchste von einer klugen Erziehung die Folge seyn lässet. Denn dieser um die gelehrte Welt bestverdiente Mann erlebet in seinem hohen Alter das besondere Glück, daß sie alle sich nicht nur, als gründliche Gelehrte, hervorthun, sondern auch ihrem Eifer und Verdiensten um die Gelehrsamkeit gemäß belohnet werden. Da diß selbst auswärtige hohe Gönner und Kenner würdiger Männer in Beförderung des gegenwärtigen Herrn Doctors zu bewürken beflissen gewesen, so ist es unstreitig für den Herrn Kirchenrath eine desto grössere Freude. Denn so wenig einer seiner gedachten dreyen Herren Söhne des Glücks und des Ammts, dazu sie die Vorsehung erhoben, unwürdig zu nennen ist: so gewiß muß man ohne alle Schmeicheley von unserm Herrn Christian Wilhelm Franz dasselbe insonderheit behaupten.

Seine selige Mutter, Frau Catharina Charlotte, gebohrne Buddeus, brachte ihn den 25. December 1726. zu Jena zur Welt. So erfreulich dieß Weyhnachtsgeschenk

G 3 den

---

*) Unser Herr Christian Wilhelm Franz ist der zweyte. Der erste, Herr Johann Ernst Immanuel, ist ordentlicher Professor der Beredsamkeit und Poesie auf der Universität zu Jena. Der dritte, Herr Doctor Carl Friederich, ist daselbst ordentlicher Professor der Rechtsgelehrsamkeit. Der Herr Kirchenrath hat also das Vergnügen, daß zweene seiner Söhne seine Collegen sind, und der eine eben das in Göttingen, was er in Jena, ist.

den rechtschaffenen Eltern war, so sehr liessen sie sich auch von seiner zartesten Kindheit an desselben Erziehung angelegen seyn. Sie hielten ihm nebst seinem ältern Herrn Bruder, dem jetzigen Herrn Prof. Johann Ernst Immanuel, verschiedene Haußlehrer, unter welchen der Herr Prediger Strelen und der Herr Conrector Frick die vornehmsten gewesen. Nachdem sein Nahme Anno 1733. von seinem Herrn Vater, als Prorector, in das Studentenbuch eingetragen worden, und er darauf die Schulgründe der Wissenschaften wohl gelegt hatte, ward er noch in der ersten Jugend für tüchtig erachtet, die höhern Vorlesungen auf der Universität zu hören, da er denn einerley Lehrer mit seinem gedachten ältesten Herrn Bruder hatte, nemlich zuerst in der Historie den seligen Hofrath Buder, in der Logik den damahligen Hofrath Daries, wie auch in derselben und in der Metaphysik den seligen Professor Reusch, in der Physik und Mathesis den Herrn Hofrath Hamberger, und in der Mathesi applicata den Herrn Kirchenrath Wiedeburg, weiter in den morgenländischen Sprachwissenschaften, die seligen Reckenberger und Tympe, und endlich in allen Theilen der Gottesgelahrheit, wie auch in der gelehrten und Kirchengeschichte, verschiedene Jahre hinter einander seinen Herrn Vater.

Hierauf erhielt er zu Ende des 1745sten Jahres unter dem Decanat des seligen Professor Tympe von der philosophischen Facultät die Würde eines Doctors in der Weltweißheit, und nachdem er sich darauf gewöhnlicher massen das Recht, Collegia zu lesen, erworben hatte, hielt er biß Ostern 1747. verschiedene exegetische, philosophische und historische Vorlesungen, nach deren Endigung er mit seinem schon erwehnten Herrn Bruder eine gelehrte Reise durch Deutschland, Holland, Frankreich, die Schweiz und Italien vornahm. Nach seiner glücklichen Zurückkunft fieng er bald seine akademischen Arbeiten wieder an, und unterhielt mit verschiedenen berühmten Gelehrten, welche er auf seinen Reisen hatte kennen gelernet, einen nützlichen Briefwechsel. Einige Zeit hernach, nämlich im Jahre 1750.

ward

ward ihm von den durchlauchtigsten Herzogen zu Sachsen, als Nutritoren der Universität, das Amt, die Philosophie ausserordentlich zu lehren, aufgetragen. Er trat solches den 17. Junius mit einer öffentlichen Rede de præsenti literarum in Gallia statu an, wozu er mit einer Schrift de eruditione Laicorum medii aeui die Einladung that.

Unter den Gelehrten, deren besondere Freundschaft er sich auf seinen Reisen erworben hatte, war auch der berühmte Gori zu Florenz. Dieser ersuchte nicht nur seinen Herrn Bruder und ihn zu Mitarbeitern an seinen Symbolis literariis, sondern übersandte ihnen auch 1751. das Diplom, wodurch die alldort blühende so genannte Taubengesellschaft sie zu ihren Mitgliedern erklärte. Die Jenaische lateinische Gesellschaft, deren Mitglied er bereits eine Zeitlang gewesen war, erwählte ihn, nachdem sein Herr Bruder in die Stelle ihres, in demselben Jahre mit Tode abgegangenen, Directors, D. Christian Heinrich Eckhards, erwählet worden, wieder einmüthig an dessen Stelle zu ihrem Ephorus. Seine Vaterstadt und die Universität in derselben hatten nun ohnstreitig eine grosse Zierde an unserm Herrn Doctor, und konnten nicht anders, als sich die freudige Hofnung machen, immer herrlichere Früchte seines unermüdeten Eifers zur Beförderung der Wissenschaften von ihm zu erhalten. Allein, da er denen auf den Zustand der gelehrten Welt so wachsamen, und auf die Beförderung des Flors ihrer Universität so aufmerksamen Augen des Göttingschen Herrn Curatoris und jetzigen Churhannöverschen Premierministers von Münchhausen Excellenz nicht entgehen konnte, so liessen dieselben unter vortheilhaften Bedingungen den Ruf zu einer ordentlichen Profeßion der Philosophie an ihn ergehen, welchen er auch annahm, und solches Amt Anno 1753. mit einer Rede de Georgia Augusta, prouidentiae diuinae teste, antrat. Man sehe die Göttingischen Anzeigen von gelehrten Sachen, 1753. S. 1715. und 1754. S. 209. die Hamburgischen Berichte von gel. Sachen, 1754. S. 27. 235. Im Jahr 1754. kam die ausserordentliche Profeßion

sion der Gottesgelartheit hinzu, weßwegen er in demselben Jahr daselbst die höchste Würde in dieser Facultät annahm, und bey solcher Gelegenheit de obedientia Christi actiua disputirte, zu welcher feyerlichen Handlung der schon verewigte Doctor Heumann die Einladungsschrift de haeretico Paulino Tit. III. 10. an das Licht stellete, worin er zugleich, der Gewohnheit gemäß, von dem Leben und Schriften dieses würdigen Herrn Candidaten eine kurze Nachricht ertheilete. Man sehe die erwehnte Göttingischen Anzeigen von gel. Sachen, 1754. S. 786. 1021. 1049. Im Jahre 1757. ward er auch zum ordentlichen Lehrer der Gottesgelahrheit verordnet, und trat diß Amt den 30. April mit einer Rede de veterum Christianorum virtute, a pietatis magistris cautius commendanda, an, lud auch mit einer Schrift de Christo Papa dazu ein. Das wird in den Göttingischen Anzeigen von gel. Sachen, 1757. S. 259. 553. fg. gemeldet. Als darauf 1766. der berühmte Herr D. Feuerlein mit Tode abgieng, ward er Professor Theologiae primarius. Wie vielen Vortheil die Göttingischen Universität von demselben habe, seit dem er sich derselben mit unverdrossener Treue gewidmet, erkennet ohne unser Erinnern ein jeder leicht. Als Beweise davon können wir aber auch die verschiedenen Erhebungen und Beschäftigungen anführen, die ihm dazu besonders Gelegenheit gegeben. Dahin gehöret, daß er 1763. zum ordentlichen Mitgliede der dasigen königlichen Societät der Wissenschaften in der historischen Classe, 1760. zum Curatore der Aerarorium piorum bey der Universität, und 1765. zum Director des theologischen Repetenten-Collegii ernennet worden, daß er das Prorectorat der Academie 1762. und 1763. zwey halbe Jahre hintereinander, imgleichen Anno 1767. geführet. Die mit solchen Aemtern bekanntermassen verbundene mancherley Zerstreuungen haben den Herrn Doctor doch nicht abgehalten, mit vielen gelehrten Schriften die Welt zu vergnügen, deren andere in müßiger Ruhe kaum halb so viel zu besorgen Lust haben würden.

Nach-

(Die Fortsetzung folgt.)

Nachrichten von Niedersächsischen berühmten Leuten u. Familien.

Das 64. Stück.

Fortsetzung des im vorhergehenden Stück abgebrochenen Artikels.

Aber das ist die Art solcher verdienten Männer, die unserm Herrn Walch ähnlich sind, sich und ihre Kräfte dem gemeinen Besten lediglich zu widmen. Nur Schade, daß nicht alle in unsern Tagen mit gleicher Tüchtigkeit es thun. Und bedenket man denn noch, wie viele Stunden er auf seine academischen Vorlesungen *) wendet, so solte man kaum denken, daß es möglich sey, so gehäufte Beschäftigungen ohne Schaden der Gesundheit übernehmen zu können. Wir wünschen, daß die Göttingische Academie und überhaupt die ge-

---

*) In des Herrn Hofrath Pütters lesenswürdigem Versuch einer academischen Gelehrten-Geschichte von der Georg-Augustus-Universität zu Göttingen, S. 124. ist davon folgende Nachricht befindlich: Er lieset ordentlicher Weise im Sommer täglich vier, im Winter drey Stunden, und zwar 1) alle Jahr die Dogmatik, --- so, daß er im Sommer die erste, und im Winter die andere Hälfte zu Ende bringet; 2) alle Jahr die Kirchenhistorie des N. T. biß zu Ende des XVII. Jahrhunderts, --- so daß er im Sommer die ältern, im Winter die mittlern und neuern Zeiten abhandelt; 3) wechselsweise die theologische Moral, und 4) die Polemick, --- so daß die Moral in einem halben Jahr abgehandelt wird, hernach die

gelehrte Welt seiner sich, als ihrer wahren Zierde, biß auf die spätesten Zeiten erfreuen mögen.

Was seinen Ehestand betrift, so hat er sich im Jahr 1762, den 23. May mit Jungfer Eleonora Friederica Cromen, ältester Tochter des Herrn Friederich Andreas Crome, Stiftshildesheimischen Consistorialraths und Generalsuperintendenten, ersterer Ehe, verheurathet, welche ihm 1766. den 7. Januar einen Sohn, Georg Friederich, gebohren.

Seine Schriften beweisen, wie gerecht die Hochachtung sey, welche die gelehrte Welt diesem verdienstvollen Manne gewidmet.

1) Epistola de pallio philosophico veterum christianorum. Jen. 1744. in Quart. S. Auszüge aus den neuesten theol. und philol. Disputationen, 1744. S. 381. fgg.

2) Antiquitates pallii philosophici veterum christianorum. Jenae. 1745. in Octav. Die vorhergehende Schrift war nur eine Probe dieses Werks, und in diesem die Materie ausführlicher beleuchtet. S. Leipziger neue Zeitungen von gel. Sachen, 1746. S. 37. fgg. Nova Acta Eruditorum, 1747. pag. 86. seqq. Hamburgische freye Urtheile und Nachrichten, 1746. S. 76. fg.

3) Diss.
die Polemik ein ganzes Jahr erfordert, 5) alle zwey Jahr nach einander publice - - (a) die natürliche Teologie, (b) die symbolische Teologie, (c) die Kirchenhistorie des XVIII. Jahrhunderts, und (d) wenigstens ein exegeticum über einen oder mehrere Briefe Pauli, oder (e) über die Passions-Historie, wie auch (f) über die Christlichen Alterthümer, auch wohl dazwischen (g) privatim die Historiam literariam theologiae, und publice (h) die Historiam literariam philosophiae, (i) die historiam literariam historiae ecclesiasticae, (k) das ius puplicum ecclesiasticum, (l) die theologiam casuisticam, oder (m) über einen griechischen Patrem, z. E. Justini M. Apologie, u. s. f. Endlich liest er 6) privatissime, wenn es verlanget wird, examinatoria, auch wohl mit selbigen verbundene Disputatoria über die Dogmatick, oder was ausser der Ordnung von den bißher bekannten Vorlesungen verlanget wird.

3) Diss. de Deo Ebraeorum montano. Resp. *Christoph. Henr. Kirchner.* Jen. 1746. in Quart. S. Leipziger gel. Zeitungen, 1746. S. 679. fg. vollständige Nachrichten von academischen Schriften, 1748. S. 268 fgg. Krafts theologische Bibliothek, im 1. Bande, S. 452. fg.

4) Diss. de Ottone magno, Italiae rege ac Romanorum imperatore. Resp. Joh. *Phil. Vil Lucke.* Jenae. 1746. in Quart. S. Leipziger gel. Zeitungen, 1747. S. 503. fg. vollständige Nachrichten von acad. Schriften, 1748. S. 664. fgg.

5) Diss. de Felice, Iudaeae prouratore. Resp. *Joh. Dan. Claudius.* Jen. 1747. in Quart. S. Hamburgische freye Urtheile und Nachrichten, 1747. S. 529. fgg. Nachrichten von academischen Schriften, 1749. S. 261. fgg. Auszüge aus den neuesten theol. und phil. Disputationen, 1747. S. 324. fgg. Krafts theologische Bibliothek, im 2. Bande, S. 632. Hamburgische Berichte von gel. Sachen, 1747. S. 447.

6) Diss. de pietate Ludouici pii, imperatoris Augusti. Resp. *I. C. Vogt.* Ien. 1748. in Quart. S. vollständige Nachrichten von acad. Schriften, 1750. S. 356. fgg.

7) Censura diplomatis, quod Ludovicus pius, imp. Aug. Paschali I. Pontifici Romano, concessisse fertur. Accedit diploma ipsum, notatis lectionibus diuersis. Lipsiae. 1749. in Quart. S. Leipziger neue Zeitungen von gel. Sachen, S. 799. fgg. Göttingische Zeitungen von gel. Sachen, 1749. S. 709. freye Urtheile und Nachrichten, 1749. S. 672. Jenaische gelehrte Zeitungen, 1749. S. 428. fg.

8) Entwurf der Staatsverfassung der vornehmsten Reiche und Völker in Europa. Jena. 1749. in Octav. S. Leipziger gel. Zeitungen, 1749. S. 629. fg. Göttingische gel. Zeitungen, 1749. S. 747. fg. Jenaische gel. Zeitungen, 1749. S. 300. fg. Erlangische gelehrte Anmerkungen und Nachrichten, 1749. S. 102.

9) Diss.

9) Diss. de missis dominicis Pontificis Romani iudicibus. Resp. J P. Oberlaender Jen. 1749. in Quart. S. freye Urtheile und Nachrichten, 1749. S. 722. fg. und 1750. S. 591. fg. Göttingische gel. Zeitungen, 1750. S. 103. Nachrichten von academischen Schriften, 1751. S. 146. fgg. Krafts theol. Bibliothek, im 6. Bande, S. 83. Jenaische gelehrte Zeitungen, 1749. S. 693. fg.

10) Commentatio de eruditione Laicorum medii aeui. Jenae. 1750. in Quart. S. Göttingsche gel. Zeitungen 1750. S. 965. Jenaische gelehrte Zeitungen, 1750. S. 425. fgg. Erlangische gelehrte Anmerkungen und Nachrichten, 1750. S. 246. Auszüge aus den neuesten theol. und philol. Disputationen, 1752. S. 32. fgg. vollständige Nachrichten von academischen Schriften, 1751. S. 549. fgg. Krafts theol. Bibliothek, im 6. Bande, S. 85. fg.

11) Historia canonisationis Caroli magni, variis obseruationibus illustrata. Accedunt chartae Friderici I. & Caroli IV. imperatorum, nec non Officium de S. Carolo, Anecdota item Tigurina. Jenae. 1750. in Quart. S. Leipziger gel. Zeitungen, 1750. S. 436. fgg. Nova Acta Eruditorum, 1752. pag 367. sqq. Götting. gel. Zeitungen, 1750. S. 964. fg. Krafts theol. Bibliothek, im 6. Bande, S. 21. fgg. Jenaische gelehrte Zeitungen, 1750. S. 276. fgg. Beyträge zu den Erlangischen gelehrten Anmerkungen und Nachrichten, 1750. S. 348. fg.

12) Christus solus ex virgine natus. Jena, 1750. in Quart. Ist das Weyhnachts-Programma von dem gedachten Jahr.

13) Wahrhaftige Geschichte der seligen Frau Catharina von Bora, D. Martin Luthers Ehegattin, wider Eusebii Engelhardi Morgenstern zu Wittenberg. Erster Theil. Halle. 1754. Zweyter Theil. Halle. 1754. in Octav.

Octav. Der erste Theil ward Anno 1752. wieder vermehrt aufgeleget. S. Leipziger gel. Zeitungen, 1751. S. 94. fg. 1752. S. 54. fg. freye Urtheile und Nachrichten, 1751. S. 150. fg. vollständige Nachrichten von acad. Schriften, 1752. S. 361. fg. Hamburgische Berichte von gel. Sachen, 1752. S. 124. 1754. S. 485. fgg. Göttingische gel. Zeitungen, 1751. S. 103. fg. 1752. S. 53. fg. Krafts theologische Bibliothek, im 6. Bande, S. 642. fgg. im 7. Bande, S. 248. fg. im 13. Bnbea, S. 231. fgg. Jenaische gelehrte Zeitungen, 1750. S. 798. fg. 1752. S. 114. fg.

14) Diss. de Clodouaeo magno, ex rationibus politicis christiano. Jenae. 1751. in Quart. S. Nachrichten von academischen Schriften, 1752. S. 136. fgg. Göttingische gel. Zeitungen, 1751. S. 863. fg. Leipziger gel. Zeitungen, 1751. S. 526. fg. freye Urtheile und Nachrichten, 1752. S. 207. fg. Krafts theol. Bibliothek, im 7. Bande, S. 96. Jenaische gel. Zeitungen, 1751. S. 373. fg. Erlangische gelehrte Anmerkungen und Nachrichten, 1751. S. 179.

15) Diss. de vnctionibus veterum Hebraeorum conuiualibus. Resp. *Geo. Dan. Schuderof.* Jenae. 1751. in Quart. S. Leipziger gelehrte Zeitungen, 1751. S. 885. fg. Hamburgische Berichte von gelehrten Sachen, 1752. S. 137. fgg. Nachrichten von academischen Schriften, 1753. S. 55. fgg. Göttingische gelehrte Zeitungen, 1752. S. 54. fg. Jenaische gelehrte Zeitungen, 1751. S. 729. fgg. Auszüge aus den neuesten theol. und philol. Disputationen, 1753. S. 176. fgg.

16) Caius Julius Caesar, virtute Germanorum, Romanorum dominus. Stehet in den Miscellaneis Lipsiensibus nouis, Vol. VIII. pag. 243. seqq. S. Leipziger gel. Zeitungen, 1751. S. 678. fg.

17) Ant-

17) Antwortschreiben an Herrn M. Otto Ludewig Königsmann, von der wahren Bedeutung des Paulinischen φελονης, 2. Timoth. IV. 13. Stehet in dem gesammelten Briefwechsel der Gelehrten, aufs Jahr 1751. S. 753. fgg.

18) Historia patriarcharum Judaeorum, quorum in libris iuris Romanorum fit mentio. Jenae. 1752. in Octav. S. Hamburgische Berichte von gelehrten Sachen, 1752. S. 333. fgg, Leipziger gel. Zeitungen, 1752. S. 438. fg. Göttingische gelehrte Zeitungen, 1752. S. 806. fgg. Krafts theologische Bibliothek, im 7. Bande, S. 709. fgg. Jenaische gelehrte Zeitungen, 1752. S. 265. fg.

19) Historia societatis latinae Jenensis, Pars I. 2. 3. 4. 5. Stehet vor den Actis societatis Latinae Jenensis, zu Anfang eines jeden Bandes.

20) Historia *Afranii Burrhi*, Actor. XVIII. 16. commemorati. Stehet in dem gedachten ersten Bande der Actorum societatis latinae Jenensis, pag. 156. fqq S. Göttingische gel. Zeitungen, 1752. S. 913.

21) Oratio de eloquentia latina veterum Germanorum. Jenae. 1752. in Quart. S. Hamburgische Berichte von gelehrten Sachen, 1752. S 493. fgg. Göttingische gelehrte Zeitungen, 1752. S. 796. Leipziger gelehrte Zeitungen, 1752. S. 439. Jenaische gelehrte Zeitungen, 1752. S. 361. fg. das Neueste aus der anmuthigen Gelehrsamkeit, 1752. S. 630. fgg.

22) Maria virgo non monialis. Jenae. 1752. in Quart. Ist das Weyhnachts-Programma von bemeldtem Jahr. S. Hamburgische Berichte von gelehrten Sachen, 1753. S. 172. fg. Krafts theologische Bibliothek, im 9. Bande, S. 370.

23) Deutsche Reichs-Historie. Halle. 1753. in groß Octav. S. Leipziger gelehrte Zeitungen, 1753. S.

S. S. 453. fgg. Göttingische Anzeigen von gelehrten Sachen, 1753. S. 955. fgg.

24) Geschichte der evangelisch-lutherischen Religion, als ein Beweiß, daß sie die wahre sey. Jena. 1753. in Octav. S. Hamburgische Berichte von gelehrten Sachen, 1753. S. 412. fgg. Leipziger gelehrte Zeitungen, 1753. S. 588. fg. freye Urtheile und Nachrichten, 1753. S. 635. fgg. Göttingische Anzeigen von gelehrten Sachen, 1753. S. 809. fgg. Krafts theologische Bibliothek, im 8. Bande, S. 888. fgg.

25) Commentatio de Senatore Romano medii aevi. Jenae. 1753. in Quart. S. Leipziger gelehrte Zeitungen, 1753. S. 716. Hamburgische Berichte von gelehrten Sachen, 1753. S. 786. fg.

26) Commentatio de literis Electorum consenssionis testibus. Gottingae. 1754. in Quart. S. Leipziger gelehrte Zeitungen, 1754. S. 260. fg. Göttingische Anzeigen von gelehrten Sachen, 1754. S. 209. fg. Hamburgische Berichte, 1754. S. 236. fg.

27) Oratio de Georgia Augusta, prouidentiae diuinae teste. Getting. 1754. in Quart. S. Göttingische Anzeigen von gel. Sachen, 1754. S. 273. fg. Leipziger gelehrte Zeitungen, 1754. S. 259. fg. Hamburgische Berichte, 1754. S. 235. fg. Krafts theologische Bibliothek, im 10. Bande, S. 89. freye Urtheile und Nachrichten, 1754. S. 362. fg.

28) Commentatio de Massiliensibus trilinguibus. Stehet in den Actis societatis latinae Jenensis, Vol. III. pag. 115. sqq.

29) Critische Historie desjenigen Schreibens, welches der Römische Kayser Ferdinand I. an den seligen D. Martin Luther soll geschrieben haben. Stehet in des seligen Herrn Superint. Rathlefs Theologen, im I. Bande, S. 177. fgg. 273. fgg.

30) Vl.

30) Viri docti Obseruationes in Lactantii de moribus perſecutorum librum. Stehet in den Miſcellaneis Lipſienſibus nouis, Vol. X. pag. 119. ſeqq. S. Leipziger gelehrte Zeitungen, 1754. S. 382.

31) Diſſ. de Bonoſo haeretico. Reſp. *J. H. Pels*. Gotting. 1754. in Quart. S. Krafts theologiſche Bibliothek, im 10. Bande, S. 763. Göttingiſche Anzeigen von gel. Sachen, 1754. S. 721. fg. Nachrichten von academiſchen Schriften, 1755. S. 85. fgg. 170. fgg. Auszüge aus den neueſten theol. und philol. Diſputationen, 1756. S. 213. fgg.

32) Commentatio de Luthero diſputatore. Gotting. 1754. in Quart. S. Nachrichten von academiſchen Schriften, 1755. S. 277. fgg. Göttingiſche Anzeigen von gelehrten Sachen, 1754. S. 921. Krafts theologiſche Bibliothek, im 11. Bande, S. 288. Auszüge aus den neueſten theol. und philol. Diſputationen, 1756. S. 17. fgg.

33) Diſſertatio inauguralis theologica de obedientia Chriſti actiua. Gotting. 1754. in Quart. S. Göttingiſche Anzeigen von gelehrten Sachen, 1754. S. 1377. fgg. Nachrichten von academiſchen Schriften, 1755. S. 892. fgg. Hamburgiſche Berichte von gelehrten Sachen, 1755. S. 131. fg. Auszüge aus den neueſten theol. und philol. Diſputationen, 1756. S. 350. fgg. Krafts theologiſche Bibliothek, im 11. Bande, S. 574. fg.

34) Hiſtoria Adoptianorum. Gotting. 1755. in Octav. S. Göttingiſche Anzeigen von gelehrten Sachen, 1755. S. 625. fgg. Hamburgiſche Berichte von gelehrten Sachen, 1755. S. 529. fgg. Krafts theologiſche Bibliothek, im 11. Bande, S. 151. fgg. zuverläßige Nachrichten vom gegenwärtigen Zuſtande der Wiſſenſchaften, im 195. Theil, S. 228. fgg.

(Die Fortſetzung folgt.)

Nachrichten von Niedersächsischen berühmten Leuten u. Familien.

Das 65. Stück.

Fortsetzung des im vorhergehenden Stück abgebrochenen Artikels.

35) Diss. de testimonio Christi de se ipso, ad. I. Ioh. V. 7. Resp. *Wilh. Gotth. Schramm.* Gotting. 1755. in Quart. S. Hamburgische Berichte, 1755. S. 531. Krafts theologische Bibliothek, im 11. Bande, S. 752. Göttingische Anzeigen von gelehrten Sachen, 1755. S. 569. fg.

36) Diss. de liberis S. R. I. ciuitatibus, a pace religiosa numquam exclusis Resp. *Joh. Joseph Romig.* Gotting. 1755. in Quart. S. Hamburgische Berichte, 1755. S. 716. fg. Göttingische Anzeigen von gelehrten Sachen, 1755. S. 1005. fgg.

37) Caroli M. de gratia septiformis spiritus Disputatio. Gotting. 1755. in Quart. Ist das Pfingst-Programm des erwehnten Jahres. S. Göttingische Anzeigen von gelehrten Sachen, 1755. S. 641. fg. Hamburgische Berichte, 1755. S. 531. fg. Krafts theologische Bibliothek, im 10. Bande, S. 764. fg.

38) Vorrede von der Frage: Ob das Pfingstfest der Juden allezeit ein Erndtefest, oder zugleich ein Gesetzfest gewesen? zu M. Adam Leberecht Müllers Erndtepredigten. Jena. 1755. in Octav. S. Göttingische Anzeigen von gelehrten Sachen, 1755. S. 727.

39) Ent-

39) Entwurf einer vollständigen Historie der Römischen Päbste. Göttingen. 1756. in groß Octav. Die zwote vermehrte Auflage. 1764. S. Leipziger gelehrte Zeitungen, 1756. S. 667. fg. Hamburgische Berichte von gelehrten Sachen, 1756. S. 505. fgg. Göttingische Anzeige von gelehrten Sachen, 1756. S. 385. fgg. 1757. S. 1169. Krafts theologische Bibliothek, im 12. Bande, S. 180. fgg. im 13. Bande, S. 832. fgg. Beyträge zu den Erlangischen gelehrten Anmerkungen und Nachrichten, 1756. S. 349. fg. Von der, im Jahr 1759. zu London herausgekommnen, englischen Uebersetzung wird in den Göttingischen Anzeigen, 1760. S. 1289. Nachricht ertheilet.

40) Gedanken von der Geschichte der Glaubenslehre. Göttingen. 1756. in Quart. Die zwote Auflage. 1764. S. Hamburgische Berichte, 1756. S. 345. fg. Göttingische Anzeigen von gelehrten Sachen, 1756. S. 473. fg. 1764. S. 393. fg. Krafts theologische Bibliothek, im 12. Bande, S. 868. fgg. Leipziger gelehrte Zeitungen, 1764. S. 388. fg. Hamburgische Nachrichten aus dem Reiche der Gelehrsamkeit, 1764. S. 285. fg. Danziger theologische Berichte von neuen Büchern und Schriften, im 14. Stück, S. 295. fgg. Beyträge zu den Erlangischen gelehrten Anmerkungen und Nachrichten, 1757. S. 163. fg. Magazin für Schulen, im 2. Bande, S. 372. fg.

41) Diss. de consensu Christi et Pauli, a criminatione Henrici Vicecomitis Bolingbrockii vindicato. Resp. *Geo. Mich. Schmidt*. Gotting 1756. in Quart. S. Hamburgische Berichte, 1756. S. 710. fgg. Göttingische Anzeigen von gelehrten Sachen, 1756. S. 993. fgg.

42) Diss. de Vigilantio, haeretico orthodoxo. Resp. *Christi. Henr. Vogel*. Gotting. 1756. in Quart. S. Göttingische Anzeigen. 1756. S. 1209. fgg.

43) Progr. quo expenditur veterum sententia de conceptione Christi per auditum. Gotting. 1756. in Quart.

Chriſtian Wilhelm Franz Walch.

Iſt das Weynachts-Programma vom bemeldten Jahr. S. Nachrichten von academiſchen Schriften, 1757. S. 883. fgg. Göttingiſche Anzeigen von gelehrten Sachen, 1756. S. 1433 fgg.

44) Compendium hiſtoriae eccleſiaſticae recentiſſimae, ut Compendio hiſtoriae eccleſiaſticae Gothano ſupplemento ſit, adornatum. Gothae. 1757. in Octav. S. Krafts theologiſche Bibliothek, im 13. Bande, S. 511. fgg. Leipziger gelehrte Zeitungen, 1758. S. 483. fg. Hamburgiſche Berichte von gel. Sachen, 1757. S. 433. fgg. Göttingiſche Anzeigen von gelehrten Sachen, 1757. S. 625. fgg. Hamburgiſche Nachrichten aus dem Reiche der Gelehrſamkeit, 1758. S. 369. fg.

45) *Joh. Geo Walchii* theologiae dogmaticae epitome, tabulis analyticis expreſſa. Jenae. 1757. in Octav. S. Göttingiſche Anzeigen von gelehrten Sachen, 1757. S. 505.

46) Monumenta medii aeui, ex bibliotheca regia Hanoverana. Gotting. Vol. I. Faſcicul. I. 1757. Faſcic. II. 1758. Faſcicul. III. 1759. Faſcicul. IV. 1760. Volum. II. Faſcicul. I. 1761. Faſcicul. II 1764. in Octav. S. Göttingiſche Anzeigen von gelehrten Sachen, 1757. S. 289. fgg. 1758. S. 449. fgg. 1759. S. 513. fgg. 1760. S. 457. fgg. 1761. und 1762. S. 81. fgg. 1764. S. 1049. fgg. *Noua Acta Eruditorum,* 1762. pag. 227. ſqq. Leipziger gelehrte Zeitungen, 1758. S. 52. fgg. 324. fg. 1760. S. 645. fgg. 1761. S. 406. fgg. Krafts theologiſche Bibliothek, im 13. Bande, S. 81. fgg. 403. fgg. Erneſti theologiſche Bibliothek, im I. Bande, S. 80. fgg. 749. Hamburgiſche Nachrichten aus dem Reiche der Gelehrſamkeit, 1758. S. 148. fgg. 1759. S. 421. fgg. 1760. S. 397. fgg. 1761. S. 367. fg. Beyträge zu den Erlangiſchen gelehrten Anmerkungen und Nachrichten, 1757. S. 379. fg. 1759. S. 689. fg. 1760. S. 439. fg.

47) Obseruationes de Christo Papa. Gotting. 1757. in Quart. S. Krafts theologische Bibliothek, im 13. Bande, S. 267. Hamburgische Berichte von gelehrten Sachen, 1757. S. 470. Nachrichten von academischen Schriften, 1757. S. 505. fgg. Göttingische Anzeigen von gelehrten Sachen, 1757. S. 554. fg. Auszüge aus den neuesten theol. und philol. Disputationen, 1759. S. 60. fgg.

48) *Joh. Geo.* Walchii theologiae moralis epitome, tabulis analyticis expressa. Jenae. 1758. in Octav. S. Hamburgische Nachrichten aus dem Reiche der Gelehrsamkeit, 1758. S. 267.

49) Diss. de pompis Satanae. Resp. *Christoph. Frid. Giebelhausen.* Gotting. 1758. in Quart. S. Göttingische Anzeigen, 1758. S. 1313. fgg. Hamburgische Nachrichten, 1758. S. 755. fgg. Nachrichten von academischen Schriften, 1759. S. 114. fgg. Krafts theologische Bibliothek, im 14. Bande, S. 574. fg. Beyträge zu den Erlangischen gelehrten Anmerkungen und Nachrichten, 1759. S. 83. fgg.

50) Diss. de illuminatione apostolorum successiua. Resp. *Joh. Car. Salfeld.* Gotting. 1758. in Quart. S. Nachrichten von academischen Schriften, 1759. S. 310. fgg. Hamburgische Nachrichten, 1758. S. 757. fg. Göttingische Anzeigen, 1758. S. 1425. fg. Krafts theologische Bibliothek, im 14. Bande, S. 575. fg. Erlangische Beyträge, 1759. S. 116. fg.

51) Erläuterung der Schriftstelle 1. Timoth. IV. 13. Stehet in des seligen Herrn Superint. Rathlefs Gottesgelehrten, im 4. Theil, S. 161. fgg.

52) Progr. de verbis Christi rediuiui: Pax vobis! Gotting. 1758 in Quart. Ist das Oster-Programma von dem erwehnten Jahr. S. Hamburgische Nachrichten, 1758. S. 213. fgg. Göttingische Anzeigen, 1758. S. 489. fg. Nachrichten von academischen Schriften, 1759. S. 208. fgg. Krafts theologische Bibliothek, im 13. Bande, S. 455. fg.

53) Vorrede von den Mißbräuchen in der Verbindung der Sittenlehre der Vernunft mit der chriſtlichen Moral, zu des Herrn D. Johann Stephan Müllers Sittenlehre Jeſu. Jena 1758. in Octav. S. Göttingiſche Anzeigen von gelehrten Sachen, 1758. S. 1075.

54) Historia controuersiae Seculi IX. de partu beatae virginis. Gotting. 1758. in Quart. S. Göttingiſche Anzeigen, 1759. S. 33. fg. Krafts theologiſche Bibliothek, im 14. Bande, S. 576. Erlangiſche Beyträge, 1759. S. 163. fg.

55) Entwurf einer vollſtändigen Hiſtorie der Kirchenverſammlungen. Leipzig. 1759. in Octav. S. Leipziger gelehrte Zeitungen, 1760. S. 799. fg. Göttingiſche Anzeigen, 1759. S. 689. fgg. das Neueſte aus der anmuthigen Gelehrſamkeit, 1759. S. 581. fgg. Erneſti theologiſche Bibliothek, im 1. Bande, S. 394. fgg. Hamburgiſche Nachrichten, 1760. S. 758. fgg. Erlangiſche Beyträge, 1759. S. 543. fgg.

56) Diss. de resurrectione carnis, adversus *Arthur Ashley Sykesium.* Resp. *Christi. Aug. Helmkampff.* Gotting. 1759. in Quart. S. Göttingiſche Anzeigen, 1759. S. 553. fg. Hamburgiſche Nachrichten aus dem Reiche der Gelehrſamkeit, 1759. S. 432. Erlangiſche Beyträge, 1759. S. 409. fg.

57) Obseruationes de nomine serui Dei in monimentis christianis. Gotting. 1759. Iſt der Anſchlag zur Doctorpromotion des ſel. D. Johann Jacob Quiſtorps zu Roſtock. S. Göttingiſche Anzeigen von gelehrten Sachen, 1759. S. 153. fg. Hamburgiſche Nachrichten, 1759. S. 223. Erlangiſche Beyträge, 1759. S. 194. fg.

58) Progr. de consensu virtutis moralis et politicae, maxime contra *Heluetium.* Gotting. 1759. in Quart. Iſt der Anſchlag zur Inauguraldiſputation des Herrn Lic. Gauß-
ſchen

schen. S. Göttingische Anzeigen, 1759. S. 585. fg. Krafts theologische Bibliothek, im 14. Bande, S. 669. fg. Erlangische Beyträge, 1759. S. 458. fg.

59) Vorrede über 2. Corinth. VIII. 12. 13. zur elften Nachricht von dem Göttingischen Waysenhause. Göttingen. 1760. in Octav. S. Göttingische Anzeigen, 1760. S. 49.

60) Grundsätze der natürlichen Gottesgelehrheit. Göttingen. 1760. in Octav. S. Leipziger gelehrten Zeitungen, 1760. S. 714. fgg. Göttingische Anzeigen, 1760. S. 969. fg. Hamburgische Nachrichten aus dem Reiche der Gelehrsamkeit, 1760. S. 790. fgg. Erlangische Beyträge, 1760. S. 743. fgg.

61) *Joh. Geo. Walchii* epitome theologiae polemicae, tabulis analyticis expressa. Jenae. 1760. in Octav. S. Göttingische Anzeigen, 1760. S. 769.

62) Historia protopaschitarum. Gotting. 1760. in Quart. Ist das Oster-Programma von demselben Jahr. S. Göttingische Anzeigen, 1760. S. 385. fg. Hamburgische Nachrichten, 1760. S. 390. fg. Ernesti theologische Bibliothek, im 1. Bande, S. 757. fgg.

63) Grundsätze der Kirchengeschichte des neuen Testaments. Göttingen. 1761. in Octav. S. Ernesti theologische Bibliothek, im 2. Bande, S. 902. fgg. Leipziger gelehrte Zeitungen, 1761. S. 790. fg. Hamburgische Nachrichten, 1761. S. 366. fg.

64) Obseruationes ecclesiasticae de traditione Spiritus sancti. Gotting. 1761. in Quart. Ist das Pfingst-Programma gemeldten Jahres. S. Göttingische Anzeigen von gel. Sachen, 1761. S. 305. fg.

65) Entwurf einer vollständigen Historie der Ketzereyen, Spaltungen und Religionsstreitigkeiten biß auf die Zeiten der Reformation. Erster Theil. Leipzig. 1762. Zweyter Theil. 1764. Dritter Theil. 1766.

Vierter Theil. 1768. in groß Octav. S. Göttingische
Anzeigen, 1761. und 1762. S. 601. fgg. 1764.
S. 569. fgg. 1766. S. 497. fgg. 1768. S. 577. fgg.
Leipziger gelehrte Zeitungen, 1763. S. 791. fg.
1766. S. 408. fg. Danziger theologische Berichte,
im 13. Stück, S. 201. fgg. im 34. Stück, S. 246. fgg.
Ernesti theologische Bibliothek, im 3. Bande, S. 410. fgg.
im 5. Bande, S. 25. fgg. im 7. Bande, S. 345. fgg.
Lübeckische Nachrichten von den merkwürdigsten theol.
Schriften unsrer Zeit, im 2. Bande, S. 518. fgg.
allgemeine deutsche Bibliothek, im 1. Bande, und
dessen 2. Stück, S. 196. fgg. Jenaische Zeitungen
von gel. Sachen, 1766. S. 549. fgg. Hallische gelehrte Zeitungen, 1767. S. 123. fg.

66) Oratio solemnis, qua Regi suo augustissimo de
victoriis natoque filio inter sacra sua anniuersaria d. XI.
Octobris cIɔIɔCCLXII. deuotissime gratulata est academia
Georgia Augusta. Gotting. 1762. in Quart. S. Göttingische Anzeigen, 1761. und 1762. S. 817.

67) Progr. quo illustrantur, quae angelus de nato
σωτηρι Χριϛω κυριω pastoribus nuntiauit. Gotting.
1762. in Quart. Ist das Weynachts-Programma von
demselben Jahr. S. Hamburgische Nachrichten, 1763.
S. 422. fg. Göttingische Anzeigen, 1763. S. 33.

68) Vorrede von D. Luthers Mildthätigkeit, zu
der 14ten Nachricht von dem Göttingischen Waysenhause.
Göttingen. 1762. in Octav.

69) Oratio, cum magistratum academicum deponeret.
Gotting. 1763. in Quart.

70) Interpretatio oraculi Domini de sua vitam ponendi et resumendi, potestate. Gotting. 1764. in Quart. Ist
das Oster-Programma vom erwehnten Jahr. S. Göttingische Anzeigen, 1764. S. 513. Danziger theologische Berichte, im 11. Stück, S. 77.

71) Breuiarium theologiae symbolicae ecclesiae Lutheranae. Gotting. 1765. in Octav. S. Danziger theologische

sche Berichte, im 19. Stück, S. 689. fgg. Lübeckische Nachrichten von den merkwürdigsten theologischen Schriften unserer Zeit, im 1. Bande, S. 621. fgg. Göttingische Anzeigen von gelehrten Sachen, 1765. S. 425. fg. Hamburgische Nachrichten aus dem Reich der Gelehrsamkeit, 1765. S. 552. Greifswaldische neue critische Nachrichten, im 1. Bande, S. 349. fg. Jenaische Zeitungen von gelehrten Sachen, 1765. S. 412. fgg.

72) Auspicia regii Collegii theologici Repetentium in academia Georgia Augusta. - - - Interposita est interpretatio mandati Paulini 2. Timoth. II. 2. Gotting. 1765. in Quart. S. Lübeckische Nachrichten von den merkwürdigsten theol. Schriften, im 1. Bande, S. 286. fgg. Göttingische Anzeigen, 1765. S. 433. fg. Danziger theologische Berichte, im 26. Stück, S. 423. fg.

73) Nachricht von dem königlichen theologischen Repetentencollegio zu Göttingen. Göttingen. 1765. in Octav. S. Göttingische Anzeigen, 1765. S. 1073. fg. Danziger theologische Berichte, im 35. Stück, S. 377. fg.

74) Progr. quo illustratur particula symboli Nicaeni-Constantinopolitani de Spiritu sancto, qui locutus est per prophetas. Gotting. 1765. in Quart. Ist das Pfingst-Programma des gedachten Jahres. S. Göttingische Anzeigen, 1765. S. 561. fg. Danziger theologische Berichte, im 26. Stück, S. 424. fg.

75) Diss. de lege Leuiratus, ad fratres non germanos, sed tribules referenda, ad Deut. XXV. 5. Resp. *Christi. Car. Rauschenbusch.* Gotting. 1765. in Quart. S. Lübeckische Nachrichten von den merkwürdigsten theol. Schriften, im 1. Bande, S. 367. fgg. Göttingische Anzeigen, 1765. S. 393. fg. Jenaische Zeitungen von gelehrten Sachen, 1765. S. 379. fgg.

(Der Beschluß künftig.)

Nachrichten von Niedersächsischen berühmten Leuten u. Familien.

Das 66. Stück.

Beschluß des im vorhergehenden Stück abgebrochenen Artikels.

76) **Vorrede über die Frage: Ob die Waysenhäuser nützlich sind?** zur 17ten Nachricht von dem Göttingischen Waysenhause. Göttingen. 1765. in Octav.

77) Admonitio de evitando abusu exegetico doctrinae de donis miraculosis. Gotting. 1766. in Quart. Ist der Anschlag zu des Herrn Prof. Leß Doctorpromotion. S. Göttingische Anzeigen, 1766. S. 321. fg. Danziger theologische Berichte, im 34. Stück, S. 296. fgg. Jenaische Zeitungen von gelehrten Sachen, 1766. S. 277. fg.

78) Diss. de Christo, filio Dei proprio. Resp. *Joh. Gottfr. Wagemann.* Gotting. 1766. in Quart. S. Göttingische Anzeigen, 1766. S. 817. fg. Danziger theol. Berichte, im 40. Stück, S. 833. fg. *Commentar. de libris minoribus*, Vol. I. pag. 229. seqq. Jenaische Zeitungen von gelehrten Sachen, 1766. S. 843. fg.

79) Oratio de felicitate vitae academicae, cum magistratum academicum iterum susciperet. Gotting. 1767. in Quart. S. Göttingische Anzeigen, 1767. S. 185. Danziger theologische Berichte, im 48. Stück, S. 619. Hamburgische Nachrichten aus dem Reiche der Gelehrsamkeit, 1767. S. 641.

80) Diss. de culpa Adami non felice. Resp. *Joh. Car. Sigism. Radefeld.* Gotting. 1767. in Quart. S. Danziger theologische Berichte, im 48. Stück, S. 625. fgg. Göttingische Anzeigen, 1767. S. 417. fg. Hamburgische Nachrichten, 1767. S. 642. fg.

81) Progr. de cura veterum christianorum, memoriam resurrectionis Christi conseruandi propagandique. Gotting. 1767. in Quart. Ist das Oster-Programma des gedachten Jahres. S. Danziger theologische Berichte, im 49. Stück, S. 708. fg. *Commentar. de libris minoribus.* Vol. I. pag 462. seqq. Göttingische Anzeigen, 1767. S. 441. fg.

82) Recitatio de philosophia orientali, Gnosticorum systematum fonte & origine. Stehet in des Herrn Hofraths und Prof. Johann David Michaelis Syntagmate Commentationum. Volum. II. pag 277. seqq. S. Göttingische Anzeigen von gelehrten Sachen, 1764. S. 761. fg.

83) Parti summe venerando, *Joh. Geo. Walchio*, pro quinquaginta annis muneris academici feliciter exactis d. VI. Martii A. CIƆIƆCCLXVIII Deo supplicanti, pie gratulantur *Jo. Ern. Imman. Walchius*, Eloqu. & Poes Prof. P. Ord. in acad. Jenensi, *Christ. Guil. Franc. Walchius*, Theol Doct. & Prof. Prim. in acad. Gotting. *Carol. Frid. Walchius*, I. V. D. & Pandectarum Prof. P. Ord. in academia Jenensi. Jen 1768. in Folio. Da von dieser Schrift unser Herr Doctor der Verfasser ist, so verdienet sie auch hier unter seinen andern Schriften eine Stelle. S. Göttingische Anzeigen, 1768. S. 497. fg.

84) Diss. de successione ministrorum ecclesiae in iura apostolorum caute definienda. Resp. *Ephr. Gottfr. Stechebahr.* Gotting. 1768. in Quart. S. Göttingische Anzeigen, 1768. S. 873. fg.

* * *

Von dem Leben und Schriften des Herrn Doctors kann man weitere Nachrichten schöpfen aus

a) Jö-

a) Johann Christoph Strodtmanns neuem gelehrten Europa, im 14. Theil, S. 455-473.

b) D. Christoph August Heumanns Programmate de haeretico Paulino, in epistola ad Titum, Cap. I. 10. Gotting. 1754. 4. pag. 12-20.

c) den Beyträgen zu den Actis historico-ecclesiasticis, im 3. Bande, S. 741-754.

d) den vollständigen Nachrichten von dem Inhalt der kleinen und auserlesenen academischen Schriften, aufs Jahr 1755. S. 889. biß 892.

e) D. Johann Stephan Pütters Versuch einer academischen Gelehrten-Geschichte von der Georg-Augustus-Universität zu Göttingen, S. 121-124.

Johann Julius Surland,

beyder Rechten Licentiat, und erster Syndicus der kayserlichen freyen Reichsstadt Hamburg.

Hat man bey Beschreibung vieler berühmten Männer manchmal nicht so wol zu befürchten, durch die Menge und Verschiedenheit der Sachen den Leser zu sättigen, als daß desselben gereitzte Begierde nicht gestillet werde: so kann bey der gegenwärtigen Lebensgeschichte unsers weiland berühmten Surlands eben dasselbe mit Recht von uns gefürchtet werden, zumahl da dasjenige, worin er sich hauptsächlich gezeiget, und die erhabene Kraft seines Geistes und seiner Kunst zu reden und zu schreiben geübet, in den Archiven und Schränken unsers Rathhauses eigentlich verborgen bleibet.

Wir wollen den Anfang unserer Erzählung damit machen, daß wir einigermaßen die Hauptzüge seines Characters entwerfen, da er ein Mann war, an dem die Natur versucht zu haben schiene, wie viele Gaben sie bey einem Menschen vereinen könne. Er war von einer ansehnlichen Länge, und sein Körper wolgebildet. Mit der Stärke der Natur verband er nicht nur bürgerliche, sondern auch edle und kriegerische Künste. Denn er tanzte nicht allein nach dem Tackte sehr gut, sondern verstand auch diejenigen Tänze, wozu die Römer vordem bey ihren Kriegsübungen angeführet zu werden pflegten. Die, welche mit ihm zugleich auf hohen Schulen gewesen, haben bezeuget, daß er, wenn andere sich nicht ohne Gefahr des Lebens oder einiges Schadens daran gewaget, es für etwas Leichtes angesehen, von den Füßen des zu dieser Uebung auf der Reitbahn bestimmten Pferdes auf der Erde stehend sich in den Sattel zu werfen, oder auf dem Pferde selbst und im Sattel sich zu drehen, und über den Kopf des Pferdes wieder auf die Erde zu fallen. Dabey war er ein vollkommener Fechter, der nicht allein gut zu fechten wuste, sondern auch alle Schliche und Kunstgriffe gelernet hatte, entweder um in allen, wohin ihn die Natur leitete, einen Vorzug zu erlangen; oder, weil er mit dem Kayser Trajano die Veränderung der Arbeit für eine Erfrischung hielte *), seinen Geist durch Bewegungen des Körpers zu erquicken; oder auch in der Ungewißheit seines künftigen Glückes sich zu den Soldatenstande bereiten zu können, worauf, wie man sagt, er einmal gedacht haben soll. Die Vorsehung hat es inzwischen zum Besten unserer Stadt also gelenket, daß er dem bürgerlichen Leben sich gewidmet.

Schon von Jugend an zeigte er seine zukünftige Größe, so wol durch seine Gedichte, als scharfe Einsicht und natürliche Beredsamkeit. Am meisten aber muß man bewundern, daß bey einem so fähigen und munterem Begriffe das Gedächt-

---

*) Plinius in seiner Lobrede auf den Kayser Trajanus, Cap. 81.

dächtniß annoch Statt gefunden, und er nicht allein schnell etwas fassen, sondern auch dasselbe lange behalten, ja sich auf Sachen legen und derselben befleissen mögen, die nicht, als durch das Gedächtniß, begriffen werden können. Ein Exempel davon anzuführen, wird es uns erlaubt seyn, aus seiner Jugend dasselbe herzuhohlen. Als er noch zu Stade unter dem seligen Herrn Richey, nachmahligem hiesigen verdienten Professor, seinen Geist durch Wissenschaft der freyen Künste zu nähren suchte, und auf den grossen König Carl den Zwölften eine Rede, worin man ihn mit Alexander dem Grossen vergleichen wollte, verfertigte, die in Gegenwart vieler erhabener Männer gehalten werden sollte, so geschahe es, daß unser Surland den Abend vorher kaum zwey Drittheile der Rede fertig, noch nichts aber auswendig gelernet hatte. Hier war seinem Lehrer mit Recht bange, daß den andern Tag etwas vorgehen mögte, welches einer so vornehmen Versammlung unanständig wäre. Er vermahnte daher seinen Untergebenen sehr, zweifelte aber, und gab fast alle Hofnung eines glücklichen Erfolgs verlohren. Unser Surland hingegen, der seine Kräfte bereits kannte, hieß ihn gutes Muths seyn, und versicherte, daß es an ihm nicht mangeln solle. Was geschahe? Er nahm die ganze Nacht zu Hülfe, und überreichte den andern Morgen um 4. Uhr dem seligen Richey die verfertigte Rede, die so wol ausgearbeitet war, daß derselbe nach weniger Veränderung sie ihm wieder zurück geben konnte, um sie einige mal zu übersehen, damit er sie doch mit einer gewissen Art, als wenn er es gelernet, von dem Papier ablesen mögte. Allein der junge Surland nahm um 6. Uhr ein Frühstücke zu sich, und verschlang darauf, so zu reden, die ganze, ob schon ziemlich lange, Rede plötzlich auf eine solche Weise, daß er, ohne Papier, ohne Stammlen, ja ohne sich einmal nach dem Concepte umzusehen, um zehn Uhr dieselbe mit grosser Herzhaftigkeit hersagte, daß alle Zuhörer ihn bewunderten, und noch mehr bewundern musten, nachdem sie von dem Herrn Richey erfahren, wie wenig Zeit er zu deren Erlernung gehabt hätte.

Vermöge dieser geschwinden Fähigkeit, erfüllete demnach der junge Surland sein Gedächtniß, gleich als eine Schatzkammer aller guten Künste, mit allen Arten der schönen Wissenschaften, durch vieles Lesen und öftere Anwendung des Gelesenen unabläßlich. Diesen Schatz, diese unzählige Menge Sachen bewahrte er biß an sein Ende so getreu, und hatte sie so in seiner Macht, daß ihm nichts durch die Zeit unbekannter, dunkler oder gar entfallen zu seyn schien, sondern alles, als wenn es ganz neu wäre, gleichsam auf seinen Wink erscheinen mußte. Außer dem Lateinischen, in welchem er die Nettigkeit der schönern römischen Schreibart erlanget hatte, war er geschickt, französisch, englisch und holländisch so zu reden und zu schreiben, als wenn er unter jedem dieser Völker gebohren, erzogen, oder wenigstens lange im Lande gewesen wäre, ob er gleich einige dieser Sprachen in sehr kurzer Zeit, und gleichsam nur die lange Weile vertreiben, gelernet hatte. Der Schönheiten der französischen Sprache suchte er sich sogar durch grammaticalische und critische Hülfsmittel zu bemächtigen, und ließ es sich daher noch kurz vor seinem Tode nicht verdriessen, des Abts Girard vortrefliche Lehren davon sowol selbst zu lesen, als mit seinen Kindern durchzugehen; des Italienischen und Spanischen nicht zu erwähnen, welches er auch ziemlich inne hatte. Die Sprache seines Vaterlandes aber besaß er so vollkommen, daß niemand leicht reinerer, besser ausgesuchter, stärkerer, zierlicher und prächtigerer Ausdrücke sich bedienen mögen; wie er denn auch in der Poesie, wenn er sich darauf legen wollen, nicht weniger glücklich war, ja die verschiedenen rauhen Mundarten einiger deutschen Provinzen vollkommen nachahmen konnte. Er hatte sich zwar überhaupt auf die Historie, besonders aber auf diejenige, welche einem im Leben nutzen kann, und hauptsächlich in die Verfassung des römischen Reiches einen Einfluß hatte, geleget, als dessen Ursprungs, Fortgangs, Veränderungen, Gesetze und Rechte, auch in Absicht auf besondere Stände und Provinzen, er nicht nur von alten Zeiten her sich erinnerte, sondern auch die in seinen Tagen lebende Fürsten nebst ihren Ministern, die innere Beschaffenheit eines jeden Hofes, und die Regeln seiner Handlunlungen, die besondern Ländern von der Natur gegönnete Wohlthaten, die Sitten jeder Nation, die Handlung, die Schiffahrt, die Künste, die Regierungsform ihrer Städte so wol inne hatte, als man es von Leuten verlangen kann, welchen die Verwaltung aller dieser Sachen anvertrauet worden. Das zu war ihm freylich behülflich, daß er an vielen deutschen Höfen und Oertern sich öfters aufgehalten, und daselbst der Bekanntschaft, des Umgangs, ja der Vertraulichkeit und Freundschaft der Vornehmsten sich erfreuen können, folglich durch Erfahrung und Lehrbegierde einen großen Theil dieser Kenntniß erhalten hatte. Ob er aber gleich nicht einmal alle Oerter in Deutschland besuchet, viel weniger bey den Franzosen, oder andern Ausländern, Zeit, Gut und Kräfte verschwendet hatte: so war er dennoch durch Lesung der Beschreibungen von Reisen, die jemals auch in die entlegensten Theile der Welt angestellet worden, zu Hause so weit gereiset, daß er gleichsam allenthalben zu Hause war, weil ihm stets der Abriß aller dieser Oerter so vor Augen schwebte, daß Leute, die sich an einem jeden lange aufgehalten, ihn nicht besser entwerfen konnten. Sprach man von Paris, so ließ er sich auf alle Straßen der Stadt, auf alle Inseln, Märkte, Schauplätze, Bibliotheken, Gärten, Palläste, besonders aber auf den Hof, die dasigen Sitten, Künste und Lebensart ein, daß man glauben mögte, als wenn er lange Jahre daselbst gewohnet hätte. Sagte einer, daß er in Merico gewesen, so wußte ihm unser Surland alles, was er daselbst gesehen, die Früchte des Landes, alle Reichthümer, die Beschaffenheit der Luft, den anstoßenden Meerbusen, den Hafen der Stadt, die Einrichtung des Civilwesens u. s. f. zu beschreiben. Wollte ein anderer sich groß damit machen, daß er in dem Reiche des großen Moguls gebohren wäre (wie sich denn würklich allhier ehedem jemand mit großer Geschicklichkeit für einen vertriebenen Prinzen des Moguls ausgab) so war es Surland, bey dem er sich verantworten mußte, der ihm mit verschiedenen zur Sache gehörigen Fragen zusetzte, und, ihn auf die Probe zu stellen, von der Beschaffenheit des Landes und Reiches verschiedenes, als von ohngefähr, erwähnte, so daß er entweder würklich der,

wofür

wofür er sich ausgab, oder sehr verschlagen und lange und
öfters an dem Orte gewesen seyn muste, um den, von unserm
Surland ihm gelegten, Netzen zu entwischen.

Wir kommen nunmehr zu dem weitläuftigen Inbegriff
der Rechte und Gesetze, deren starke Wissenschaft man bey
ihm um so viel mehr voraussetzen mag, je näher sie mit der
von ihm gewählten Lebensart verbunden war, und durch die
tägliche Uebung unterhalten ward. Man darf hiebey nicht
gedenken, daß er bey seiner natürlichen Geschicklichkeit und
einer, durch die Erfahrung erlangten, mehreren Fähigkeit sich nur an das, was ihm billig geschienen, an Gewohnheit und Exempel gehalten, die bürgerlichen Gesetze aber ver-
achtet habe. Die ihn näher gekannt, haben bezeuget, daß
er auch die Verordnungen des römischen Rechts, ja die Worte
der Gesetze selbst und den Ort, wo sie zu finden, fertig gewust, und zuweilen, wenn er unter der Beurtheilung der
verwirrtsten Streitfragen in die Rathsversammlung getreten, sogleich, wann man ihm nur eine kurze Nachricht von
der Sache gegeben, ein Gesetz aus dem Justinianischen Gesetz-
buche angeführet, worinn der Streit mit ausdrücklichen Worten geschlichtet worden. Ueberdem hatte er die deutschen
Reichssatzungen, die Verträge, Bündnisse und Vergleiche
der europäischen Fürsten, verschiedene Seerechte, und was
in Handlungs- und Münzsachen oder Manufacturen lief, sich
so zu eigen gemacht, daß man fast glauben sollte, er wäre,
um seinem Vaterlande aufzuhelfen, den ganzen Kreis der
Erden, so wol in alten, als neuern Zeiten, durchgereiset. In
Ansehen der Geschichte und der Satzungen unserer Republik
aber muß man rühmen, es seyn das Archiv und alle darinn
verwahrte Documente, Privilegia Raths- und Bürger-
schlüsse, Gesetze, Mandate und Nachrichten von allen Zwistigkeiten ihm stets so gegenwärtig gewesen, daß er, bey erfor-
derlichen Umständen, was man jedesmal beschlossen und gethan, oder wo man die Sache suchen müsse, sogleich ange-
ben können.

(Die Fortsetzung folgt.)

Nachrichten von Niedersächsischen berühmten Leuten u. Familien.

Das 67. Stück.

Fortsetzung des im vorhergehenden Stück abgebrochenen Artikels.

Diese, sich so weit erstreckende, Kraft des Gedächtnisses war jedoch nur eine Gehülfin einer weit grösseren Einsicht, eines weit erhabeneren Verstandes, einer stärkeren Geschicklichkeit, sich auszudrücken, und, was das meiste ist, der Liebe gegen seine Bürger und sein ganzes Vaterland. Wie oft hat sich nicht ein hochedler Rath in seinen Berathschlagungen seines klugen Rathes bedienet? Wie oft, wenn etwas an die Bürgerschaft gebracht werden sollte, hat er dasjenige schrifts und mündlich vorgetragen, was zu ihrem wahren Wohl diente? Wie viel hat er nicht gedacht, geredet und geschrieben, die Einigkeit aller Stände, den Wachsthum der Handlung und Schiffahrt, das Aufnehmen der Künste und Handwerke, die Verbesserung der Policey zu befördern? So glücklich es ihm aber auch gelung, in einer jeden Sache die scheinbarsten Gründe zu finden, und sie mit Beredsamkeit zu schmücken: so hat er doch nie sich vom Privatnutzen oder einigen Leidenschaften, durch Freundschaft und Verwandschaft, oder sonst etwas, als das wahre gemeine Beste, wissentlich lenken lassen, seiner trefflichen Beredsamkeit sich zu gebrauchen. Wofern also Kenntniß der Dinge, wofern Erfindungen wichtiger Gründe, wofern natürliche Ordnung, wofern beredte und zierliche Aussprache, wofern endlich, was aus dem Herzen kömmt, und eine gute Sache, die grösseste Kraft besitzen, sich Beyfall

2. Band.   I

zu erwerben, den Redner vollkommen und zu Verwaltung der Geschäfte geschickt zu machen: so kann gewiß nächst den berühmten Exempeln unter den Alten allen, welche sich dem gemeinen Wesen widmen wollen, Nichts mit größerem Nutzen vorgeschlagen werden, als die Surlandischen Schriften zu sammlen und zu lesen. Denn in denselben herrschet keine dunkle Schulberedsamkeit, die sich nur hauptsächlich in Betrachtungen oder erdachten Gründen hervorthut, hingegen die natürliche Stärke der Seele gemeiniglich durch ihre Regeln so einschränket, und in ihren geschnitzten Figuren so viel Kunst verschwendet, als wenn sie der wahren Beredsamkeit alle Nerven abschneiden, und einen jeden von der besten Art zu reden und zu schreiben so weit möglich abführen wolle. Hätte der selige Herr Syndicus sich viele Bedenkzeit dazu genommen, viele Mühe darauf gewandt und vieles darinn geändert: man würde ihn weniger bewundert, und er selbst lange so viel nicht ausgerichtet haben. Allein seine Fähigkeit bey allen Vorfällen war so groß, daß man dafür gehalten, er habe die schwehrsten Dinge am besten erörtert, und diejenigen Schriften am zierlichsten ausgearbeitet, die eine unvermuthete Nothwendigkeit ihm zu einer schnellen Ausfertigung darbot. Er besaß eine solche Stärke des Geistes, daß nach allen traurigen und frohen Zufällen, die seine Aufmerksamkeit hätten zerstreuen mögen, nach etlichen schlaflosen Nächten, ja mitten unter den Schwachheiten seines Leibes und den heftigsten Schmerzen, oder unter dem Geräusche der Relationen und Streitenden auf dem Rathhause selbst, er nicht minder schnell, mit nicht weniger Beurtheilung oder Zierlichkeit, was ihm vorfiel, verfertigte. Doch gehöret noch weit mehr dazu, mündlich oder schriftlich mit großen Potentaten und ihren Ministern zu handeln, die innere Beschaffenheit eines jeden durchzubringen, und jedem nach seiner Art zu liebkosen, ihn einzunehmen und zurückzuhalten, durch kluge Gespräche und Aufführung sich Freundschaft und Achtung zu erwerben, Gemüther, welche nicht unserer Meynung sind und auf ihre Macht sich nicht wenig verlassen, allgemach zu lenken und zu belehren, endlich harte Ausdrücke und Forderungen mit einer sittsamen und

und vorsichtigen Standhaftigkeit und solchen Worten zu beantworten, daß man weder der Ehrfurcht, die man hohen Mächten schuldig ist, zu nahe trete, noch den Rechten und dem Nutzen seiner Vaterstadt das Geringste vergebe. Und in Ansehen dessen kann man mit Wahrheit behaupten, daß unser Surland, an so viele Höfe er von unserer Stadt versandt worden, an allen seinem Vaterlande Ehre gemacht, und daß erhabene Männer unsere Stadt glücklich gepriesen, welche solche Leute zu ihren Rathgebern machen, und die öffentlichen Geschäfte durch sie verwalten lassen könne, daher auch ihm lieb gewonnen, die mit ihm angefangene Freundschaft hernach in Briefen beständig unterhalten, und sich seines Raths in den wichtigsten Sachen zuweilen bedienet haben.

Bey so vielen in und ausser der Stadt erworbenen Ruhme und Verdiensten, gereichet es ihm hauptsächlich zum Lobe, daß er niemals den geringsten Hochmuth von sich blicken lassen, oder mit einer stolzen und kaltsinnigen Mine, sondern vielmehr beständig mit aller Freundlichkeit und Leutseligkeit seinen Mitbürgern begegnet. Denn ob er gleich in seinem Amte allerdings mit einem ernstlichen Gesichte nachdrücklich und wichtig zu reden wuste: so war er doch in Privatgesellschaften und bey Freunden so leutselig, so höflich, so angenehm, daß er sich in eines jeden Stand, Alter, Fähigkeit und Geschlecht mit bewunderswürdiger Leichtigkeit schicken konnte, und nicht weniger den Leuten vom mittlern und geringen Stande zu gefallen sich bemühete, als er es sonst für eine Ehre schätzte, den Kayser, Könige und Fürsten mit geziemenden Reden zu unterhalten, und sich ihre Gewogenheit zu erwerben. Er redete, wenn man es verlangte, von ernsthaften, gelehrten und wichtigen Sachen, allein in freyern Gesellschaften und bey Gastmahlen scherzte er, war frölich, und zu allen anständigen Ergötzlichkeiten, worauf die übrigen verfielen, willig. Allezeit aber vergnügte er die Anwesende durch sein angenehmes Wesen, und that sich durch seinen Verstand und seine gründliche Wissenschaft hervor. Daher bemüheten sich auch aus allen Ständen Leute um seine Gesellschaft und Unterredung. Uebrigens war er so arbeitsam, daß er sich auch nicht durch den Schlaf davon abhalten ließ, und wann ja von seinen Amtsgeschäften ihm eine Stunde übrig blieb, so las er allerhand Bücher, welche er mit grosser Einsicht und nicht weniger Kosten aus Deutschland, Holland, England, Frankreich, wo sie nur zu haben waren, zusammen gesucht, unter denen auch sehr viele von der christlichen Religion und der wahren Frömmigkeit handeln, die er sehr aufmerksam und mit Vergnügen gebrauchte. Er wandte auch viele Zeit auf Briefe an gelehrte oder in besonderm Ansehen stehende Männer. Dem ungeachtet gab er auf die Seinigen und auf seine Kinder mehr, als gewöhnlich, Achtung; bildete selbst ihren Verstand, ihr Studiren und ihre Sitten, achtete die ihnen mit kluger Vorsorge gewählten Lehrer hoch, und belohnte sie reichlich. So wenig er dem Geitz und der Habsucht ergeben war: so wenig war er doch zur Verschwendung, zur Wollust, oder grossen Aufwand zu machen geneigt. Denn wenn sein Amt nicht etwas anders verlangte, so war er weder prächtig in Kleidungen, noch wollüstig im Essen und weichlich in seiner übrigen Lebensart, sondern mäßig und mit Wenigem leicht zufrieden. Besonders war er weit entfert von Verachtung der Religion, und laß nicht allein die Schriften der grösten Gottesgelehrten sehr gerne, sondern versäumte auch den öffentlichen Gottesdienst niemals ohne wichtige Ursachen, sondern war von Herzen gottesfürchtig; welche Gesinnung er noch in den letzten Augenblicken seines Lebens, die kein Verstellen zulassen, gezeiget und andern eingeflößet.

Diß ist das Bild unsers wohlseligen Surlands, so weit sich davon überhaupt ein Abriß machen läßet. Wem muß es nicht reitzend seyn? Doch wir müssen auch von seinen besondern Lebensumständen unsern Lesern Nachricht geben.

Das Surlandische Geschlecht soll seinen Ursprung, und vielleicht auch seinen Namen aus dem Sauerlande haben, einem Theile Westphalens, welches Land viele fleißige Männer in verschiedene Gegenden von Europa versendet. *)

Johann Julius Surland.

det. *) Der erste Hamburgische Bürger unter den Surlanden, von dem man etwas Gewisses sagen kann, war Johann, des Unsern Eltervater, ein angesehener und wohlbegüterter Kaufmann. Diesem ward in Hamburg 1690. den 25. April ein Sohn, Johann, gebohren, welcher sich der Gottesgelahrtheit widmete, und, nachdem er zwey Jahre bey des Fürsten von Retwich Durchlaucht. Hofprediger gewesen, in seiner Vaterstadt alhier an die alte St. Michaeliskirche den 4. April 1649. als zweyter Capellan, berufen, auch, weil er diesem Amte mit Ruhm vorstand, an die neue Michaeliskirche, zu welcher den 26. April desselben Jahres der Grund geleget, und die 1661. eingeweihet ward, versetzet, **) und statt des sel. Edzardi Glandus 1667. zum Hauptpastor erwählet worden; wie er denn auch ausser einigen andern Schriften das Andenken des neuen gebaueten Thurms dieser Kirche in einer über Sprüchw. 18, 10. den 9. Merz 1669. gehaltenen und nachmals gedruckten ***) Danksagungspredigt bekannt gemacht hat. Er lebte biß 1677. den 8. Junius,

---

*) Michael von Isselt Lib. II. de bello Coloniensi, p. 236. erwähnet, als tapferer Verthädiger ihres Glaubens, eines Heinrich Surlander, des Aeltern, nebst dessen zween Söhnen, Stephano und Nicolao, welche 1583. die Bürger der Stadt Reckelinghausen überredet, des Gebhard von Truchses Soldaten einzunehmen. Wie nahe sie aber eigentlich mit den unsrigen verwandt, kann man für gewiß nicht sagen.

**) Das Leichenprogramma hat Vincent Placcius verfertiget, und man kann es finden in des seligen D. Fabricii Memoriis Hamb. Vol. III. p. 296. sqq. worin auch erwähnt wird, daß er viele Proselyten, meistens Wiedertäufer und Juden, zu uns gebracht, unter andern einen Rabbinen, David Hieronymus, mit seiner Frau und 6. Kindern. Siehe auch von diesem und den übrigen Surlands des berühmten Joh. Möllers Cimbriam literatam, T. I. p. 670. sqq.

***) Dankpredigt nach glücklicher Verfertigung des neuen Thurms an St. Michaeliskirche, sammt der Historie der Grundlegung selbiger Kirchen. Hamburg. 1664. in Quart.

und sahe also nicht mehr, daß diesem grossen Theil der Stadt die Rechte der andern Kirchspiele zugestanden wurden, als welche derselbe allererst den 31. Januarius des folgenden Jahrs erhielte. Dieser war des Unsrigen Großvater, und aus seiner Ehe mit Anna Margaretha, einer Tochter*) Julius Johann Böckels, der Medicin Doctoris, und Enkelin Johann Böckels, der Medicin Doctoris, herzogl. Braunschweigischen Leibmedicus, erst der Medicin Professoris auf der Juliusuniversität, darauf aber Hamburgischen Physici, ward 1657. den 21. December Julius Surland gebohren, der nach geendigten Studiren und Reisen, und nachdem er die Würde eines Licentiaten erhalten, den 24. Januarius 1690. zum Mitgliede eines hochedlen Raths ernannt, auch wegen seiner treflichen Gemühtsgaben und besondern Verdienste um die Republik im zweyten Jahrhundert den 24. December zum Bürgermeister erwählet ward. Wenn nur die Stadt so glücklich gewesen wäre, sich dessen länger bedienen zu können! So starb er aber,**) zum grösten Leidwesen aller Stände, gleich im folgenden Jahre den 28. Julius, da er in dieser erhabenen Stelle sich durch seine Leutseligkeit und Dienste die Gewogenheit seiner Bürger zu erwerben gesucht hatte. Doch hinterließ er einen Sohn, in dem er wieder auferstund, nemlich unsern Johann Julius, den er mit der nach dem Tode ihres ersten Mannes, des Oberalten Joachim Ankelmanns, geheyratheten Sara Berenbergs, einer Tochter

*) Wir folgen dem gleich zu erwähnendem Eberhard Ankelmann, welcher Vater und Sohn beyder Böckeln unterscheidet, da Placcius loc. cit. den Julius Johann Böckel vergessen, und die Anna Margaretha zu einer Tochter des Braunschweigischen Leibmedici macht.

*) Die auf Julius Surland von Eberhard Ankelmann verfertigte Lobschrift kann man lesen bey dem seligen Fabricius in Mem. Hamb. Vol. I. p. 370. sqq.. In diesen Memoriis muß in dem Verzeichniß der hiesigen Rathsherrn p. 491. statt den 24. Februarius der 24. Januarius gesetzt werden, an welchem unser Julius zu Rath erkohren worden.

ter Andreas Berenbergs, 1687. den 21. May erzeuget hatte.

Der Tod entriß demselben bereits im fünften Jahre, 1692. den 3. Januarius, seine Mutter, und nachdem er erstlich Elisabeth Wichmanns, Joachim, beyder Rechten Licentiaten, und Elisabeth Beckmanns Tochter, 1692. den 15. August, darauf aber Susanna von Somm, Heinrich von Somm Tochter, 1700. den 20. November, zu Stiefmüttern bekommen, auch in seinem sechszehnten Jahre, nemlich, wie schon erwähnet, 1703. den 28. Julius, seinen Vater, damit es so viel klärer am Tage liege, wie dieser Sohn eines Bürgermeisters nicht durch väterliche Vorsorge, Freunde und Verdienste erhaben worden, sondern sich selbst der vornehmste Anführer und Sporn gewesen sey, seine Jugend wol anzuwenden, und sich selbst durch seine eigene Tugenden den Weg zu der Gewogenheit der Menschen und seinen Ehrenstem gebahnet habe. Dieser Weg führet zwar überhaupt am sichersten auf höhere Stufen des Glückes, muß aber, besonders alhier, eingeschlagen werden, da man von unserer Stadt unter andern rühmen kann, daß in derselben nur den Gaben der Natur und Kunst, dem Fleiß und der Tugend die Belohnung der Ehre gereichet werde. Doch hatte er dieses annoch dem klugen Rath seines Vaters zu danken, daß seine erste Jugend zur Beybringung der ersten Begriffe dem seligen Friederich Wiedeburg anvertrauet ward, dessen besondere Aufrichtigkeit in Unterrichtung junger Leute man nachmals öffentlich erkannt, da er in unserm Johanneo die Stelle eines Subconrectoris mit grossem Nutzen verwaltete, und einen Sohn, Friederich, hinterlassen, welcher zu Halle als Professor der Geschichte mit vielem Ruhm im Amte gestanden.

Nach dem Tode seines Vaters begab sich unser junge Surland auf Rath seiner Vormünder nach Merseburg, woselbst der damals berühmte Johann Hübner der Schule vorstand, der nachmals an das hiesige Johanneum berufen ward. Der gelehrige Verstand unsers Surlands zog aus desselben Unterrichte nicht wenig Nutzen. Zugleich aber

aber bekam derselbe daselbst die erste Gelegenheit, mit Auswärtigen bekannt zu werden, und mit den Vornehmsten Freundschaft zu stiften, deren nachmalige fleißige Unterhaltung nicht wenig zu seinem fernern Glücke beytrug. Allein es fehlte noch die letzte Hand, um bey unserm Surland diejenigen Wissenschaften vollkommen zu machen und zu putzen, worauf alle academische Studien, ja so gar alle gesittete Lebensart, als auf ihren Grund, sich stützen. Man konnte keinen geschicktern Künstler hiezu wählen, als den damaligen Rector des Stadischen Lycei und die nachmahlige Zierde unsers Gymnasiums, den seligen Michael Richey. Jedermann liebt und bewundert noch dessen zierliche Art zu denken und zu schreiben, die er mit einer ausgesuchten Gelehrsamkeit verknüpfte. Wer will also zweifeln, daß unser Surland aus seiner Lehre und Beyspiel nicht allein die Begierde nach nützlichen Wissenschaften, sondern auch seinen von Natur geschickten Verstand hurtig und wol üben gelernet habe? Er hats hernach in seinen Rathschlägen, Reden und Schriften zum Wohl seines Vaterlandes oft gezeiget. Das eine obenangeführte Exempel läßt uns zur Gnüge einsehen, wie sehr die Fruchtbarkeit seines schon mehr gepflegten Witzes sich bereits in Stade blicken lassen, so daß man billig behauptet, dieser Schüler sey nicht weniger eines solchen Lehrers, als dieser Lehrer eines solchen Schülers werth gewesen.

Nachdem er nun daselbst beynahe zwey Jahre, vom 31. May 1705. biß den 17. May 1707. zugebracht hatte, entschloß er sich mit schon gewissem Schritt die Academie zu beschreiten, und zog mit gutem Vorbedachte die Nürnbergische Universität Altorf, auf welcher damals viele berühmte Leute waren, allen andern vor. Er war daselbst im Hause und am Tische des berühmten Nürnbergischen Raths und Lehrers der Pandecten, D. Heinrich Hildebrands, welchen er so wol, als den Nürnbergischen Rath und Professor, D. Felix Spitz, und den Professor der Institutionen, D. Johann Georg Sichtner, das bürgerliche, geistliche und Lehnrecht erklären hörete.

(Die Fortsetzung folgt.)

Nachrichten von Niedersächsischen berühmten Leuten u. Familien.

Das 68. Stück.

Fortsetzung des im vorhergehenden Stück abgebrochenen Artikels.

In der Staatswissenschaft und Reichshistorie genoß er der Anleitung D. Eucharii Gottlieb Rinks, ersten Professoris des Staats- und Lehnrechtes. Die Philosophie lehrte ihn Ge. Paul Rotebeck, Lehrer der Logik und Politik, und die Mathesin Joh. Wilhelm Baier, Lehrer der Naturwissenschaft und Mathematik, nachmahliger berühmter Professor der Gottesgelahrheit. Sein glücklicher Verstand und seine angenehme Sitten machten ihn daselbst so wol bey seinen Lehrern, als Mitlernenden, so beliebt, daß ihm alle gewogen waren und alle ihn hochachteten. Unter andern aber verband ihn die Freundschaft mit den beyden berühmten Männern, welche hernach der Göttingischen Universität bekanntermassen viel Ehre gemacht, Jacob Wilhelm Feuerlein und Johann David Köhler, die er beyde sehr hoch achtete, und biß an seinen Tod geschätzet hat. Von Altorf gieng er nach Leipzig, um daselbst, als auf dem vornehmsten Marktplatze aller Künste, mehrere Gelehrsamkeit zu erhandeln. Weil er aber bereits viele mitbrachte, so konnte er auch andern von dem Seinen mittheilen. Er hielte es sich auch, seinen Umständen nach, nicht für unanständig, die Aufsicht über das Studieren und die Handlungen eines gewissen Barons von Lichtenstein zu übernehmen, welche er biß Anno 1711. besorgte, da er in Frankfurt der Wahl und Krönung

Kaysers Carls des Sechsten beywohnte. Von dort besuchte er die meisten deutschen Höfe, aber nicht um einen müßigen Zuschauer der äußerlichen Pracht abzugeben, sondern eines jeden innere Einrichtung, Regierung und besondere Verbindung mit dem ganzen deutschen Reiche genau einzusehen, wobey er die dahin gehörigen Bücher zu Hülfe nahm, und dadurch in der Wissenschaft der deutschen Historie, Rechte und Zustandes eine besondere Fertigkeit erlangte.

Bey seiner Zurückkunft alhier in Hamburg fand er seine Sachen in einer solchen Lage, welche ihm Faulheit und Müßiggang verbot, wenn er auch von Natur keinen Abscheu dafür getragen hätte. Da er sich nun zu vielen Aemtern bereitet hatte, so versuchte er verschiedene Wege, um sich auswärts so wol zu einer Ehrenstelle zu schwingen, als auch die Gaben, die er besaß, anzuwenden. Es wolte ihm aber anfangs nicht so gleich gelingen. Es schiene die Vorsehung, da er sich nach auswärtigen Diensten umsahe, und allerdings nicht gemeiner Stellen würdig war, nur darum seine Hofnung ihm allemal fehl schlagen zu lassen, damit er seiner Vaterstadt hauptsächlich seine Kräfte widmen sollte. Er fieng demnach auf Rath seiner Verwandten an, sich auf die Advocatur zu legen; in welchem Vorhaben der ehemahlige berühmte hiesige Advocat, Lic. Johann Friederich Jürsen, ihm am füglichsten helfen konnte, indem zu demselben fast alle sich damahls versammleten, die eine schwehre Rechtssache zu gewinnen wünschten. Hier zog unser Surland sogleich die Augen und die Verwunderung seiner Mitbürger, Richter und Obern auf sich, da in seinen Schriften eine Wissenschaft des väterlichen, bürgerlichen und Staatsrechtes, Witz, Zierlichkeit, Ordnung, Reinigkeit und Schönheit der Ausdrücke (Dinge, die man selten verbunden findet) sich zugleich entdeckten, und jedermann urtheilte von ihm, er sey zu den größten Ehrenstellen gebohren und derselben würdig. Da er sich also gleichsam, als zur Probe, in diesen Processachen so wol verhielte, faßte er den Schluß, die Würde eines Licentiaten auf der Universität zu suchen. Zu Ausführung dieses Vorhabens gieng er nach Gröningen, und erhielt daselbst dieselbe Anno 1715. nach einer gehaltenen Disputation de Literis maritimis, oder von Seebriefen. Denn er hatte sich beständig auf das, was die Handlung, besonders zur See, angehet, da dieselbe gleichsam die Seele und der Geist unserer Republik ist, vor allen andern Dingen geleget, war auch willens, wie er in dem letzten Abschnit seiner Dissutation selbst bezeuget, diese Materie von Seebriefen bey anderer Gelegenheit weiter auszuführen. Es scheinet, daß bloß die seit der Zeit ihm aufgelegte beständige Arbeit ihn verhindert habe, so wol dieses, als eine Sammlung der Seerechte, an welcher Er gearbeitet und die wir so sehnlich wünschen möchten, ferner zu Stande zu bringen. Wegen des Letztern hat sich unter seinen Papieren einiger Entwurf gefunden, wie er sich denn auch verlauten lassen, daß er dieselbe in drey Abschnitte zu theilen willens gewesen, und in dem ersten alle Verordnungen wegen der See- und Schiffahrt, in dem zweyten die besten vom Seerechte geschriebenen Abhandlungen, in dem dritten aber dahin gehörige seltene Fälle, Urtheile und unter Völkern und Republiken deshalber entstandenen Streitigkeiten sammlen wollen.

So bald unser Surland disputiret und die Licentiatenwürde erhalten hatte, kehrte er zu seinen Clienten zurück, und da ihn obererwähnter Lic. Fürsen zum Schwiegersohne erwählte, verheyrathete er sich den 14. October des folgenden Jahres mit dessen einziger Tochter. Da er durch diese Verbindung seine Haußhaltung mit seinem Schwiegervater vereiniget, so fuhr er fort, im Gerichte zu advociren, biß er Anno 1719. den 11. October. von einem hochweisen Rath, den Wünschen der ganzen Stadt gemäß, zum Syndico dieser Republik erwählet, durch den Tod des ebenfals um sein Vaterland sehr verdienten seligen Johann Anton Winklers, beyder Rechten Doctoris und ersten Syndici, der den 4. December 1728. erfolgte, aber der älteste ward, welchem Amte er seit der Zeit biß an sein Ende unter fast unglaublicher Arbeit mit stets gleicher Treue, doch durch täglich neue Verdienste immer würdiger und berühmter, vorgestanden. Der Schluß würde uns hier weit schwehrer, als der Anfang,

zu

zu finden werden, wenn wir uns auf alles einlassen wolten, was unsere Stadt der treflichen Fähigkeit, Arbeitsamkeit und Tugend dieses grossen Mannes zu danken hat, so wohl in Absicht auf die Menge und Verschiedenheit, als auf die Beschwehrlichkeit und Schwürigkeiten der in und ausser Hamburg ihm vorgefallenen Geschäfte, auf die Geschwindigkeit und Lauterkeit, womit er alles ihm Aufgetragene ausgerichtet. Als ein redlicher und sein Vaterland liebender Bürger suchte er darneben auch die alhier, wie andern Orten, herrschende Laster zu verbessern, und verfertigte nebst andern, durch ihren Witz, Gelehrsamkeit und Tugend erhabenen, Männern zu dem durchaus schönen Buche, welches unter dem Namen des Patrioten heraus gekommen, verschiedne Blätter. Doch ausser dem, was er entweder auf Befehl, oder freywillig bey seinen Bürgern besorgte, hafteten auf so starken Schultern noch viele Geschäfte mit Auswärtigen, da er bald mit den Ministern grosser Herren, die sich hier oder in der Nachbarschaft aufhielten, in öftere Unterhandlung treten, bald bey glücklichen und unglücklichen Vorfällen eines fürstlichen Hauses das Leidwesen und die Freude, welche diese Stadt darüber empfunden, münd- oder schriftlich bezeugen, bald Raths- und Bürgerschlüssen gemäß unsere an fürstlichen Höfen sich aufhaltende Gesandten instruiren, bald unserer Republik und aller deutschen freyen Städte gemeinsame Rechte vor dem Kayser oder den höfen Reichsgerichten mit deutlichen Beweisen verthädigen, bald die Rechte und Freyheiten unserer Stadt in besondern Schriften klärlich darthun muste; in welchem allen der Wohlselige eine solche Gegenwart des Geistes, eine so annehmende Beredsamkeit, so fertige Kunde der Historie und Rechtswissenschaft, eine so bedächtliche Klugkeit der Behauptung seiner Sache blicken ließ, daß er von allen gelobet ward, und seinem Vaterland vieler Hohen Gewogenheit theils von neuem erwarb, theils sie in ihren geneigten Gesinnungen erhielte und bestärkte, kurz, auf alle Weise unserer Stadt vielen Vortheil zuwegebrachte, und vielen bevorstehenden Schaden, so gut es möglich war, abwendete. Man weiß auch,

daß

daß er es niemals fehlen laßen, die für sich erlangte, auch durch Dienste und Briefe sorgsam unterhaltene, Gewohnheit erhabener und mächtiger Männer zum gemeinen Besten seines geliebten Vatersstadt anzuwenden.

War es also Wunder, wenn ein Mann von so bekannten Gaben oft erlesen ward, als Gesandter, in öffentlichen Angelegenheiten nach den Höfen verschiedner europäischer Prinzen zu gehen? Diß hat ihn überhaupt 24 mal getroffen, einmal an Ihro Kaiserl. Majestät, einmal an Se. Majestät den König von Großbritanien nach England, zweymal an denselben nach Hannover, einmal an Se. Maj. den König von Dännemark nach Copenhagen, fünfmal an denselben in seinen deutschen Provinzen, zweymal an den durchlauchtigsten dänischen Cronprinzen auf der Nachbarschaft, zweymal an Se. Majestät den König von Preußen, einmal an des Herzogs von Woffelbüttel Durchlaucht, achtmal an die Hannöversche Regierung, und darunter zweymal an den König zugleich, und einmal nach Stade. Wir müsten eine Hamburgische Historie schreiben, wenn wir von allen Versendungen oder übrigen, dem Wohlseligen aufgetragenen, Geschäften allhier weitläftiger handeln wollten, sintemal sie meistens mit derselben so genau verknüpfet gewesen, daß man seine Verdienste nicht gehörig erheben kann, wenn nicht Ursachen, Gelegenheit und Würkungen einer jeden Handlung zugleich berichtet worden. Da aber dieses niemand alhier von uns verlangen wird, so wollen wir es lieber bey der überhaupt gethanen Anzeige bewenden laßen, als etwas Weniges erzählen, ohne den größten und wichtigsten Theil zu berühren. Nur dieses können wir nicht mit Stillschweigen übergehen, was sich auf alle seine Verrichtungen erstrecket, daß nicht allein ein hochedler Rath und eine löbliche Bürgerschaft allezeit mit ihm vollkommen zufrieden, sondern er auch bey seiner letzten Gesandschaft an den kayserlichen Hof, wo der damahlige hochverdiente Rathsherr dieser Republick, jetzt hochansehnlicher Herr Bürgermeister, Vincent Rumpf, beyder Rechten Doctor, ein Gefährte und Gehülffe so wohl seiner glücklichen Verrichtungen, als des erworbenen Ruhmes

mes war, viele Ehre eingeleget, da nach geendigten Glückwunsche der weiland grosse, nunmehr verewigte, Vater des deutschen Reiches, Franciscus der I. sich nach dem Zustande der Hamburgischen Republik und den Mittel, die ihren Flor beförderten, umständlich zu befragen ihn würdigte, und bey der Abreise nicht nur mit einer güldenen Kette und seinem mit Diamanten besetzten Bildnisse, sondern auch dem rühmlichsten Recreditive beehrete; welches gleichfals die allerdurchlauchtigste Maria Theresia beyden Herren mit weitläuftigeren Worten ertheilte. Bey den übrigen europäischen Potentaten war er in nicht geringerm Ansehen, und erhielt von ihnen allen, auch bey den schwehrsten Verrichtungen, das Lob eines mit ausserordentlichen Verstande, Klugheit und Erkenntniß der Sachen begabten Mannes, ja allen Vortheil, den die Umstände verstatten wollten, oder wendete wenigstens, so viel ihm möglich, das Unheil ab, welches uns vielleicht schon drohete.

Unsere Stadt wußte es auch, wie viel sie diesem ihrem verdienten Syndico zu danken habe, und erzeigte sich nicht undankbar, indem er verschiedene male durch einmüthigen Schluß der höchsten Versammlung der Bürgermeisterwürde wehrt erkannt, und in das Los genommen worden. Wann nun gleich dieses ihn nicht getroffen, sondern uns andere ebenfalls vortreffliche Männer gegeben: so ists doch ein Beweiß gewesen, daß unser Surland besonders mit in Vorschlag dazu gekommen, und wird seine Verdienste niemals bey der seiner eingedenken bleibenden Nachwelt verdunkeln.

Zu dem, wodurch die ruhmwürdigen Eigenschaften des Wohlseligen von außen geschmücket waren, gehöret auch, daß der durchlauchtigste Fürst von Schwarzburg Anno 1741. ihn aus eigener Bewegniß zum Pfalzgrafen ernannt, und unter anderen gewöhnlichen Freyheiten dieses, wie es scheint, besonders ihm verstattet, daß er allerhand Briefe, Instrumente, Documente, Privilegia copiiren, und mit Unterzeichnung seines Namens und Siegels vidimiren können, worauf dieselben den Originalien gleich zu halten seyn.

Die

Johann Julius Surland.

Die vornehmsten auswärtigen Fremden, welche hieher kamen, besuchten unsern Surland fleißig, und zeigten durch ihre Bemühung, ihn zu sprechen und mit ihm umzugehen, gnugsam, wie hoch sie ihn schätzten. So sehr alles dieses darthut, daß er auch außer Hamburg sehr beliebt gewesen: so sehr hat er sich selbst der späten Nachkommenschaft in seiner Vaterstadt durch die Nutzbarkeit seiner ihr erzeigten Dienste empfohlen. Haben wir gleich unsern Lesern durch deren besondere Erwähnung kein Genüge leisten können: so wird doch die künftige Geschichte Hamburgs, was er gethan, erzählen, allen wahren Patrioten zum Beyspiele, wie man durch Worte und Thaten dem Vaterlande nutzen müsse.

Was übrigens seine Privatumstände belanget, so hatte er nicht den kleinsten Theil des darinn genossenen Glückes der Anno 1716. den 14. October geschlossenen, und 32 Jahre angenehm fortgesetzten, Ehe mit Frauen Rebecca Catharina, des seligen Johann Friedrich Sürsen, beyder Rechten Licentiaten, und Frauen Elisabeth Uffelmanns, einzigen Tochter zu danken; mit welcher er sechs Kinder gezeuget, deren der älteste Sohn Johann Julius, als beyder Rechten Doctor und ordentlicher Professor zu Frankfurt an der Oder, Anno 1758. den 23. Febr. gestorben, der andere aber, Nicolaus Burchard, einige Zeit öffentlicher Lehrer der Schule zu Stade gewesen, welches Amt er vor einiger Zeit niedergeleget.

Wie wäre zu wünschen gewesen, daß ein so nutzbarer Mann das höchste, für Menschen mögliche, Alter erreichet hätte! Aber Hamburg mußte ihn, für sich viel zu frühe, verliehren. Er hatte bereits lange in seinem stets mühsamen Leben und der beständigen Arbeit den Saamen der Krankheit gesammlet. Da er aber oft viele Tage und Nächte nach einander gedacht und geschrieben hatte, so befiel er einmahl auf dem Rathhause mit einer fast tödtlichen Krankheit, welche durch einen schwehren Husten noch vermehret ward. *) Er
über-

---

*) Bey seiner damaligen Genesung ward im Namen der Patrioten durch unsern weiland berühmten Professor Richey ihm

überwand zwar dieselbe damals durch die Kraft seiner starken Natur. Da er aber die beständige Arbeit nicht unterbrach, noch die Warnungen der schon wankenden Natur vor Emsigkeit des Geistes hörete, so mußte er nachgehends oft einen neuen und schwerern Anfall davon erdulden, biß er 35. Tage vor seinem Tode sich gar zu Bette zu legen genöthiget ward, seit welcher Zeit er durch heftige Nierenschmerzen ausgemergelt ward, die, so viel man aus natürlichen Zeichen schließen konnte, durch die Beherbergung eines harten und rauhen Gastes selbst entzündet und mit Geschwüren erfüllet waren. Wie herzhaft und standhaft der selige Mann diese bittre Quaal der strengsten Foltern ertragen, da ihm zuweilen gleichsam brennende Fackeln das Eingeweide verzehrten, und er als von zerfleischenden Klauen zerrissen ward, läßet sich kaum ausdrucken. Besonders aber zeigte er auch hier seine christliche Gelassenheit und Gottesfurcht, da er sich den Züchtigungen des Höchsten geduldig unterwarf, und ihn mit dem herzlichsten Gebete, selbst, wenn er allein zu seyn glaubte, mit lauter Stimme anrief, auch den göttlichen Trost, Ermahnungen und Heilungsmittel der betrübten Seele von vielen unserer verdienten Prediger eifrig verlangte und erhielt. Und so erwartete er denn, der göttlichen Gnade versichert, und auf ein besseres Leben denkend, seinen Tod so sehnlich, daß er versicherte, wie er denjenigen recht lieben wolle, der ihm ein gewisser Bote seines nunmehro nahen Endes seyn würde. Dieses ihm so erwünschte Ende stellte sich endlich den 23. Julius 1748. des Morgens zwischen drey und vier Uhr ein, nachdem er 61. Jahre, 2. Monate und eben so viele Tage gelebet, sein Amt aber beynahe 29. Jahre mit Ruhm geführet hatte.

ihm in einem zierlichen lateinischen Gedichte feyerlich Glück gewünschet, welches in der Samlung Richeyischer Gedichte, die man unsers berühmten Herrn Doct. und Prof. Schützen edlen Bemühung zu danken hat, im 3. Theil. S. 199. fg. zu lesen ist.

(Der Beschluß künftig.)

Nachrichten von Niedersächsischen berühmten Leuten u. Familien.

Das 69. Stück.

Beschluß des im vorhergehenden Stück abgebrochenen Artikels.

Zur Kenntniß seiner Geschichte und Verdienste kann man zu Rathe ziehen:

a) Pietatis Officium, memoriae viri magnifici, amplissimi, consultissimi, JOH. JVLII SVRLANDI, I. V. L. inclutae reipublicae Hamburgensis primi Syndici optime meriti, d. XXIII. Julii A. MDCCXLVIII. vita functi, publice praestitum ab *Hermanno Samuele Reimaro*, Linguae Hebr. & orientalium Professore publico, & hoc anno Gymnasii Rectore. Hamburgi. 1748. 5½ Bogen, in Folio.

b) Pflicht der Erkenntlichkeit, dem Gedächtniß des Magnifici, hochedlen und hochgelahrten Herrn, Herrn Johann Julius Surland, der Rechte Licentiaten, der berühmten Hamburgischen Republik ersten Syndici, da derselbe den 23. Julius 1748. der Zeitlichkeit entrissen ward, öffentlich entrichtet von Hermann Samuel Reimarus, öffentlichen Lehrer der hebräischen und orientalischen Sprachen, und jetzigem Rector des Gymnasii, aus dem Lateinischen übersetzt. Hamburg 1748. 3. Bogen, in Folio.

c) Hamburgische Berichte von gelehrten Sachen, 1748. S. 764. fg.

Michael Richey,

der Weltweißheit Doctor, der Geschichte und griechischen Sprache Professor an dem Gymnasio zu Hamburg.

Das Andenken dieses berühmten Mannes in unsern Nachrichten nicht zu erneuern, würde die grösseste Unbilligkeit heissen, da seine grosse Einsichten und ausgebreitete Gelehrsamkeit ihm einen unstreitigen Vorzug vor vielen andern erworben haben. Wir beobachten daher mit Vergnügen diese Schuldigkeit, und freuen uns, auch dadurch unsere besondere Achtung gegen denselben an den Tag legen zu können.

Er erblickte das Licht dieser Welt hier in Hamburg Anno 1678. den 1. October. Sein Vater, Johann Richey, dessen Vorfahren aus dem Braunschweigischen herstammten, war ein angesehener Kaufmann, seine Mutter aber hieß Esther, und war eine gebohrne Engels, des seligen Michael Engels, eines sehr geschickten Mahlers, der durch seine Ahnen aus einer Niederländischen Familie entsprossen, Tochter. Beyde Eltern vereignigten sich mit einander, diesen ihren Sohn sorgfältig zu erziehen; und, da sie sahen, daß er eine starke Neigung zu den Wissenschaften hatte, so wehreten sie ihm mit nichten dieser seiner Neigung zu folgen, waren auch auf alle Weise ihm dazu beförderlich. Sie schickten ihn daher, nachdem er einige Jahre lang einer vortheilhaften Privatinformation genossen hatte, zuerst in das hiesige, immer wohl bestellt gewesene, Johanneum. Nachdem er die gesammten Classen desselben mit Ruhm und Nuzen besucht hatte, kam er in das, seiner gelehrten Lehrer halber gleichfalls stets berühmt gewesene, Gymnasium, in welchem er auch unter dem seligen D. Joh. Friederich Mayer, der dem Gymnasio freywillig, und weil er immer eine grosse Lust an den öffentlichen Catheder-Bemühungen hatte, mit seinen Vorlesungen dienete, verschiedene Disputationes, als

de

de antiquissima germanica s. Scripturae versione, de versionibus s. Scripturae ante Lutheri translationem impressis und de Catharina, Lutheri coniuge, mit einem allgemeinen Beyfall vertheidigte. Im Jahr 1699. gieng er, und zwar völlig wohl bereitet, nach Wittenberg, und machte sich nach der Anweisung der grossen Gelehrten, welche damals daselbst lehreten, mit den morgen- und verschiedenen abendländischen Sprachen, mit der Naturlehre, mit der Mathematik und Theologie bekannt. Der grosse **Conrad Samuel Schurtzfleisch** hielt so viel auf ihn, daß er ihn gemeiniglich seinen Primicerium nannte, und schon in dem ersten Jahre seines academischen Lebens der Ehrenstelle, welche die Weltweißheit ihren Liebhabern geben kann, würdig hielt. Im folgenden Jahr 1701. disputirte er unter dem nachmaligen berühmten Leipziger Gottesgelehrten, **Heinrich Klausing**, de mathesi noua, non noua. Seine Absicht gieng dahin, sich zu einem academischen Lehramt zuzubereiten. Je mehr er nun einsahe, wie viel dazu gehöre, die Stelle eines solchen Lehrers mit Beyfall und Ehre zu bekleiden, desto mehr verdoppelte er seinen jederzeit groß und anhaltend gewesenen Fleiß. Aber dadurch brachte er seine Gesundheitsumstände in solche Unordnung, daß er noch in eben diesem Jahre Wittenberg wieder verlassen und nach Hamburg zurückkehren muste. Hier hielte er sich, so viel seine Gesundheit erlaubte, zu den beyden grossen Orientalisten, **Georg Eliezer** und **Sebastian Edzarden**, und zu dem sel. D. **Fabricius**, um bey jenen im Rabbinischen, Syrischen und Arabischen sich fester zu setzen, bey dem letztern aber seine Kentniß in der gelehrten Geschichte zu erweitern. Bald nachher, da seine Gesundheit sich etwas gebessert hatte, suchte der selige D. **Mayer**, der von Hamburg nach Greifswalde berufen war, ihn, als ausserordentlichen Professor, ebenfals dahin und zu sich zu ziehen. Seine Freunde aber hielten ihn ab, diesem Wink zu folgen, weil sie, und zwar nicht ohne Ursache, besorgten, daß er sich auf diesem neuen Felde mit einem solchem Eifer, der, wo nicht gar in sein Leben, doch in seine kaum wieder hergestellte Gesundheit einen nachtheiligen Einfluß haben könnte,

beschäf-

beschäftigen mögte. Er arbeitete damals mit an den Nouis literariis Germaniae, die hier in Hamburg von Anno 1703. biß 1709. in Quart herausgekommen, und von allen Gelehrten für ein Muster eines guten gelehrten Journals gehalten worden. Im Jahr 1704. ward er auf eines ehemaligen Lehrers, D. Gerhard Meiers, damaligen königl. Consistorialraths und Superintendentens in Bremen, Empfehlung, zu M. Tobias Eckhards Nachfolger, in dem Rectorat zu Stade, berufen. Er nahm diesen Ruf, welcher seiner natürlichen Neigung recht gemäß war, mit Vergnügen an. Nachdem er den 24. Julius seine Probelectiones gehalten hatte, ward er den 10. September eingeführet. Damit er nun seinem Amte ohne Hindernisse und mit desto mehrerer Bequemlichkeit obliegen könnte, so entschloß er sich in den Stand der Ehe zu treten, und seine Wahl, in Rücksicht auf eine liebenswürdige Ehegattin, fiel auf des seligen Albert Schulten, beyder Rechten Licentiaten und Protonotarius hieselbst, Tochter, Nahmens Anna Catharina, mit welcher er den 8. Februar sich ehelich verband, und der er unter den Nahmen Charitine in seinen Gedichten öfters rühmlich erwehnet hat. Wir könnten von der Treue, mit welcher er sein Amt in Stade verwaltet hat, viele überzeugende Beweißthümer anführen, wofern es nicht zu weitläuftig würde. Insonderheit dürften wir nur unsern Lesern zu dem Ende eine kleine Idee von dem Buche machen, darin er alle Materien, worüber von dem Anfange seines hiesigen Amtes an biß zu desselben Ende wöchentlich in der Schule zu Stade privatim disputiret worden, eigenhändig und sauber verzeichnet hat. Allein es mag genug seyn, daß wir hernach die Schriften anführen, die er auch in seinem Stadischen Rectorat ans Licht gestellet hat. Er fieng daselbst unter andern an, einer Stadischen Schulgeschichte zu arbeiten, wovon er jedoch nur einiger Rectoren Leben völlig ausgearbeitet, und dieselben unter dem Titel Promulsis &c. drucken zu lassen willens war.

So angenehm ihm übrigens seine Stadische Bedienung war, so thaten sich doch in Stade damahls verschiedene Umstände

Hände hervor, die ihn sehr besorgt machten. Die Pest brach Anno 1612. daselbst aus, und die Dänen drohete der Stadt mit einer fürchterlichen, nachmals auch würklich erfolgten Belagerung. Er selbst aber versahe sich zu den Dänen nicht des Besten, weil man ihn versicherte, daß sie eine gewisse, etwas zweydeutige, Stelle in einem seiner Gedichte mit vieler Empfindlichkeit bemerkt hätten. Er verließ Stade also plötzlich den 20. Julius, und wandte sich nach Hamburg. Seine Absicht war keinesweges, sein Stadisches Rectorat gänzlich aufzugeben. Er glaubte vielmehr, daß die Dänische Regierung nicht lange währen, und er sein Amt nachmahls ruhig wieder werde fortführen können. Als er aber dazu keinen Anschein hatte, er auch mittlerweile in ein heftiges, und nach seiner Freunde und Aerzte Muthmaßung, hectisches Fieber fiel, ja nach der Zeit einen gefährlichen Schaden an der rechten Hand bekam, und seine geliebte Ehegattin den 2. October durch den Tod verlohr: so fassete er die Entschließung, sich allen öffentlichen Geschäften hinführo zu entziehen. Dieselbe that er 1713. den 15. May dem Magistrat zu Stade kund, und legte sein dasiges Amt förmlich nieder. Inzwischen war er in Hamburg nicht müßig, sondern immer sehr geschäftig. Denn im Jahr 1715. verband er sich mit dem sel. D. Fabricius und dem seligen Rector Hübner, wöchentlich einmahl zusammenzukommen, und über gelehrte Sachen sich mit einander zu unterreden. Diese Zusammenkünfte waren gleichsam der Anfang zu der sogenannten deutschübenden Gesellschaft in Hamburg, aus welcher nachmahls die patriotische Gesellschaft entstanden ist, eine Gesellschaft, die um die Wissenschaften und Sitten zu den damaligen und folgenden Zeiten sich mehrere Verdienste erworben hat, als daß ein patriotischer Deutscher sie undankbar verkennen könnte. In dem gedachten 1715. Jahr hätte er seiner vor zwey Jahr gefaßten Entschließung beynahe entsaget, da ihm das Rectorat zu Stettin angetragen ward. Allein er überwand die Versuchung, die er damals hatte; und es hat ihn solches nach der Zeit um so viel weniger gereuet, als er, da der große Johann Christoph Wolf Anno 1717. das Hauptpastorat zu St. Catharinen alhier, der selige

Georg

Georg Eliezer Edzard aber desselben bißher mit Ruhm bekleidetes Professorat der morgenländischen Sprachen erhielt, den 26. Januar zu des letztern Nachfolger ernennet ward, doch also, daß er die Profeßion der Historie und der griechische Sprache, welche gedachter selige Edzard vorhin verwaltet hatte, bekam. Dies Amt trat er den 11. März mit einer Rede de religione, historiae praesidiis firmata, an. In den 44. Jahren, darin er dasselbe mit einer seltenen Geschäftigkeit verwaltet hat, hat er siebenmal das Rectorat des Gymnasii geführet, überhaupt aber durch seine Arbeit sich sowohl um Hamburg, als die ganze gelehrte Welt, unsterblich verdient gemacht. Anno 1754. den 4. September hatte er das Vergnügen sein Amtsjubiläum, bey ziemlicher Gesundheit und Munterkeit, zu feyern, und die patriotische Gesellschaft suchte das Andenken dieser Feyerlichkeit, vermittelst einer sauber geschlagenen Münze, auf deren einer Seite sein wohlgetroffenes Bild zu sehen ist, zu erhalten: der vielen Glückwünsche, die bey dieser Gelegenheit gedruckt zum Vorschein kamen, nicht zu gedenken, von welcher die vornehmsten in den **Hamburgischen Berichten von gelehrten Sachen**, aufs Jahr 1754. S. 558. fg. 569. fgg. 577. fgg. 596. fg. 628. fgg. 660. fgg. erwehnet worden. Endlich aber nahmen seine Kräfte dergestalt ab, daß seine Freunde sich seinen Tod immer, als nahe, vorstellen mußten. Derselbe erfolgte endlich auch 1761. den 10. May.

Wer seinen Character noch nicht kennet, und doch zu wissen begehret, den müssen wir auf die vortreffliche Abschilderung verweisen, die unser berühmte Herr Doct. und Prof. **Schütze in der schönen Vorrede zum zweyten Theil der Richeyischen Gedichte** davon, nach seiner rechtschaffenen Denkungsart, gemacht hat. Man erblicket in der That hier beyde, Richey und seinen würdigen Nachfolger, in ihrer wahren Größe. Denn wenn kleine Geister in dem thörichten Wahn stehen, daß sie an ihrer vermeinten Größe Schaden leiden, so bald sie andere außer sich gelobet sehen: so beeifert sich Herr Doct. Schütze recht geflissentlich, seinen würklich großen Vorgänger im Amt nach der Wahrheit zu erheben. Wenn aber oft auch bey gedehnten Lo-

Michael Richey.

beserhebungen nicht gnug würdiger Männer Partheylichkeit und Freundschaft sich gar zu deutlich verräth: so nimmt man hier in der Beschreibung der Richeyischen Vorzüge wahr, welch ein doppelter Reiz in der ungeschminkten Abschilderung derselben sey, die Herrn Doct. Schützens einnehmender Vortrag ohne alle Schminke einer betrieglichen Schmeicheley den Lesern vor Augen leget.

Was seine Familie betrifft, so hat er mit seiner obgedachten würdigen Ehegattin fünf Kinder gezeuget,

1) einen Sohn, Johann, welcher 1706. den 14. December gebohren worden, und, nachdem er unter der väterlichen Aufsicht zu allem, was einen gründlichern Gelehrten zieren kan, alhier angeführet worden, Anno 1728. auf die Academie zu Leipzig sich begeben, daselbst seine Studia mit vielem Fleiß getrieben, und darauf im Jahr 1732. zu Uetrecht beyder Rechten Licentiat geworden, zwey Jahr darauf von einem hochedlen und hochweisen Rath dieser Stadt zu einem Reisesyndicus erwählet, und an den kayserlichen Hof nach Wien versendet worden, wo er mit vielem Ruhm diß Amt verwaltet, jedoch Anno 1738. den 9. Februar daselbst im 32sten Jahr seines Alters zum großen Leidwesen seines Vaters und dieser ganzen Stadt verstorben, wie in den *Hamburgischen Berichten von gelehrten Sachen*, 1738. S. 152. erzählet, und daselbst eine kurze Erzählung seines Lebens geliefert wird. Ebendaselbst sind S. 224. fg. 259. fg. 357. fg. die Schriften angezeiget, die dem seligen Herrn Syndicus zu Ehren so wohl hier in Hamburg, aus auswärts gedruckt worden. Es hatte sich derselbe schon durch folgende wohlgeschriebene Schriften bey der gelehrten Welt berühmt gemacht, deren Aufschriften also lauten: a) Decennium memorabile, atque in eo praecipuus annus 1528. firmatis in republica Hamburgensi sacris euangelicis illustris. Oratio in Gymnasio Hamburgensi d. 28. Octobr. 1728. habita. Stehet in des seligen Herrn Doct. *Fabricii* Memoriis Hamburgensibus, Vol. VI. pag. 17. sqq. b) Vindiciae praetoris Romani & iuris honorarii, praeside *Gottlieb Korte* Lipsiae defensae. 1730. in Quart

Quart. S. Niedersächsische neue Zeitungen von gelehrten Sachen, 1730. S. 719. fgg. c) Lettre d'un Anonyme Auteurs de la aux Bibliotheque raisonnée. Stehet im 9. Bande dieser Bibliothek, und dessen 2. Theil zu Ende. Der Inhalt ist eine Vertheidigung unserer Stadt gegen die harten Vorwürfe, die ihr der bekannte partheyische Geschichtschreiber Voltaire in seiner Historie Königs Carls des XII. gemacht, daß sie die Altonaischen Einwohner, da die Schweden Anno 1713. Altona ansteckten, nicht *) aufnehmen wollen. d) Dissertatio de Pactorum mutatione, ob fauorem bonorum haereditariorum jure Hamburgensi restricta, ad obtinendos Licentiati juris vtriusque honores defensa. Vltrajecti. 1732. in Quart. S. Niedersächsische Nachrichten von gelehrten neuen Sachen, 1733. S. 25. fgg.

2) eine Tochter, **Esther Elisabeth**, welche Anno 1708. den 8. Junius gebohren, im Jahr 1731. an Herrn Jacob Wolter Steen, wohlverdienten Prediger zu Curslack, im Hamburgischen Gebiete, verheurathet, Anno 1743. den 15. März aber verstorben. Es lebet aus dieser Ehe ein Sohn, Michael David Steen, welcher 1732. den 12. October gebohren, und im Monath September dieses 1768sten Jahres zum Prediger zu Heide, in Norderdithmarschen, erwählet worden.

*) Zur Ehre des seligen Herrn Syndicus Richey können wir nicht umhin, bey dieser Gelegenheit anzuführen, daß Herr Voltaire öffentlich in einem besondern Briefe gestanden, er sey von dem jungen Herrn Richey überführet worden, daß er den Hamburgern Unrecht gethan, wie in den Hamburgischen Berichten von gelehrten Sachen, 1733. S. 779. gemeldet wird. Eine deutsche Uebersetzung des Richeyischen Briefes lieset man in den Niedersächsischen Nachrichten von gelehrten neuen Sachen, 1733. S. 90. fgg. woselbst auch S. 633. fgg. eine Widerlegung des Briefes eingerücket ist, welcher sich der gedachten Sache wegen bey der zwoten Auflage des Voltairischen Lebens Carls des XII. befindet.

(Die Fortsetzung folgt.)

Nachrichten von Niedersachsen berühmten Leuten u. Familien.

Das 70. Stück.

Fortsetzung des im vorhergehenden Stück abgebrochenen Artikels.

3) eine Tochter, Catharina Maria, welche 1711. den 1. März gebohren, und 1733. mit Herrn Johann Heinrich Dalecamp, einem hiesigen Kaufmann, verheurathet worden, 1757. den 20. Februar aber das Zeitliche mit dem Ewigen verwechselt hat. Von dieser Tochter ist der selige Herr Prof. Richey mit folgenden Enkeln erfreuet worden: a) Catharina Elisabeth, geb. 1736. den 3. Januar, gest. 1739. den 18. Julius; b) Catharina Maria, geb. 1737. den 5. May, gest. den 1. Julius desselben Jahres; c) Anna Catharina, geb. 1740. den 21. Februar; d) Michael, geb. 1741. den 30. April; e) Catharina Maria, geb. 1742. den 28. April, f) Albert Arnold, geb. 1743. den 9. Junius, gest. 1744. den 16. Febr. g) Cornelius Jacob, geb. 1744. den 25. Octobr. gest. 1749. den 27. März; h) Joachim Lorenz, und i) Johann Heinrich, welche beyde 1746. den 17. August das Licht dieser Welt erblicket; k) Margaretha, geb. 1750. den 11. October; l) Johanna Catharina, geb. 1753. den 2. Januar

4) eine Tochter, Hanna Elisabeth, welche 1712. den 21. August an das Licht dieser Welt getreten, Anno 1719. den 5. Januar aber den Schauplatz dieser Welt schon wieder verlassen hat.

Die Schriften des seligen Mannes, die seinen Nahmen bey der gelehrten Welt verewigen, sind folgende:

1) Breuis Disquisitio de monogrammate, quod exstat in Capite Kalendarii veteris, sub Constantio imperatore editi, atque a V. Cl. *Henrico Leonhardo Schurtzfleischio* in Anno Juliano, libro commentario illustrato, pag. 266. seqq. ex *Petauio, Bucherio & Lambecio* repetiti. Stehet in den *Nouis Literariis Germaniae,* A. 1704. pag. 333. sequ.

2) Gallorum quorundam de Germanorum ingeniis iudicia iniquitatis conuicta. Stadae. 1705. in Quart. Ist eine Einladungsschrift. S. *Noua literaria Germaniae,* 1705. pag. 118. seqq.

3) Polymnemones, siue memoriae diuinioris exemplorum plus centum, ex varia historia, praesertim eruditorum, deprompta. Stadae. 1706. Continuatio I. ibid. 1707. Continuatio II. ibid. 1710. Continuatio III. ibid. 1711. in Quart. Diß sind gleichfals Einladungsschriften. S. die gedachten *Noua literaria Germaniae,* 1707. pag. 141. seqq.

4) De eo, quod nimium videtur in *Jac. Frid. Reimmanni* piis desideriis historiae literariae. Stadae. 1709. in Quart. War auch eine Einladungsschrift. S. *Noua literaria Germaniae,* 1709. pag. 106. ausführlichen Bericht von neuen Büchern, im 7. Bande, S. 661. sgg.

5) *Flauii Junii,* Andriensis, centum Veneres siue Lepores, ad illustrem D. *Franciscum Tufum,* Marii filium. Hamburgi. 1714. in Octav. S. *Supplementa Actorum eruditorum,* Tom. VI. pag. 96.

6) Epistola gratulatoria, viro S. R. *Joanni Christophoro Wolfio,* dignitatem primarii Sacrorum Antistitis in aede D. Catharinae Hamburg. capessenti, inscripta. Hamburgi. 1717. in Folio.

7) Epistola ad Cal. *Georg. Rothium,* Rectorem Stadensem, de verbis, in diplomate Alberti Moguntini occurrentibus; *occasione aluminum tulfae apostolicae.* Diese ist

an des gedachten seligen Rectoris **Rothen** Programma de eo, quid sit, fustes ad sepulchra ponere, das zu Stade 1719. in Quart ans Licht getreten, hinten angedruckt.

8) Animaduersiones in *Hermanni von der Hardt* epistolam de germana *Polizzae* origine. Stehet hinter unsers seligen Herrn **Bürgermeisters Martin Lucas Schele Inauguraldisputation** de instrumento assecurationis, vulgo *Polizza*, die er zu Helmstädt unter dem seligen Herrn Hofrath **Werlhof** Anno 1707. gehalten; wie wir in dem ersten **Bande** dieser **Nachrichten**, S. 156. erzählet haben.

9) Epistola de obitu *Henningi Lochau*, J. V. L. & reip. Hamburgensis Senatoris meritissimi, ad filium florentissimum, *Jo. Dietericum Lochau*, consolandi causa scripta. Hamburgi. 1722. in folio.

10) **Einige mit dem seligen Herrn** D. **Johann Albert Fabricius freundschaftlich gewechselte Streitschriften**, a) **über den Gebrauch und Mißbrauch in Sprachen**, b) **über die Frage: Ob man deutsch oder teutsch schreiben müsse?** Stehen vor dem 2. **Theil der Poesie der Niedersächsischen.** Hamburg. 1723. in Octav.

11) **Allerhand zur deutschen Sprache und Dichtkunst gehörige Anmerkungen.** Stehen vor dem 3. Theil der gedachten **Poesie der Niedersachsen.** Hamburg. 1726. in Octav.

12) Luctus patriae ex decessu viri nobilissimi, amplissimi prudentissimique, *Waltheri Beckhoff*, inclytae reipublicae Hamburgensis Senatoris, ac demum Protoscholarchae, totiusque ordinis Senatorii Senioris grauissimi, meritissimi, desideratissimi. Hamburgi. 1727. in Folio. Es ist dasselbe wieder abgedruckt in des seligen Herrn Doct. **Fabricius** Memoriis Hamburgensibus, Vol. VI. pag. 211. seqq.

13) Memoriae viri nobilissimi, amplissimi doctissimique, *Georgii Eliezeris Edzardi*, in Gymnasio Hamburgensi primum Graecae Linguae & Historiarum, postea vero Hebr. & ceterarum Orientis Linguarum, per annos omnino XLII.

XLII. Profeſſoris publici praeclare, meriti, ſacram hanc tabulam ſuſpendit &c. Hamburgi. 1727. in Folio. Stehet ebendaſelbſt wieder abgedruckt, pag. 474. ſeqq.

14) Obiit eheu! magno ſuorum dolori, maiori reipublicae detrimento, maximo bonorum omnium deſiderio vir magnificus, nobiliſſimus, ampliſſimus, conſultiſſimusque, *Henricus Dietericus Wieſe*, I. V. L. reipublicae Hamburgenſis Conſul meritorum gloria illuſtris, in cuius funere &c. Hamburgi. 1728. in Folio. Man lieſet daſſelbe gleichfals von dem ſel. D. Fabricius loc. cit. pag. 193. ſqq. wieder abgedruckt.

15) Diſſertatio de Hamburgo veteri, in Connoburgo Smeldingorum perperam inuento. Reſp. *Alb. Schulte.* *) Hamburgi. 1737. in Quart. S. Hamburgiſche Berichte von gelehrten Sachen, 1737. S. 306. 331. fgg. Leipziger *Acta academica*, 1737. pag. 216. ſeqq.

16) Hiſtoria ſtatutorum Hamburgenſium delineata. Reſp. *Franc. Anton. Wagener.* **) Hamburgi. 1738. in Quart. S. Leipziger neue Zeitungen von gelehrten Sachen, 1738. S. 782. *Acta academica*, 1738. pag. 286. ſeqq. Hamburgiſche Berichte von gelehrten Sachen, 1738. S. 693.

17) Kurze Geſchichte der Hamburgiſchen Journale. Stehet in den Hamburgiſchen Beyträgen zur Aufnahme der gelehrten Hiſtorie, 1742. S. 493. fgg. 513. fgg.

18) Idioticon Hamburgenſe, ſiue Gloſſarium vocum Saxonicarum, quae populari noſtra dialecto, Hamburgi maxime, frequentantur. Hamburgi. 1743. in Quart. S. Göttingiſche Zeitungen von gelehrten Sachen, 1743. S. 660. fg. Hamburgiſche Beyträge zur Aufnahme

---

*) Jetzigem Licentiaten beyder Rechten und hochverdienten Senator hieſelbſt.

**) Auch derſelbe iſt jetzt beyder Rechten Licentiat und hochverdienter Senator alhier.

nahme der gelehrten Historie, 1743. S. 356. fgg. Hamburgische Berichte von gelehrten Sachen, 1743. S. 385. fgg. *)

19) Idioticon Hamburgense, oder Wörterbuch zur Erklärung der eigenen, in und um Hamburg gebräuchlichen, Niedersächsischen Mundart, jetzo vielfältig vermehret, und mit Anmerkungen und Zusäzen zweener berühmten Männer, nebst einem vierfachen Anhange ausgefertiget. Hamburg. 1754. in groß Octav. Diß ist die andere vermehrte Auflage des vorigen Werks. S. Göttingische Anzeigen von gelehrten Sachen, 1755. S. 441. fgg. Hamburg. Correspondent, 1755. Num. 102. fg. Das Neueste aus der anmuthigen Gelehrsamkeit, 1754. S. 789. fgg. Nach dieser vermehrten Ausgabe ist solches Werk dem, zu Gießen herausgegebenen, Thesauro iuris prouincialis & statutarii illustrati Germaniae, Part. I. Sect. I. pag. 129. seqq. einverleibet, doch die Vorrede und der Anhang weggelassen worden.

20) Gloriae ac memoriae immortali viri illustris ac magnifici, *Lucae von Spreckelsen*, Jureconsulti excellentissimi, & reipublicae Hamburgensis Consulis splendidissimi moritissimique, die XXVII. Julii anni MDCCLI. placide ac beate defuncti, qualecumque hoc monumentum ex decreto amplissimi Senatus communi ciuitatis nomine pie posuit &c. Hamburgi. 1751. in Folio.

21) Schreiben von dem ehemahligen Pastor zu Geesthachede, Johann Kock, und dessen Lustspiel Elias

---

*) In diesen Hamburgischen Berichten sind, nachdem der selige Herr Professor Richey sein Idioticon Anno 1743. zuerst ans Licht gestellet hatte, hernach in den folgenden Jahren von verschiedenen Gelehrten Anmerkungen abgedruckt zu lesen, darinn einige, theils Preußische, theils Westphälische Worte angeführet worden, die nach der Art der Richeyischen Methode, als besondere Wörter solcher Länder gesammelt werden könnten.

Elias. Stehet in dem, von dem Herrn Professor Johann Peter Kohl herausgegebenen, Briefwechsel der Gelehrten, aufs Jahr 1751. S. 17. fgg.

22) Epistola gratulatoria, illustri Gedanensis reipublicae Gymnasio academico, Sacrum seculare secundum festo ac solemni ritu celebranti, nomine publico inscripta. Hamburgi. 1758. in Folio. S. Hamburgische Nachrichten aus dem Reiche der Gelehrsamkeit, 1758. S. 276. fgg.

23) Aeternitati nomen ac merita viri nobilissimi, amplissimi, prudentissimi, *Georgii Jencquel*, illustris reipublicae Hamburgensis Senatoris ordine tandem atque aetate primi, nec non Protoscholarchae grauissimi meritissimique, die XXIII. Jun. A. C. MDCCLVIII. aetatis LXXX. pie ac placide defuncti, consecrat, &c. Hamburgi. 1758. in Folio. S. die gedachte Hamburgische Nachrichten, 1758. S. 296. fgg.

24) De loco Hochbuchi a conditu Hamburgi non dimouendo, ad virum illustrem & magnificum, *Joannem Klefekerum*, JCtum celeberrimum, & reipublicae Hamburgensis Syndicum meritissimum, dissertatio subitanea. Dieselbe ist in des gedachten hochverdienten Herrn Syndici Klefekers schätzbaren Curis geographicis, welche alhier in Hamburg 1758. in groß Octav herausgekommen, pag. 749. seqq. zu lesen. S. Göttingische Anzeigen von gelehrten Sachen, 1759. S. 431. *Noua Acta Eruditorum*, 1759. pag. 576. Hamburgische Nachrichten aus dem Reiche der Gelehrsamkeit, 1759. S. 438. fg. Leipziger neue Zeitungen von gelehrten Sachen, 1760. S. 10.

25) Schreiben von dem Rommel-Blat, das nach Bericht der Stelznerschen zuverläßigen Nachrichten von dem kirchlichen und politischen Zustande der Stadt Hamburg, Th. 3. S. 714. in Hamburg um Martini gewöhnlich gewesen, und im Jahr 1656. verboten worden. Es ist dasselbe abgedruckt in den oberwehn-

erwehnten Hamburgischen Nachrichten aus dem Reiche der Gelehrsamkeit, 1760. S. 321. fgg.

26) Verschiedene dergleichen gelehrte Anmerkungen und Schreiben des seligen Mannes findet man in den Hamburgischen Berichten von gelehrten Sachen, die alhier sämmtlich anzuführen zu weitläuftig seyn würde.

27) Deutsche und lateinische Gedichte, mit einer Vorrede Gottfried Schützens, Doctors und Professors zu Hamburg. Erster Theil. Hamburg. 1764. Zweyter Theil. 1764. Dritter Theil. 1766. in groß Octav. Es sind von des seligen Mannes deutschen Gedichten in den 6. Theilen der bekannten Poesie der Niedersachsen, welche Anno 1721. Herr C. F. Weichmann herauszugeben anzufangen, die meisten gedruckt. Viele seiner deutschen und lateinischen Gedichte findet man auch in den hiesigen gelehrten Wochenblättern, z. Ex. dem Hamburgischen Correspondenten, den Niedersächsischen Nachrichten von gelehrten Sachen, den Hamburgischen Berichten von gelehrten Sachen, den Hamburgischen Beyträgen zur Aufnahme der gelehrten Historie, den Hamburgischen Nachrichten aus dem Reiche der Gelehrsamkeit, u. s. f. Desto rühmlicher war die geneigte Willigkeit unsers berühmten Herrn Doct. und Prof. Schützens, da ihm der Verleger die Direction bey der Ausgabe einer Sammlung der Richeyischen Gedichte auftrug, auch dadurch um seinen unschätzbaren Vorgänger im Amt sich verdient zu machen. Was derselbe in seinen lesenswürdigen Vorreden von dem Werth dieser Gedichte angeführet, setzet alle billige Leser in den Stand, den seligen Richey von dieser Seite gleichfals mit einer Hochachtung, welche von aller blinden Partheylichkeit entfernet ist, zu betrachten. Man kann von dieser Sammlung nachlesen die Leipziger neue Zeitungen von gelehrten Sachen, 1765. S. 13. fg. 1766. S. 396. fg. Hamburgische Nachrichten aus dem Reiche der Gelehrsamkeit, 1763. S. 502. fgg. 1764. S. 244. fgg. 701. fgg. 1766. S. 97. fgg.

28) Bey-

28) Beyträge zu der **Hamburgischen** Bibliotheca historica, die zu Leipzig seit Anno 1715. in 10. Bänden oder Centurien in Duodez ans Licht getreten, und woran mit ihm der selige D. Johann Albrecht Fabricius und der selige Johann Hübner hier, wie auch der noch lebende Herr D. Philipp Friederich Hahn in Kiel gearbeitet. S. des Herrn Rath Juglers Bibliothecam historiae literariae selectam, Tom. II. pag. 1351. Daß die meisten und besten Artikel darinn von dem seligen **Richey** herrühren, wird ausdrücklich auf Veranlassung des seligen Hübners gemeldet in den Leipziger neuen Zeitungen von gelehrten Sachen, 1716. S. 116.

29) Beyträge zu dem **Hamburgischen Patrioten**, der alhier Anno 1724. 1725. und 1726. in dreyen Bänden in Quart ans Licht getreten; im Jahr 1728. aber von dem seligen Herrn Prof. Richey in dreyen Bänden in groß Octav von neuem herausgegeben worden. Man kann so wohl von diesem Werke selbst, als den andern Mitgliedern der hiesigen **patriotischen Gesellschaft**, die nebst dem seligen Richey daran gearbeitet haben, imgleichen den verschiedenen dawider und dafür herausgekommenen Schriften, nachsehen die **Hamburgischen Anzeigen aus neuen Büchern**, im 2. Theil, S. 137. fgg. die Leipziger gelehrte Zeitungen, 1728. S. 469. fgg. Johann **Christoph Mylii** Bibliothecam Anonymorum et Pseudonymorum, pag. 290. sequ. nach der Edition in Folio, und Herrn Rath Juglers oberwehnte Bibliothecam histor. liter. Tom. III. pag. 2027. sequ.

30) Seine de religioni historiae praesidiis firmata beym Antrit seines hiesigen Professoramts den 11. März 1717. gehaltene Rede ist gedruckt in des sel. D. Fabricii Memoriis Hamburgensibus, Vol. V. pag. 164. seqq.

31) Vorrede zu dem 4. Theil des seligen **Barthold Heinrich Brockes** irrdischen Vergnügens in Gott. Hamburg, 1731. in Octav.

(Der Beschluß künftig.)

Nachrichten von Niedersächsischen berühmten Leuten u. Familien.

Das 71. Stück.

Beschluß des im vorhergehenden Stück abgebrochenen Artikels.

32) Ein unter dem Titel: De optimis subsidiis ad comparandam latine scribendi facultatem, vna cum notitia auctorum veterum aureae praesentim et argenteae aetatis, zu Jena Anno 1710. in Octav herausgekommenes Werk war ein Collegium, das der selige Mann damahls vor fünf Jahren in die Feder dictiret hatte. Weil es aber sehr fehlerhaft abgedruckt war, hat er es nie für seine ächte Arbeit erkennen wollen. S. Göttens jetztlebendes gelehrtes Europa, im 1. Theil, S. 131. fg. neueröfneten Büchersaal, in der 1. Oeffnung, S. 410. fg.

Die Schriften, welche er noch herauszugeben willens gewesen, lieset man in Johann Mollers Cimbria literata, Tom. I. pag. 544. erzählet. Ausser denselben wird noch seiner Anmerkungen über die Hamburgische Geschichte Erwehnung gethan in dem 6. Theil der Samlung Hamburgischer Gesetze und Verfassungen, S. 37. not. a) und S. 40. not. d).

Eine ihm zu Ehren geschlagene Medaille ist in des seligen D. Johann Paul Langermanns Hamburgischen Münz- und Medaillen-Vergnügen, S. 624. abgedruckt.

Sein wohl getroffenes Kupfer stehet vor dem ersten Theil der obgedachten Samlung seiner Gedichte.

Zur weitern Nachricht von seinem Leben und Schriften dienen

a) D. Gabriel Wilhelm Göttens jetztlebendes gelehrtes Europa, im 1. Theil, S. 123. fgg. und im 3. Theil, S. 749.

b) das nach seinem Absterben auf 5. Bogen in Folio alhier gedruckte Leichen-Programma, welches folgende Aufschrift führet: Senem meritis annisque maturum, virum nobilissimum, amplissimum, doctissimum, MICHAELEM RICHEY, historiarum et graecae linguae vltra XXXXIIII. annis in Gymnasio Hamburgensi Professorem, publice luget, ad funus eius d. XVIII. Mai huius anni MDCCLXI. solemni frequentia ducendum obsequiose inuitans *Johannes Georgius Büsch*, Matth. P. P. et hoc anno Gymnasii Rector.

c) Noua Acta historico-ecclesiastica, im 5. Bande, S. 198. fgg. woselbst gedachtes Leichen-Programma ganz abgedrucket worden.

d) Johann Mollers Cimbria literata, Tom. I, pag. 543. sequ.

e) D. Gottfried Schützens Vorreden zu dem 2. und 3. Theil der obgedachten, von ihm besorgten, Richeyischer Gedichte.

f) Johann Heinrich Pratje kurzgefaßter Versuch einer Stadischen Schulgeschichte, im 3. Stück, S. 35. fgg.

g) Hamburgische Nachrichten aus dem Reiche der Gelehrsamkeit, aufs Jahr 1761. S. 681. fgg.

Gotthard Arnold Isselhorst,

Jurisconsultus und ältester Bürgermeister der kayserlichen freyen Reichsstadt Lübeck.

Es bleibet nach dem Geständniß aller Weisen und nach der täglichen Erfahrung eine unumstößliche Wahrheit, daß die Weißheit, welche selten ohne lange Uebung zu einem Grad der Vollkommenheit, auch nur einer solchen Vollkommenheit, wie sie unter den schwachen Sterblichen möglich ist, gelanget, zwar in Jungen und Alten Ehrerbietung verdiene, jedoch besonders und vorzüglich bey den Alten, bey welchen sie durch viele Verdienste erhöhet wird. Was Wunder also, wenn bey allen vernünftigen und gesitteten Völkern das Alter geehret worden! Was Wunder, wenn auch wir ein verdienstvolles und gesegnetes Alter, welches mehrentheils ein untrüglicher Zeuge einer wohlangewandten Jugend zu seyn pfleget, verehren! Graue Haare sind demnach eine herrliche Krone, welche die erhalten, deren Wandel gerecht und tugendhaft gewesen. Diese Krone schmückte das verdienstvolle Haupt unsers würdigen Greises, dem Lübeck sich wegen vieler Verdienste verpflichtet zu seyn erkennet.

Der selige Herr Bürgermeister war daselbst im Jahr 1682. den 16. Januar. gebohren. Sein seliger Vater war Arnold Isselhorst, E. hochedlen und hochweisen Raths Sekretarius am Comtoir zu Bergen, nachmals wohlverdienter Sekretarius und Protonotarius der Stadt; und die selige Mutter Frau Anna Maria, gebohrne von Lengerken. Zum Großvater väterlicher Seite hatte er Matthias Isselhorst, welcher der Kirche Christi zu Flothow an der Weser in der Grafschaft Ravensberg in Westphalen 28. Jahre mit Segen vorgestanden. Die Großmutter war Frau Agneta, gebohrne Lansberg. Der Großvater von Seiten der Mutter war Georg von Lengerken, wohlangesehener und vornehmer Bürger in Lübeck; und die Großmutter von

dieser

dieser Seite Frau Elisabeth Lawen. Der Eltervater von des Vaters Seite war Heinrich Isselhorst, Bürgermeister der Stadt Bielefeld, und die Eltermutter Frau Anna Lohmanns, des seligen Marcus Lohmanns, Pastoris in Bielefeld, Tochter. Der Obereltervater väterlicher Seite Heinrich von Lansberg, Amtmann zu Flothow, und die Obereltermutter eben dieser Seite Frau Elisabeth von Recke, des seligen Johann Recke, Amtmanns an demselbigen Orte, Tochter. Der Eltervater mütterlicher Seite war Hermann von Lengerken, Mitglied E. hocheblen und hochweisen Raths der Stadt Lübeck, und die Eltermutter mütterlicher Seite Frau Elisabeth, gebohrne Schlebuschen, aus Hamburg. Der Obereltervater von dieser Seite Lorenz Law, Kauf- und Handelsmann in Lübeck, und die Obereltermutter Frau Anna Brandes, eine Tochter des seligen Johann Brandes, Mitgliedes E. hocheblen und hochweisen Raths der Stadt Lübeck.

Nach zurückgelegten Jahren der Kindheit und nach beygebrachten Gründen des Christenthums, fand des seligen Herrn Bürgermeisters Vater es für diesen seinen geliebten und einzigen Sohn am zuträglichsten, daß er ihn der Unterweisung solcher Männer anvertrauete, welche zu der Pflicht, die Jugend auf vorgeschriebene Art zu unterweisen, von der Obrigkeit berufen und verbunden wären. Er gieng also alle Classen des dasigen Gymnasii durch, und hatte darinn zu Lehrern nachfolgende wohlverdiente, aber schon lange in die Ewigkeit eingegangene, Männer, Jacob Steinbrecher, Gerhard Minus, Johann Schävius, und Johann Roch. Da es dem Höchsten gefallen hatte, seinen Vater im Jahre 1695. in die Ewigkeit zu versetzen, und ihm der selige Gotthard von Krackring und der selige Adolph Matthäus Rodde, weiland Bürgermeister der Stadt Lübeck, zu Vormündern vorgesetzet worden, so fanden auch dieselben für gut, daß ihr Mündel ferner die dasige Schule besuchte, wo er in der dritten Classe den Unterricht des seligen Cantoris Jacob Pagendarm, in der zwoten und dritten Classe die Unterweisung des seligen Sixtus

tus Christian Lipenius, Subrektors, des seligen Conrektors M. Martin Christian Göldels und des seligen Rektors M. Enoch Suantenius genoß.

Nach Verlauf des vorigen Jahrhunderts fanden oben benannte beyde Vormünder, daß der ihrer Treue anbefohlne Pflegesohn die höhern Schulen mit Vortheil würde besuchen können. Er nahm also 1701. den 17. Merz öffentlich von seinen Lehrern und der dasigen Schule Abschied, und zwar mit einer Rede, zu welcher der selige Rektor M. Enoch Suantenius besonders die Zuhörer einlud, und deren Gegenstand der Wahlspruch weiland Kaysers Josephs des ersten, damaligen Römischen Königs, war: Durch Liebe und Furcht. Er bezog hierauf die berühmte Universität Rostock, wo er zwey Jahr lang mit eifrigem Fleiß von den Vorlesungen der berühmtesten Männer, die einem künftigen Rechtsgelehrten unentbehrlich sind, alle mögliche Vortheile und Nutzen zu ziehen sich angelegen seyn ließ. Nach verflossenen zweyen Jahren wollte der Wohlselige auch die, in dem berühmten Jena damals lehrende, Rechtsgelehrte und Weltweisen näher kennen lernen, und durch sie seine Erkenntniß erweitern. Er verließ daher mit einer edlen Lehrbegierde das angenehme Rostock, und weil er nicht gewohnt war, auf die Worte eines Lehrers zu schwehren, sondern selbst zu urtheilen, so war er auch in Jena zwey Jahre lang ein unermüdeter Zuhörer in den Hörsalen der berühmtesten dortigen Gelehrten, und suchte seinen Aufenthalt auf dieser hohen Schule sich recht vortheilhaft zu machen. Als er seine Absichten hier erreichet hatte, gieng er nach Genf, daselbst die Sitten einiger mit Deutschland benachbarter Völkerschaften kennen zu lernen. Hier verfiel er, nach einem halbjährigen Aufenthalt, in eine schwere Krankheit, wobey er die göttliche Güte zu rühmen Ursache hatte, die ihm in einer solchen Entfernung von seiner Vaterstadt und von seinen Freunden nach einer kurzen Zeit die vorige Gesundheit wieder schenkte, und ihm erlaubte, auf seine Zurückreise zu denken. Er trat dieselbe würklich an, und gieng durch die Schweitz nach Frankreich, und der Hauptstadt dieses Königreichs

reichs, Paris. Diese königliche Residenz betrachtete er nicht bloß mit den neugierigen Augen eines Fremden, sondern erkannte die Schätze, welche dieser Ort in sich faßte, und suchte sie mit vieler Sorgfalt auf. Die Büchersäle und die grössesten Gelehrte zu besuchen, war seine vornehmste Absicht. Aus verschiedenen mündlichen Unterredungen, welche viele in Lübeck mit dem seligen Manne oft gepflogen, erinnern sich dieselben noch, daß er mit Vergnügen der Besuche eingedenk gewesen, die er bey dem eben so gelehrten, als berühmten Pater Montfaucon abgeleget, und der Höflichkeit, mit welcher ihm derselbe begegnet. Nachdem auch hier seine Wißbegierde gestillet war, verließ er dieses grosse Reich, und begab sich nach den Niederlanden. In dieser kleinen Welt suchte er sich gleichfals Alles zu Nutze zu machen, was ihm in Zukunft vortheilhaft seyn konnte, und nach einiger Verweilung in diesem bevölkerten und gelehrten Land kehrte er wieder nach Lübeck zurücke.

In diesem seinen Geburts-Ort verweilete er eine Zeitlang mit Vergnügen. Aber seinem geschäftigen Geist gefiel die Musse nicht, die er daselbst hatte. Bey angetragener Gelegenheit wählte er also lieber eine Stelle, wo er andern nützlich werden, und sich noch mehr vorbereiten konnte, seiner Vaterstadt in Zukunft ersprießliche Dienste zu leisten. Er ward deßwegen Sekretair bey dem ehemahligen königl. Dänischen Geheimenrath von Jessen. Hier war die beste Schule für den seligen Herrn Bürgermeister, in der er sich zu den wichtigen Staatsgeschäften, die er hernach verwalten müssen, von Tag zu Tag geschickter machte.

Ohne Zweifel hatte E. hochedler Rath der Stadt Lübeck sein Augenmerk hierauf gerichtet, als er denselben im Jahr 1715. den 10. Julius zum Secretair erwählte. Bey diesem wichtigen Amte, welches alle seine Aufmerksamkeit erfoderte, hofte er, er würde durch ein glückliches Eheverbündnis sich eines Theils seine Sorgen entschütten, und in der genauern Verbindung mit einer liebenswürdigen Gattin das Vergnügen schmecken, womit der Stifter des Ehestandes denselben gesegnet hat. Er genoß auch das Glück, seine

Gotthard Arnold Iſſelhorſt. 167

Hofnung erfüllet zu ſehen. Er verband ſich den 9. Merz 1716. mit Jungfer Engel Catharina Leopold, des ſeligen Achilles Daniel Leopolds, beyder Rechten Doctors, jüngſten Tochter. Die Gleichheit der Gemüther, die zärtlichſte Liebe und die daher flieſſende beyderſeitige Gefälligkeit beglückte dieſes Paar, dem dennoch an der Vollkommenheit des Glücks noch etwas zu fehlen ſchien, biß 1720. den 17. May die glückliche Geburt eines ſehnlich gewünſchten Sohnes die Zufriedenheit unſres ſeligen Herrn Bürgermeiſters vermehrte. Es iſt dieſer nun noch übrige einzige Erbe des väterlichen Nahmens und der väterlichen Tugenden der noch lebende Herr Johann Arnold Iſſelhorſt, Jurisconſultus und hochverdienter Rathmann der Stadt Lübeck, welcher 1745. den 3. Sept. zum Secretarius, 1750. den 11. Julius zum Protonotarius, und 1765. den 3. Julius zum Mitlied eines hochedlen Raths erwählet worden, ſich auch 1749. den 19. May mit Frau Anna Magdalena Brokes, gebohrner Rodden, des ſeligen Herrn Johann Brokes, beyder Rechten Doctor, hinterlaſſener Frau Wittwe, ehelich verbunden hat. Im Jahr 1723. den 21. Julius wurden beyde Eltern durch die Geburt einer Tochter erfreuet, welcher in der heiligen Taufe der Nahme Anna Margaretha beygeleget worden. Dieſe Tochter beglückte im Jahr 1751. den 16. Julius den Herrn Peter von Mehrem, anſehnlichen Kauf= und Handelsherrn, indem ſie ihm Herz und Hand feyerlich übergab. Es ſollte derſelbe aber dieſes Glück nicht lange genieſſen. Denn zwey Jahre nach dieſem Bunde entriß ihm ein unglückliches Wochenbette im Jahr 1753. den 17. Julius dieſe geliebte Ehegattin. Noch drey Söhne und eine Tochter wurden aus dieſer beglückten Ehe erzielet, die aber alle vier in früher Kindheit ſelig verſchieden.

Dieſe in dem menſchlichen Leben wechſelnde angenehme und betrübte Vorfälle konten den ſeligen Herrn Bürgermeiſter nicht abhalten, ſeinem wichtigen Amte mit der gröſſeſten Treue vorzuſtehen, wodurch ſo wohl, als andere rühmliche Eigenſchaften er ſich das Vertrauen der ganzen Stadt

L 4   erwarb,

erwarb, und ein hochedler Rath der Stadt Lübeck bewogen ward, im Jahr 1726. ihm aufzutragen, daß er dem Schwedischen Reichstag zu Stockholm beywohnen sollte. Die Reise dahin trat er den 10. Sept. des besagten Jahres an, und kam daher nicht eher, als den 6. October des folgenden Jahres, zurücke.

Nach sehr vielen und wichtigen geleisteten Diensten erwählte ihn ein hochweiser Rath daselbst zu einem Mitgliede seines Ordens den 21. Febr. 1728. in den er den 23. feyerlich eingeführet wurde. Hier warteten neue und mühsame Beschäftigungen auf ihn, welche er mit dem unverdrossensten Fleiß und der ihm eigenen Geschicklichkeit zum Besten der Stadt und seiner Mitbürger glücklich verwaltete. Zu den gewöhnlichen Officiis, die ihm aufgetragen waren, kamen öfters auch ausserordentliche Fälle, dergleichen einige Reisen an auswärtige Höfe waren. So wurde er 1734. dazu ernannt, nebst dem seligen Herrn Bürgermeister August Simon Lindholz, damaligen Rathmann, weiland Königs Christian des VI. Majestät zu dero glücklichen Ankunft in Schleswig im Nahmen eines hochedlen und hochweisen Raths den unterthänigen Glückwunsch abzulegen. Im Jahr 1741. begleitete er den lange vor ihm in die Ewigkeit eingegangenen Dom-Probst und Syndicus Johann Schävius nach Hannover, Sr. Majestät dem König von Grosbrittannien Georg dem Zweyten zu Dero Ankunft in Dero deutschen Staaten Glück zu wünschen. Anno 1743. im August gieng er in Gesellschaft des seligen Herrn Bürgermeister Johann Friederich Carstens nach Hamburg, Ihrer Majestät dem jetzt regierenden König von Schweden, damals neuerwählten Thronfolgern, zu dieser Ernennung die Glückwünsche eines hochedlen und hochweisen Raths abzustatten.

Im Jahr 1737. ward er durch den Verlust seiner geliebtesten Ehegattin auf das empfindlichste gerühret, da es Gott gefiel, dieselbe den 12. Februarius ihm von der Seite zu nehmen.

(Der Beschluß künftig.)

Nachrichten von Niedersächsischen berühmten Leuten u. Familien.

Das 72. Stück.

Beschluß des im vorhergehenden Stück abgebrochenen Artikels.

Nach einem mehr, als dreyjährigen, betrübten Wittwerstande fügte es die göttliche Vorsicht, daß er sich zur andern Ehe entschloß, und solche unter göttlichem Segen mit Jungfer Magdalena Margaretha Brokes, vollzog. Es war zwar diese Ehe mit keinen Erben beglücket, aber sonst ein Muster einer recht vergnügten und zärtlichen Ehe. Um desto betrübter war für den wohlseligen Herrn Bürgermeister die plötzliche Trennung derselben, zu einer Zeit, da er ihrer liebreichen Pflege und Wartung auf seinem Krankenbette am nöthigsten hatte.

Zur Bürgermeisterwürde ward er im Jahr 1744. den 22. Februarius erhoben, und so hat er nach und nach alle Stufen der Ehren betreten, biß er endlich nach dem Absterben des seligen Herrn Heinrich Rusts ältester Bürgermeister ward.

Es ist nicht nöthig, weitläuftig zu erzählen, mit wie vielem Ruhm er fast ein halbes Jahrhundert hindurch allen Aemtern Ehre gemacht habe, die er bekleidet. Sein Geist, seine Gelehrsamkeit, Belesenheit, Geschicklichkeit und Erfahrung, seine Abscheu vor alle Partheylichkeit, sein Haß der Geschenke und der gewaltthätigen Unterdrückung, sind so, wie sein eiferiges Christenthum und seine Verehrung unserer geheiligten Religion, seine Gerechtigkeitsliebe, seine Fürsorge für das Beste der Kirchen und Schulen und aller öffentlichen vortheilhaften Anstalten, sein leutseliges und liebreiches Wesen gegen alle und jede seiner Mitbürger, viel zu bekannt, und alle diese Tugenden haben ihm die Liebe und Verehrung der Stadt Lübeck viel zu sehr zugezogen, als daß zu befürchten stünde, es werde sein Andenken ohne schriftliche Denkmahle verlöschen.

Was vor eine Krankheit seinem so verdienstvollen Leben das Ende gemachet habe, müssen wir noch erwehnen. Der Höchste hatte dem seligen Herrn Bürgemeister eine so feste und dauerhafte Gesundheit geschenket, die er durch eine ungemeine Mäßigkeit und öftere Bewegung mit glücklichem Erfolg zu erhalten suchte, daß keine Schwachheiten des Leibes die Verwaltung seiner wichtigen Angelegenheiten unterbrachen. Nur ein Jahr vor seinem seligen Ende verlohren sich nach und nach die Kräfte, die wahrscheinlicher Weise desto geschwinder sich verlohren, da er von denen ihm obliegenden Geschäften dennoch nichts aus der Acht ließ. Ein Anfall vom Schlagfluß kam dazu, und die Betrübnis über das so unvermuthete Absterben seiner geliebten Ehegattin, die Anno 1765. den 21. Merz plötzlich dieses Zeitliche verließ, machten, daß man keine Hofnung mehr hegen konnte, diesen ehrenvollen Greiß wieder hergestellt zu sehen. Alle Sorgfalt seines Arztes war umsonst, ein schleichendes und zehrendes Fieber zurücke zu halten.

Hatte sich der selige Herr Bürgermeister in seinem ganzen Leben eines ernstlichen Christenthums eifrig beflissen, (wie er denn wöchentlich gewisse Stunden zu seiner Erbauung und mehreren Aufmunternng in demselben bestimmet hatte) so war er auch in seinem Krankenlager mehr auf das ewige Wohl seiner unsterblichen Seele, als auf die Wiederherstellung und Genesung der zerbrechlichen Hütte bedacht. Er bereitete sich lange vorher auf eine erbauliche Weise dazu, daß er seinen Geist auf eine, dem wahren Christen würdige, Art in die Hände seines Erlösers aufgeben mögte, und genoß deßwegen den 22. Merz des gedachten 1765sten Jahres das hochheilige Abendmahl, zu desto grösserer Versicherung seiner künftigen Seligkeit, durch unsern

Gotthard Arnold Iſſelhorſt. 171

unſern theureſten Heiland und Mittler erworben. Nach
würdigem Genuß des Liebesmahles unſeres göttlichen Erlöſers, erhielt ſich zwar noch eine ſchwache Flamme des Lebens,
aber ein von Mattigkeit herrührender Schlaf drohete dieſelbe
immer auszulöſchen. Es verlöſchte auch ſein Lebenslicht 1765.
am Sonntag Quaſimodogeniti den 14. April, Mittags um
11. Uhr, nachdem er ſein Alter in dieſer Zeitlichkeit gebracht
hat auf 83. Jahr und 3. Monate, weniger 2. Tage.

In Anſehen ſeiner Beleſenheit verdienet beſonders ange-
merkt zu werden, daß er bey allen wichtigen und beſchwehr-
lichen Amtsgeſchäften, die alle ſeine Zeit zu erfordern ſchienen, durch eine kluge Eintheilung derſelben, ſelbſt bey ſeinen hohen Jahren, noch die Römiſche Geſchichte des Li-
vius, das Tagebuch des Julius Cäſars und viele andere
Bücher zu ſeinem Vergnügen in allerley Sprachen geleſen
habe. Ja während ſeiner Unpäßlichkeit machte er ſich unangenehme Stunden erträglich mit der Durchleſung der erſten
zehn Bände der Hiſtorie generale des Voyages.

* * *

Am Tage ſeiner feyerlichen Beerdigung, den 22. April,
ward folgendes zwiefache Leichen-Programma, deren jedes
einen Bogen in Folio ſtark iſt, bekannt gemacht:

a) Exſequias triſtes funeri magnifici & illuſtris viri,
GOTTHARDI ARNOLDI ISSELHORST, Iuris
conſulti celeberrimi, inclytae reipublicae Lubecenſis Conſulis primarii immortaliter meriti & Proto-
ſcholarchae grauiſſimi, ſolenniter ducendas indictu-
rus, tanti viri memoriam omnibus, quo par eſt,
ſtudio commendat *Johann Daniel Overbeck*, Gym-
naſ. Lubec. Rector.

b) Leben und Verdienſte des weiland Magnifici,
hochedelgebohrnen, hochgelahrten und hoch-
weiſen Herrn, Herrn Gotthard Arnold Iſſel-
horſts, hochanſehnlichen und höchſtverdienten
älteſten Bürgermeiſters der kayſerlichen freyen
und des heil. Römiſchen Reichs Stadt
Lü-

Lübeck, entworfen und bey dem ansehnlichen Leichenbegängniß des Wohlseligen dem vornehmen und zahlreichen Leichengefolge mitgetheilet von Johann Georg Gesner, des Gymnasii Conrector.

* * * * * * * * * * * * * * *

Christian Ulrich Grupen,

Königl. Großbritannischer und churfürstl. Braunschweig-Lüneburgischer Consistorialrath, und Bürgermeister der Altstadt Hannover.

Je grösser und entschiedener die Verdienste dieses Gelehrten, nicht bloß um die Hannoverschen Lande und dasige Residenzstadt, sondern auch um die gesammte Rechtsgelehrsamkeit, niedersächsische Geschichte und Alterthümer sind; und je länger man sich bißher vergebens bemühet hat, etwas Zuverläßiges von den Lebensumständen desselben zu lesen: desto angenehmer wird gegenwärtige Erzählung seines Lebenslaufs auch denenjenigen unserer Leser seyn, welche die Rechtsgelahrtheit nicht zum Hauptzweck ihrer gelehrten Bemühungen gemacht haben.

Das benachbarte Harburg hat die Ehre die Vaterstadt dieses berühmten Mannes zu seyn, woselbst er im Jahre 1692. gegen Ende des Junius gebohren worden. Sein Vater war Joachim Grupen, damals Amtmann zu Harburg, und nachher fürstl. Waldeckischer Cammer-Rath, welcher sein im Jahre 1654. angefangenes Leben, das er, unter andern ruhmvollen Beschäftigungen, auch der Ausfertigung gottseliger Betrachtungen gewidmet hatte *), im Jahre 1729.
selig

*) Er gab, unter etwas verändertem Zunahmen, heraus: Psalmen Davids, welche insgesammt nach gewissen in der christlichen Kirche wohl bekannten und üblichen Melodeyen in teutsche Verse gebracht von J. Gerup. Zelle. 1719. in Octav, von 374. Seiten, und 12. Seiten Vorbericht. Es gedenket derselben der sellge D. Siegm. Jac. Baumgarten in den Nachrichten von merkwürdigen Büchern, im eilften Bande, S. 303. fg.

selig beschloß. Die Mutter aber war Frau Anna Margaretha, gebohrne Osterwalden, welche im Jahre 1674. das Licht der Welt erblicket, und im Jahre 1745. gestorben; eine Tochter des seligen Christoph Heinrich Osterwalds, Oberamtmanns zum Calenberge. Von so angesehenen Eltern und Vorfahren (von denen wir nur noch den Großvater väterlicher Seite, Elmerhusen Grupen, der im Jahre 1674. gestorben ist, nennen) stammte der selige Herr Consistorialrath ab, als das zweyte von acht *) Kindern. Die ausnehmenden Gaben, die sich an ihm schon in der zartesten Kindheit zeigten, machten ihn seinen Eltern so werth, als ob er ihr einziges gewesen wäre. Ein eigenhändiges Schreiben seines rechtschaffenen Vaters vom 13. Oct. 1694. welches wir vor uns haben, und in welchem dieser die Freude über seine Kinder mit seinem Schwiegervater theilet, läßt uns mit Vergnügen in die Zeiten zurück sehen, da seine erfreuten Eltern die erste sanfte Ahndung von demjenigen hatten, der er hernach wurde.

Nach-

*) Der ältere Bruder des Wohlseligen war Johann Christoph Grupe, welcher als Bürgemeister in Münden, den 2. Decemb. 1731. verstarb.

Auf ihn folgte 3) Anna Margaretha, gebohren den 1. May 1697. starb, als verwitwete geheime Cammerräthin Elderhorsten, den 15. Decemb. 1764.

4) Christian Burchard Dieterich, gebohren den 4. Jun. 1699. starb, als Registrator in Hannover, den 19. Aug. 1745. Sein Sohn ist der Conrector Joh. Friedr. Gottfr. Grupen in Hannover.

5) Conrad Heinrich, gebohren den 14. October 1700. starb, als Capitän in Bremischen Diensten.

6) Christian Gustav, gebohren im August 1702. befindet sich, als Capitänlieutenant, in Hannoverschen Diensten. Dessen Söhne sind der Pastor prim. Christian Theodor Grupen zu Möhringen, und der Secretarius und Bibliothecarius beym Tribunal zu Celle, Ernst Nicolaus Grupen.

7) Anna Elisabeth, gebohren im December 1703. jetzige verwitwete Scheelen.

8) Sophia Margaretha, gebohren im Junius 1705. gestorben im Februar 1766. deren überbliebener Gemahl, der Churhannoversche Rittmeister Meyerhoff, annoch lebet.

Nachdem er in Harburg die ersten Gründe in den Sprachen und schönen Wissenschaften, theils in der dasigen grossen Schule, theils unter getreuer Anweisung seines Hauslehrers, nachmaligen Predigers in Burgdorf, Maßwedels, geleget hatte, übergaben seine selige Eltern ihn der beständigen Aufsicht, Unterweisung und Verpflegung eines Mannes, dessen Namen der Wohlselige sehr oft, aber nie ohne die lebhafteste Dankbarkeit, zu nennen pflegte, nemlich dem um die Braunschweigische Martins-Schule wohlverdienten Rector Gebhardi. Diesem gelehrten und rechtschafenen Manne hatte er, wie er oft rühmte, die überwiegende Lust zur römischen Litteratur und die erste Anlage zu dem grossen und so arbeitsamen Gelehrten, der er hernach ward, zu danken. Wie sehr auch dieser sein rechtschaffener Lehrer sich durch den glücklichen Fleiß eines solchen Schülers belohnet gefunden habe, erhellet aus dem eigenhändigen, von dem seligen Herrn Consistorialrath sehr sorgfältig aufgehobenen, Zeugnisse desselben, worin er ihn den besten *Lehrlingen*, welche er jemahls gehabt, beyzählet. Die, so mit dem Wohlseligen in etwas näherm Umgange gestanden sind, werden sich erinnern, wie viel er aus diesem Zeugnisse zu machen pflegte.

Im Jahre 1710. zog er auf die Universität zu Rostock, wo ihm der damalige Prorector, D. Joh. Joach. Schöpfer, am 5. May das akademische Bürgerrecht ertheilte. Von demselben ließ er sich auch die Institutionen, die Pandekten, das Jus feudale und den Processum ciuilem erklären. Allein schon im folgenden Jahr nöthigten ihn die damaligen Kriegsunruhen, Rostock wieder zu verlassen, und nach Calenberg, zu seinem Großvater, zurück zu eilen, der ihn jedoch, selbst auf der Amtsstube, so lange nützlich beschäftigte, biß er im Jahr 1712. seine akademischen Studien fortsetzen, und nach Jena gehen konte, woselbst er am 11. November von dem berühmten D. Buddeus die Matrikel erhielte. Der geheime Rath Wildvogel und der Professor Joh. Christian Schröder waren es insbesonders, denen er daselbst seinen Fleiß widmete. Allein so sehr er sich auch auf dieser Akademie von der Thorheitderer entfernte, die des mündlichen Unterrichts entbehren zukönnen glauben, und dennoch mit so vielen Kosten auf einerUniversität leben: so wenig hielt er es auf der andern Seitefür die Hauptsache, oder gar für hinlänglich, Arbeit und Zeitnur dem Lehrer und dem Hörsaal zu weihen. *) Er fand,daß der Unterricht der meisten Juristen, welche damals inJena lehreten, nach den meisten Stimmen ihrer Zuhörereingerichtet wäre. Wenn die aber entscheiden sollen, wohingeht dann der Wunsch der Jünglinge?

—— —— duas tantum res anxius optat,
Panem & Circenses —— —— **)

Die Wünsche des Herrn Grupen gingen mehr aufeinen frühzeitigen Ruhm und auf gründliche Kenntnisse, alsauf

*) Er selbst sagt in einer, seinen Erben hinterlassenen, kurzenNachricht von seinen Universitätsjahren: Ich kan aufmein Gewissen bezeugen, daß ich am meisten durch meineeigene beständige Application, und Tag und Nacht bewiesenen Fleiß mich selbst in Jurisprudentia solidiori festsetzen müssen, und habe zum öftern beklaget, daß icheine solche Anweisung bey diesen Professoribus nicht finden können, sondern mir solche selbst aus soliden Scriptisgeben müssen. Hiemit stimmet das überein, was wir aneinem andern Orte von seiner Hand lesen: Nachdem ich ——gefunden, daß es die Collegia Juris gar nicht ausmachenwollen, die bißherige Anweisung mir auch nicht ad solidam et masculam Jurisprudentiam sufficient geschienen,muß ich gerne gestehen, daß ich selbst durch das beständige Nachsinnen, durch Lesung der solidesten juristischen Bücher, und durch meinen unabläßigen Fleißmein bester Lehrmeister gewesen; und, da ich dabey garwohl erkant, was die Jurisprudenz für ein vastes Wesen sey, an welchem man die ganze Lebenszeit zu lernen; habe ich auch nicht abgelassen, darinnen mich vonTage zu Tage zum Dienste meines lieben Vaterlandesgeschickter zu machen.

**) In einem andern, doch nicht unähnlichen, Verstande sagtdes Juvenal, in der X. Satyre, im 80sten und folgendenVersen von seinen Landesleuten.

auf sinnliches Vergnügen und baldige Beförderung. Um diesen edlen Trieb zu befriedigen, faßte er den Entschluß, sich eine Zeitlang von der Akademie zu entfernen und, auf seiner Stube eingeschlossen, sich ganz in einen stillen Fleiß gleichsam einzuhüllen, um sich mit der gesammten römischen Litteratur, den wahren Quellen der gründlichen Rechtsgelehrsamkeit, auf eine vertrautere Art bekannt zu machen. Gewiß, ein Mittel, sich weiter zu helfen, dessen Nachahmung selten einem wißbegierigen Jünglinge gelingen dürfte! Allein dem Herrn Grupen konnten, bey dem so geübten, als standhaftem Fleiß, den er anwandte, bey dem durchdringenden Geiste, welchen er der gütigen Natur zu danken, und bey den vorzüglichen Kenntnissen, die er mit nach Akademien genommen hatte, diese Bemühungen um so viel weniger mißlingen, da sie durch den guten Rath und die getreueste Anleitung eines Mannes von Einsicht unterstützet wurden. Der selige Lorenz Andreas Hamberger, welcher einige Jahre darauf, für die schöne und gründliche Rechtsgelehrsamkeit aber viel zu früh, verstarb, leistete ihm diesen wichtigen Dienst, richtete die ganze Methode, sich selbst zu unterweisen, ein, und ward für den forschenden Lehring selbst Quelle und Orakel, so oft ihm seine stumme Lehrer diesen Dienst zu versagen schienen. Und diesem vortreflichen Manne, dessen Namen der Wohlselige, schon dieses Verdienstes wegen, mit dem Namen seines ihm unvergeßlich werthen Gebhardi zu verbinden pflegte, hatte er es, nächst seinem eigenen unabläßigem Fleiß, zu danken, daß er nach einer Zeit von sechs biß sieben Monaten nicht nur mit ungleich grösserm Vertrauen, starke und geschwinde Schritte zu thun, die vorige Laufbahn wieder betreten, und die Hörsäle der Lehrer, welche ihn zur Praxis anführten, mit dem grössesten Nutzen besuchen, sondern bald selbst der gelehrten Welt Proben seines glücklichen Fleisses vorlegen konnte. Und wie sehr stieg nun nicht mit seinen frühzeitigen Kenntnissen auch sein Lob, bey allen die ihn kannten!

(Die Fortsetzung folgt.)

Nachrichten von Niedersächsischen berühmten Leuten u. Familien.

Das 73. Stück.

Fortsetzung des im vorhergehenden Stück abgebrochenen Artikels.

Nicht nur seine Landesleute, deren damals an die sechszig in Jena studirten, sahen ihn für ihre Zierde an, und erwehlten ihn, im Jahre 1714. um das Geburtsfest ihres theuersten Landesherrn auf das würdigste zu feyern, zu ihrem öffentlichen Redner, sondern selbst die berühmtesten Lehrer der Academie, deren Namen auch die Nachwelt mit Verehrung nennet, ein Struve, Slevogt und Posner, bezeugten in verschiedenen Aufsätzen, die nebst jener Rede abgedruckt worden, wie geneigt sie wären, in der frühzeitigen Geschicklichkeit des Herrn Grupen und in den öffentlichen Beweisen, die er davon schon damals abgeleget hatte, auch ihre Zierde zu erkennen.

Man kann leicht erachten, was für ein Ruhm gegen das Ende seiner academischen Studien, welche er im Jahre 1715. beschloß, vor ihm in sein Vaterland vorangegangen sey, und wie belohnend für seinen Fleiß ihm die Gelegenheit geworden seyn müsse, in Hannover, wohin ihn der Wink seiner Eltern rief, unter den Augen eines erleuchteten Ministerii, welches jederzeit auf Talente und Verdienste so aufmerksam, und solche hervorzuziehen und zu belohnen so geneigt gewesen ist, leben, und seine Geschicklichkeit zum Besten seiner Mitbürger anwenden zu können. Diesen großen Vortheil fand Herr Grupen sehr bald bey der Advocatur, der er gleich die ersten

sten Jahre seines Aufenthalts in Hannover widmete. Nicht nur der Magistrat, sondern auch die höhern königlichen Collegia lernten ihn bald in ihren Gerichten, als einen Sachwalter, kennen, der es verdiene, durch baldige Beförderung seinem Vaterlande ganz eigen zu werden. Selbst ein hoher Staatsminister, der Freyherr von Görz, ließ es sich angelegen seyn, die erste Stuffe zu seinem Glück für ihn auszumachen, und empfohl ihn unter andern im Jahre 1718. bey Gelegenheit des damals in Harburg erledigten Syndicats, dem dasigen Bürgermeister Rimpau in einem Schreiben, welches dem Herrn Grupen nicht anders, als vortheilhaft, seyn konnte, wenn gleich die Stelle, worauf es dißmal ankam, bereits einem andern versprochen war. Es eröffnete sich ihm bald eine anmuthigere Aussicht, selbst in Hannover, und zu höhern Würden, befördert zu werden, indem ihm gleich im folgenden 1719. Jahre den 21. April durch die meisten Stimmen das Amt eines Syndicus in gedachter Residenzstadt anvertrauet ward; ein Amt, das bey dem ausnehmenden Fleiß, womit er es verwaltete, ihm nicht nur im Jahre 1723. eine Zulage zu Wege brachte, sondern ihm auch eine Stuffe zur Würde eines Bürgermeisters, und zwar auf eine so vorzügliche Art, ward, daß ihm keine Stimme fehlte, um im Jahre 1725. den 11. August zum Nachfolger des, um die Stadt Hannover sehr verdienten, Bürgermeisters Völgers erwählet zu werden.

Wenn man bedenket, wie viel der Wohlselige für die gelehrte Welt gethan, so sollte man glauben, daß er nicht viel Zeit habe übrig behalten können, um dem vornehmsten Theil seiner Pflichten ein Genüge zu leisten. Und gleichwohl hat Hannover nur wenige Bürgermeister gehabt, die ausser ihren ordentlichen Ammtsgeschäften so viele ausserordentliche, die mit jenen und mit dem allgemeinen Wohl der Stadt in Verbindung stehen, besorgt hätten, als die Nachkommenschaft von ihm, besonders in der ersten Hälfte seiner Amtsführung bey der Stadt, aufweisen kann. Schon im Jahre 1732. hatte man ihm so viele und so wichtige Verbesserungen des Archivs, so viel Ordnung in der Registratur, eine so voll-
stän-

Christian Ulrich Grupen.

ständige Sammlung der sämmtlichen Landes- und Hannöverschen Special-Verordnungen, den Entwurf der Leihhaus-Ordnung, und dabey so viele mühsame Deductionen in wichtigen, die Gerechtsame der Stadt betreffenden, Sachen, zu danken, daß der Magistrat sich daher verbunden hielte, auch auf eine ausserordentliche Vergütung dieser Bemühungen zu denken, und bey der königlichen Landes-Regierung auf ein, bald darauf in den gnädigsten Ausdrücken bewilligtes, Geschenk von achthundert Reichsthalern anzutragen.

Doch, es waren einem so verdienten Manne noch grössere Belohnungen vorbehalten. Seine Majestät, der, seinen treuen Unterthanen unvergeßliche, König Georg II. begnadigten ihn nicht nur im Jahr 1729. den 15. September mit dem Prädicat Dero Raths, sondern ertheilten ihm auch im Jahre 1734. den 27. October mit der Würde Dero Consistorial- und Kirchenraths Sitz und Stimme im ersten geistlichen Gerichte Ihrer teutschen Staaten.

Der Zweck unserer Nachrichten erfordert es, der würdigen Familie und Descendenz dieses Gelehrten sowohl, als seiner andern bemerkungswürdigen Umstände, zu gedenken. Auch darin hatte die Vorsehung für ihn gesorget, ihn in der Person der einzigen Tochter des sel. Herrn Camerarius Drossen, Namens Catharina Dorothea, welche im Jahr 1712. den 22. Jul. in Hannover gebohren war, eine Gattin von ungeheuchelter Gottesfurcht finden zu lassen, und in dieser Ehe, welche 1726. den 12. Jan. feyerlich vollzogen ward, viermal ihn mit einem gewünschten Erben zu erfreuen. Zwar gefiel es der höchsten Weisheit, diese Gehülfin schon im Jahre 1740. den 7. August ihm wieder von der Seite zu nehmen, auch den aus dieser Ehe einzig übergebliebenen Sohn noch vor dem Schluß desselben Jahres zur seligen Ewigkeit zu vollenden. (*) Desto dauerhafter aber war

---

(*) Die vier Kinder aus dieser ersten Ehe waren 1) Anna Jul. Dorothea, geb. den 16. Octob. 1730. starb den 16. Aug. 1733. 2) Bernhard Julius, gebohren den 18. May, starb den 18. Aug. 1733. 3) Ulrica Dorothea Juliana,

war für ihn das Glück der zwoten Ehe, welche unter ihm und Jungfer Margaretha Henriette Heiligern, der, den 4. Julius 1720. gebohrnen, Tochter des wohlseligen Churhannöverschen Herrn Oberzahlmeisters Heiligers, am 30. April 1741. vollzogen, und mit Kindern gesegnet ward, welche nicht nur den, schon durch sie, beglückten Eltern, sondern selbst der Tugend, frühzeitig Ehre machten. Die Namen derselben sind:

1) Dorothea Margaretha Henriette, gebohren den 9. Februar 1743. und den 13. October 1767. an Herrn Justus Schreve, Landschaftssyndicus in der Grafschaft Hoya, vermählt;

2) Friderica Wilhelmina, gebohren den 28. Januar 1744. und am 18. August 1768. mit dem Herrn Professor und Inspector Carl Gerhard Schwarz zu Lüneburg feyerlich verbunden;

3) Ulrica Antoinetta, welche den 22. April 1746. gebohren, und den 13. October 1767. mit dem Churhannöverschen Hauptmann Fridrich Wilhelm Thibaut vermählet, auch bereits am 12. Sept. 1768. mit einer Tochter erfreuet worden.

Wie groß hätte die Freude unsers seligen Herrn Consistorialraths, der das Glück, liebenswürdige Kinder zu haben, sehr empfand, seyn müssen, wenn es der Vorsehung gefallen hätte, ihn noch die Würde eines Schwiegervaters so rechtschaffener und hochachtungswürdiger Schwiegersöhne erleben zu lassen! Allein fast gegen die Zeit, da seine irdische Glückseligkeit diesen Zuwachs erhalten sollte, nahm die Hofnung, derselben noch einige Jahre geniessen zu können, und seine Gesundheit mit jedem Tage sehr merklich ab. Schläfrigkeit und Ermattung überfielen ihn oft mitten unter seiner Arbeit, und die starken Besetzungen der Brust verstatteten

geb. den 13. Mart. 1738. starb den 29. Mart. desselben Jahres; 4) Christian Bernhard Gustav, geb. den 21. Jul. 1740. starb den 2. December 1740.

teten ihm des Nachts nur selten eine recht erquickende Ruhe. Zwar glaubte er bey allen diesen Anzeigen einer sehr entkräfteten Natur immer seinen hauptsächlichen Amtsverrichtungen so gewachsen zu seyn, daß er auch noch acht Tage vor seinem Ende dem Gerichtstage auf dem Rathhause beywohnte, ja nachher biß in den dritten Tag an einer, die Gerechtsame der Altstadt betreffenden, Deduction mit dem Eifer eines rüstigen Mannes fortarbeitete. Allein die Empfindung seiner Leibesschwachheit vermehrte sich an eben dem Tage so sehr, daß er wohl einsahe, ein höherer Ruf entbinde ihn von allen Besorgungen des Irdischen, und seinem der Ewigkeit zueilenden Geiste könne keine Unterhaltung so wichtig und nöthig seyn, als welche ihm dazu diene, seines seligen Ueberganges in ein ewiges Leben gewiß zu werden. Kein Zuspruch war ihm daher gewünschter, als der Zuspruch und das Ammt seines Beichtvaters und verschiedener anderer würdigen Diener der Religion. Und daß die Bemühungen derselben, ihm den wichtigsten Dienst unter allen zu leisten, nicht vergeblich gewesen, davon muste ihnen nicht nur die Andacht, mit welcher er die Siegel der göttlichen Gnade empfieng, sondern auch die grosse Sehnsucht, sich mit allen, die er beleidigt haben konnte, völlig auszusöhnen, und die ungemeine Gelassenheit und Gedult, zum Beweise gereichen, mit welcher er seinem Ende entgegen sahe. Diß erfolgte am 10. des Maymonats 1767. in der Nacht, nachdem er der Stadt Hannover in die 49. Jahr gedienet hatte; eine Zeit, welche unter allen vier und vierzig Bürgermeistern, die vom Jahre 1390. biß jetzther derselben vorgestanden, nur ihrer drey in den Diensten derselben erreichet haben.

Es ist unsere Gewohnheit nicht, von den Vermächtnissen der Gelehrten, deren Leben wir beschreiben, zu reden. Wenn solche Stiftungen aber auf das algemeine Beste gehen; wenn sie gelehrte Schätze und die Beförderung nützlicher Kenntnisse bey den Nachkommen betreffen: so machen wir mit Recht eine Ausnahme bey der erwehnten Regel. Von dieser Art aber war diejenige, welche der selige Herr Consistorialrath

rath in Ansehung seiner zahlreichen Bibliothek bereits im Jahr 1743. gemacht, da er dieselbe, vermöge eines, unter dem 13. Nov. gedachten Jahrs von Sr. Maj. dem Könige bestätigten, Schenkungsvergleichs, nebst allen Büchern, welche er nach der Zeit annoch anschaffen würde, wie auch allen, seine Familie oder Consistorial= und Stadtsachen nicht betreffenden, Manuscripten, dem königlichen Oberappellationsgericht zu Celle übertrug, auch zur Fortsetzung dieser Sammlung und zur Unterhaltung des Bibliothecarius einige tausend Reichsthaler vermacht. Da dieser Vorrath die grössesten Werke der berühmtesten Rechtslehrer, und ausserdem noch einen Schatz von Büchern, welche die Altertümer, Münzwissenschaft, Diplomatik, und die Geschichte, besonders der mitlern Zeit, betreffen, nebst einer schönen Sammlung von klaßischen Schriftstellern enthält: so hat man Ursache, sich zu freuen, daß eine so seltene Sammlung zum Gebrauch des Landes und der Nachkommenschaft auf solche Art unzerstreuet aufgehoben blieben ist. Und selbst der männlichen Descendenz des Erblassers wird die patriotische Theilnehmung an dieser Freude dadurch ungemein erleichtert, daß solche vermöge des im 8ten §. gedachten Schenkungsvergleichs enthaltenen Gegenversprechens von hochgedachten Tribunale vorzüglich zu Bibliothekarien befördert, ja selbst bey Besetzung des Secretariats, falls mindere Geschicklichkeit hiezu sie nicht andern nachsetzet, ein vorzügliches Augenmerk auf solche genommen werden soll.

Man erwarte hier nicht den Charakter dieses berühmten Gelehrten. Wir haben ihn nicht von Person also gekannt, daß wir ihn treffend schildern könnten. Noch viel weniger wollen wir unsere Leser die bekannten Wahrheiten lehren, daß grosse Leute auch oft ihre Fehler haben, und daß eine obrigkeitliche Person, je höher sie stehet, desto mehr beachtet, und je strenger sie bey dem Unvermögen, belohnen zu können, verfahre, von desto mehren gehasset werde. Wir wollen statt dessen einige Augenmerkungen hinzufügen, die vielleicht, als zerstreute und einzelne Züge, zum Ganzen des Bildes gehören dürften. 1) Die heftigste Prüfung, welche ihn jemals treffen können, überstand er im Jahr 1748.

1748. mit einer Unerschrockenheit, die ihm Ehre machte, und die sich auf das Bewußtseyn seiner Rechtschaffenheit gründete. 2) Auch die beurtheilen ihn nicht zuverläßig, welche aus seinen Schriften auf sein Temperament schliessen zu können glauben. Wer solte nicht von denselben auf einen sehr ernsthaften und beynahe finstern Verfasser schliessen? Und er war in der That nichts weniger, als das. Nie heiterer, als wenn er gerade mit den trockensten lästigsten Untersuchungen sich beschäftigte; ungemein munter in Geselschaften, so selten er sie auch besuchte; und nur als denn strenge, wenn er es von Amts wegen, oder aus vorübergehender Leidenschaft war, oder auch wenn er seine Ursachen hatte, es zu scheinen. 3) Nicht einmal aus seiner Schreibart lässet sich auf seinen mündlichen Vortrag schliessen. Er redete viel körnigter, deutlicher und angenehmer, als er schrieb; und er hatte die lateinische Sprache mehr in seiner Gewalt, als seine Muttersprache. 4) Was ihn besonders, als Gelehrten, vor vielen andern auszeichnete, war sein durchdringender Verstand; sein bewundernswürdiges Gedächtnis, das ihm, auch in Kleinigkeiten, biß an seine letzten Tage getreu blieb; und sein unermüdet geschäftiger Geist, der ihm das Studieren und die trockensten Untersuchungen zu einer Art von Wolluft machte. Dieses Vergnügen zu studieren aber ging bey ihm so weit, daß er sich dem Umgange, wenigstens dem, der ihn aus seinem Hause oder auch nur von seiner Studirstube etwas lange entfernen konnte, nach und nach beynahe entzog. Und daher kam es auch, daß er fast gar keinen Briefwechsel unterhielte, als welchen entweder Familienangelegenheiten, oder seine Gelehrten Ausarbeitungen *) unvermeidlich machten. Allein um so viel grösser ist die Anzahl seiner Schriften geworden, von denen wir vielleicht nicht einmal die beträchtlichsten nennen, wenn wir die, welche gedruckt worden], nennen. Und das sind folgende:

1) Tra-

*) Auf solche Art sind die beyden Briefe veranlasset, die unter ihm und dem berühmten Cornel. van Bynkershoek gewechselt, und in Hrn. Prof. Uhlens Sylloge noua epistolarum, Vol. I. lib. I. n. 13. 29. abgedruckt worden.

1) Tractatio juridica de virgine prae vidua ducenda. Jenae, 1712. Kam ebendaselbst hernach Anno 1714, und zum drittenmal viel vermehrter 1720. in Quart heraus.

2) Commentatio ad l. 19. C. *de donat. aute nuptias*, quae legis sententiam plenius declarat, cumprimis autem, quod communius heic tradunt interpretes, osculo virginitatem delibari, modeste expendit. Jenae, 1714. in Quart. imgleichen zu Frankfurt und Leipzig (Wittenberg) 1741. in Quart.

3) Schediasma de amoris illecebris, von Liebescaressen und Charmiren. Jenae, 1715. Ward aufs neue daselbst 1723. und zum drittenmal zu Frankf. und Leipzig 1750. in Quart gedruckt. S. Göttingische gelehrte Zeitungen, 1750. S. 224. fg.

4) Oratio d. XI. Januar. 1715. Jenae publice habita, de successione Britannica legitima stirpis Guelphicae, a Principe Regia Sophia Electrice descendentis. Ist mehrmal gedruckt in Folio, auch zu Lemgo, ohne Bemerkung des Jahrs, in Quart.

5) Tractatio de uxore Romana, cum ea, quae in manum conuenit, farre, coemtione et usu, tum illa, quae uxor tantummodo habebatur. Hannouerae, 1727. mit Kupf. in Octav. S. *Acta Eruditorum*, 1727. p. 362. seqq. Leipziger neue Zeitungen von gelehrten Sachen, 1727. S. 750. fgg. *)

*) Zum Beweise der Achtung, worin dieses Buch selbst unter Auswärtigen stehet, und gewissermaaßen auch zur Geschichte desselben dienet folgende Stelle, die wir aus einem Briefe des berühmten Meermanns, vom 10. Sept. 1746. abschreiben: Si Tractationi Tuae de vxore Romana secundis curis elaboratae iam vltimam manum imposueris eamque hic excudi petas, scias velim, me iam typographum inuenisse, qui sumtus in id requisitos praebebit, quique proinde opus Tuum cum desiderio exspectat.

(Die Fortsetzung folgt.)

Nachrichten von Niedersächsichsen berühmten Leuten u. Familien.

Das 74. Stück.

Fortsetzung des im vorhergehenden Stück abgebrochenen Artikels.

6) Disceptationes forenses, cum obseruationibus I. de iudiciis curiae in terris Brunsuico-Luneburgicis, von den Hof-Gerichten; II. de iudiciis prouincialibus, von Land-Gerichten, Land-Ding, Botding, Baden-Botding; III. de Marklo s. Marslo, Saxonum campo Martio, von den Sächsischen heidnischen Landtagen bey Lese, Amts Stolzenau; IV. de Steuris, Petitionibus et Seruitiis, von Steuern, Beden und Diensten; V. de prouincia Gographiatus, vulgo *Gocscap*; VI. de statu Hannouerensi ecclesiastico, ex sigillis illustrato. Lipsiae, 1737. in Quart. S. Abriß von dem neuesten Zustande der Gelehrsamkeit, St. 2. Num. 5.

7) Origines et antiquitates Hannouerenses, oder umständliche Abhandlung von dem Ursprung und den Alterthümern der Stadt Hannover, worinn mit Urkunden, Siegeln und Kupfern der Zustand der Stadt und der herumliegenden Graf- und Herrschaften, wie auch Klöster, imgleichen vieler adelichen Geschlechter, an das Licht gestellet, und die teutschen Rechte erläutert werden. Göttingen, 1740. in Quart. S. Göttingische gelehrte Zeitungen, 1739. S. 724. sqq. Abriß von dem neuesten Zu-

stande der Gelehrsamkeit, St. 10. Num. 2. zuverläßige Nachrichten, im 3. Theil, S. 203. fgg.

8) Origines Pyrmontanae et Swalenbergicae, worinn die Alterthümer von Pyrmont und der dortigen Gegend, auch des *Pagi Wettago*, imgleichen die Ankunft der Grafen von Schwalenberg und der davon abstammenden I) Grafen von Waldeck, II) Grafen von Schwalenberg *in specie*, III) Grafen von Peremunt, IV) Herren von Colrebek, V) Grafen von Sternberg, sodann die den Grafen von Schwalenberg und Waldeck angehörige Schlösser und Herrschaften aus ihrer Ursprünglichkeit erläutert werden. Göttingen, 1740. in Quart. S. Göttingische gelehrte Zeitungen, 1740. S. 318. fgg.

9) Deduction, daß I) der Freyherr Georg Reinhard Langwerth von Zimmern die Kauffsumme, welche den Reichauschen Lehn=Agnaten — auferleget — zu bezahlen nicht schuldig; II) den Reichauschen Land= und Allodialerben die erloschne Kauffsumma von neuem — nicht verwilliget u. s. w. (Hannover) 1743, in Folio. (ohne Benennung des Verfassers) Die Fortsetzung kam nachher mit neu anhebenden Seitenzahl, heraus. S. Göttingische gelehrte Zeitungen, 1743. S. 645. fgg.

10) Deutsche Alterthümer, zur Erläuterung des Sächsischen und Schwäbischen Land= und Lehnrechts, mit Figuren. Hannover und Lüneburg, 1746. in Quart. S. Göttingische gelehrte Zeitungen, 1746. S. 386. fgg. Leipziger neue gelehrte Zeitungen, 1746. S. 781. fg.

11) Historische Nachricht I) von der Stadt Hannover und ihrem Anbau; II) von den Alterthümern der Calenbergischen Lande, zwischen Deister und Leine. Göttingen, 1748. in Quart.

12)

12) **Abhandlung** de vxore Theotisca. **oder von der teutschen Frau. Göttingen,** 1748. in Quart. S. **Göttingische gelehrte Zeitungen,** 1748. S. 417. fgg. **Leipziger gelehrte Zeitung,** 1748. S. 692. fgg.

13) Obseruationes I. de forma conficiendi acta apud Romanos, II. de forma testamentorum iudicialium et priuatorum in scriptis, et de sinceritate testamentorum sub testificatione actorum, siue testium indubitata fide seruanda, vallanda, munienda. Hannouerae, 1743. in Quart. S. **Göttingische Anzeigen von gelehrten Sachen,** 1753. S. 221. fgg.

14) Obseruatio de depositione testamenti ad acta, ex formula constitutionis electoralis Saxonicae. Hannouerae, 1753. in Quart. S. **Göttingische Anzeigen,** 1753. S. 663. fg.

15) De testamento mystico. Hannou. 1753. in Quart. S. **Göttingische Anzeigen,** 1753. S. 950. fgg.

16) Obseruatio iuris criminalis de applicatione tormentorum, **insbesondere im Schnüren anfang und in vollen Schnüren; mit einer** Dissertatione praeliminari **von den** tormentis Romanorum et Graecorum, **insonderheit von dem** Eculeo, Tympano **und** Rota ferali, **und ihren** vexis accessoriis, **Hannover,** in Quart. S. **Göttingische Anzeigen von gelehrten Sachen,** 1754. S. 1170. fgg.

17) Obseruatio de primis Francorum sedibus originariis. **Hannover,** 1758. in Quarto. S. **Göttingische Anzeigen von gelehrten Sachen,** 1758. S. 737. fgg.

18) Obseruationes rei agrariae Germanicae, I) de marchis ciuitatum et villarum, **von den Stadt- und Dorf-Feld-Marken;** II) de Almeindis, **Meinten,** cum dissertatione praeliminari de ciuitatum forma, vulgo *Weichbild, Churrecht, Burgban, Burgward, Weichfrieden, Banwart, Banleuca.* Hannouerae, 1758. in Quart.

19)

19) Obseruationes rerum et antiquitatum Germanicarum et Romanarum, oder **Anmerkungen aus den deutschen und römischen Rechten und Alterthümern, mit einer Vorrede und Abhandlung** de lingua Hengisti. Halle, 1763. in Quart. S. **Allgemeine deutsche Bibliothek, B.** I. St. 2. S. 249. fgg. **Altonaisch. gelehrt. Mercur.** 1763. S. 291.

20) Origines Germanicae, oder **das älteste Teutschland unter den Römern, Franken und Sachsen. Erster Theil. Lemgo,** 1764. **in Quart. Zweyter Theil; in welchem erläutert worden** Obs. I. Origines Hamburgenses Saxoniae transalbingicae; Obs. II. de insulis Albiae; Obs. III. Origines Harburgenses; Obs. IV. Origines Luneburgicae; Obs. V. de Nordo-Suauis et Castro Sa-Osceburg, **nebst einer Charte von den Erblanden des** Henrici Leonis. **Lemgo,** 1766. **Dritter und letzter Theil; in welchem erläutert werden** Obs. I. Origines Lippiacae; Obs. II. Origines Osnabrugenses, **nebst vielen abgedruckten Siegeln. Lemgo,** 1768, **außer einem Bogen, welcher die Vorrede des Herrn Bürgermeisters zu Lemgo, Christian Friedrich Helwings, enthält.**

21) Formulae veterum confessionum, cum versionibus et illustrationibus, et capitulare Ludouici Pii, versionis Treuirensis theotiscae, cum notis et glossis. Hannover, 1767. in Quart. S. **Hamburgische Nachrichten aus dem Reiche der Gelehrsamkeit,** 1767. S. 640. fg.

22) Mit einer kurzen Vorrede von einer Seite kam heraus *Petri Mulleri* Tractatio iuridica de gradu Doctoris, cui accessit *Jacobi Bornii* Progr. de promotione per saltum, accurante *Christian Ulrico Grupen.* Jenae, 1715. in Quart.

* * *

Ohne Benennung des Verfassers sind noch folgende Schriften desselben, jedoch von den meisten derselben nur so wenige Exemplare, daß solche nicht in das gelehrte Commerz treten können, abgedruckt worden

23) Acten-

23) **Actenmäßige** Facti Species cum deductione iuris, in caussa **des geheimten Canzeley-**Secretarii **Unger,** vxorio & consortium nomine, **Appellanten,** contra **den Königl. Preußischen Kriegs-Rath** von **Nölting, Appellaten,** in puncto haereditatis, **nebst Beylagen. in Folio.**

24) **Observatio von den Stadt-Feld-Marken, nebst einem Anhange von der Hannöverschen Hut- und Weyde- und Jagd-Schnede, laut Recesses von 1529. Hannover, 1764. in Quart.**

25) **Imploratio Anwalds Burgermeister und Raths hiesiger Altstadt, entgegen dem hiesigen Königl. Hof-Kramer, Christian Ludwig Schmale,** in pto. praesentanei exercitii iurisdictionis. **Hannover. 1756. in Quart.**

26) **Kurzer Inbegriff von des Hannöverschen Stadt-Magistrats** praesentaneo exercitio iurisdictionis et publicarum potestatum **über Hof-Kramer Schmalen und dessen Hauß. Hannover, 1756. in Quart.**

27) De pomoerio ciuitatum promurali, in specie **von denen** promuralibus **der Stadt Hannover, ihren Zwingern und Zingeln, als Begrenzungen der Stadts-Gerichtsbarkeit. 1756. in Quart.**

28) **Schmalische** Production **seiner Gnaden-**Concession, de A. 1684. **mit** Suppression **der** Substantial-Clauseln, **ohne Anzeige der darin gemachten Lücke. in Quart.**

29) **Abhandlung** de formis priuilegiorum fori ex Romano et Germanico iure, **mit einer** Observation de Prouisorio iudicis, circa haereditates vacuas, sine dominio iacentes. (**ohne Jahr-Benennung**) in Quart.

30) Disputatio forensis I. de re inter alios iudicata totum ius alii integrum relinquente; II. de iudice, summariissimum intentatum et decretum, sententia in ordinario pro possessore praesentaneo lata, supergrediente; III. de summariissimo iam decreto, suspenso ordinario non suspendendo;

dendo; IV. de domicilii conſtituti notis; V. de articulo *intereſſe*, in interuentione, praeiudiciali. Hannouerae, 1756. in Quart.

31) Obſeruatio de probatione muliebris patientiae ſub matrimonii promiſſione elicitae. in Quart.

32) **Erläuterung der Deviſen und Inſcriptionen, welche an der, Sr. Hochfürſtlichen Durchlaucht, dem Herzog Ferdinand von Braunſchweig und Lüneburg, oberſten Feldherrn der alliirten Armee, zu unterthäniger Ehrenbezeugung von der Stadt Hannover errichteten Ehrenpforte zu befinden.** 1762. in Quart.

* * *

Auſſer den gelehrten Aufſätzen, welche der Wohlſelige in die Hannöverſchen Anzeigen, nützlichen Sammlungen, Beyträge u. ſ. w. hat einrücken und in den, Num. 19. von uns bemerkten, Obſeruationibus rerum et antiquitatum Germanicarum, 1763. aufs neue mit abdrucken laſſen, ſind annoch folgende, nach der Zeit gedruckte, Obſervationen deſſelben zu bemerken:

33) Obſeru. von dem Obſtagio, deſſen Alterthum und Benennungen. Stehet im Hannöverſchen Magazin, 1763. im 32. und 33. Stück.

34) Obſeruatio vom Groß- und Klein-Handel. Stehet in gedachtem Magazin 1764. im. 10. 11. und 12. St.

35) **Vorläufige Antwort auf des Herrn Reichshofraths** von Senckenberg *Viſiones de collectionibus Legum Germanicarum*, in demſelben **Magazin**, 1766. im 57. 58. 59. und 60. Stück.

* * *

Von des Herrn Conſiſtorialraths nachgelaſſenen Manuſcripten ſind folgende am vorzüglichſten ausgearbeitet, und ſeit geraumer Zeit zum Drucke fertig:

(1) Corpus iuris feudalis Longobardici, ex Codicibus MSS. et edit. Moguntina anni 1477. cum notis et diſſertationibus, quarum

Ima

1ma agit de iuris feudalis fontibus et architectis.
2da de expeditione Romana,
3tia de campis Roncaliae,
4ta de hoste et hostenditiis,
5ta de Herischildo regali,
6ta de Arimannis et iure Armandiae,
7ma de viris Anglo-Saxonicis Sithcundicis, Sithcundmen,
8va de Baronibus et curiis Baronum,
9ma de Paragio Nobilium, vulgo Ebenbürtigkeit,
10ma de Cucurbitis in Jure Feud. Longobardico.

Dieses Werk ist bereits in den Hannöverschen gelehrten Anzeigen, vom Jahre 1751. S. 402. fg. angekündiget, nach der Zeit aber annoch verändert und umgearbeitet worden.

(2) Corpus Juris Saxonici provincialis Feudalis et Weichbildici, cum iure Alemannico, ex codicibus praestantissimis Jungiano et Oldenburgico. Tomi III. cum sigg. aen.

Hievon ist gleichfals ein Entwurf in den Göttingischen Zeitungen von gelehrten Sachen aufs Jahr 1745. S. 99-104. auch zum Theil in den Hannöverschen gel. Anzeigen vom Jahr 1751. S. 403. erschienen. Nachmahls ist der Plan des Werks annoch erweitert worden, daß es, wegen der Beschwerlichkeit des Abbrucks in so mannigfaltigen neben einander laufenden Columnen, und der Seitenkupfer der Codicum picturatorum, die Kräfte vieler Verleger überstieg. Der Wohlselige wollte daher eine Subscription veranstalten, welches Vorhaben aber durch seinen Tod unterbrochen ward. Eine von dem Verfasser entworfene Nachricht von der veränderten Einrichtung und dem ganzen Inhalt des Werks, wie auch eine Recension des ganzen dazu hinterlassenen, dem königl. Ober-Appellationsgericht zu Celle gelieferten, Apparatus, welcher an die dreißig Foljanten abschriftlich ausmacht, würde hier zu vielen Raum einnehmen und wird daher

daher deren Bekanntmachung auf eine andere Zeit zu versparen seyn.

(3) **Abhandlung von den Sächsischen Rechtsbüchern, in 14. Capiteln.**

Hievon haben die Bogen A bis AA bereits vor vielen Jahren die Presse verlassen. Die abgedruckte Bogen aber sind bey Entweichung des Buchdruckers zerstreuet, und der weitere Druck auf solche Art unterblieben. Es ist aber ein Werk, das in vielem Betrachte schätzbar ist, und vorandern die Herausgabe verdienet. Die zu demselben bestimmte Beylage des Holländischen Sachsenspiegels, welche auf halbe Bogen gleichfals schon abgedruckt war, ist zu der Zeit von dem Hannöverschen Buchhändler Schmid meistens gerettet, und hiernächst mit Vordruckung eines neuen Titels= und Beschlußbogens, als ein besonderes Buch, ausgegeben worden.

(4) **Origines Hildesienses,**

Ist ein, den Originibus Germaniae bestimmter, Anhang.

(5) **Die Zusätze zu der *Vxore Romana* auch *Theotisca*,** davon der Wohlselige die erste vermehrt an das Licht zu stellen gedachte.

Seine übrige Haubschriften enthalten zwar viele gelehrte Materialien, besonders von juristischen, historischen und etymologischen Sachen; sind aber nicht zu der Reife gediehen, daß man sie so, wie sie liegen, als ganze Ausarbeitungen, bekannt machen könte.

* * *

Es geben von ihm eine, jedoch sehr kurze und unvollständige, Nachricht

a) Christoph Weidlich in der Geschichte der jetztlebenden Rechtsgelehrten, Th. I. S. 302. sqq.

b) D. Gottlieb August Jenichen in den unpartheyischen Nachrichten von dem Leben und den Schriften der jetztlebenden Rechtsgelehrten in Teutschland, S. 64.

Nachrichten von Niedersächsischen berühmten Leuten u. Familien.

Das 75. Stück.

Georg Jencquel,
ältester Rathsherr der kayserlichen freyen Reichsstadt Hamburg.

Das angesehene und, so viel man weiß, aus deutschen Voreltern herstammende Jencquelsche Geschlecht ist von vielen Jahren her in Hamburg seßhaft gewesen, und hat unserer Stadt eine gute Anzahl solcher Bürger gegeben, die unter den wackersten Händelsleuten eine Stelle behauptet, und durch ein rühmliches Gewerbe nicht nur ihren Häusern, sondern auch der Republick ansehnlichen Nutzen geschaffet haben. Jedoch ist auch unter den Gelehrten der Jencquelsche Nahme nicht gänzlich unbekannt geblieben; indem vor etwa dreißig Jahren ein gelehrter Hamburgischer Kaufmann, Caspar Friederich Jencquel, oder, wie er sich, durch eine kleine Veersetzung der Buchstaben, zu nennen beliebet hat, *Neickelius*. in deutscher Sprache eine *Museographiam* oder Anleitung zum rechten Begrif und nützlicher Anlegung der *Museorum* oder Raritäten-Kammern *) geschrieben, worinn er alles, was ihm von Kunstkammern, wie auch von Bibliotheken, aus Büchern und

---

*) In den Leipziger neuen Zeitungen von gelehrten Sachen, 1727. S. 453. fg. ist von diesem Werk Nachricht ertheilet, auch zugleich S. 454. der wahre Nahme des Verfassers erwehnet.

und sonst zu bemerken vorkommen, nach seiner Art, ordentlich zusammen getragen. Dieses Buch hat er dem gelehrten und berühmten Breslauischen Arzt, D. Johann Kanold, nachzusehen und auszufertigen zugesandt, von dem es, mit einer Vorrede und guten Zusätzen versehen, auch im Jahr 1727. zu Leipzig und Breßlau in Quart zum Druck befördert worden. Niemand aber von allen bisherigen Jencqueln hat seiner Familie mehr Ehre gemacht, als unser wohlselige Herr Georg Jencquel, da er in seiner Vaterstadt zu einer der höchsten Ehrenstellen sich empor geschwungen, und durch rühmliche Verwaltung obrigkeitlicher Aemter und anderer wichtigen Stadtgeschäfte einen unsterblichen Nahmen sich erworben hat.

Es ist derselbe im Jahre 1678. den 22. December alhier in Hamburg gebohren. Sein Vater war Johann Jencquel, angesehener Kaufmann hieselbst, und die Mutter Frau Maria, gebohrne Nootnagels, des seligen Christoph Nootnagels, weiland ansehnlichen Oberalten, Tochter. Nach zurückgelegten Kinderjahren widmete er sich, so wohl aus eigener Neigung, als dem Anrathen und Vorbilde seines Vaters zufolge, der Kaufmannschaft, worin er, zwar nicht durch Reisen, aber durch unabläßigen zu Hause angewandten Fleiß, eine solche Geschicklichkeit erlangte, daß er über den Hauffen derjenigen, die sich ohne tüchtige Wissenschaft mit Kaufen und Verkaufen abgeben, gar bald hinsehen konte. Nach erfolgtem Absterben seines Vaters, welches im Jahre 1699. den 19. August erfolgte, trat er mit seiner Mutter in Handlungsgesellschaft; und da auch diese im Jahre 1720. den Weg alles Fleisches gegangen war, stund er allein seinen in dem besten Flor gesetzten Geschäfften dermassen vor, daß von seiner Einsicht und Erfahrenheit jedermann zu sagen wuste, welche sich nachmahls noch immer mehr und mehr äusserte, als er in andern, bey der Börse vorfallenden, streitigen Handels- und Seesachen seine Klugheit, entweder als Schiedsmann, oder als Richter, anzuwenden hatte. Es braucht nicht, ins Besondere zu gehen, und das sehr vortheilhaft errichtete und

mit

mit königlichen Freyheiten begabte Lissabonsche Comtoir, sammt mehr andern Beweisthümern des Jencquelschen Witzes und Fleisses, mit prächtigen Worten auszuschmücken. Es sind das Sachen, welche jedermann alhier weiß und kennet.

Ob nun wol dieser gesegnete Fortgang und Wachsthum der Geschäffte dem Wohlseligen in seinem eigenen gnug zu thun gab, so trug er doch einen redlichen Abscheu vor der unbesonnenen Gesinnung dererjenigen, die in der Meinung stehen, daß sie bloß für sich selbst, keinesweges aber auch fürs Vaterland gebohren seyn, folglich ihrer sattsamen Musse und Wohlvermögenheit ungeachtet, alle bürgerliche Amts-Pflichten vereckeln, und was sich etwa fürs gemeine Beste zu verwalten aufgiebt, durch allen möglichen Vorwand, oder durch Geld von sich abzulehnen suchen. Man übersiehet in Ansehen dessen zwar billig Männer, denen es an Leibes- und Gemüthskräften, oder auch an Mitteln fehlet, öffentliche Aemter zu übernehmen, deren etliche ziemlich schwehr zu führen, auch wol mit Unkosten verbunden sind. Hieraus aber folget am wenigsten, daß man dergleichen Freyheiten solchen Leuten einzuräumen habe, die entweder ihrem geitzigen Eigennutze, nichts zu versäumen, oder ihrer wollüstigen Gemächlichkeit nicht abzubrechen gedenken, sondern bloß auf ihren Beutel, als auf einen Freybrief, trotzen, und, weil sie bemittelt, sich zu vornehm dünken, zum Besten der Stadt die geringste Mühewaltung an sich kommen zu lassen. So war unsere selige Jencquel gegen die Republick nicht gesinnet. Er betrat freywillig die Bahn der bürgerlichen Aemter, und gieng sie fast alle nach der Reihe durch. Was von öffentlichen Bedienungen einem rechtschafnen Bürger angetragen werden konnte, ward von ihm getrost übernommen und rühmlich verwaltet. Bevor er zu Rathe gewehlet ward, hatten schon, nächst andern Stadtsangelegenheiten, das Kriegs-Commissariat, die Fortification, die Artiglerie, das Waysenhaus, die Banco, und endlich auch die Admiralität, seines ersprießlichen Vorstandes, Beyrathes und Vorschubs sich zu erfreuen gehabt. Daher es nicht anders möglich war, es muste der Ruhm seiner Redlichkeit und Erfahrung sich mehr und mehr verbreiten, folglich sein Nahme schon zeitig unter denjenigen angezeichnet stehen, auf die man bey etwaniger Erledigung einer obrigkeitlichen Stelle sein Augenmerk zu richten hatte.

Er ward also im Jahre 1729. den 28. May zum Mitglied eines hochedlen und hochweisen Raths alhier erwählet. Da er solches wichtige Ehrenamt ganze 29. Jahre verwaltet, so ist leicht zu ermessen, welche Menge wichtiger Verrichtungen, nach der Folge der Zeiten und Aemter, ihm sich müssen aufgewelzet haben. Ein jeder, der in unsere Staats-Verfassung nur einige Einsicht hat, weiß, daß ausser dem, was in ordentlichen Rathsversammlungen zu thun vorfällt, noch beynahe vierzigerley Magistraturen, Präfecturen, Patronaten, Untersuchungen, Entscheidungen und andere obrigkeitliche Verwaltungen, theils abwechselnd, theils immerwährend, einem Hamburgischen Rathsherrn zur Last kommen, denen er, nicht ohne Nachtheil seines eigenen Hauses, seine Zeit, Sorgen und Gedanken, ja nicht selten sein Leben und seine Gesundheit, als ein Opfer fürs gemeine Beste, dahin geben muß. Man würde davon hier ein näheres Verzeichniß machen, wenn es nöthig wäre, darzuthun, daß der Rathsstand in Hamburg kein leerer Ehrentitel sey, und daß diese verehrungswürdige Schultern nicht bloß das Staatskleid zu tragen haben, sondern von unglaublich gehäuften Bürden sich mehr als zu viel gedruckt befinden. Dennoch hat unser selige Herr Jencquel keinen von allen diesen Beschwehrden jemahls sich entzogen, sondern seine Ruhe und Bequemlichkeit immer hindangesetzt, alles rechtschaffen verwaltet, und der obrigkeitlichen Macht und Würde nie das geringste vergeben.

Das richterliche Amt, welches, insonderheit für einen Kaufman, ein schwehre, und oft mit bittern Aergernissen verbundene Verwaltung ist, führte er in den Jahren 1738. und 1739. löblich und unsträflich, als ein Mann, der Gerechtigkeit liebte, und der die heiligen Gesetze eines so wichtigen Amts beständig vor Augen und im Herzen hatte. Eben denselben Ruhm erwarb er sich auch bey den Ländereyen

reyen der Stadt, denen er nach und nach im Nahmen eines
hochedlen Raths, als Landherr, vorstund, und den gemeinen Nutzen sammt der Ruhe und Wohlfahrt der Einwohner, durch Handhabung des Rechts, wie auch sonst, auf alle
Weise beförderte. Bey der sogenannten Wedde hat er von
1745. an sechs Jahre herdurch mit unverdrossenem Fleisse
über eine gute Policey gehalten. Das Scholarchat erhielte
er im Jahre 1750. und ward gleich des folgenden Jahrs
in diesem hochansehnlichen Collegio unter den Herren des
Raths der älteste, mithin Protoscholarch. Als solcher, bewieß er sich stets geneigt, den alhier bey uns Studirenden
alle mögliche Hülfe und Bequemlichkeit zu verschaffen, wovon er insonderheit im Jahre 1744. einen ansehnlichen Beweiß gegeben. Denn als die theuern Väter dieser Stadt
beschlossen hatten, unserm Gymnasio ein schöneres Gebäude,
vornehmlich aber dem kostbaren Anwachs der öffentlichen Bibliothek grössern Raum zu geben, und der selige Herr Jencquel damahls Bauherr war, hat er, nebst seinem derzeiti-
gen vortreflichen Herrn Collegen, dem nachmahligen weil-
and hochverdienten Herrn Bürgermeister Corthum, sich alle
Mühe gegeben, einem so rühmlichen Vorhaben mit Rath
und That behülflich zu seyn.

Ausser denen schon erwehnten war selten ein Collegium,
ein Gericht, oder eine Deputation, wozu der Wohlselige nicht
gezogen ward. Kein Schoß, keine Zölle, keine Art von öffentlichen Stadtgefällen ist zu nennen, bey deren Einnahme, wann es erfordert ward, er seine Gegenwart entzogen
hätte. Bey der Börse, dem Commercio, den Macklern, der
Banco, der Admiralität und der Convoy ist sein obrigkeitlicher Vorstand oder Beysitz allemahl so fleissig, als erspriess-
lich, gewesen. Was haben ihm nicht vor Mühe und Aufsicht das Münz- und Kornwesen, die Mühlen, die Wälder, die Flüsse und Canäle, die Bau- und Kalckhöfe, die
Nachtwache, und dergleichen mehr, verursachet! Wer ist
mit grösserer Treue und Sorgfalt der Verpflegung der Way-
sen, den Armen- und Krankenhäusern, den Werk- und Zucht-
häusern, dem Lombard, sammt andern so wohl gemein-

nützlichen Anstalten, als gottseligen Stiftungen, vorgestanden? der bürgerlichen Colonel- und Hauptmannschaften nicht zu erwehnen, imgleichen der Aemter und Handwerker, die zu Aufrechthaltung ihrer Rollen und in der Morgensprache zu verhörenden Streitigkeiten, aus einem hochedlen Rath einen Patron erfordern, der sich bißweilen durch harte Köpfe sattsam ermüden lassen muß. Wie war es demnach zu verwundern, daß, bey so mannichfaltiger Mühe und Arbeit, der Ruhm des Wohlseligen sich zwar vergrössern, die Kräffte hingegen, insonderheit bey dazu kommenden hohen Jahren, merklich geschwächet werden musten? Daher er denn auch, wegen täglich zunehmender Empfindung seines unvermögenden Alters, nicht lange vor seinem Ende gemüßiget ward, einigen, wiewol wenigen, Obliegenheiten freywillig zu entsagen.

Von seinen häußlichen Umständen ist noch etwas zu melden übrig, woraus nicht weniger, als aus allem vorhergehenden, eine besondere göttliche Gnade und Milde gegen das Jencquelsche Hauß erhellen wird. Er trat in den Ehestand im Jahre 1708. den 20. Febr. mit Jungfer **Anna Maria Thomsen**, des seligen *Nicolaus Thomsen*, angesehenen Bürgers und Handelsmanns, Tochter, die ihm zwar im Jahr 1739. den 20. August der Tod aus den Armen riß, doch nicht eher, als nachdem er mit ihr über dreißig Jahre vergnügt gelebet, und sie ihn zu einem glücklichen Vater von eilf Kindern, nemlich sieben Söhnen, und vier Töchtern, gemacht hatte; von welchem reichen Ehesegen dem Allmächtigen zwar gefallen, drey Söhne und eine Tochter frühe wieder zu sich nehmen; an gesammten sieben übrigen aber, und deren erwünschten Umständen, dem seligen Vater eine Freude erleben zu lassen, deren sich wenige Väter in ihrem Leben zu rühmen haben.

Der älteste Sohn, **Hinrich Jencquel**, welchen Hamburg, als einen klugen Kaufmann, gekannt, war 1710. den 22. September gebohren, verheurathete sich 1740. den 31. May mit Jungfer **Elisabeth Jencqueln**, seines Vaters Bruders, *Hinrich Jencquels*, weiland ansehnlichen

chen Handelsmanns, Tochter, starb aber 1758. den 26.
November, und seine Wittwe folgte ihm 1766. den 16.
September in die Ewigkeit.

Der zwete Sohn, **Georg Jencquel**, war ebenfals
ein wolbenamter Kaufmann hieselbst, erblickte das Licht dieser Welt 1711. den 21. September, und verließ dieselbe 1761. den 6. Jun. noch unverheyrathet.

Der dritte, Jacob Jencquel, betrit die Fußstapfen
seines seligen Vaters, nicht allein in einer blühenden Handlung, und rühmlichen Uebernehmung verschiedener ansehnlichen Stadt- und Ehrendienste, sondern auch in Erzielung
einer gesegneten Anzahl Leibeserben, mit Frau *Barbara*,
des wolermeldten seligen **Hinrich Jencquels** aus dritter
Ehe gebohrnen, Tochter.

Der vierte Sohn, *Daniel Jencquel*, beyder Rechten
Licentiat, und berühmter Advocat alhier, hat, nach Absterben seiner ersten Eheliebsten, Frau *Anna Catharina*, gebohrnen Renzlern, sich wieder verheyrathet mit Jungfer *Anna Margaretha Luis*, des seligen Herrn Johann Hermann Luis, weiland hochverdienten Bürgermeisters dieser Stadt, eheleiblichen vierten Tochter.

Seine drey wolerzogenen Töchter hat der selige Herr Senator das Glück gehabt an wackere und rechtschaffene Schwie-
ger-Söhne auszustatten, nehmlich die älteste, *Maria*, an
Herrn Johann Anton Schmidt, wohlbekannten Kaufmann; die zwote *Elisabeth*, an Herrn Caspar Voght,
berühmten Kaufmann, und jetzigen wohlverdienten Raths-
mann dieser Stadt; und die dritte, *Margaretha*, an den
nunmehr seligen **Peter Gottlieb Walther**, gleichfals
weiland angesehenen Kaufmann hieselbst, welcher 1764.
den 5. Julius verstorben.

Er sahe von diesen seinen wohlverheuratheten Kindern 24.
Enkel, welcher wir wegen mangelnder genauern Nachricht
anzuführen nicht im Stande sind. Sie waren eine gerechte Freude ihres rechtschaffenen Herrn Großvaters, und
wie

wir wünſchen, daß ſie alleſammt in ſpäten Zeiten noch den Jencquelſchen Nahmen und Ruhm verbreiten mögen. Je gerechter ſolcher Wunſch in Anſehen der gegenwärtigen hieſigen angeſehenen Stützen dieſer Familie iſt: deſto gegründeter iſt die Hofnung, daß deſſelben Erfüllung ein fernerer gewiſſer Ruhm für Hamburgs künftige Bürger ſeyn werde.

Was endlich die letzten Stunden unſers ſeligen Herrn Senatoris betrifft, ſo hatte ſich derſelbe ſonſt einer ziemlichen Geſundheit zu erfreuen gehabt, ſo daß er nur etwan in der Mitten ſeiner Jahre eine einzige, aber ſehr heftige, Krankheit ausgeſtanden. Hievon ward er damahls durch eine ſympathetiſche Cur faſt wunderbar errettet und dem Tode aus dem Rachen geriſſen. Doch blieb bey ihm ein kleiner Fehler im Halſe nach, wovon er eine leiſe und etwas heiſere Sprache hatte. Im übrigen war ſein Cörper munter und friſch, ohne welches auch der Geiſt ſchwehrlich würde geſchickt geweſen ſeyn, ſo vielen Geſchäften biß ins hohe Alter mit gehöriger Hurtigkeit vorzukommen. Im Jahr 1758. aber fieng er einige Zeit vor ſeinem Ende an, allerhand Anſtöſſe zu empfinden und ſchwächer zu werden, indem, bey ſehr beſchwehrter Bruſt, die Kräfte merklich abnahmen. Zwar ſuchte er ſich auf ſeinem angenehmen Garten eine kleine Erfriſchung zu geben, kam aber viel geſchwächter wieder zurück, und merkte, daß ſein Uebel ſich von Tage zu Tage verſchlimmerte. Daher richtete er ſeine Gedanken gänzlich auf eine ſelige Heimfahrt ins ewige Vaterland, und ſchickte ſich zu ſolcher wichtigen Reiſe durch gläubigen Genuß des heiligen Abendmahls in herzlicher Andacht an, erwartete auch von ſolcher Stunde an mit der beſten Gemüthsfaſſung und beſtändigſter Gelaſſenheit des Winkes, womit ihn ſein Gott aus dieſer Welt abfordern würde. Diß geſchahe den 23. Junius obgedachten 1758ſten Jahres frühe um 5. Uhr, da er unter dem Gebet der anweſenden Seinigen ſanft entſchlief, und ſeine Seele in die Hände ſeines Erlöſers übergab, nachdem er ſein rühmliches Alter gebracht auf 79. Jahre, 6. Monate und einen Tag.

* * *

Nachrichten von Niedersächsichsen berühmten Leuten u. Familien.

Das 76. Stück.

Beschluß des im vorhergehenden Stück abgebrochenen Artikels.

* * *

Das ihm zu Ehren gedruckte zwiefache Ehrengedächtniß hat folgende Aufschrift:

a) Aeternitati nomen ac merita viri nobilissimi, amplissimi, prudentissimi, GEORGII IENQUEL, illustris reipublicae Hamburgensis Senatoris ordine tandem atque aetate primi, nec non Protoscholarchae grauissimi meritissimique. die XXIII. Jun. A. C. MDCCLVIII. aetatis LXXX. pie ac placide defuncti, consecrat, simulque ad exsequias eius d. xxx. Jun. pro dignitate ac decentia interdiu ducendas et comitatu quam frequentissimo cohonestandas ciuium vniuersitatem officiose ac peramanter inuitat doloris publici ac comunis interpres *Michael Richey*, Hist. ac Gr. Lingu. Prof. Ordinis sui Senior, et h. a. Gymnasii Rector. Hamburgi. 1758. 2¼ Bogen, in Fol.

b) Zur Verewigung des Nahmens und der Verdienste des, den 23. Jun. dieses 1758sten Jahres, im 80sten seines Alters, sanft und selig entschlafenen, hochedlen, hochachtbaren und wohlweisen Herrn, Herrn Jorge Jencquels, der Hamburgischen Republick

blick weiland ältesten und hochstverdienten
Rathmanns, wie auch hochansehnlichen ersten Schulherrn, suchte nach Vermögen etwas beyzutragen, anbey aber auch zu dessen,
den 30. Jun. würdig und standesmäßig bey
Tage zu haltenden Leichenbegängnisse, die
gesamte erbgesessene Bürgerschaft, und
alle wohlangesehene Einwohner dieser
Stadt dienstgeflissenst und ergebenst nach
obliegender Amtspflicht einzuladen Michael
Richey, ältester öffentlicher Lehrer am hiesigen Gymnasio, und dieses Jahr Rector.
Auf Begehren aus dem Lateinischen übersetzt. Hamburg. 3½ Bogen, in Folio.

* * * * * * * * * * * * * * * * * *

Johann Benedict Carpzov,

der heil. Schrift Doctor, Prälat und Abt des kayserl.
freyen Stifts zu Königslutter, der Gottesgelahrheit, wie auch der griechischen Sprache
öffentlicher ordentlicher Professor auf
der Universität zu Helmstädt.

Das Geschlecht der Carpzove stammet aus der Mark
Brandenburg her, und es kommt bereits im dreyzehnten Jahrhundert Hermann von Carpzov [*]
vor, welchem und seiner Familie das noch Bekannte bran-
den-

---

[*] Herr Hofrath Lenz zu Halle hat in seinen Brandenburgischen und andern in die Märkische Historie einschlagen-
den, bisher ungedruckt gewesenen, Urkunden, (1753.
in Octav,) Num. 45. pag. 97. ein Diploma angeführet, welches gewisse Markgräfliche Gefälle betrifft, und Salzwedel
Anno Domini 1282. datirt ist. In demselben stehet unter
den Zeugen, welche Nobiles Viri genännt werden, auch
Hermannus de Carpzow. Herr Hofr. Lenz merket hiebey
in der Note an, daß die Herren von Carpzov allhier zum
erstenmahl vorkämen.

denburgische adeliche Dorf im Havelländischen Kreise, ohnweit Tremmen, Carpzov genannt, zugehöret hat. *) Nach der Zeit ist zu Anfang des funfzehnten Jahrhunderts ein Simon Carpzov Bürgermeister in der Neustadt Brandenburg gewesen; dessen ältester Sohn, Joachim von Carpzov, mit den Zunahmen der Brandenburger, Mansfeldischer Obrister, hernach General, und zuletzt General-Feldzeugmeister bey Christian IV. König von Dännemark, geworden, und zu Glückstadt in Holstein begraben liegt. Der jüngere Sohn aber, Benedict, ist als Appellationsrath zu Dreßden, auch Kanzler der Churfürstin Sophia, einer Wittwe Christian I. verstorben. **)

Dieses Benedict Carpzovs fünf Söhne haben alle gar ansehnliche Bedienungen verwaltet. Conrad Carpzov ist Kanzler und Geheimderrath des Administrators zu Magdeburg, Herzogs August, gewesen, dessen Leben Herr Geheimerath von Dreyhaupt in der Beschreibung des Saalkreises, im 2. Theil, S. 601. angeführet hat. Benedict Carpzov ward Hof- und Justizrath zu Dreßden, Ordinarius der Juristen-Facultät zu Leipzig, auch endlich, nach niedergelegten Ordinariat, würklicher Geheimderrath in Dreßden. Dieser stehet bey den Rechtsgelehrten noch heute zu Tage in Ansehen. Christian Carpzov war Brandenburgischer Rath, und Antecessor der Rechte zu Frankfurt an der Oder, starb aber sehr jung. August Carpzov, war Geheimderrath,

*) Man sehe Georg Gottfr. Küsters bekannte Seidelsche Bildersammlung, in welcher 100. in der Mark Brandenburg gebohrne Männer, (und daselbst auch Benedict und Conrad, die Carpzove,) vorgestellet werden, pag. 144. Des adelichen Dorfes Carpzov ward noch vor wenig Jahren in den Berlinischen Nachrichten von Staats- und Gelehrten Sachen, 1766. Num. 113. pag. 455. Erwehnung gethan.

**) Eine Genealogische Tabelle des Carpzovschen Geschlechts stehet in des Herrn Geheimenraths von Dreyhaupt Beschreibung des Saalkreyses, in den Beylagen zum 2. Theil, S. 26.

rath Herzogs Friedrich zu Sachsen-Gotha, auch Consistorialpräsident zu Coburg, und gieng, als gevollmächtigter Abgeordneter des Herzogs, 1648. zu dem Westphälischen Friedensgeschäfte. Auch war annoch Johann Benedict, dieses Namens der erste, welcher sich aber (nach seinem Trieb) der Gottesgelahrtheit widmete, auch endlich Doctor und Prof. Ordin. der Theologie zu Leipzig, Canonicus zu Zeitz, Assessor des Consistorii, und Archidiaconus an der Thomaskirche geworden, woselbst er im 50sten Jahr seines Alters verstorben.

Dieses Johann Benedict, des ersten, zweyter Sohn war Johann Benedict Carpzov, der andere, gleichermassen der heil. Schrift Doct. und Prof. zu Leipzig, dabey Domherr zu Meissen, Consistorialis, Decemvir und Collegiate, auch Hauptpastor an der Kirche zu St. Thomas. Sein ältester Sohn gleiches Nahmens, der dritte, ist Professor Extraord. der orientalischen Sprachen und Prediger an der Kirche zu St. Jacobi vor dem Rannstädter Thore in Leipzig gewesen, war aber ein gründlich gelehrter Philologus, welcher den auswärtigen ansehnlichen Aemtern, die er verschiedenemahl hätte erhalten können, lieber die Stadt Leipzig, und eine gelehrte Ruhe, bey der er in der Stille seinem Studiren obliegen konnte, vorzog. Und dieser ist der Vater unsers Herrn Johann Benedict Carpzov, dieses Nahmens des vierten,*) von dessen Lebensumständen alhier Nachricht ertheilet wird.

Es

*) Es ist noch ein fünfter dieses Nahmens, Johann Benedict Carpzov, ein Sohn des sel. D. Samuel Benedict Carpzovs, Ober-Consistorialraths und Oberhofpredigers zu Dreßden, und ältester Bruder des sel. Herrn Superintendenten zu Lübeck, D. Johann Gottlob Carpzovs. Derselbe ist beyder Rechten Doctor, königl. Pohlnischer und churf. Sächs. Hof- und Commißionsrath, auch zuletzt Kreysamtmann des Churcreyses in Sachsen, gewesen. Er hat die bekannten Werke, Zittauer Chronik; Ehrentempel der Oberlausitz; Memoriam Heidenreichianam; und andere gelehrte Sachen geschrieben.

Es ist derselbe von erwehnten seligen Johann Benedict Carpzov, dem dritten, und Frau Justina Margaretha, weiland Valentin Leichs, eines angesehenen Kaufmanns zu Leipzig, Tochter, in dieser Stadt 1720. den 20. May gebohren. Sein seliger Vater übergab ihn zeitig dem treuen Unterricht M. Johann Michal Rösers, welcher hernach Prediger zu Schleusingen, in der gefürsteten Grafschaft Henneberg, geworden. Zugleich wartete er wöchentlich einige Stunden bey dem sel. Johann Heinrich Ernesti, ordentlichen Professor der Poesie auf der Leipziger Universität und Rectorn der Thomasschule, welcher seines Vatern Frau Schwester zur Ehe hatte, ab. Nach dessen Absterben war er so glücklich, die beyden nach einander folgenden Rectores besagter Thomasschule, den sel. Hofrath Joh. Matth. Gesner, und nach desselben Abzug nach Göttingen den jetzigen Doctor und Professor der Theologie und Beredsamkeit, Herrn Joh. Aug. Ernesti, über sechs Jahre hindurch zu hören. Beyde haben ihm alles, was Griechenland und Rom edles und merkwürdiges hervorgebracht, nebst ihren vortreflichsten Schriftstellern, und die Schönheiten ihrer Werke kennen gelehret, auch in der alten Historie und Mythologie, in den Alterthümern, den Sprachen und verschiedenen Wissenschaften gründlich unterrichtet.

Um Michaelis des Jahres 1736. nachdem bereits drey Jahre zuvor sein Vater verstorben war, bezog er die dasige Universität, genoß noch ferner des academischen Unterrichts des erwehnten Herrn D. Ernesti über den Longin und die Rede des Cicero; des sel. Prof. Christs über den Horaz und die römischen Antiquitäten; des sel. D. Schellhaffers, der als Prof. am Gymnasio hier zu Hamburg verstorben, auch des noch lebenden Herrn Prof. Joh. Heinr. Wincklers über die Philosophie; des sel. D. Jöchers über die allgemeine philosophische und Kirchengeschichte; des sel. Prof. Hausens und des zu Wittenberg noch mit Ruhm lehrenden Hrn. Prof. Bärmanns über die Mathematik; auch des sel. D. Joh. Christian Lehmanns eines Anverwandtens von ihm, in den Naturlehre, die derselbe mit

Experimenten zu beweisen sich angelegen seyn ließ. Bey dem sel. Prof. Gottsched hielt er ein Collegium disputatorium, und war ein Mitglied der nachmittägigen Rednergesellschaft, die unter desselben Aufsicht blühete.

Weil er besonders der Gottesgelahrheit sich zu widmen gewillet war, wählete er zu seinen Lehren in der hebräischen, chaldäischen und syrischen Sprache den sel. D. Joh. Christian Hebenstreit und den sel. M. Jeremias Friderici, einen Prediger zu Leipzig, nachdem ihm schon in seinen zehnten biß dreyzehnten Jahre sein sel. Vater das Buch Ruth und die Psalmen, mit Zuziehung Opitzens und Waßmuths Sprachlehren, zu erklären sich hatte angelegen seyn laßen. In der geoffenbarten Gottesgelahrheit waren seine Lehrer, und zwar in dogmaticis der sel. D. Heinrich Klausing, welcher über Baiers Compendium, und der sel. D. Christian Weise, der jüngere, welcher über Wandalins hypotyposin mit grosser Gelehrsamkeit Vorlesungen hielt; ferner in hermeneticis, polemicis und in theologia morali oberwehnter Klausing; in theologia symbolica der sel. D. Christian Fried. Börner; auch in exegeticis D. Hebenstreit, bey welchem er zugleich ein nützliches Collegium über Aepini Metaphysicam ad Theologiam applicatam hielte. Auch hörete er bey öffentlichen Vorlesungen im Paulino den sel. D. und Superintend. Deyling die Epistel an die Hebräer erklären.

Mitten im Lauf dieser academischen Studien disputirte er, als Respondent, unter dem damahligen Magistro philos. (nachherigen Generaladjutant) Georg Burchard Bärmann, einem Bruder des bereits genannten Professoris zu Wittenberg, de natura quanti; ferner unter M. Hundertmark, der als Doctor und ordentlicher Professor der Medicin zu Leipzig verstorben, de expositione aegrotorum in vias publicas et templa Deorum; auch unter M. Joh. Friedrich Schreitern, nachherigem Doctor beyder Rechten und Rathsherrn in Leipzig, de antiquitatibus sacramentorum, in veteris Romæ judiciis sollennium. Er bediente sich der Rechte eines Leipzigschen Baccalaurei der Philosophie, welchen ersten Gradum er zu Ende des Jahres 1738.

erhalten, und lase nicht nur, nach dortiger Gewohnheit, öffentlich in dem philosophischen Hörsaale de convenientia & discrimine Systematum logicorum, *Wolfii* et *Rüdigeri*, woraus seine unten anzuführenden Meditationes logicæ erwachsen sind, sondern disputirte auch noch den 13. Februar 1740. auf dem Untercatheder, als Präses, und mit dem Respondenten, welcher bey solchen Baccalaureatsdisputationen gegen über stehet, über 25. philosophische und Miscellansätze, welche auf einem Bogen in Quart gedruckt waren. *)

Im erwehnten 1740sten Jahre erhielt er den 25. Febr. die Magisterwürde zu Leipzig, hielt darauf am Osterfeste in der Universitätskirche die gewöhnliche Festrede de eo, quod sublime est in resurrectione Domini nostri Jesu Christi, und habilitirte sich den 21. Sept. zu dem Recht eines Leipzigschen Magisters mit einer Disputation, die den Titel führet: Philosophorum placita de quiete Dei.

Hierauf fieng er selbst an Vorlesungen zu halten. Er erklärte **Ernesti** Initia doctrinae solilioris, **Baumeisters** Institutiones philosophiae rationalis, **Wolfs** Gedanken von Gott, der Welt, der Seele, u. s. f. Er lase die philosophische Historie über **Genzkens** Compendium; erklärte ferner die Oden und Satiren, auch das Buch de arte poëtica des **Horaz**, den **Paläphatus** und **Anakreon**; eröfnete auch ein Collegium disputatorium, philologicum & philosophicum, welches biß an seinen Abzug von Leipzig gedauert hat, und aus welchem verschiedene Probeschriften der Respondenten dem Druck übergeben worden. Er arbeitete mit an den *Novis Actis Eruditorum* und an den zuverläßigen Nachrichten; hat auch in das erstgenannte Journal manche Recension, von Helmstädt aus, hernach noch eingesandt. Bey dem allen übete er sich in der lateinischen Poesie, und verfertigte einige in die philosophische Historie, griechische Literatur, Critik und Philologie, auch Philosophie
ein-

*) Diese Theses philosophicae, quas, iuribus Baccalaurei usus, Praeses defendit, Respondente Christoph. Kühnio, Lipsiensi, sind in den nützl. Nachrichten von den Bemühungen der Gelehrten in Leipzig, 1740. pag. 13. seqq. eingerückt worden.

einschlagende Schriften, davon unten in dem Verzeichniß derselben Meldung geschehen wird.

Zu Ende des 1747sten Jahres, nachdem er zu Dreßden gegenwärtig den hohen Ministern des Hofes bekannt geworden, ward ihm von Sr. Königl. Maj. in Pohlen und Churfl. Durchl. zu Sachsen eine ausserordentliche Profeßion der Philosophie allergnädigst übertragen. Er trat dieses Amt mit einer Rede de philosophia absque literis humanioribus et arte critica den 3. April 1748. an, lud auch zu deren Anhörung durch ein öffentliches Programma, so den Titel führet, Specimen *Eunapii* edendi: φῦσις ex vita Aedesii, de *Sosipatra*, Græce & Latine, ein, worauf er von der philosophischen Facultät in Eid und Pflicht genommen ward. Ob er gleich solchergestalt vermeinte, daß ihm nunmehr der Weg gebahnet worden, in der Stadt, wo seine Vorfahren über anderthalbhundert Jahre lang gelehret hatten, ebenfals zu verbleiben, so fügte es dennoch die göttliche Vorsehung ganz anders. Denn es geschahe, daß des regierenden Herzogs zu Braunschweig und Lüneburg, Herrn Carls Durchlauchten ihn zum ordentlichen Professor der griechischen Sprache auf dero Universität nach Helmstädt beriefen. Nachdem er von Sr. königl. Maj. in Pohlen durch allerhöchstdero Kirchenrath zu Dreßden die nöthige Erlaubniß, diesen Ruf anzunehmen, erhalten, trat er seine Reise über Halle und Quedlinburg nach Blankenburg an, woselbst er die Ehre hatte, des regierenden Herzogs Durchlauchten vorgestellet zu werden. Er reisete darauf nach Wolfenbüttel und Braunschweig, machte sich die daselbst befindlichen hohen Räthe, auch Gelehrte, bekannt, und nahm an beyden Orten, wie auch zu Saltzdahlen, die Sehenwürdigkeiten in Betrachtung. Von da kam er gegen Johannis in Helmstädt an, und ward in das Collegium Professorum, auch in die philosophische Facultät gewöhnlichermassen aufgenommen. Seine Antritsrede hielte kurz dar auf den 1. August, de Philosophiae absque literis Graecis imperfectione. Das Programma aditiale enthält einige critische Anmerkungen über etliche Stellen beym Flavius Josephus in der Archaeologia Judaica.

(Die Fortsetzung folgt.)

Nachrichten von Niedersächsischen berühmten Leuten u. Familien.

Das 77. Stück.

Fortsetzung des im vorhergehenden Stück abgebrochenen Artikels.

Nach Verlauf eines Jahres geruheten der Durchl. Herzog, ihn ohne sein Suchen zum Professore Theologiæ Ordinario, mit Beybehaltung seiner griechischen Profeßion, zu ernennen. Worauf er sich um die theologische Doctorwürde bewarb, auch solche nach abgelegten gewöhnlichen Examinibus und andern Præstandis, den 18. October 1749. erhielt. Um auch die Stelle in der theologischen Facultät gehörig zu erhalten, vertheidigte er seine Dissertationem inauguralem, de λογω Philonis non Johanneo, aduersus *Thomam Mangey*, Anglum, auf der theologischen Catheder, und ward darauf in die Facultät aufgenommen. Sein neues Lehramt trat er mit dem Programma de interprete Scripturæ sacræ grammatico an.

Im Jahr 1753. bekam er von Dreßden aus den Beruf, als ordentlicher Professor Theologiæ und Ephorus der königl. churfürstl. Stipendiaten auf der Universität zu Wittenberg. So grosses Verlangen er auch bey sich bemerkete, diesem Ruf zu folgen, so bewegten ihn dennoch der Durchl. Herzog zu Braunschweig durch vermehrte neue Gnade, denselben unterthänigst zu verbitten. Nachdem aber in Dreßden der nunmehro verstorbene königl. Geheimberath und Oberconsistorial-Präsident, Herr Graf von Holzendorf, nicht nachliessen, diese Sache ferner zu betreiben, und in dem folgenden 1754ſten Jahr noch einmal ſo viel Zulage, als von Braunſchweig aus geſchehen war, ihm anzubieten, auch die Verſprechung zu anderweitiger Beförderung nach Leipzig zu geben: ſo entſchloß er ſich, ohne bey ſich ſelbſt etwas zu beſtimmen, dieſen neuen und mit beträchtlicheren Bedingungen verknüpften Beruf dem durchlauchtigſten Herzog abermahls vorzuſtellen. Allein, ſtatt des Erlaſſes, erhielte er ein mit den gnädigſten Ausdrücken abgefaßtes Reſcript, des Inhaltes: "wie des Herzogs Durchl. bey künftigen Vor-"fallenheiten in Gnaden und mit Dank erkennen würden, "wenn er, mit Verbittung der Wittenbergiſchen Vocations-"ſache, fernerhin auf dero Julia Carolina verbleiben würde." Und hierauf entſchloß er ſich, in Gottes Nahmen in Helmſtädt zu bleiben.

Nach der Zeit iſt er von ſeinem gnädigſten Landesherrn, bey erfolgtem Abſterben des ſeligen Abts, Chriſtoph Timoth. Seidels, mit der Prälatur und erledigten Abtey des kayſerlichen freyen Stifts St. Petri und Pauli zu Königslutter begnadiget, auch zu ſolcher anſehnlichen Würde Sonntags den 8. Julius 1759. in Gegenwart eines herzoglichen Abgeordneten, des Herrn geheimen Etatsrath von Völkening, von dem damahligen Abt zu Michaelſtein, jetzigen ordentlichen Profeſſor der Theologie zu Greifswald, Herrn D. Schubert, mit den gewöhnlichen Solennitäten und Gebräuchen, vor den hohen Altar in der Stiftskirche, feyerlich einſtalliret worden. Kurz darauf haben ihm die löblichen Landesſtände des Herzogthums Braunſchweig, Wolfenbütelſchen Antheils, Sr. Durchlaucht. zum Deputirten und Landſtand unterthänigſt präſentiret, und Höchſtdieſelben haben ihn in ſolcher Qualität durch ein gnädigſtes Reſcript beſtätiget. Er nahm alſo im Monath Januarius 1760. zum erſtenmahl in Curia Praelatorum, und zwar als vorſitzender erſter Abt und Landſtand, (denn dieſe Prärogativ hat das kayſerl. freye Stift Königslutter vor den übrigen Abteyen dieſes Herzogthums) ſeinen Platz.

In Anſehen deſſen, was ſonſt auf Univerſitäten mit den ordentlichen Profeſſorſtellen von Würden verbunden iſt,

ist, hat er das philosophische Decanat einmahl, nemlich im Jahr 1749. geführet, solches aber wegen erhaltener theologischen Profeßion wieder niedergelegt. Das theologische Decanat hat er bereits fünfmahl, nemlich in den Jahren 1752. 1756. (welches Decanat sich wegen der Preisanerkennung der Meyerschen Schrift von dem Versöhnenden in dem Leben des Erlöses *) auszeichnet) ferner 1760. 1763. und 1766. verwaltet, hat es auch am 2. Januarius dieses 1769sten Jahres zum sechsten mahle angetreten. Das Procancellariat in der theologischen Facultät hat er bey der Doctorpromotion des Herrn Superintendenten Oesterreich zum Barum im Braunschweigischen den 14. Jun. 1754. und des Herrn L. Nicolai, Pastoris zu Magdeburg, den 12. Dec. 1760. gehabt. Endlich ist er Prorector der Universität in den Jahren 1756. 1764. und 1768. jederzeit von Neujahr an biß Johannis, gewesen, und da diese Würde in Helmstädt mit der Comitiua S. Palatii Lateranensis verbunden ist, so hat er in dem erstern Prorectorat Gelegenheit gehabt, alle actus Comitiuae auszuführen.

In den ersten acht Jahren seines Aufenthalts zu Helmstädt hat er, mit Genehmhaltung des durchl. Landesherrn, dreymahl Reisen durch die vornehmsten Städte in Niedersachsen gethan, um ihre Einrichtung, nebst deren ansehnlicheren Gelehrten, kennen zu lernen. Jedesmahl aber ist er einige Wochen bey seinem Vetter zu Lübeck, dem im vergangenen 1768sten Jahr selig verstorbenen Doct. und Superintendent, Johann Gottlob Carpzov, verweilet.

*) Von der Beschaffenheit der damahligen Umstände, welche machten, daß unter des Herrn Abt Carpzovs Decanate dem Herrn Johann Christian Wilhelm Meier, Superintendenten zu Stadthagen, der Preis zuerkannt ward, kann man ein Carpzovsches Schreiben an den Herrn D. Bertling nachlesen, welches in des sel. D. Krafts theol. Bibliothec, im 119. Stück, S. 815. biß 820. zu finden ist. Man sehe auch D. Ehregott Nic. Bagge Diss. inaug. quod Christus per omnes carnis suae dies omnia pro omnibus passus sit, §. 2. Not. d.) pag. 4.

Von diesem ward er jederzeit sehr gütig aufgenommen, und mit gelehrten Geschenken beehret, darunter vornemlich der bekannte 800jährige Codex Graecus quatuor Euangelistarum merkwürdig ist. *) Hier hatte er erwünschte Gelegenheit, von dieses grossen Theologen, den er immer wie seinen Vater geehret hat, gründlichen Gelehrsamkeit, ausnehmenden Leutseligkeit, Gravität und geistlichen Prudenz zu profitiren; auch durch desselben Vermittelung in die Bekanntschaft des ehemahligen Dänischen Ministers, Magnus von Wedderkopp, imgleichen der vornehmsten der Republik Lübeck, des Raths und der Geistlichkeit, eines Brockes, Balemans, Krohn, Scharbau, Becker, von Seelen, und anderer, zu kommen, nicht weniger dem jetzigen angesehenen dasigen Bürgermeister, Herrn D. Daniel Haeks, seine Verbindlichkeit wegen des ehedem ertheilten Schabbelschen Legati zu bezeugen. Hier in Hamburg besuchte er die berühmten Männer, Neumeister, Schlosser, Richey, Reimarus, und seinen ehemahligen Lehrer, Schellhaffer; in Bremen D. Conrad Iken; in Harburg den seligen Cosistorialrath D. Magnus Crusius;

zu

---

*) Dieser pergamenene Codex ist in Quart, sehr sauber, und mit Gemählden auf verschiedenen Seiten, mit goldenen, auch rothen, Buchstaben, und auf der 2ten und 3ten Seite ganz mit goldenen in Gestalt eines Creutzes, geschrieben, auch noch in seinem ersten juchtenen Bande befindlich. Er hat sich ehedem in der Bibliothek des Ungarischen Königs, Matthias Corvinus, befunden, ist im Jahre 1686. als Ofen von den Deutschen eingenommen ward, von dem Graf von Eck mit nach Dreßden gebracht, und dem sel. Oberhofprediger daselbst, D. Samuel Benedict Carpzov, dem Vater des Lübeckschen seligen Herrn Superintendenten, verehret worden. Zu Anfang der vier Bücher sind die vier Evangelisten in goldenen Grund gemahlt, jedoch ist an einigen Orten die Farbe etwas verloschen oder abgesprungen, da sonst der Codex selbst übrigens noch ganz unversehrt, und ziemlich wohl behalten ist. Der Evangelist Lucas ist in eben der Figur, und mit eben solchen Schreibinstrumenten abgebildet, wie er in Montfaucons Palaeographia Graeca, p. 23. zu sehen. Auch ist der griechische Character keinerley Weise von demjeni-

zu Zelle bey seligen Consistorialrath D. Meinhard Plessken; zu Hannover, (woselbst und zu Herrenhausen in dem damahligen 1752sten Jahre des Königs von Großbritannien Maj. gegenwärtig waren) wartete er bem großen Beförderer der Gelehrten, des Herrn Premierministers von Münchhausen Excellenz, auf, erhielte auch daselbst die Freundschaft der Herren Consistorialräthe, Erythropel, Hagemann, Götten, des seligen Hofrath Scheids, Hofrath Werlhofs, des reformirten Pastor Clements und anderer. Im Jahr 1764. war er bey dem funfzigjährigen Jubilaeo Ministeriali des seligen Herrn Superintend. D. Carpzovs zu Lübeck, welches den 24. November feyerlich vollzogen ward, gegenwärtig, und kehrte im Monath December über Hildesheim, wo er sich bey seinem hochgeschätzten Freunde und Gönner, Herrn D. Johann Dieterich Winckler, damahligen Superintendenten daselbst, einige Tage vergnügt aufhielt, nach Wolfenbüttel, und von da wieder nach Helmstädt.

gen unterschieden, dessen Probe ebendaselbst, pag. 279. Num. 3. aus dem neunten oder zehnten Jahrhundert vorkommt; woraus also von dem Alter dieses Coder zu urtheilen ist. Vor 60. Jahren hat der sel. D. Börner zu Leipzig die variantes Lectiones excerpiret, und an Ludolph Küstern gesandt, welcher sie seiner damahligen Ausgabe des neuen Testaments (Amstelod. 1710. in Fol.) einverleibet hat. Er nannte den Coder Lipsiensem, weil dessen Besitzer damahls noch Diaconus und Prediger in Leipzig gewesen. Darauf führte der sel. D. Bengel in seinem Apparatu critico diese Varianten ebenfals unter den Nahmen, ex Codice Lipsiensi, an. Johann Jacob Metstein hat ihn Codicem Carpzovianum genannt, und unter Num. 78. angeführt. Zu Ende dieses Coder befindet sich ein Nahme: Georgius, Desmophylax Nauplienfis; welches aber kein ehemahliger Besitzer, (wie etliche dafür gehalten haben) sondern der Calligraphus desselben, ein Commentariensis, (S. *du Fresnoy* Glossarium Gr. voc. Κομεντᾰρήσιος) aus Nauplia Peloponnes gebürtig, gewesen zu seyn scheinet.

In seinem doppelten Lehramte auf der Universität Helmstädt hat er nach Beschaffenheit der Umstände jederzeit nützliche Vorlesungen gehalten. Wobey er sich der lateinischen Sprache bedienet, welches seinen Zuhörern sehr zuträglich befunden worden. In den **theologischen Lectionen** trägt er die Geschichte der Religionen vor über **Casp. Neumanns** Trutinam religionum; die Hermeneutik über eigene Sätze, wobey er die philologische und critische Historie über die Bücher des A. und N. T. und die Geschichte der alten Uebersetzungen der Bibel, mit einander vereiniget; die Dogmatik lieset er über seinen eigenen Librum doctrinalem, dessen unten wird gedacht werden; die theologische Moral, nach des seligen Abts **Schmidts** Compendio; ein Examinatorium über den **Tromsdorf**; ein Disputatorium über **Neumanns** Theologiam aphoristicam, welches Buch zu diesem Endzweck sehr bequem ist. Die Polemic pflegt er nicht zu lesen, weil er glaubet, daß sich der Irthum und das Falsche (wenn man theils die Historie der Religionen kennet, theils die heil. Schrift nach der Grundsprache zu erklären weiß, und die Dogmatik mit zu Hülfe nimmt) viel besser aus solchen Büchern der Irrenden erkennen lasse, die von Zeit zu Zeit geschrieben werden, zumahl da sich die Irthümer so sehr verändern. Exegetica lieset er über das ganze neue Testament cursorie, weil diese Vorlesungen mit der Profeßion der griechischen Sprache, die er bekleidet, bequemer übereinstimmen. Insbesondere hält er weitläuftigere Vorlesungen über das Evangelium Johannis, und hält einen besseren Commentarius, als **Lampens** seiner ist, für nöthig; ferner über die Apostelgeschichte, über die Episteln an die Römer, an die Hebräer, u. s. w. Hiezu kommt annoch ein Collegium grammatico-philologicum über die evangelischen Texte; anderer theologischen Vorlesungen zu geschweigen. Was die **griechischen Lectionen** anbetrift, so hat er sich besonders des seligen Geßners Chrestomathie und **Breitingers** Eclogas, desgleichen den Homer, Theophrasts Characteres, Musaeum de Herone, des Luciani dialogos mortuorum, u. a. m. erwählet, die er wechselsweise,

weise, nach dem Begehren der Zuhörer, erkläret. Hiernächst hält er ein Collegium literario-criticum über die gesammten alten griechischen Scribenten, in welchem er dieser Schriftsteller Leben und Bücher, deren beste oder rareste Ausgaben, derselben Schreibart und Character, ihre guten Ausleger, u. s. w. seinen Zuhörern bekannt machet und beurtheilet.

Am 21sten September 1756. verheurathete er sich mit Jungfer **Hedewig Christine Charlotte Topp**, des weiland königl. Großbritannischen, auch herzogl. Braunschweig-Lüneburgischen Hofraths, ersten Professors der Rechten, und Seniors der Juristenfacultät zu Helmstädt, D. Joh. Conrad Siegmund Topp, und Frauen Charlotte Regine, einer gebohrnen von Vieth, (Tochter des weiland königl. Preußischen Kriegsraths: von Vieth, Erb- Lehn- und Gerichtsherrn auf Golsen, auch zu Bricrau und Lüdekahle in der Niederlausitz) ältesten Tochter. Diese glückliche und vergnügte Ehe ist mit zwoen Töchtern und einem Sohne gesegnet worden, 1) **Charlotte Justine**, welche den 11. November 1757. 2) **Wilhelmine Benedicta**, welche den 6. September 1760. und 3) **Johann Benedict**, der den 15. October 1764. gebohren ist.

Die von ihm ans Licht gestellte Schriften sind folgende:

A. Grössere Bücher.

1) Paradoxon Stoicum *Aristonis Chii*, ὅμοιον εἶναι τῷ ἀγαθῷ ὑποκριτῇ τὸν σοφόν, apud *Diogenem Laërtium VII.* 160. nouis Obseruationibus illustratum, quibus simul variorum antiquorum philosophorum Graecorum Latinorumque loci explicantur, Philosophorum, qui a veteribus *histriones, scurrae* et *hypocritae* vocati sunt, *histrionumque* generatim historia traditur. Leipzig, 1742. in Octav. S. Götting. gel. Zeit. 1742. S. 381. Hamburg. unparth. Corresp. eben dieses Jahres, Num. 102. Leipziger gel. Zeitungen, 1742. S. 575.

575. Frankfurt. gel. Zeitungen, 1742. S. 265. zuverläßige Nachrichten, im 42. Theil, S. 418. fg. Noua Acta Eruditor. 1743. p. 608. sq. auch des Altorfischen Herrn Prof. Spies Diss. de hypocrisi Philosophor. p. 6. sq. Es ist dem seligen Hofrath Geßner zugeschrieben, welcher es rühmlich erwehnet in seinem Thesauro Lingu. Lat. voc. *Histrio*.

2) Meditationum Logicarum Specimen *primum, secundum*, et *tertium*. Lipsiæ. 1742. in Octav. Die ausführlichste Recension von diesen dreyen Proben, darinn die Wolfische Vernunftlehre mit derjenigen verglichen wird, welche D. Ridiger und der Leipziger Prof. D. Müller ercoliret hatten, stehet in den Supplem. ad Noua Acta Erud. T. VI. Sect. I. p. 18. sq. Sonst wird auch deren Inhalt angezeiget in der Frankf. gel. Zeit. 1742. S. 547. und 1743. S. 170. ferner in den Leipziger gel. Zeitungen, 1743. S. 70. sgg. Götting. gel. Zeitungen, 1742. S. 774. 1743. S. 87. Der Herr Senior Brucker zu Augspurg ertheilet diesen Speciminibus logicis in seiner Historia critica Philos. T. IV. P. II. pag. 37. viel Lob.

3) Observationum philogicarum in *Palaephatum* περὶ ἀπίστων periculum. Accedunt aliae Animaduersiones in nonnulla *Musaei* et *Achillis Tatii* loca. Lipsiae. 1743. in Octav. S. Noua Acta Erudit. 1746. p. 238. Götting. gel. Zeit. 1743. S. 815. Leipziger gel. Zeit. 1744. S. 304. Der berühmte holländische Criticus, Prof. d'Orville, gedenket dieser Observationen in seinen Animadu. ad Charitonem Aphrodis. III. 3. p. 227. deßgleichen Gerh. Horreus in Animadu. sacr. profan. Harlingae. 1749. pag. 79.

Nachrichten von Niedersächsischen berühmten Leuten u. Familien.

Das 78. Stück.

Fortsetzung des im vorhergehenden Stück abgebrochenen Artikels.

4) Sacrae Exercitationes in S. Pauli Epistolam ad Hebraeos ex *Philone Alexandrino.* Praefixa sunt *Philoniana* Prolegomena, in quibus de non adeo contemnenda *Philonis* eruditione Hebraica, de conuenientia stili *Philonis* cum illo D. Pauli in Epist. ad Hebraeos, et de aliis nonnullis varii argumenti exponitur. Helmstadii, 1750. in groß Octav. Dieses Werk ist fast in allen Wochenschriften und grössern Journalen mit Ruhm recensiret. S. Hamb. gel. Berichten, 1750. S. 437. fgg. Leipz. gel. Zeit. eben dieses Jahres, S. 604. fgg. Beyträge zu den Erlang. gel. Zeit. 1750. S. 545. fg. Götting. gel. Zeit. 1750. S. 797. fgg. Zürcher freymüth. Nachr. 1751. S. 147. Vollständige Auszüge daraus stehen in den zuverläss. Nachr. 132. Theil, S. 847-868. Krafts neuen Theol. Bibl. im 47. Stück, S. 567. fgg. Herr Prof. Formey nennet es in der Nouuelle Bibl. Germanique, T. VII. Part. 2. p. 448. un des meilleurs Ouurages sur l' Epitre aux Hebreux, qui ayent encore paru dans ce genre. Der selige Canzler von Mosheim hat von diesem Buche und desselben Verfasser ebenfalls mit vielem Lobe geredet in seinen Commentariis de rebus gestis Christianorum ante Constant. M. p. 126. und p. 309. Man sehe auch Herrn Hofprediger und Prof. Cramers Vorrede zum 2ten Theil

seiner Erklärung der Epistel an die Hebräer, S. 41. Herr Hofrath Joh. David Michaelis zu Göttingen hat in seiner Erklärung dieses Briefs diese Carpzovische Erklärung durchgängig angeführet, und will, daß die seinige nicht ohne diese gelesen werden soll, ob er gleich in verschiedenen Dingen vom Herrn Abt abgehet, wovon die Vorrede mit mehrerem nachzulesen ist. Ein rühmliches Urtheil über dieses Werk fället auch Herr D. Semler am Ende seiner Beyträge zu genauerer Einsicht dieses Briefs, die der Baumgartenschen Erklärung angefügt worden. S. Ernesti Theol. Bibl. im 5. Band, S. 222.

5) Stricturae theologicae et criticae in Epistolam S. Pauli ad Romanos. Adspersi subinde sunt flores *Philoniani*. Die erstere Ausgabe kam zu Helmstädt nach und nach vom Jahr 1752. biß 1756. in Quart heraus. Die zwote aber, welche auch (wie auf den Titel enthalten) *emendatior et auctior* ist, ward 1758. in Octav, auch zu Helmstädt im Weygandischen Buchladen verlegt. In der erstern Ausgabe stehet eine Vorrede gegen Herrn D. Schubert, die in der zwoten weggeblieben ist. Das Werk selbst wird in den Leipziger gel. Zeitungen der Auslegung eines Baumgartens und Heumanns an die Seite gesetzt, doch so, daß es ihnen nicht nachzusetzen ist; welchem Urtheile der selige Professor Ellenberger in seiner Einleitung in die Bücher des N. T. S. 826. beytrit. Andere Recensionen stehen in den Götting. Anzeig. 1753. S. 958. und in Krafts Theol. Bibl. im 127. Stück, S. 635. Diesen sind noch beyzufügen Herrn D. Wincklers Philologemata Lactant. p. 415. 423. und Herrn D. Noesselts interpretatio gramm. Capitis noni Ep. ad Rom. (edit. 2.) §. 3. p. 9. 11. 22.

6) Liber doctrinalis Theologiae purioris, ut in Academia Helmstadiensi docetur. Brunsuigae. 1797. in Octav. Die Umstände der Universität Helmstädt erforderten ein neues dogmatisches Lehrbuch, welches dem beruffenen Tellerschen Lehrbuch entgegen gesetzet würde, weil auswärtige Gottesgelehrte bey dem Stillschweigen der Helm-
städti-

ſtädtiſchen Theologen zu glauben ſchienen, als wenn dieſe mit des, nunmehr von Helmſtädt nach Berlin gegangenen, Herrn D. Tellers groſſen Abweichungen von den erſten und wichtigſten Glaubenslehren einſtimmig wären. Es ward alſo hierauf, an ſtatt dieſes deutſchen Lehrbuchs, das von der heil. Schrift und den ſymboliſchen Büchern der Lutheriſchen Kirche (worauf doch deſſelben Verfaſſer mehr, als einmahl, geſchworen hatte) gröblich abweichet, ein anderes lateiniſches geliefert, das mit beyden übereinſtimmet. Das Buch ſelbſt iſt bey den gewiſſenhafteſten Widerſprüchen der gröſten Irthümer, mit behutſamſter Mäßigung, und ohne jemahls den Herrn D. Teller zu nennen, geſchrieben. Aber wegen der Vorrede, die dem Buch vorgeſetzt iſt, ſcheinen zwo verſchiedene Meynungen vorhanden zu ſeyn. Den meiſten gefällt ſie mit dem Göttingiſchen Herrn Recenſenten, beſonders wegen ihrer Freymüthigkeit, und einer ohne Beleidigung der Perſon angemaßten, auch gar wohl geziemenden, Dreiſtigkeit. S. die Recenſion in den Götting. Anzeigen, 1767. S. 709. Andern aber dünket ſie, mit den Verfaſſern der Recenſion von Hamb. gel. Nachrichten, in den Geiſt (ſo heiſſen die Worte) des zweyten Theiles vom Heumanniſchen Erweiſe, (für deſſen Verfaſſer der Herr Abt Carpzov von einigen in Helmſtädt gehalten worden, welches er aber, wie wir wiſſen, ſchlechterdings leugnet) mithin mit mehrerer Härte, abgefaſſet zu ſeyn. Dieſem ſey, wie ihm wolle, ſo wird das unpartheyiſche Publicum den beſten Richter davon abgeben. Gnug, daß dieſes lateiniſche Lehrbuch die Ehre der theologiſchen Facultät zu Helmſtädt gerettet hat, und zu academiſchen Vorleſungen vor vielen andern geſchickt iſt. Es wird auch bereits zu Leipzig darüber geleſen. Man ſehe noch von demſelben, auſſer gedachten Götting. Anzeigen, die Hamburg. Nachrichten aus dem Reiche der Gelehrſamkeit, 1767. S. 532. fgg. 553. fgg. Leipz. gel. Zeit. 1767. S. 467. fgg. D. Erneſti theol. Bibl. im 8. Bande, S. 322. fgg. Jenaiſche gel. Zeit. 1767. S. 706. fg. Lübeckſche Nachrichten von theol. Schriften unſerer Zeit, im 3. Bande, S. 132. fgg. Berliniſche allgemeine deutsche Bibliotheck, im 7. Bande, und dessen 1. Stück, S. 121. fgg.

B. Kleinere Schriften und Tractate.

7) Mencius siue Mentius, Sinensium post Confucium Philosophus maximus. Lipsiae, 1743. in Octav. S. Leipz. gel. Zeit. 1743. S. 256. fg. Götting. Zeit. von gel. Sachen, 1743. S. 293. fg. Fabricii Abriß einer allgem. Hist. der Gel. im 2. Bande, S. 161. Der Herr Senior Brucker hat diese Schrift in die Kürze gezogen, und in die Supplem. seiner Hist. Crit. Philos. T. IV. P. 2. p. 938. gebrchat.

8) Diatribe de Autolyco Pitanaeo, Mathematico, et scriptis eius, quae supersunt, ad locum Diog. Laert. III. 29. in qua praeterea de aliis claris Autolycis expenitur, et obiter, quid a doctis interpretibus Laërtii adhuc omissum sit, indicatur. Lipsiae, 1744. in Quart. Diese Abhandlung ist dem Herrn D. Christian Wilhelm Küstner, Rathsherrn und Syndicus in Leipzig, gewidmet worden, welcher dem Herrn Abt zuvor seine Historiam prouocationum et appellationum apud veteres Romanos zugeeignet hatte. S. Götting. gel. Zeit. 1744. S. 339. fg. Hamb. Berichte, 1744. S. 435. fg. Leipz. gel. Zeit. 1744. S. 764. fg.

9) Specimen Eunapii edendi: $\varphi\eta\sigma\iota\varsigma$ ex vita Aedesii, de Sosipatra. Graece et Latine. Lipsiae 1748. in groß Quart. Es ist eigentlich diejenige Schrift, die bey dem Antrit der philosophischen ausserordentlichen Profeßion in Leipzig von dem Herrn Abt, als ein Programma, herausgegeben worden. Sie kan aber auch füglich mit hieher gerechnet werden. Dieses Speciminis ist beynahe in allen gelehrten Wochenschriften und Journalen im Jahr 1748. gedacht worden, z. E. in den Leipz. gel. Zeit. S. 359. fg. Zürcher freymüth. Nachr. S. 385. fg. Hamburg. Berichten, S. 271. fg. Hamb. Corresp. Num. 76. Götting. gel. Zeit. S. 1004. fg. Nützl. Nachr.

von den Bemühungen der Gel. in Leipzig, S. 397. Vollst. Nachr. vom Inhalte der auserles. acad. Schriften, 1749. S. 252. fgg. Altenburg. neuen Bibl. 4. St. S. 348. Rappens Anmerk. über Carlencas Geschichte der schönen Wissenschaften, im 1. Th. S. 449. Wir wissen auch, daß der Herr Abt Carpzov noch immer mit der Ausgabe dieses griechischen Scribenten beschäftiget bleibet, obgleich die Arbeit wegen vielfältiger anderer Geschäfte langsam von statten gehet. Da er aber die Noten und Anmerkungen bey diesen Specimine nach der Zeit für zu weitleuftig gehalten hat, so wird in der neuen Ausgabe selbst nur das, was wirklich zum critischen und besseren Verstand seines Autoris gehöret, erscheinen.

10) Epistola votiua ad V. Consultiss. D. *Dan. Haeks*, Senatorem (hodie Consulem) Lubecensem, scripta de antiquae et recentioris doctrinae comparatione. Helmstädt. 1748. in Quart. S. Hamb. Corresp. dieses Jahres, Num. 164. Leipz. gel. Zeit. S. 654. fg. Götting. gel. Zeit. S. 1005. Fabricii Abriß einer allgem. Hist. der Gelehrs. im 1. Bande, S. 16. 356.

11) Musaei Grammatici de Herone et Leandro Carmen Graecum, in vsum Auditorii editum. Helmst. 1749. in Quart. Es ist ein accurater Abdruck der besten Ausgabe des berühmten Holländischen Matthias Röver.

12) Commentarius de sacris Carneis et de Apolline Carneo, S. Ven. Theologo, *Joh. Gottlob* Carpzov, S. T. D. et Superintend. Lubecensi, in sacris decennualibus quintis ecclesiastici muneris, dedicatus. Helmstadii. 1754. in Quart. Diese antiquarische Schrift, in welcher auch einige Münzen erkläret sind, ist wiederum in der Samlung der damahligen Glückwünschungen bey besagten Amtsjubelfeste, Num. 4. abgedruckt. Man kan davon nachlesen die Leipz. gel. Zeit. 1755. S. 35. fgg. Götting. gel. Anz. dieses Jahres, S. 29. Krafts theol. Bibl. im 107. Stück, S. 592. fgg. Seidels Helmstäd. gel. Wochenblat, 1755. S. 15.

13)

13) Bafilii Magni de humana Chrifti generatione Oratio, Graece et Latine, ex recenfione *Juliani Garnier*, in Sectiones primum defcripta, noua verfione, argumento et notulis aucta. Helmftadii. 1757. in Quart. S. Leipziger gel. Zeit. 1758. S. 61. fg. Götting. gel. Anzeig. 1758. S. 204. fg. Noua Acta Erud. 1759. pag. 35. feqq. D. Krafts theol. Bibl. im 129. Stück, S. 841. fgg.

14) D. Hieronymi, Theologi incertae aetatis Graeci, Dialogus de fancta Trinitate, Graece et Latine, poft. *Feder. Morelli*, *Chrifti. Daumii* et *Joh. Alb. Fabricii* editiones, cum annotationibus *Cafp. Barthii*, *Daumii* ac fuis denuo recufus, et praefatione nouaque verfione auctus. Helmftadii. 1768. in Quart. S. Hamburgifche Nachrichten aus dem Reiche der Gelehrfamkeit, 1758. S. 407. fg. Leipziger gel. Zeit. 1768. S. 437. fg. Hällifche gel. Zeitungen, 1768. S. 589. Ernefti theol. Bibliothec, im 9. Bande, S. 90. fgg.

C. Academifche Difputationes.

15) Philofophorum de quiete Dei Placita, Refpond. *Joh. Car. Steinel*, Lipfienfi. Leipzig. 1740. in Quart. Es ift die Difputation, die der Herr Verfaſſer, um die Rechte eines Leipzigſchen Magiftri zu erhalten, gehalten. Ihres Inhalts wird erwehnet in den Hamburgiſchen Beyträgen, 1740. S. 741. fg. in den gründl. Auszügen aus theol. philol. Difp. 1741. S. 497. fgg. in der Nouuelle Bibl. German. 1746. T. II. P. I. pag. 202. fq. Auch wird ihrer erwehnet vom feligen Hofrath Geßner in Notis ad Horat. pag. 135. in Herrn D. Wincklers Animadu. philol. et crit. pag. 220. und in Frey Diff. de more, Diis fimulacra confecrandi, pag. 7.

16) Vita et placita Critolai Phafelitae, Philofophi Peripatetici, Refpondente *Chrifti. Henr. Hausotter*, Lipfienfi, nachherigem Mag. und Prediger im Thüringiſchen. Lipfiae. 1743. in Quart. S. gründl. Auszüge aus den neueſten theol. und philol. Difput. 1744. S. 65.

65. fgg. Frankfurter gel. Zeit. 1744. S. 13. Göttingische gel. Zeit. 1744. S. 94. fg. Auch hat sich dieser Disput. Herr D. Jöcher im gel. Lexico bedienet, unter den Nahmen Critolaus.

17) Dissertatio inauguralis critico-theologica de ΛΟΓΩ Philonis non Johanneo, aduersus *Thom. Mangey*, Anglum. In solemni panegyri doctorali exhibita, et pro Loco in Facult. Theol. defensa, Respondente *Joh. Frider. Moeller*, Brunsuicensi, nachherigem Prediger in der Stadt Braunschweig. Helmstad. 1749. in Quart. S. Leipz. gel. Zeit. 1750. S. 37. fg. Braunschweig. Anzeigen, 1750. S. 235. fg. Hamb. Berichte, 1759. S. 116. fg. Götting. gel. Zeit. 1750. S. 682. fg. vollst. Nachr. von theol. philol. Disp. 1750. S. 145. fgg. Krafts theol. Bibl. im 46. Stück, S. 562. fgg. zuverl. Nachrichten, im 132. Theil, S. 862. fgg. Diese Inaugural-Disputation ist das Jahr darauf von dem Herrn Abt etwas vermehrter in die Philoniana über die Epistel an die Hebräer, deren oben Num. 4. Erwehnung geschehen, wieder eingerückt worden.

18) Dissertatio theologica de descensu Christi ad inferos, Respond. *Henr. von der Hude*, Lubecensi, jetzigem Archidiacono der Marienkirche zu Lübeck. Helmstadii, 1754. in Quart. S. vollst. Nachrichten von acad. Schriften, 1754. S. 500. fgg. Seidels Helmst. gel. Wochenblatt, 1754. S. 116. fgg. Der Herr Probst Harenberg gedenkt dieser Disp. mit Ruhm in den Beyträgen von A. und N. theol. Sachen, 1757. S. 238.

19) Dissertatio historico-theolog. de Syncretismo philosophiae & theologiae reuclatae, Respond. *Conr. Nahmmacher*, Raceburgensi, welcher neulich, als Superintendent der Kirchen in der Grafschaft Hohenstein, auch Director zu Ilefeld, verstorben. Helmstadii, 1755. in Quart. S. Seidels Helmst. gelehrtes Wochenbl. 1755. S. 141. fgg. Leipz. gel. Zeit. 1755. S. 371. fgg. Krafts theol. Bibl.

Bibl. im 101. Stück, S. 91. fg. deßgleichen ebendaselbst, in der Vorrede zu dem IIIten Stück, S. 16. fg. Herr Prof. Schröckh gedenket derselben in Prolus. de physica et civili Theologia, p. 21.

20) Differt. historico-ecclesiast. et polemica de non temere abrogandis pericopis Evangeliorum & Epistolarum, Respond. *Georgio Lipp*, Ulmensi. Helmstadii, 1755. in Quart. S. Götting. gel. Anzeigen, 1756. S. 339. fgg. Hamburg. Berichte, 1756. S. 1. fgg. Das ganze erste Capitel, nemlich das historische, ist die eigene Arbeit des Herrn Abts, die anderen beyden sind von den Respondenten verfertiget, von jenem aber merklich ausgebessert worden. Sie kam, auf verschiedener Verlangen, wiederum zu Leipzig bey Langenheim, und zwar vermehrter, heraus, unter dem Titel: Schediasma historico-polemicum, de non temere - - - - - Editio secunda, auctior et emendatior. Lipsiae, 1758. in groß Quart. S. Krafts theol. Bibl. im 13. Bande, S. 644. fgg. Leipz. gel. Zeit. 1756. S. 67. fgg.

21) Observationes philologicae in Psalmos tres super Gittith, qui sunt VIII. LXXXI. et LXXXIV. ad illustrandam interpretationem Graecam LXX. Respondente *Joh. Petro Kuhlmeyer*, Helmstadiensi, nachherigem Prediger zu Volkersheim, im Braunschweigischen. Helmstadii, 1756. in Quart. S. Hamburg. Berichte, 1756. S. 590. fg. Leipz. gel. Zeit. 1756. S. 669. fg. Krafts theol. Bibl. im 14. Bande, S. 383. fg. Wilkens Vindicias Psalmi VIII. pag. 5. Der 84ste Psalm ist erst im Jahr 1758. als ein gewöhnliches Weyhnachts-Programma, unter eben dieser Aufschrift zum Vorschein gekommen.

22) Dissertatio philolog. theologica de homologia S. Thomae apostoli, ad locum Joh. XX, 28. Resp. *Joh. Joachimo Clasen*, Rensburgensi. Helmstadii, 1757. in Quart. S. vollst. Nachrichten von academischen Schriften, 1757. S. 775. fgg. Besmbeck's neue Beyträge zur ereget. Gottesgel. im 1. Band, S. 327. fgg.

(Die Fortsetzung folgt.)

Nachrichten von Niedersächsischen berühmten Leuten u. Familien.

Das 79. Stück.

Beschluß des im vorhergehenden Stück abgebrochenen Artikels.

23) Primae lineae Pfychologiae fpiritualis, Refpondente *Jacobo Schultes*, Vlmenfi. Helmftadii. 1760. in Quart. S. Leipziger gel. Zeitungen, 1760. S. 160. fg. Hamburgische Nachrichten aus dem Reiche der Gelehrf. 1760. S. 118. fg.

24) Differtatio theologica de nexu conuerfionis, iuftificationis et fanctificationis, ex fententia librorum fymbolicorum, Refpond. M. *Joh. Chriftoph. Alber*, Würtenbergenfi, nunmehrigem Directore des Johannei zu Lüneburg. Helmftadii. 1761. in Quart. S. Leipz. gel. Zeitungen, 1761. S. 644. fg. und Wagners Helmft. gel. Wochenblat, 1761. S. 141.

25) Differt. theologica de quantitate emendationis doctrinae morum naturalis per reuelationem diuinam, Refpond. *Joh. Jacob. Weßer*, Oettingenfi, jetzigem Prediger zu Oettingen. Helmftadii. 1761. in Quart. S. Wagners Helmft. gel. Wochenblat, 1761. S. 229. D. Ernesti theol. Bibliothec, im 2. Bande, S. 863. fg.

26) Differtatio hiftorico-literaria de vita, eruditione et fcriptis Saxonis Grammatici, hiftorici Dani, Refpond. *Georgio Reimers*, Flensburgenfi. Helmftadii. 1762. in Quart. S. Leipz. gel. Zeit. S. 371. fg. Beyträge

2. Band. P zum

zum Altonaischen Postr. 1762. im 64. Stück. Wagners Helmst. gel. Wochenblat, 1752. S. 113. fg.

D. Academische Programmata.

27) Stricturae lectionum Flauianarum. Helmstadii. 1748. in groß Quart. Der Herr Abt gab dieses Programma beym Antrit seiner ordentlichen Profeßion der griechischen Sprache heraus, und kündigte darinn seine ersten Vorlesungen an. S. Hamb. Berichte, 1748. S. 483. fgg. Hamb. Correspond. 1748. Num. 139. Braunschw. Anzeigen, 1748. S. 1794. fg. Götting. gel. Zeit. 1748. S. 1005. fg. vollständ. Nachrichten von den dem Inhalt acad. Schriften, 1749. S. 985. fgg. Altonaische gelehrte Zeitungen, 1748. S. 422. fgg. Leipziger gel. Zeit. 1748. S. 509. Zürchsche freymüthige Nachrichten, 1749. S. 132. fg.

28) Vindiciae lectionum Flauianarum, et curae posteriores. Helmstadii. 1748. in Quart. Diese Schrift ist eine Vertheidigung der vorhergehenden, welche in den oben angeführten Altonaischen gel. Zeitungen von jemand angegriffen war. S. Leipziger gel. Zeitung, 1748. S. 831. Hamburg. Berichte, 1748. S. 719. fg. Götting. gel. Zeit. 1748. S. 1007. Hamburg. Correspond. 1748. Num. 191. vollst. Nachr. vom Inhalt acad. Schr. 1749. S. 992. fgg.

29) Orationem Panegyricam in nuptias auspicatissimas *Ernesti Friderici*, Ducis Sax. Coburgensis Salfeldici, cum *Sophia Antoinetta*, Duce Brunsuicensi et Luneburg. peractas, indicunt Prorector et Senatus Academiae Iuliae Carolinæ. Helmstadii. 1749. in Folio. Die Rede hielt damahls Herr D. Häberlin, und trat zugleich sein öffentliches historisches Lehramt an. Das Programma selbst handelt de eo quod Θεῖον est (de prouidentia) in amoribus Principum.

30) Prolusio aditialis de interprete Scripturae Sacrae grammatico. Helmstadii. 1750. in Quart. Als er die

ordent-

ordentliche Profeßion der Gottesgelahrheit antrat, ward diese Abhandlung voraus geschickt, welche auch kurz darauf unter den Titel, Commentatio exegetica, wieder abgedruckt worden. S. Hamb. Berichte, 1751. S. 4. fg. Götting. gel. Zeit. 1751. S. 46. fg. Leipz. gel. Zeit. 1751. S. 108. fg. Erlang. Beyträge, 1751. S. 98. vollständ. Nachrichten von acad. Schr. 1751. S. 33. fgg. Krafts theol. Bibl. im 49. Stück, S. 847.

31) De angelis Dei, ascendentibus et descendentibus ad Filium hominis, ad locum *Joh. I.* 51. Helmstadii. 1751. in Quart. Ein Michaelis-Programma. S. Leipz. gel. Zeit. 1751. S. 821. fg. Seidels Helmst. gel. Wochenblat, 1751. S. 279. fgg. Götting. gel. Zeit. 1752. S. 178. fg. Braunschw. Anzeigen, 1752. S. 361. fgg.

32) Historia et doctrina de fletu Rahelis tempore Jesu infantis, ad locum *Matth. II.* 17. 18. Helmstadii. 1751. in Quart. Ein Weynachts-Programma. S. Seidels Helmst. gel. Wochenblat, 1752. S. 13. fg. Götting. gel. Zeit. 1752. S. 178. fg. Hamb. Berichte, 1752. S. 72. fg. Leipz. gel. Zeit. 1752. S. 398. fg. vollst. Nachrichten, 1752. S. 834. fgg. Herrn D. Wincklers Animadu. philol. et crit. pag. 651.

33) Mysterium magnum de Christo, sui corporis saluatore, ad locum *Ephes. V.* 23. Helmstadii. 1756. in Quart. Ein Oster-Programma. S. Leipziger gel. Zeit. 1756. S. 414. fg. Hamburg. Berichte, 1756. S. 373. fg. Götting. gelehrte Zeitungen, 1757. S. 312.

34) De spiritibus in custodia, ad locum I. *Petr. III.* 19. Helmstadii. 1756. in Quart. Ein Michaelis-Programma. Es hatte der weiland gelehrte Prediger zu Hildesheim, Friederich Witting, in des Herrn D. Wincklers Anecdotis hist. eccles. nouantiq. im 1. Bande, S. 666. fgg. eine Muthmassung über diese Stelle eingerückt, und geäussert,

daß seine Schrift gegen diejenige Disputation des Herrn D. Carpzovs, welche oben Num. 18. vorgekommen, gerichtet sey. Diese Wittingische Muthmaßung wird hier widerleget, und zwar also, daß in den Götting. gel. Anzeigen, 1757. S. 317. geurtheilet ward, es habe Herr Carpzov nicht allein die Unwahrscheinlichkeit, sondern auch die Unmöglichkeit der Wittingischen Erklärung dargethan. Indessen ließ gleichwohl der selige Herr Pastor Witting folgende Schrift drucken: Coniectura de spiritibus in custodia, ad 1. Petr. III. 19. ab acerbissima Viri S. Rev. D. *J. B. Carpzovii* censura modeste vindicata. Hildesiae. 1757. in Quart. Dieser gelehrten Streitigkeit gedenket Herr D. Dietelmaier in der zwoten Auflage seiner Historiae dogmatis de descensu Christi ad inferos, pag. 211. Siehe auch Herrn D. Stosch neues gelehrtes Europa, im 14. Theil, S. 332. fg.

35) De obessione diaboli, corporibus piorum denegata. Helmstadii. 1757. in Quart. Ist ebenfals ein Michaelis-Programma. S. Götting. gel. Anzeigen, 1758. S. 176. fg. Was übrigens der jetzige Diaconus zu Zeitz Herr M. Teller, in seiner Disp. de finibus causarum recte aestimandis, §. 29. pag. 67. dagegen vorgebracht, dieserhalben ist der Herr Abt in den Leipziger gel. Zeit. 1763. S. 320. bey Recensirung der Tellerschen Schrift vertheidiget worden.

36) De reliquiis afflictionum Christi, ad *Coloss. I.* 24. Helmstadii. 1761. in Quart. Ein Oster-Programma, dessen Recension zu finden in Herrn D. Ernesti theol. Bibl. im 2. Bande, S. 762. Wagners Helmst. gel. Wochenblat, 1761. S. 83. den Leipziger gel. Zeitungen, 1761. S. 751. fg. und den Hamburg. Nachrichten aus dem Reiche der Gelehrsamkeit, 1761. S. 396. fg.

37) Interpretatio grammatica loci *Actor. XIII.* 31-38. qua cuincitur, non ex Psalmo II. 7. sed ex *XVI.* 10. resurrectionem Jesu demonstrari. Adduntur quedam in Philologi Gottingensis (Herr Hofrath Michaelis) praelectiones criticas ad Psalmum XVI. Helmstadii. 1764.

in Quart. Dieses Oster-Programma ist recensirt in den Hamb. gel. Nachrichten, 1764. S. 365. 401. f. in den Götting. gel. Anzeigen, 1764. S. 484. fgg. Leipziger gel. Zeit. 1764. S. 452. fg.

38) Ἄοινος μέθη, sobria Spiritu Sancto ebrietas, ad locum *Ephes. V.* 18. 19. observationibus philologicis illustrata. Helmstadii. 1764. in Quart. S. Hamb. Nachr. 1764. S. 499. fg. Leipz. gel. Zeit. 1764. S. 453.

39) Acta Pauli cum Ephesiis duodecim, siue Expositio literalis *historiae Act. Apost. XIX.* 1-7. Helmst. 1768. in Quart. S. Hamb. gel. Nachr. 1768. S. 407. fg. Leipz. gel. Zeit. 1768. S. 438. fg. Herrn D. Ernesti theol. Bibl. im 9. Bande, S. 95.

40) Promotionem doctoralem Viri max. reu. L. *Otton. Nathanael. Nicolai*, a. d. 12. Octobr. 1760. indicit Procancellarius — Helmst. in Quart. Es wird in diesem Anschlag de regimine Theologorum politico gegen die Jesuiten und die römische Kirche gehandelt. S. Leipziger gel. Zeit. 1761. S. 581. fg. Hamburg. gel. Nachr. 1761. S. 125. fg.

41) Programma in memoriam *Christiani Breithaupts* Eloqu. et Poës. P. P. O. Helmstadii, 1740. in Quart. S. Windheims philos. Bibl. im 3. Bande, S. 179. fg. Es ist auch in die Beyträge in den Actis historico-eccles. im 2. Band, S. 503. fgg. eingerückt.

42) Programma in memoriam *Petri Gerike*, Consiliar. aulae, Med. D. et P. P. O. Helmstadii. 1750. in Quart. S. Seidels Helmst. gel. Wochenblat, 1751. S. 23. fgg. Nouuelle Bibliotheque German. T. X. P. I. pag. 234.

43) Programma in memoriam *Michaelis Gottlieb Agnethler*, Med. D., Eloqu. Antiquitatum et Poës. P. P. O. Helmstadii. 1752. in Quart. S. Leipz. gel. Zeit. 1752. S. 925. fg. Commentar. de reb. in scient. nat. gestis, Vol. II. P. I. pag. 186.

44) Programma in memoriam *Vilelminae Magdalenae Bockelmaniae*, quondam coniugis Viri illustris, *Joach. Dieter. Lichtenstein*, Consiliar. aulae, praetoris et Consulis primarii. Helmst. 1752. in Quart.

45) Programma in memoriam *Caroli Gerardi Guil. Lodtmann*, I. V. D. et Philos. P. P. O. Helmst. 1755. in Quart. Im Eingange dieser Schrift wird ein freyes Urtheil über die **Aesthetik** gefället. Es ward der wesentliche Inhalt dieser Abhandlung dem **Neuesten aus der anmuthigen Gelehrsamkeit**, 1755. S. 544. sgg. weitläuftig einverleibet. Der Herr Professor **Nicolai** zu Frankfurt an der Oder hat darüber eine besondere **Vorrede** zu den **Briefen über den jetzigen Zustand der schönen Wissenschaften in Deutschland**, Berlin, 1755. in Octav, drucken lassen. S. auch D. Stosch neues Gelehrtes Europa, im 14. Theil, S. 328. fg.

E. Academische Reden, lateinische Carmina und Vorreden.

46) Biga Orationum pro defendendis bonis literis aduersus Philosophos recentiores eos, qui illas contemnunt. Quarum altera agit *de Philosophiae absque literis Graecis imperfectione*, altera *de damno, quod Philosophia parit, destituta literis humanioribus et arte critica*. Helmstadii. 1748. in Quart. Mit der letzteren, freymüthig abgefaßten, Rede, trat der Herr Abt seine philosophische außerordentliche Profeßion in Leipzig den 3. April 1748. an, und da sie damahls unter den **Wolfischen** und **Gottschedischen** Philosophen, die sich beleidiget zu seyn glaubeten, viel Aufsehen erweckte, wird ihre Geschichte in einer kurzen Vorrede pag. 33. erzehlet. Die erste Rede ist beym

Johann Benedict Carpzov.

Antrit der griechischen, ordentlichen Profeßio zum Helmstädt den 1. August 1748. gehalten. Ihren Inhalt lieset man erzählet in den Götting. gel. Zeitungen, 1748. S. 1005. fg. in den Leipziger gel. Zeit. 1748. S. 725. fg. in den Halberst. Zeit. von gel. Sachen, 1748. S. 444. im Hamburg. Corresp. 1748. Num. 164. und in den Braunschw. Anzeigen, 1748. S. 1839.

47) Oratio solemnis de sancta religione, gladio et armis defensa. Helmstadii. 1759. in Quart. Mit dieser Rede feyerte er damahls mitten in Kriegszeiten das 184ste Universitätsfest zu Helmstädt, da ihn nach der dortigen Einrichtung die Ordnung traf. S. Leipziger gel. Zeitungen, 1760. S. 20. fg.

48) Fasciculus Carminum latinorum, Alcaico et Phaleucio genere conscriptorum. Es sind deren ohngefehr 18. Bogen zusammen, die bey verschiedenen Gelegenheiten auf Leipziger Gelehrte, theils Lehrer, theils andere Freunde des Herrn Abts, bey ihren Beförderungen, oder sonst, von den Jahren 1737. an biß 1743. verfertiget worden. Darunter befindet sich eine Satire, Criticellus turgidus übergeschrieben, welche dem Herrn D. Hundertmark zugeeignet ist. Herr Hofrath Kästner rühmte den Klang dieser lateinischen Poesie in einem poetischen Sendschreiben an den Herrn Verfasser, als er die Magisterwürde überkam. Dasselbe steht in dessen (zu Altenburg, 1755. in Octav herausgegebenen) vermischten Schriften.

49) Vorrede zu des, nun seligen, Herrn Doct. und Superintendent Carpzovs in Lübeck Betrachtungen vom Tode und dem ewigen Leben. Quedlinburg. 1761. in Quart. Sie handelt auf 2. Bogen von den heute zu Tage

Tage eingerissenen Fehlern in philosophischen Predigten, und empfiehlet den jungen Predigern, die Schriften der alten Gottesgelehrten und solcher Männer, von dergleichen die gegenwärtigen Predigten sind, nicht zu versäumen. S. Herrn D. Wincklers biblische Pastoral-Abhandlungen, im 2. Theil, S. 24.

50) Vorrede zu des Herrn Consistorialrath und Oberhofpredigers, D. Boysen, in Quedlinburg, critischen Erleuterungen des neuen Testaments aus der syrischen Uebersetzung, dem dritten Stück. Quedlinburg. 1762. in Octav. Sie handelt von dem Werth und der Wichtigkeit der syrischen Uebersetzung. Ihr Inhalt wird in Herrn D. Ernesti theol. Biblioth. im 3. Band, S. 536. angezeiget.

* * *

Von des Herrn Abts Leben und Schriften ertheilen Nachricht:

a) D. Joh. Ernst Schuberts Programma in promotionem duorum Doctorum S. Theologiae in Academia Julia Carolina, Helmst. 1749. in Quart, pag. 42. seqq.

b) Beyträge zu den Actis historico-ecclesiasticis, Vol. II. pag. 253. seqq.

c) vollständige Nachrichten von dem Inhalt academischer Schriften, 1750. S. 139. fgg.

d) M. Elias Friedrich Schmersahls Geschichte jetztlebender Gottesgelehrten, im 1. Stück, S. 65. fgg.

e) D. Ferdinand Stosch neues gelehrtes Europa, im 14. Theil, S. 290. fgg.

Nachrichten von Niedersächsischen berühmten Leuten u. Familien.

Das 80. Stück.

Heinrich Brokes,

Erbherr auf Krempelstorf, beyder Rechten Doctor, Herzogl. Sachsen-Gothaischer Hofrath, und Bürgermeister der kayserlichen freyen Reichsstadt Lübeck.

Zu den Nachrichten, welche man von berühmten Familien haben muß, gehören unter andern auch diejenigen, welche ihre Namen und deren Rechtschreibung angehen. Ohne dieselbe läuft man oft Gefahr, den Geschlechtern in ihrem Rechte, sich zu schreiben, wie sie wollen, zu nahe zu treten. Nach der Anmerkung des Abts von Garence, oder des de Vigneul-Marville, thut man so gar ihrer Ehre Abbruch, wenn man ihre Namen ändern will. Auch soll in dem Reiche der Gelehrsamkeit, wie dieser Mann bemerket haben will, nur so lange Licht und gute Ordnung leuchten können, so lange man in der Namenkunde die gute Rechtschreibung auf das genaueste beobachtet. Alles läuft freylich auf die Billigkeit hinaus, daß man keiner Familie die ihr gewöhnliche Buchstaben, woraus sie ihren Namen zusammen setzt, streitig machen muß. Auch die verschiedene Häuser, in welche ein Geschlecht sich ausbreitet, behalten dieses Recht. An statt vieler Exempel, wodurch Niedersachsen die Sachen erläutern kann, sollen uns jetzt nur die beyden vornehmen Häuser Brokes und Brockes in Lübeck und Hamburg blieben. Das erste ist das Stammhaus des ganzen Geschlechts, und schreibet seinen Namen so, wie es eigentlich die Aussprache mit sich bringet. Allein wer kann es dem letztern wehren, nachdem das Geschlecht selbst schon so lange darüber friedsam geblieben ist, dem gemeinschaftlichen Namen im Schreiben einen Buchstaben mehr zu geben, als das erstere? Und muß nicht, wer beyde Häuser ehret, dem einen, wie dem andern, in der einmal angenommenen Art der Rechtschreibung nachfolgen? Denn daß sie beyde würklich eines Geschlechts sind, wird unter andern noch wichtigern Dingen die Lebensgeschichte eines, nicht nur in seiner berühmten Vaterstadt, sondern auch ausser derselben, weit und breit hochgeachteten und um die gelehrte Welt hochverdienten Mannes beweisen, welche unsern Lesern anjetzt vorgeleget wird.

Er erblickte diese Welt zu Lübeck im Jahr 1706. den 15. August. Sein Vater, **Johann Brokes**, *) bey der Rechten Doctor, ist 1746. den 23. Junius im Ruhm eines frommen und rechtschaffenen Rechtsgelehrten gestorben. Die Mutter war **Agnes Sophia**, gebohrne Gutz-

---

*) Das ihm zu Ehren auf 1½ Bogen in Folio gedruckte Leichen-Programma führet die Aufschrift: Memoria viri nobilissimi, consultissimi & amplissimi, Domini IOHANNIS BROKES, Haereditarii in Krempelsdorff, Iuris vtriusque Doctoris celeberrimi, literis consignata a IO. HENR. a SEELEN, SS. Theol. Lic. et Gymn. Lubec. Rect. Lubecae. 1746. welcher sel. Herr Lic. von Seelen auch in seinen Athenis Lubecensibus, Part. III. pag. 5. seqq. etwas von ihm erwehnet hat. Der selige Mann hatte nebst unserm Herrn Bürgermeister, der sein ältester Sohn ist, noch einen Sohn, Johann Brokes, der auch beyder Rechten Doctor war, aber in einem Jahr mit dem Vater starb, nemlich 1746. den 22. August. Demselben ward gleichfals auf anderthalb Bogen in Folio von dem sel. Herrn Lic. von Seelen ein Ehrengedächtniß gestiftet, dessen Aufschrift also lautet: Memoria viri nobilissimi, amplissimi & consultissimi, Domini IOANNIS BROKES, Iuris vtriusque Doctoris celeberrimi, literis consignata a IO. HENR. a SEELEN, SS. Theol. Licent. & Gymn. Lubec. Rect. Lubecae. 1746.

Gutzmer oder von Gusmann, die im Jahr 1721. den 6. Octobr. in die Ewigkeit gegangen ist.

Ein Vergnügen für unsere Leser wird es seyn, die ganze Reihe der Vorfahren, so weit sie aus zuverläßigen Nachrichten bekannt ist, in gerader Linie hinauf zu steigen. Unsere Nachrichten haben diß besonders mit zum Zweck.

Von väterlicher Seite war der Großvater Johann Brokes, ein Handelsmann, die Großmutter Agneta, eines Tuchhändlers, Johann Hasenkrog, Tochter; der Eltervater Hans Brokes, ein Kaufmann, der eines Kaufmanns, Heinrich Bremers, Tochter zur Ehe hatte; der Obereltervater Heinrich Brokes, *) Bürgermeister zu Lübeck, die Obereltermutter Magdalena von Lüneburg, des seligen Bernhards von Lüneburg und Margarethen, gebohrnen von Brömbsen, Tochter; der Ureltervater Johann Brokes, gleichfals Bürgermeister zu Lübeck, die Ureltermutter Catharina, gebohrne Röhnen, des seligen Conrad oder Cord Röhns Tochter.

Auf mütterlicher Seiten war der Großvater Johann Georg Gutzmer oder von Gusmann, herzogl. Mecklenburg-Strelitzischer Geheimerrath, und von A. 1700. an Lübeckischer Syndicus, welcher 1712. vom Kayser Carl dem VI. in den Adelstand erhoben, und 1716. gestorben ist; die Großmutter Agneta Sophia, gebohrne Willebrandten, eine Tochter Albert Willebrandts, welcher eben so, wie sein Vater, Nicolas Willebrandt, beyder Rechten Doctor und Professor auf der Universität zu Rostock gewesen ist; der Eltervater Simon Johann Gutzmer, beyder Rechten Doctor und Bürgermeister zu Stargard, die Eltermutter

---

*) Von demselben hat unser Herr Bürgermeister selbst die vollständigste Nachricht in einer besondern Abhandlung ertheilet, die unter seinen Schriften Num. 59. erwehnet wird. Sonst kan man davon auch D. Christian Gottlieb Jöchers allgemeines Gelehrten-Lexicon, im I. Theil, S. 1396; und L. Johann Heinrichs von Seelen Athenas Lubecenses, Part. I. pag. 125. seqq. nachlesen.

ter Anna Regina, eine Tochter Jürgen Hagemeisters, Rathsherrn in Rostock; der Oberelservater Michael Gutzmer, Pastor und Senior des Predigamts zu Sternberg, die Oberelternmutter Maria, gebohrne Fabricius, deren Vater, Johann Fabricius, gleichfals zu Sternberg Pastor war; der Ureltervater M. Simon Gutzmer, Pastor und Senior zu Sternberg, die Ureltermutter Anna, gebohrne Santers, deren Vater Nicolas Santer zu Sternberg Bürgermeister gewesen.

Das berühmte Brokesische Geschlecht hat gewiß Ehre von diesem zwiefachen ansehnlichen Stammbaum. Von Seiten des männlichen Stamms merken wir noch an, daß er seinen Ursprung aus Plön nimmt. Der zuletzt genannte **Johann Brokes**, Bürgermeister in Lübeck, und erster Lübeckischer Ahnherr seines Geschlechts, hatte einen Vater gleiches Namens, der in der Stadt Plöen Bürgermeister gewesen. Er selbst ward im Jahr 1564. zu Rathe erwählet. Im Jahr 1567. hatte er, nebst dem Rathsherrn **Matthäus Tidemann**, die Befehle über eine Lübeckische Flotte, welche gegen den König von Schweden, Erich den XIV. ausgelaufen war, und 1573. gelangte er zur Bürgermeisterwürde.*) Unter seinen vier Söhnen sind der älteste, und noch zween andere merkwürdig. Der älteste, **Hans Brokes**, wandte sich nach Hamburg, und pflanzte daselbst sein Geschlecht. Er ist unsers weiland hochberühmten Dichters und Rathsherrn, **Barthold Henrich Brokes**, Eltervater gewesen. Die zween andern sind in Lübeck nach einander Bürgermeister geworden. Von dem ersten, **Heinrich Brokes**, schreibet der sel. D. Jöcher, **) daß er unverheyrathet gestorben sey. Allein er hat Magdalenen von Lüneburg den 7. May 1598. durch den damah-

---

*) In der Schrift, die in der Marienkirche zu Lübeck auf seiner Gedächtnißtafel zu lesen ist, heißet es daher: Herr Johann Brokes von Plöne in Holstein bürtig, ward dieser Stadt Lübeck Bürger, Rathmann, Admiral, auch ältester Bürgermeister ꝛc.

**) Im allgem. Gelehrten=Lexicon, im 1. Th. Bl. 1396.

mahligen Superintendenten, M. Andreas Pouchenius, sich ehelich antrauen lassen, und mit derselben fünf Söhne und zwo Töchter gezeuget. Der andere, Otto Brokes, war der jüngste Sohn seines Vaters, und ward wegen seiner ungemeinen Ernsthaftigkeit nur Cato Lubecensis genannt. Das Exempel eines Bürgermeisters, wie er war, der einen Bürgermeister zum Vater und zum Bruder gehabt hätte, *) wird sich nicht häufig antreffen lassen. Uebrigens sind auch zween Lübeckische Rathsherren, Bernhard und Otto Brokes, eine Zierde dieses Stamms gewesen.

Von Seiten des mütterlichen Stammbaums würden sich auch Anmerkungen machen lassen, die seine Vorzüge noch mehr ins Licht setzen könnten. Das berühmte Cothmansche Geschlecht gehöret nemlich unter andern dahin, und einer der würklichen Ahnherrn war der kayserliche Pfalzgraf und berühmte Rechtsgelehrte, Johann Cothmann, Geheimerrath und Canzler der Herzoge zu Mecklenburg, Adolph Friederichs, Johann Alberts und Gustav Adolphs. Allein es ist uns eigentlich um die Geschichte des berühmten Mannes selbst zu thun, dessen Leben wir zu beschreiben den Anfang gemacht haben.

Biß ins eilfte Jahr seines Alters unterrichtete ihn ein alter Candidat des Predigamts, Johann Ems, welcher ihn durch treuen Fleiß so weit brachte, daß er mit Nutzen in das Gymnasium seiner Vaterstadt eingeführet werden konnte, darin ihn der Rector Enoch Swandt oder Suantanius im Jahr 1717. um Ostern zum Mitgliede der dritten Classe machte, worauf er das folgende Jahr in die zwote und 1720. in die erste Classe versetzet ward. Allda ward der, zwey Jahre vorher zum Rectorat gelangte, berühmte sel. Johann Heinrich von Seelen sein Lehrer, so wie es vorhin der Conrector M. Martin Christian Göldelius, der Subrector Zacharias Stampeel und der Cantor Heinrich Sivers gewesen waren, die es, den letzten

aus-

---

*) Consulis post patrem, Iohannem & Henricum, fratrem, Consules, heißt es daher in der Innschrift seiner Gedächtnißtafel in Lübeck.

ausgenommen, nach der Verfassung hasiger Schule, so lange er dieselbe besuchte, blieben sind.

Er hatte die beste Gelegenheit, seine jugendlichen Studien weit über das Mittelmäßige zu treiben. Seine damaligen Umstände zeugten bereits von der gütigen Hand Gottes, die ihn führete. Die christliche Erziehung, deren er in seines Vaters Hause genoß, die Güte seiner Naturgaben, der rühmliche Fleiß, den er anwendete, und der ein Muster seyn konnte, die Geschicklichkeit und Treue seiner erwehnten Schullehrer, und sonst andere vortheilhafte Dinge reimten sich vortreflich zu den blühenden Jünglingsjahren eines Mannes, der einmal die Person vorstellen sollte, zu welcher die Vorsehung ihn ausersehen hatte. Mit einer anhaltenden Arbeitsamkeit zu Hause verband er den Fleiß der Schule, und wählte zum Vorwurf desselben Alles, was einen rechtschaffenen Gelehrten bilden konte. Er war gleich anfangs willens, sich auf Rechtsgelehrsamkeit zu legen. Allein deßwegen mußte in der Lübeckischen Schule, die immerfort verschiedene Hauptgelehrte gezogen, und stets eine sich darauf beziehende Einrichtung gehabt, nichts getrieben werden, worauf nicht auch er mit Vergnügen seine Zeit verwendet hätte. Besonders war, nebst der lateinischen Sprache und Beredsamkeit, das Griechische und die lateinische Dichtkunst dasjenige, woraus er damahls seine Lieblingsbeschäftigung gemacht hatte. *) Was dienet mehr, als diese

---

*) Dieses durchgängige Wohlverhalten bewog den sel. Herrn Conrector M. Göldelius, ihn bey seinem Abschied aus der Lübeckschen Schule mit einem schönen lateinischen Gedicht zu beehren, worinn unter andern diese Verse vorkommen:

Si nisus canerem decertatosque labores,
Et lectos libros, & Progymnasmata cellis
Dispertita suis, vasti maris vnda pateret,
Pulcraque lassarent Clarios praeconia cursus.
Nempe Tuo posuit pietas sub pectore sedem,
Accenditque velut feruentia tura sacello.
Quis prior in vestro cantus audire Lyceo
Ordirique preces, socius cum nullus adesset,
Sacraque deuoto percurrere Biblia sensu? - - -

diese anmuthigen Studien, zur eigentlichen Vorbereitung eines Mannes, der einmahl in der schönen nnd gründlichen Rechtsgelehrsamkeit etwas Vorzügliches leisten soll?

War es Wunder, daß er an allem, was er trieb, immer mehr und mehr Geschmack gewann? Nur seichten und nachläßigen Geistern ist es eigen, eines angefangnen Werks vor der Zeit müde zu werden, und Köpfe, die am wenigsten mit einer Uebung bekannt geworden, sind insgemein die voreiligsten, von einem auf das andere zu verfallen. Er wartete biß nahe an sein zwanzigstes Jahr, bevor er das Lübeckische Gymnasium verließ. Fünf Jahre hat er allein in der ersten Classe desselben zugebracht; und keines derselben ist ohne würdige Proben, die er ablegte, verflossen. Im letzten seiner Schuljahren hielt er vier öffentliche lateinische Reden, die seine Liebhaberey so wohl, als auch das vornehmste Augenmerk, auf welches er bald wichtigere Bemühungen richten wollte, deutlich zu erkennen gaben. Er redete einmahl de vtilitate Poëseos, contra Henricum Cornelium Agrippam; ein andermahl de iustitia et clementia, primariis Principum virtutibus; noch ein andermahl de licito Virginii, filiam suam inserficientis, homicidio, occasione

> Non Tibi fluxerunt lasciua per otia soles,
> Sed labor ingenii vires exercuit omnes.
> Iungere verba suis rebus, cognoscere textum,
> Exceptare notas calamis, componere carmen,
> Sermonumque tropis varias effingere formas,
> Continuum versare stilum, protrudere foetus,
> Historiaeque vagos late decerpere flores.
> Nec piguit Graecam linguae sociare latinae,
> Dulcius ex ipso cnm carpere fonte Nouellas
> Profit, & eois accendere lampada punctis.
> Ornauit teneros adiuncta modestia mores:
> Obsequium viguit. &c.

In der gelehrten Schrift, womit D. Joh. Gottfried Kraus zur Feyerlichkeit der in Wittenberg erhaltenen Doctorwürde des Herrn Bürgermeisters eingeladen hat, befindet sich desselben curriculum vitae, worinn noch mehr Verse aus diesem Glückwünschungsgedichte zu lesen sind, p. 10. sequ.

fione *Livii*, Libr. III. Cap. 44-49. und darauf de focialitate. Hiezu kamen Stunden, in welchen er aus dem Hausunterricht seines gelehrten Vaters einen Vorschmack gründlicher Rechtskunde bekam und vielen Vortheil zog, Stunden, worinn er den Subrector **Stampeel**, der ein Rechtsgelehrter war, über *Hoppii* Examen Inſtitutionum hörete, Stunden über die Inſtitutioues ſelbſt und eine dazu vorbereitende Hiſtoriam Iuris Romani, welche er bey einem dazu tüchtigen Candidaten, Namens **Brunner**, zubrachte. Endlich nahm er 1725. den 21. Junius von dem daſigen Gymnaſio Abſchied, und zwar mit einer öffentlichen Rede in lateiniſchen Verſen, die eine Lobrede auf den groſſen Rechtsgelehrten, **Heinrich Cocceji**, war.

Am darauf folgenden 26. Julius verließ er Lübeck, und nahm ſeinem Weg über Hamburg nach Magdeburg. Drey Tage vor ſeinem zwanzigſten Geburtstag, nemlich den 12. Auguſt des gedachten Jahres, langte er zu Wittenberg an, wo ihn der nachmahlige Reichshofrath von **Wernher** in die Zahl der academiſchen Bürger aufnahm.

Ein Geiſt ſeiner Art, den die beſten Vaterhände von Kind auf durch tägliches Bilden, Beten und Zuwinken Gott und der wahren Tugend gewidmet, den geſchickte und rechtſchaffene Lehrer zubereitet, und dem auserleſene Proben gleichſam das Siegel der Beſtändigkeit im Guten aufgedruckt hatte, verſprach gleich anfangs, was nur wenige verſprechen, und brachte doch noch ein Mehreres in Erfüllung. Alle, die ihn damahls gekannt, ſind Zeugen von dem rühmlichen Wandel, den er mit einem vorzüglichen Fleiß verband, und der Erfolg hat erwieſen, wie würdig der Grundriß ſeiner academiſchen Studien geweſen ſey. Er beſchäftigte ſich damit in Wittenberg drey Jahre lang, und hörte in den ihm zuträglichen Theilen der Weltweisheit vornehmlich drey weiland berühmte Männer, den Hofrath **Haß**, den Profeſſor **Hollmann** und den Adjunct. **Schloſſer**, von welchen der zwete noch jetzt, als Profeſſor, die Göttingiſche Univerſität zieret, der letztere aber, als Paſtor der lutheriſchen Gemeine zu Caſſel, 1742. geſtorben iſt.

(Die Fortſetzung folgt.)

Nachrichten von Niedersächsischen berühmten Leuten u. Familien.

Das 81. Stück.

Fortsetzung des im vorhergehenden Stück abgebrochenen Artikels.

In der Rechtsgelehrsamkeit leuchteten ihm die scheinenden Lichter, D. Gebhard Christian Bastineller, D. Gottfried Ludewig Mencken, D. Johann Gottlieb Krause, D. Jacob Carl Spener, D. Dieterich Hermann Kemmerich, D. Johann Friederich Wernher, D. Just Georg Chladenius, Johann Heinrich Albinus und Christian Gottlieb Srebach. Am sorgfältigsten folgte er aber dem grossen Johann Balthasar von Wernher, der hernach kapserlicher Reichshofrath geworden, und sein Führer durch verschiedene Felder, die ein gründlicher Rechtsgelehrter zu betrachten hat, ja durch den ganzen Laufkreis desselben gewesen. Ein öffentlicher Beweiß seiner Anhängigkeit an diesen grossen Mann war die gelehrte Streitschrift, welche er unter ihm 1728. den 29. Junius rühmlichst vertheidigte, worinn er der Welt die erste Probe seiner gründlichen Rechtsgelehrsamkeit vorlegte. In dem Verzeichniß seiner Schriften, welches die Leser am Ende dieser Beschreibung finden, wird ihrer am gehörigen Ort gedacht werden.

Den 28. des folgenden Monats Julius gieng er über Leipzig nach Halle, in der Absicht, daselbst auf der Universität seinen Fleiß nicht weniger, als in Wittenberg, zu nähren, und ihn besonders auf alles zu richten, was daselbst damahls vorzüglich gelehret ward. Die Vorlesungen des geheimen Raths **Böhmers** über die Pandekten und das ganze geistliche Recht, imgleichen die Lehrstunden des geheimen Raths **Gundlings** über die Reichsgeschichte und das Staatsrecht gefiehlen ihm über die Maßen, und wurden ihm durch die Gelegenheit, die sie ihm gaben, alles zu prüfen und das Gute zu behalten, ungemein nützlich. Denn da bey ihm die erste Grundfarbe der Wißenschaften gelegt war, so muste die fernere Ausmahlung mit Geschmack, Beurtheilung, Wahl und Ueberlegung bewerkstelliget werden. Für den Geist konnte er sich keinen vortheilhaftern Aufenthalt, als zu Halle, wünschen. Allein der Ort war nicht für seinen Körper. Er verfiel daselbst bald in eine schwehre Krankheit, und konnte nach erfolgter Beßerung doch nicht recht genesen. Wegen neuer Anstöße, die er stets auszustehen hatte, ward er endlich genöthiget, zum Anfang des Jahres 1729. einen andern Aufenthalt sich zu erwehlen. Hierzu wählete er anfangs Leipzig, und hörte allda eine Weile die berühmten Männer, **Griebner, Rechenberg, Gebauer** und **Frankenstein**, mit Vergnügen so wohl, als Nutzen, und bey Doct. **Gottlieb Sturm** hielte er über das geistliche Recht besondere Stunden.

Inzwischen rückte er der Absicht, welche er sich seit einiger Zeit vorgesetzt hatte, nemlich der academischen Lebensart seine Tage zu widmen, immer näher heran. Mit einer gelehrten Untersuchung, durch deren feyerliche Vertheidigung er sich den juristischen Doctorhut erwerben mögte, ward er bald fertig. Der Orden, bey welchem er hierum ansuchen muste, gab ihm die Erklärung, daß er dieser Ehre allerdings würdig sey, mit Vergnügen. Einige Stunden, die er im öffentlichen Hörsaal auf die Bestätigung der Lehre verwendete, actorem in actione negatoria immunem esse ab onere probandi, wurden von der studierenden Jugend mit Beyfall besucht. Und seine Inauguraldisputation de iuramento perhorrescentiae eiusdemque vsu practico ward

unter

*) Man sehe dessen Meditationes ad Pandectas, im XI. Bande, den der selige D. **Jenichen** herausgegeben, S. 184. fg.

unter dem Vorsitz des gelehrten Hofrath Leysers *)
mit Ruhm vertheidiget. Es geschah solches im Jahr 1730.
den 20. Februar, und noch denselben Abend ward er zum
Doctor beyder Rechte feyerlich ausgerufen.

Dieses Ende der Arbeitsamkeit bey den Unwürdigen ist
bey den Würdigen in der That derselben Anfang. Unsers
Herrn Brokes neuerworbene Ehrenname verband sich unverzüglich mit der That. Er fieng zu Wittenberg an zu
lehren. Er unterstützte diese Arbeit mit der Ausfertigung
gelehrter Werke. Er zeigete sich, als einen solchen Lehrer,
der mit der Gründlichkeit seiner Einsichten auch Fertigkeiten
in der Ausübung zu verbinden wuste. Denn an dem Letzteren ließ er es am wenigsten fehlen, so bald er aus der
Churfürstlichen Kanzley zu Dreßden die Freyheit erhalten
hatte, die Beweise dieser Geschicklichkeit in dem Churfürstenthum Sachsen und den Ländern, welche demselben einverleibet sind, abzulegen. Dieselbe erfolgte noch in eben
dem Jahre den 5. August, nachdem er selbst in Dreßden
aus den ihm vorgelegten Acten Auszüge gemacht, die vorzüglichen Beyfall erhalten, folglich die gewöhnliche Prüfung nach Wunsch ausgestanden hatte. Arbeit war ihm
überhaupt eine Lust. Doch blieben die Bemühungen auf
der Catheder, besonders Disputirübungen, sein Hauptvergnügen. Innerhalb eilf Jahren hat er allein zu Wittenberg
neunzehnmal bey öffentlichen Feyerlichkeiten nach der Art derer, die man academische Kampfspiele nennen möchte, den
Vorsitz geführet.

Es muste daher nothwendig ein vorzüglicher Ruhm seiner gründlichen Gelehrsamkeit, seiner bewährten Lehrergaben, seines Fleißes, seiner Redlichkeit, seiner Geschicklichkeit und anderer, ihm beywohnenden, edlen Eigenschaften in
der Nähe und Ferne sich verbreiten. Die Folgen davon blieben nicht lange aus. Im Jahr 1740. den 13. Julius ernannte ihn Sr. Königl. Majestät von Pohlen, als Churfürst zu Sachsen, zum ausserordentlichen Professor der
Rechte auf der Universität zu Wittenberg, und den 8. November desselben Jahres zum ausserordentlichen Beysitzer der

das

daselbst blühenden Juristenfacultät. Von der Greifswaldschen Academie ward ihm von dem Decanus der dasigen Universität, D. Hermann Heinrich Engelbrecht, der hernach als Beysitzer des königlichen Schwedischen Tribunals in Wißmar gestorben ist, im Jahr 1743. im Namen des Königes von Schweden die Stelle eines öffentlichen Lehrers der Rechte angetragen. Das Engelbrechtsche Schreiben war den 4. Februar gestellet, und bezeugte eine zuversichtliche Hofnung, die Aufnahme der Juristenfacultät durch ihn dereinst insonderheit befördert zu sehen. Ehe in dieser Sache etwas Entscheidendes erfolgen konnte, hatte sein alter Lehrer, D. Dieterich Hermann Kemmerich, der damahls zu Jena Professor und herzoglicher Hofrath war, an ihn gedacht, und trug ihm in einem Schreiben vom 7. März die Stelle eines Beysitzers im Schöppenstuhl zu Jena und das damit verknüpfte Amt eines ordentlichen Professors der Rechte daselbst an, freuete sich auch schon zum voraus, daß er sich von ihm, wenn er käme, ein redliches und friedliebendes Betragen gegen seine Amtsbrüder, wie seine Ausdrücke lauteten, zu versprechen haben würde. Unser Herr Brokes ließ es darauf ankommen, welcher von diesen beyden Anträgen zuerst zu Stande kommen würde. Und dieses war die letztere. Die vier durchlauchtige Sächsische Höfe, von welchen die Jenaische Universität unterhalten wird, bezeugten durch ihre Rescripte in den Monaten April und Junius, daß sie sich seine, ihnen vorzüglich angetragene, Person wegen seiner angerühmten guten Gaben, Gelahrtheit und Geschicklichkeit vor andern gefallen liessen, und ihm deßhalber zu beyden erwehnten Plätzen der Beruf ohne Zeitverlust zugefertiget werden sollte. Gewisse Bemühungen zum Besten eines andern gelehrten Mannes, der die Professorstelle lieber sich, als ihm, gegönnet hätte, wurden vereitelt, und die Höfe bestanden darauf, daß dieselbe niemanden, als ihm, der wegen seiner Gelehrsamkeit und übrigen guten Aufführung grossen Ruhm erlanget hätte, und dessen Geschicklichkeit im Lehren und Unterrichten ihnen besonders angerühmet wäre, zu Theile werden sollte. Die herzoglichen Briefe, die dieses im Munde führten, ergiengen in den

Mona-

Monaten Julius und August, und am 14. Tage des letztern Monaths ward der Beruf gehörig ausgefertiget. Herr Brokes begab sich also, nach erlangter allergnädigsten Entlassung Sr. königl. Majestät in Pohlen und churfürstlichen Durchlauchtigkeit zu Sachsen, auf die Reise, und kam über Leipzig nach Jena, woselbst er am 11. October in den Schöppenstuhl, und am 23. November in den academischen Senat aufgenommen ward. Seine Antritsrede hielte er in dem juristischen Hörsaal den 23. December de Lubecensium patria, extra patriam in academiis quaesita, welche bald darauf gedruckt ward.

Ein kurzsichtiger Ehrgeiz ermüdet, so bald gewisse Stuffen erstiegen sind. So war er am wenigsten geartet. Seine neuen Umständen waren ihm vielmehr lauter neue Ermunterungen, die feurige Geschäftigkeit, welche ihn immer belebet hatte, ferner zu unterhalten, ja, wo es möglich wäre, noch zu vermehren. Den Eifer, den er hierinn blicken ließ, ließ die Vorsehung einmal über das andere eine Gelegenheit werden, daß er höher stieg. Gleich darauf, nemlich im Jahr 1744. ward er auf eingegangene Herzogliche Befehlsschreiben, als Assessor des gesammten hochfürstl. Sächsischen Hofgerichts, welches mit den hohen Landesregierungen bekanntermassen gemeinschaftliche Gerichtsbarkeit hat, an einem Tage ernannt und eingeführt. Die Stelle eines ordentlichen Professors der Pandecten und Assessors der Juristenfacultät zu Jena erhielte er nach Absterben der beyden Hofräthe Kemmerichs und Schaumburgs zu Anfange des 1747. Jahres, und verfocht im April zur Antretung derselben, nach akademischem Gebrauch, seine Schrift de iure pecuniae haerebibus vltimi possessoris feudalis soluendae. In diesen und noch mehr andern Merkmahlen bezeugten die hochfürstliche Sächsische Höfe ihm ihre gänzliche Zufriedenheit. Doch übergieng nichts das Zutrauen und die huldreichen Gesinnungen des durchlauchtigsten Gothaischen Hofes. Vornehmlich hatten Seine Herzogl. Durchlauchten zu Sachsengotha die Gnade, ihn im Jahr 1748. zu höchstdero Hofrath zu ernennen.

Es ist leicht zu erachten, daß, je gehäufter die Merk*mahle ausnehmender Huld waren, deren die durchlauchtig*ste Herren Nutritores der Universität Jena den Herrn Bro*kes würdigten, desto unermüdeter er sich finden lassen, in seinen wichtigen Aemtern solche gnädigste Zuneigung im*mer mehr noch zu verdienen. Doch können wir nicht um*hin, besonders alhier zu erwehnen, daß er offt zu ausseror*dentlichen Beschäfftigungen aufgefordert worden, da er der Jenaischen Universität Ehre gemacht. Zu Anfange des 1748sten Jahrs ward er mit dem Herrn Kirchenrath Walch von der Universität nach Weimar abgeordnet, um des Her*zogs von Sachsengotha Durchlauchtigkeit zu der übernom*menen Vormundschaft über den durchlauchtigen Erbprin*zen zu Sachsen-Weimar und Eisenach unterthänigst Glück zu wünschen. Im folgenden 1749sten Jahr übernahm er die gewöhnliche halbjährige Verwaltung des Decanats in der Juristischen Facultät. In dem darauf folgenden 1750. Jahre ward er abermahls in Gesellschaft des Herrn geheimen Hofraths und ersten Lehrers der Rechtsgelahrheit Heim*burgs von der Jenaischen Akademie abgesandt, um in ih*rem Namen dem Landtage zu Weimar, welchen der durch*lauchtigste Herzog zu Sachsen-Coburg, Franz Josias, als Ober*vormund und Landesadministrator ausgeschrieben hatte, bey*zuwohnen. Im folgenden 1750sten Jahre ward ihm am 11. Februar das halbjährige Prorectorat aufgetragen, wel*ches er bey einer starken Anzahl von Studenten mit vieler Mühe und Beschwerde biß auf den 13. August verwaltete, bey dessen Niederlegung ihm Philip Jacob Spener in einem gelehrten Schreiben von dem Titel Magnificenz auf Academien Glück wünschte, dessen Inhalt in den Je*naischen gelehrten Zeitungen, 1751. S. 540. erzäh*let wird. Am 4. August hatte er zu Weimar wichtige Ver*richtungen, als Seine herzogliche Durchlauchten zu Sachsen-Gotha, als Obervormund und Landes-Administrator der bey*den Herzogthümer Eisenach und Jena, durch den Herrn Gra*fen Heinrich von Bünau die Huldigung an dem gedachten Tage einnehmen zu lassen geruheten. Denn auf dem Schlosse, wo der Herr Graf, als Bevollmächtigte des Herzogs den

Antrag

Antrag gethan hatte, hielt er in Namen der sämmtlichen Jenaischen Landstände öffentlich die feyerliche Beantwortungsrede.

Er verheyrathete sich in eben dem halben Jahre, worinn er zum erstenmal Dechand seiner Facultät war, nemlich 1749. den 14. Julius, mit Jungfer Elisabeth Susanna Carolina Spenern, der würdigen Tochter eines seiner gewesenen Lehrer in Wittenberg, des grossen D. Jacob Carl Speners, chursächsischen Hofraths, eines Mannes von ungemeiner Stärke in der Geschichtkunde und dem Staatsrecht, einer Enkelinn des berühmten Theologen, D. Philipp Jacob Speners, vormaligen Oberhofpredigers zu Dresden, und nachherigen Probsten zu Berlin. Er erhielt an derselben eine Gattin, die mit dem angestammten Ruhm ihres Geschlechts alle Eigenschaften des Verstandes und des Herzens verbindet, welche zu einem wahren Christenthum gehören. Er ist zwar durch dieselbe nicht mit Kindern von dem Höchsten gesegnet worden. Doch fehlet es ihm nichts desto weniger an andern Vergnüglichkeiten, die das Glück der Ehen ausmachen. Wer Tugend und Verdienste schätzet, wünschet Beyden die späteste gemeinschaftliche Erfahrung aller Segnungen aus der Höhe.

Je angenehmer ihm sein Amt und Stand nothwendig seyn muste, da ein allgemeiner Beyfall seine Bemühungen allezeit begleitete: so muste besonders auch das academische Leben für ihn viele Reitzungen behalten. Vornehmlich muste Jena, wo es ihm so vollkommen nach Wunsch ergieng, ausnehmend ihm gefallen. Er dachte daher von dieser Universität niemals sich zu trennen. Keine Versuchungen waren lange Zeit stark gnug, diese Entschliessung wankend zu machen, auch nicht einmahl, als ihm Anno 1750. unter den vortheilhaftesten Bedingungen die Stelle eines ordentlichen Lehrers der Rechtsgelahrheit auf der Universität Marburg angetragen ward. So viel Ehre ihm auch dieser Antrag machte, da der hochfürstl. Heßische Regierungsrath und geheime Referendarius, Levin Hein, ihm in einem Schreiben aus Cassel vom 19. April meldete, daß man dort

wegen

wegen seiner bekannten Gelahrheit und Geschicklichkeit ihn ihn zu ziehen sich vorzüglich sehne, auch von demselben bald nachher nach ein anderes Schreiben dieser Sache wegen an ihn ergieng. Allein er konnte dazu sich nicht entschliessen. Er überlegte, wie viele Gnade die durchlauchtigsten Erhalter der Jenaischen Universität allezeit gegen ihn geheget, und wuste, daß sie in Jena ihn zu behalten wünschten. Daher trug er Bedenken, eine Aenderung zu treffen, oder auch nur den, an ihm gebrachten, Antrag den durchlauchtigsten Höfen bekannt zu machen.

Doch erschien drey Jahre hernach die vom Höchsten bestimmte Stunde, ihn auf andere Gedanken zu bringen. Eine Stelle, die fähig wäre, ihn aus dem angenehmen Jena zu locken, war ihm in seiner geliebten Vaterstadt zugedacht. Ein hochweiser Rath der Stadt Lübeck erwählte ihn im Jahr 1753. den 9. Februar zum ersten Syndicus. Und als darauf den 16. Februar der Ruf an ihn gelangete, empfand er eine ganz besondere Neigung, der reitzenden Stimme, die ihn aufforderte, Gehör zu geben. Doch konnte er nicht ohne Einwilligung der durchlauchtigsten Höfe, denen er verpflichtet war, folgen. Und die Gnade, worin er bey denselben stand, äusserte sich auch bey dieser Gelegenheit. Denn es erfolgte die gesuchte Erlassung ziemlich langsam. Das deshalben von Weimar ausgefertigte herzogliche Schreiben war erst den 24. May unterzeichnet. Die von den übrigen Höfen ergiengen nach vier, sechs bis acht Wochen. Daneben bezeugten dieselben insgesammt, daß sein ruhmwürdiger Fleiß, seine bekannte Gelehrsamkeit und sein erlangter guter Ruf bey Auswärtigen von ihnen gnädigst bemerket worden, daß sie seinen Abzug ungern sähen, daß sie zum Nutzen ihrer gesammten Universität und der daselbst studierenden Jugend ihn gerne länger hätten beybehalten mögen, daß sie ihm gleichwohl an seiner Verbesserung und an der Beförderung seines Glücks nicht weiter hinderlich seyn, und sich daher nicht entbrechen könnten, in gnädigstem Betracht dieser und anderer besondern Umstände, die bey dem in seine Vaterstadt erhaltenen Ruf vorkämen, ihm die gesuchte Erlassung in Gnaden zu ertheilen.

(Die Fortsetzung folgt.)

Nachrichten von Niedersächsischen berühmten Leuten u. Familien.

Das 82. Stück.

Fortsetzung des im vorhergehenden Stück abgebrochenen Artikels.

Auf diese erhaltene Freyheit beschloß er also seine academischen Beschäftigungen, die ihm jederzeit sehr angenehm gewesen waren, und deren er noch diese Stunde gegen seine Freunde mit vielem Vergnügen zu gedenken pflegt. Seiner öffentlichen Abschiedsrede, die er den 25. April hielte, gab er einen Inhalt, wie er immer pflegte, nemlich einen solchen, der mit den Umständen sehr wohl übereinkam. Er handelte de Syndicis ex academiis Lubecam vocatis. Die Rede ward auch so bald gedruckt.

Gleich darnach begab *) er sich den 2. May auf die Reise, und seine Ankunft in Lübeck geschahe bereits den 9. May, worauf er so fort den 13. desselben Monaths von seiner zärtlich geliebten Vaterstadt wirklich in Dienste genommen, und als Syndicus, auch Vorsitzer des Consistorialgerichts, imgleichen der gewöhnlichen Obrigkeitlichen Visitation in Bergedorf und andern, mit dem dasigen Syndicat verbundenen, Dingen vorgesetzet ward. Die Stadt fand an ihm, was sie suchte und was sie sich von ihm vorgestellet hatte. Er arbeitete redlich und unverdrossen. Er rieth getreu, gewissenhaft und mit Klugheit. Er richtete nach Einsichten und

*) S. Hamburgische Berichte von gelehrten Sachen, 1753. S. 361.

mit wahrer Unpartheylichkeit. Alle seiner Unternehmungen bewiesen die Geschicklichkeit seines Geistes und die Rechtschaffenheit seines Herzens. Kurz, sein Beyspiel lehrte, wie viel Vorzug vor manchem andern im Staate ein Mann habe, der zu gleicher Zeit ein gründlicher Gelehrter, ein ehrlicher Patriot und ein aufrichtiger Christ ist.

Die Bescheidenheit erlaubet uns nicht, hiezu mehr, als dieses, zu setzen, daß die Stadt Lübeck seine getreue und schätzbare Dienste auch nach Würden erkannt habe. Es ward nicht nur mündlich und schriftlich gepriesen, wie viel er zur Ehre, zum Aufnehmen, zum wahren Besten des Staats durch Mund und Feder beytrüge, nicht nur im Herzen seiner Landesleute waren Liebe und Dankbarkeit für ihn aufbehalten, sondern man wünschte sich ihm auch in der That erkenntlich zu beweisen. Diß geschahe besonders in dem abgewichenen 1768sten Jahr, als durch das Absterben das weiland hochverdienten **Balemanns** die Stelle eines Bürgermeisters in Lübeck erlediget worden. Ein hochweiser Rath erhub ihn zu dieser wichtigen Würde am 27. Junius, und am 29. desselben Monaths ward er dazu feyerlich eingeführet. Dieweil mit dem Ammt eines vierten Bürgermeisters zu Lübeck zugleich der Vorsitz bey der Cämmerey, wie auch die Obervorsteherschaft an der Kirche zu St. Aegidien, und andere dergleichen ansehnliche Verwaltungen vereiniget sind, so bekam er desto mehr Gelegenheit, seine rühmliche Eigenschaften und die Edelmuth seiner Gesinnungen noch ferner zu offenbaren. Lübecks Stadt und Gebiete preisen das huldreiche Wesen, den redlichen und wohlthätigen Sinn, den aufmerksamen Geist und das väterliche Herz, womit seine Verfügungen, Sprache und Entscheidungen allezeit verbunden sind. Man kann noch hinzusetzen, daß diejenigen, welche bißher auf besondere Art seiner Bürgermeisterlichen Fürsorge genossen haben, nur besorgt sind, derselben nicht lange auf eben diese Weise zu geniessen. Nach dem Absterben des seligen Herrn Bürgermeisters Roeck, welches am Schluß des abgewichnen Jahres erfolget, ist es nemlich an dem, daß er bald seine jetzigen Stelle mit der

Stelle

Stelle eines dritten Bürgermeisters wird verwechseln müssen. Doch es geschehe nur zu seinem Vergnügen! Lübecks Einwohner werden auch darüber ferner sich erfreuen. Unsere Wünsche vereinigen sich mit den ihrigen, dem Herrn Bürgermeister Alles, was zur spätesten Erfahrung beglücken kann, zu erflehen.

Seine gelehrte Schriften wollen wir nach ihrer äusserlichen Gestalt in gewisse Classen eintheilen, sie aber übrigens nach der Ordnung der Jahre, worinn sie heraus gekommen sind, hersetzen. Es sind folgende:

A. Grössere Werke.

1) Principia Iuris, ad seriem Institutionum Iustinianearum. Witteb. 1731. in Octav.

2) Historia Romani Iuris. Witteb. 1732. in Octav. Kam 1742. zum andernmahl vermehrt heraus. S. allerneueste Nachrichten von juristischen Büchern, im 3. Bande, S. 349. fg.

3) Collegium Iuris theticum, prima Iuris ciuilis fundamenta iuxta seriem Pandectarum exhibens. Witteb. 1733. in Octav.

4) Doctrina Iuris feudalis, ex ipsis fontibus desumta ac succinctis positionibus ad hodiernum imperii vsum accommodata. Witteb. 1734. in Octav. Die zwote Auflage erfolgte 1739. in Quart, und die britte zu Jena 1744. in Octav. S. Hamburgische Berichte von gelehrten Sachen, 1734. S. 227. allerneueste Nachrichten von juristischen Büchern, im 1. Bande, S. 156.

5) Notitia Actorum, commodam Actorum lectionem, relationem sententiaeque conceptionem exhibens. Witteb. 1736. in Quart.

6) Selectae Obseruationes forenses, ex omni Iuris parte collectae, et variis praeiudiciis et responsis confirmatae. Lubec. et Altonau. 1765. in Folio. S. Göttingische Anzeigen von gelehrten Sachen, 1765.

S.

S. 993. fgg. Leipziger neue Zeitungen von gelehrten Sachen, 1766. S. 259. fg. Hällische neue gelehrte Zeitungen, 1766. S. 337. fgg.

B. Academische Schriften.

a) Wovon er selbst Verfasser gewesen.

7) De condictione indebiti iniqua Iudicis sententia absoluto et soluenti, haud competente, praeside *Ioh. Balthasare Wernhero.* Witteb. 1728. in Quart.

8) De iuramento perhorrescentiae eiusque vsu practico, praeside *Augustino Leysero*, diss. inaug. Witteb. 1730. in Quart.

9) De aduocato iniuriante, Resp. *Ioh. Christoph. Erhardt.* Witteb. 1731. in Quart.

10) De renunciatione in foro inutili, Resp. *Christ. Godofr. Weydig.* Witteb. 1731. in Quart. S. Hamburgische Berichte von gelehrten Sachen, 1732. S. 92.

11) De Pomponio, historiae Romanae ignaro, Resp. *Gottlieb Aug. Gerdes.* Witteb. 1733. in Quart. S. die Leipziger *Acta Academica*, 1733. pag. 201. seqq.

12) De praematura apprehensione feudi, morte possessoris nondum probata, Resp. *Godofr. Schmidt.* Witteb. 1733. in Quart.

13) De silentio, consensum non inferente, Resp. *Andr. Theoph. Bachman.* Witteb. 1734. in Quart.

14) De fide recentiorum literarum inuestiturae antiquis maiore, Resp. *Ioh. Sebast. Kreyssig.* Witteb. 1734. in Quart.

15) De possessore bonae fidei circa actionem de tigno iuncto, ad duplum non obligato, Resp. *Ioh. Christi. Georg. Hornberger.* Witteb. 1735. in Quart.

16) De Pomponio, historiae litterariae ignaro, Resp. *Dieter. Sigism. Eichsfeld.* Witteb. 1736. in Quart. Diese Abhandlung ist eine Fortsetzung der Num. 11. angezeigten.

17)

17) De litis contestatione, malam fidem non inferente, Resp. *Frid. Phil. Lingk.* Witteb. 1736. in Quart.

18) De periuro, iudiciale iuramentum non deferente, Resp. *Frid. Victor. Fraenekel.* Witteb. 1737. in Quart.

19) De valida illatorum confeſſione, a marito facta, Resp. *Chriſtoph. Frid. Lunitz.* Witteb. 1737. in Quart.

20) De exigua inſtrumenti, principalem vxoris, minus principalem mariti cauſam continentis, fide, Resp. *Ioh. Frid. Spaeter.* Witteb. 1738. in Quart. S. *Acta Academiae*, 1738. pag. 257. sq.

21) De Cicerone, iuris ciuilis teſte ac intuprete, speciatim de Cicerone Iurisconſulto, Resp. *Ioh. Gottlob Richter.* Ien. 1738. in Quart. S. *Acta Academica*, 1738. pag. 266.

22) De Cicerone, iuris ciuilis teſte ac interprete, speciatim in suis de Inuentione libris, Resp. *Imman. Chriſti. Hoffmann.* Witteb. 1739. in Quart.

23) De Cicerone, iuris ciuilis teſte ac interprete, in primo de Oratore libro, cap. 1 - 38. Resp. *Ioh. Gottfr. Zimmermann.* Witteb. 1741. in Quart.

24) De poenis vsurarum, exactionem reſpuentibus, Resp. *Frid. Gottlob Spitzner.* Witteb. 1741. in Quart.

25) De pignore tacito, pupillis a tempore delatae tutelae simpliciter competente, Resp. *Ioh. Auguſt. Koenig.* Witteb. 1741. in Quart. S. allerneueſte Nachrichten von juriſtiſchen Büchern, im 3. Bande, S. 75. fg.

26) De iure pecuniae, ad emendum creditae, Resp. *Ioh. Chriſti. Frid. Gilbert.* Witteb. 1741. in Quart.

27) De iure pecuniae, haeredibus vltimi poſſeſſoris feudalis soluendae. Ienae. 1747. in Quart. Durch dieſe Diſputation erwarb er ſich die Stelle eines Beyſitzers in der Juriſtenfacultät.

28)

28-37) Selectae Obseruationes forenses. Specimina X. Ienae. 1748-1751. in Quart. Hiebey vertraten verschiedene seiner Zuhörer die Stelle der Respondenten. S. allerneueste Nachrichten von juristischen Büchern, im 7. Bande, S. 85. fgg. 192. 377. 471. 556. fg. im 9. Bande, S. 89. fg. Jenaische gelehrte Zeitungen, 1751. S. 507. fg.

38) De Kauffburae, liberae S. Caesareae Maiestatis sacrique Romani imperii ciuitatis, regali pannos Xylinos aliasque texturas exalbandi iure, von der kaiserl. freyen Reichsstadt Kauffbeuren Bleichgerechtigkeit, Resp. *Geo. Christi. Heiden.* Ienae. 1750. in Quart. S. die gedachte Nachrichten von juristischen Büchern, im 8. Bande, S. 191. fg. Jenaische gelehrte Zeitungen, 1750. S. 169. fg.

39) De Kauffburae, liberae Sacrae Caesareae Maiestatis sacrique Romani imperii ciuitatis, iurisdictione criminali, per totum diffusa territorium, Resp. *Geo. Christi. Heiden.* Ien. 1750. in Quart. S. Erlangische gelehrte Anmerkungen und Nachrichten, 1750. S. 361. fg. Hamburgische gelehrte Neuigkeiten, 1750. S. 461. fgg. die obgedachte Nachrichten von juristischen Büchern, im 8. Bande, S. 459. fgg. Jenaische gelehrte Zeitungen, 1750. S. 619. fg.

40) De Veterum Dingeswinde, Resp. *Christoph. Ern. Fickweiler.* Ienae. 1753. in Quart. S. Nachrichten von juristischen Büchern, im 9. Bande, S. 72. fgg.

b) **Wobey er nur den Vorsitz geführet.**

41) De antichresi, quatenus est vsurariae prauitatis inuolucrum, cautelis eliminanda, Resp. *Ioh. August. Wilh. Seidel.* Witteb. 1734. in Quart.

42) De ysufructu patris in bonis liberorum, maxime feudalibus, Resp. *Theod. Georg. Wilh. Emmighaus.* Ien. 1747. in Quart.

43) De eo, quod iuris est circa probationem et demonstrationem in foris Saxonicis, Resp. *Ioh. Gottlieb Loescher.* Ienae. 1747. in Quart.

44) De bonorum coniuges inter Hamburgenses communione, Resp. *Franc. Goeder Krohn.* Ienae. 1747. in Quart. S. Hamburgische Berichte von gel. Sachen, 1747. S. 641. fgg.

45) De processu inquisitorio, in iudiciis militaribus vsitato, Resp. *Car. Const. Vict. Rücker.* Ienae. 1748. in Quart.

46) De tacita pupilli hypotheca, per mutuum tutoris non exspirante, Resp. *Christ. Iac. Veiel.* Ienae. 1750. in Quart. S. Jenaische gelehrte Zeitungen, 1750. S. 107. fg.

47) De Confoederationibus liberarum S. R. I. ciuitatum, Resp. *Iac. Fels.* Ienae. 1752. in Quart. S. allerneueste Nachrichten von juristischen Büchern, im 9. Bande, S. 365. fgg. Jenaische gelehrte Zeitungen, 1752. S. 201. fg.

48) De haerede fundi laudemialis, in diuisione haereditatis a Laudemio non simpliciter immuni, Resp. *Phil. Ludou. Spener.* Ienae. 1752. in Quart. S. gedachte Nachrichten von juristischen Büchern, loc. cit. S. 571. fg. Jenaische gelehrte Zeitnngen, 1752. S. 313. fg.

C. Sätze, die er zum Disputiren aufgegeben.

49) De postulando. Witteb. 1737. in Quart.

50) De emtione venditione. Witteb. 1737. in Quart.

51) De possessione. Witteb. 1737.

52) De periculosis in iure definitionibus. Witteb. 1738. in Quart.

D. Einladungsschriften.

53) De exiguo antiquarum legum Germanicarum vsu. Witteb. 1740. in Quart. S. allerneuesten Nachrichten

ten von juristischen Büchern, im 2. Bande, S. 177. fg.

54) De iure postliminii, hostibus dedito et in patriam redeunti non competente. Ienae. 1743. in Quart.

55) De iure pupilli singulari, in *l. 37. pr. ff. de negot. gest.* deprehenso. Ienae. 1750. in Quart. S. Jenaische gelehrte Zeitungen, 1750. S. 108. fg.

56) De partu adulterino, per subsequens matrimonium legitimato, succedente. Ienae. 1751. in Quart. S. die erwehnte Jenaische gelehrte Zeitungen, 1751. S. 210. fg.

57) De iis, quae raro fiunt. Ienae. 1751. in Quart. S. Jenaische gelehrte Zeitungen, 1751. S. 683.

58) De Veterum Sachibaronibus. Ienae. 1753. in Quart. S. Erlangische gelehrte Anmerkungen und Nachrichten, 1753. S. 181. die mehrgebachte Nachrichten von juristischen Büchern, im 10. Bande, S. 83.

59) De praeclaris *Henrici Brokes*, Consulis, in Gymnasium Lubecense meritis. Lubec. 1763. Als der Herr Rector Joh. Dan. Overbeck eingeführet ward, ließ er dieselbe drucken. S. Hamburgische Nachrichten aus dem Reiche der Gelehrsamkeit, 1763. S. 214. fg. Dieser Henricus Brokes war des Herrn Verfassers Oberältervater.

E. Reden.

60) De Lubecensium patria, extra patriam in academiis quaesita. Ienae. 1743. Diese war seine Antrittsrede in Jena.

61) De Syndicis, ex academiis Lubecam vocatis. Ien. 1763. in Quart. Es war dieselbe seine Abschiedsrede, als er nach Lübeck gieng. S. Hamburgische Berichte, 1753. S. 361. fgg.

(Der Beschluß künftig.)

Nachrichten von Niedersächsichsen berühmten Leuten u. Familien.

Das 83. Stück.

Beschluß des im vorhergehenden Stück abgebrochenen Artikels.

F. **Andere Abhandlungen und Vorreden.**

62) Commentatio de Austraegis Serenissimorum Hassiae Landgrauiorum. Ienae. 1744. in Quart. S. allerneueste Nachrichten von juristischen Büchern, im 5. Bande, S. 171.

63) Praefatio ad illustris *Wernheri* Select. Obseruat. for. Tom. III. de experientia iuridica. Ienae. 1749. in Folio. S. Leipziger neue Zeitungen von gelehrten Sachen, 1749. S. 606.

64) Praefatio ad *Io. Christoph. Franckii* Institutiones iuris cembialis. Francof. ad Moen. 1751. in Octav, S. Leipziger neue Zeitungen von gelehrten Sachen. 1751. S. 860.

* * *

Die Quellen, woraus diese Lebensbeschreibung geschöpfet worden, sind

a) Curriculum vitae Viri nobiliss. *Henrici Brokes*, quemadmodum illud ipse, cum creandus esset Doctor iuris vtriusque, depinxit, in programmate inaugurali lectoribus propositum a *Ioh. Godofr.*

Godofr. Kraus, Vitembergae, 1730. in Quart, pag. 7-16.

b) **Christoph Weidlichs** zuverläßige Nachrichten von jetztlebenden Rechtsgelehrten, (Halle, 1757. in Octav) im 1. Theil, S. 210. fgg.

c) Desselben Geschichte der jetztlebenden Rechtsgelehrten in Deutschland, (Magdeburg, 1748. in Octav) im 1. Theil, S. 93. fgg.

d) Desselben Lexicon oder kurzgefaßte Lebensbeschreibungen aller jetztlebenden Rechtsgelehrten, (Halle, 1766. in Octav) S. 34. fg.

e) D. **Gottlob August Jenichens** unpartheyische Nachrichten von dem Leben und den Schriften der jetztlebenden Rechtsgelehrten in Deutschland, (Leipzig, 1739. in Octav) S. 20. fg.

f) D. **Johann Jacob Mosers** Lexicon der jetztlebenden Rechtsgelehrten in und um Deutschland, (Züllichau, 1739. in Octav) S. 25. fg.

g) M. **Johann Christoph Mylius** Zusätze zu dem im Jahr 1743. blühenden Jena, (Jena, 1743. in Octav) S. 11. fgg.

h) **Georg Christoph Hambergers** gelehrtes Teutschland, im 1. Abschnit, S. 43. fg.

* *

Heinrich Scharbau,

der Weltweißheit Doctor, eines hochehrwürdigen Ministerii Senior, und Pastor zu St. Aegidien in Lübeck.

Lübeck gehöret zu den glücklichen Städten, die allezeit berühmte Männer in ihrem geistlichen Orden gehabt, deren Verlust immer, als zu frühe, beklaget wird. Die Richtigkeit dessen beweiset auch die Geschichte des weiland vorzüglich beliebten Herrn Senioris Scharbau.

Er

Heinrich Scharbau.

Er ward zu Lübeck im Jahr 1689. den 25. May gebohren. Sein Vater war Carsten Scharbau, wohlhabender Bürger und Brauer daselbst, und seine Mutter Frau Regina Eleonora, eine Tochter des seligen Gottfried Jägers, dasigen Bürgers und Buchdruckers, deren Mutter, Magaretha, gebohrne Pommerenckin, war. Seine Großeltern väterlicher Seiten waren Heinrich Scharbau, ein Haußmann zu Vorrabe, einem unweit Lübeck gelegenen Dorfe, und Magdalena, gebohrne Boyen. Der selige Superintendent, D. Georg Heinrich Götze, hat dieselben öffentlich namhaft gemacht, und die besondere Ehre, die diese Vorfahren von ihrem gepiesenen Enkel haben, bündig gewiesen. *)

Man weiß noch hiernächst, daß bereits im vierzehnten Jahrhunderte zween Scharbaue, die sich aber Scharbowe schrieben, nemlich Benekin und Hermann, in Lübeck gelebet haben. Sonder Zweifel könnten sie auch hier in der Reihe der Ahnen eines grossen Mannes stehen, wenn von allen Geschlechtern hinlängliche Nachrichten zu haben wären. Ein gleiches gilt von zweenen Hermännern Scharbow, von denen der eine im Jahr 1415. der andere im Jahr 1439. ihren noch vorhandenen letzten Willen abgefasset haben. Aber wir wollen mit keinen ungewissen Muthmassungen uns einlassen.

Die vorhin benannte Eltern unsers seligen Herrn Scharbau wandten vor allen Dingen Fleiß an, den ihnen von Gott geschenkten Sohn zur Furcht des Herrn von erster Jugend an zu erziehen. Uebrigens gieng ihre Absicht schon frühzeitig dahin, einen Sohn, an welchem sich ansehnliche Gaben offenbahrten, den gelehrten Wissenschaften, insbesondere der Theologie, zu widmen. Er ward dazu zubereitet, als er in die dasige öffentliche lateinische Schule eingeführet ward, in deren vierten Classe er zu sitzen kam, und die Lust aller seiner Lehrer ward. Selige waren damahls Marcus Wida, Jacob Pagendarm, Cantor,

---

*) In der Einweihungsrede über Staupitzens Worte: Sum tuus, o! Jesu, facias me quaeso beatum, pag. 18. sq.

Sixtus Christian Lipenius, Subrector, unter welchem er bey einem feyerlichen Schulbesuch einmal eine öffentliche Rede in lateinischen Versen ablegte; Martin Christian Göldelius, Conrector, und Enoch Suantenius, Rector, zu denen noch zuletzt der selige Gerhard Minus kam, welcher ihn in der Hebräischen Sprache sorgfältig unterrichtete.

Es entdeckten sich bald an ihm Spuhren eines Geistes, der frühe seiner Zeitigung entgegen eilet. Er glich einer Pflanze, die von den Händen der Kunst nichts mehr, als Pflege und Wartung, begehret, und hernach von selbst eine herrliche Eigenschaft nach der andern an sich entwickelt.

Das achtzehnte Jahr seines Alters ward sein erstes Universitätsjahr. Er gieng Anno 1707. gegen Ostern nach Jena, und sättigte den gelehrten Hunger, der ihn zeitig aufgefordert hatte, mit eifrigem Bestreben und grossem Vergnügen. Philosophie, Mathesis, Alterthümer, Geschichte und Uebungen in der schönen Schreibart, das Hebräische, Syrische, Caldäische, Rabbinische, Talmudische und Arabische, alles muste ihm dienen, seinen lehrbegierigen Geist zu unterhalten. Insonderheit war es auf die verschiedenen Theile der Gottesgelahrheit angesehen, und in keinem der benannten Stücke fehlte es in Jena an geschickten und zum Theil grossen Lehrern, die er mit stetigem Aufmerken und ungemeiner Fähigkeit hörete. Müller, Stock, Rus, Danz, Syrbius, Lungershausen, Förtsch, Hamberger, Struv, Buddeus. Wie viel Namen! Welche trefliche Männer, die alle die Hände daran legten, ihn zu einem Gelehrten von mehr, als gemeiner Art, zu bilden! Doch nahm niemand sich seiner mehr an, als der selige D. Förtsch und D. Danz. Der erstere hatte ihn bey sich im Hause und am Tisch, verstattete ihm auch den freyen Zutritt und den Gebrauch seiner Bibliothek, die sehr wohl eingerichtet war, und gieng ihm mit allerhand liebreichen und vertraulichen Rathgebungen an die Hand. Danz war bemühet, ihm alles einzupflanzen, was er selber wuste. Mit diesem ist er gar in beyde wesentliche Theile des

Jüdischen Talmuds und in ein Stück des Türkischen Alkorans gegangen. Auf das Zurathen des erstern vertheidigte er die akademische Schrift eines gelehrten Straßburgers, M. Johann Daniel Henrici de homicidio doloso supra ius aggratiandi posito. Auf die Beredung des leztern verstand er sich dazu, die Magisterwürde Anno 1710. den 13. Merz anzunehmen. Unter dem ersten verwaltete er zweymal die Stelle eines Vertheidigers, in Ansehung zwoer theologischer Abhandlungen, davon die erste in Förtschens Theologia comparativa, die andere in desselben Epicrisi Langiana enthalten ist. Unter dem leztern hielte er sich überaus wohl, als er, noch bevor er Magister wurde, eine durch eigenen Fleiß ausgearbeitete Schrift verfocht, worinn er darthat, daß es schon vor der Sündfluth erlaubt gewesen sey, Fleisch zu essen.

Von dem seligen D. Danz ward ihm Anno 1711. die Adjunctur bey dem philosophischen Orden zu Jena angetragen. Allein da er bereits beschlossen hatte, diese Universität mit einer andern zu verwechseln, so nahm er den Antrag nicht an, sondern gieng gegen Ostern nach Wittenberg, und hörte die großen Männer, die daselbst waren, und deren Studien seinen Neigungen und Fähigkeiten gleich kamen, insbesondere den großen D. Wernsdorf, den vortreflichen D. Chladenius und den gelehrten Wolf, der sich damahls zu Wittenberg noch aufhielt, nachher aber hieher kam, und als Pastor zu St. Catharinen gestorben ist.

Das nächste halbe Jahr zog er nach Leipzig, wo er ein ganzes Jahr zubrachte, und sich auf die rühmlichste Art beschäftigte. Die Gelehrten, die er allda hörete, waren hauptsächlich die beyden Doctores und berühmten Theologen Schmid und Olearius. Im übrigen fehlete es auf einer so wohlbestellten Academie auch sonst nicht an Gelegenheit, einem angehenden Gottesgelehrten allerley nützliche Uebungen zu verschaffen. D. Johann Cyprian regierte eine Gesellschaft junger Gelehrten, die wöchentlich in gewissen Stunden durch abwechselnde Vorlesungen über die Bibel einander erbaueten. Er nannte dieselbe ein Collegium
phi-

philobiblicum, und unser seliger Scharbau ward bald zum Mitglied in diese geistlichgelehrte Innung aufgenommen, die an ihm eine wahre Zierde bekam. Die grosse Gesellschaft der damahligen so genannten Donnerstagesprediger gewann durch seinen Zutrit ebenmäßig einen neuen Vorzug. Uebrigens betrat er auch in Leipzig den Lehrstuhl in der Absicht, auf die gewöhnliche Weise eine bekante Art der gelehrten Waffenübung anzustellen. Die von ihm ausgearbeitete Schrift handelte de fatis studii moralis inter Ebraeos. Man brachte den Morgen und den Nachmittag damit zu, und der junge Gelehrte, der dabey die Stelle eines Respondenten vertrat, war Titus Schröder, nachmahliger Pastor an dem adelichen Jungfräulichen Kloster zu Uetersen, im Hollsteinischen. Dieser gleichfals wohlgelungene Versuch brachte ihm ein Recht und einen Beyfall zuwege, wovon er die Früchte in Eröffnung akademischer Lehrstunden gerne eingesammlet hätte, wenn es dem Willen der Seinigen so, als seinen Wünschen, gemäß gewesen wäre. Er hatte damahls die Absicht, in dem akademischen Leben seine Tage zu beschliessen. Aber der Ruf seiner Eltern, und in demselben ein Wink Gottes, wolte ihm dieses nicht erlauben.

Er nahm also Anno 1712. auch von Leipzig Abschied, und kam gegen Michaelis glücklich und gesund nach Hause. Sein erstes war nunmehr, daß er sich dem seligen Superintendenten, D. Götze, am 16. December zur gewöhnlichen Prüfung darstellte, um zum öffentlichen Unterricht der Gemeinen in seiner Vaterstadt die nöthige Vollmacht zu bekommen. Er predigte hierauf in allen Lübeckischen Kirchen fleißig und mit besonderm Beyfall, vornehmlich derer, die den Werth schöner Predigte beurtheilen könnten. Doch beschäftigte er seine Nebenstunden immer mit gelehrten Untersuchungen, wie die zu Lübeck Anno 1713. herausgegebene Abhandlung de serpentis aenei significatione mystica beweiset.

Doch entschloß er sich im Jahr 1714. die Universität Rostock annoch zu besuchen, um aus dem Umgang mit den allda lebenden Gelehrten, und vornehmlich mit dem grossen D. Jo-

Johann Fecht Nutzen zu ziehen. Er fand nicht vollends, was er suchte. Fecht war kümmerlich, und lag fast beständig zu Bette. Die gelehrte Abhandlung, die er abgefasset hatte, um sie unter diesem berühmten Gottesgelehrten academisch zu vertheidigen, mußte dieses Vortheiles entbehren, und erschien in einer Gestalt, die weniger feyerlich war. Sie handelte de parallelismo cum haereticis instituto, und bewieß auf eine sehr gelehrte Art und mit einer großen Belesenheit, daß sich unter den verschiedenen Ketzereyen und irrigen Lehren, die in alten und neuen Zeiten aufgekommen sind, gar füglich und mit Recht eine Vergleichung anstellen lasse, die so wohl die Kenntniß derselben, als auch die bequemste Art, wider dieselbe zu streiten, um ein großes erleichtere. Die Betrachtung war neu und gieng auf ein Augenmerk, welches vorhin keiner in das gehörige Licht gesetzet hatte. Zu mehrer Bestätigung hatte der belobte D. Fecht eine Vorrede davor gesetzt, worinn er den Verfasser einen ganz vortrefflichen Mann von weitläuftiger und gründlicher Gelehrsamkeit nennet.

Kaum war er im Jahr 1715. wieder von Rostock zu Lübeck angekommen, so ward die erledigte Stelle eines Predigers an der Burg durch eine einhellige Wahl den 15. August in seiner Person wieder besetzet. Die Einführung geschahe sogleich den zehnten Tag darauf durch den seligen Superintendent, D. Götze, mit einer Rede, die auch gedruckt worden ist. *) Eben derselbe verrichtete das Jahr darauf die Einsegnung bey der Schliessung seines glücklichen Ehebandes mit Jungfer Engel Balemann, des seligen Franz Balemann, Archidiaconus zu St. Marien, Tochter. Die dabey damals gehaltene Hochzeitrede kam gleichfals im Druck heraus.**)

*) Sie führet den Titel: Ordinations-Sermon über D. Johann Staupitzens Leibspruch: Sum tuus o Iesu, facias me quaeso beatum, in St. Jacobi Kirchen am 10. Sonntage nach Trinitatis den 25. Aug. 1715. gehalten. Lübeck. 1715. in Octav.
**) in der Sammlung der Lübeckischen Hochzeitsreden des seligen D. Georg Heinrich Götze, Leipzig und Lübben. 1718. in Octav, ist sie die 34ste, und stehet S. 331. sq.

Aber auch, als Prediger, blieb er geschäftig, wie die verschiedene Schriften beweisen, die er nachher ans Licht gestellet. Im Jahr 1724. ward er schlüßig, in Gesellschaft des seligen Archidiaconus von Melle und des seligen Lic. von Seelen in einer, von Zeit zu Zeit fortgehenden, Schrift theils eigene, theils fremde gelehrte Aufsätze der Welt mitzutheilen, und er bewerkstelligte selbst in einer lateinischen öffentlichen Anrede an alle Gelehrten die Einladung. Es entstunden daraus zwölf Theile einer vortreflichen Sammlung, die unter dem Namen Bibliotheca Lubecensis bekannt, und von Anno 1725. biß 1731. herausgekommen sind. Viele Abhandlungen, die darin mit und ohne Namen vorkommen, sind sein.

Im Jahr 1733. den 9. Julius ward er, seiner wahren Verdienste wegen, von der Burg zum Hauptpastor an St. Aegidien berufen, und bald darauf durch den seligen Herrn Superintendenten, D. Carpzov, eingeführet, wozu ihm der selige Lic. von Seelen und der selige Herr Past. Starck zu Siebenbäumen in besondern gelehrten Glückwünschungsschreiben gratulirten. Des erstern Abhandlung führte die Aufschrift: Pastorale diuinum, e Ierem. III. 15. delineatum, et variis observationibus illustratum, Lubecae, 1733. in Quart, welche derselbe hernach seinen Meditationibus exegeticis, Part. III. pag. 573. seqq. einverleibet.

Im Jahr 1752. den 10. Februar ward er durch einhellige Wahl zum Seniorat eines ehrwürdigen Predigerordens daselbst erhoben, wie in den Hamburgischen Berichten von gelehrten Sachen, 1752. S. 152. gemeldet wird, woselbst auch S. 213. fg. die beyden Schriften recensiret sind, die, um ihm zu dieser Würde Glück zu wünschen, so wohl der selige Friederich Joachim Schnobel, damahliger Archidiaconus, nachheriger Pastor zu St. Marien daselbst, de die appropinquante, ad Hebr. X. 25. und der selige Lic. von Seelen de Senioris voto, ad Ioh. III. 1. 2. drucken lassen. Herr Scharbau verdiente allerdings die Liebe und Achtung, wovon diese öffentliche Zeugnisse zweyer rechtschaffener Lübeckschen Gelehrten gerechte Beweise waren.

(Die Fortsetzung folgt.)

Nachrichten
von
Niedersächsischen
berühmten Leuten u. Familien.

Das 84. Stück.

Fortsetzung des im vorhergehenden Stück
abgebrochenen Artikels.

Inzwischen häuften alle oberwehnte Amtsveränderungen freylich seine Arbeit. Aber nichts verminderte seinen gelehrten Fleiß. Denn wenn wir mit Stillschweigen übergehen die Ehrengedächtnisse, welche er, als Pastor, vielen verstorbenen verdienten Männern, den Herren Bürgermeistern Niemann, Münter, Lindholz und von Lüneburg, ferner dem seligen Pastor Ritter, Archidiac. Blatzen, Cämmereyherrn von Wickede, Secretarius Rodde und D. Lipenius aufgerichtet, so ließ er auch sonst noch auf allerley andere Veranlassungen manche gelehrte Abhandlung öffentlich erscheinen. Dem seligen Senior von Melle ward im Jahr 1734. zu seinem funfzigjährigen Amtsjubelfest im Namen seines Ordens ein wohlgesetzter lateinischer Glückwunsch gewidmet. Dem weiland berühmten seligen Herrn Superintendenten D. Carpzov hat er 1750. in seinem eigenen Namen zu glücklich, in Lübeck beschlossenen, zwanzig Jahren in einer andern Schrift Glück gewünschet, worinn er zugleich von einem überaus wichtigen Werke, mit dem er sich seit 1737. biß dahin in der Stille beschäftiget hatte, eine vortrefliche Probe ablegte. Sie hieß Conspectus Oeconomiae diuinarum apparitionum, et specimen apparitionis, quae Mosi in itinere Aegyptiaco contigit, Exod. IV. 24. 25. 26. Bey dem vierzigjährigen Amtsjubelfest des seligen Rectors Lic. von Seelen 1753. den 17. Sept. erfolgte in der Gestalt eines öffentlichen Glückwunsches ein Conspectus reipublicae Hebraeorum, temporibus regni florentissimis, et bibliothecarum idea. Die funfzigjährige gleichmäßige Jubelfeyer des seligen Herrn Superint. D. Carpzovs im Jahr 1754. den 23. Nov. veranlaßte ihn, auf die Bitte seines ehrwürdigen Ordens, zu einer ähnlichen Schrift, Pietas et laetitia inter solennia Iubilaea Carpzouiana declarata, ad Pf. CXXXIII. betitelt. Die damals in Gold und Silber ausgeprägte Münze hatte ihn gleichfals zum Erfinder.

So gehäuft und wichtig alle diese Bemühungen waren, so stunden sie dennoch seinen vielen und schwehren Ammtsgeschäften niemahls im Wege. Wer war weniger gewohnt, seine Predigten oder irgend seine Arbeiten andern aufzutragen, als er? Wer besuchte fleißiger seine kranken und sterbenden Beichtkinder? Wem häuften sich die Beschwerden des Beichtstuhls mehr, als ihm? Und wer ließ sie sich unverdrossener gefallen, als er? Auf der Kanzel redete aus seinem Munde die erweckliche wahre Stimme des Evangelii. Und kann man behaupten, daß in seinen Schriften die Glaubenslehre unserer Kirche die deutlichsten Erläuterungen und Bestärkungen erhalten hat: so kann man auch sagen, daß in seinen Predigten die Lebenspflichten der Christen auf eine Weise, die besonders einnahm und rührte, eingeschärfet worden. Hohe und Niedrige, die auf den Werth eines guten Vortrages von der Kanzel zu sehen wusten, hörten ihn gerne, und bey Beyden äußerte sich ein besonderer Zug, ihn zu lieben, und ein vorzüglicher Trieb, Zutrauen zu ihm zu haben. Dadurch mehrte sich die Anzahl seiner Beichtkinder ungemein. Und selbst eine fürstliche Person, der hochsel. Landgräfin von Hessen-Philippsthal hochfürstliche Durchlauchten, eine gebohrne Prinzeßin von Sachsen-Eisenach, haben geruhet, sich die sechs Jahre dero Aufenthalts in Lübeck seines Ammtes zu bedienen. Desto mehr nahm jedermann daran vergnügten Antheil, als ihm der Höchste die Freude gönnete, daß er Anno 1755. den 15. August sein vierzigjähriges Ammtsjubiläum feyern konte, wozu ihm der selige Herr Lic. von Seelen in einer gelehrten

ten Abhandlung, Lubeca orientalis betitelt, der selige Herr Pastor, nachmahlige Senior, Richerz in einer Abhandlung über Psalm. 103. v. 5. Herr Adolph Friederich Trendelenburg in einer Schrift de causis, cur veteres Romani multos celebrarint dies iubilaeos honorum, der selige Herr Johann Gotthelf Bünekau mit einer Abhand. de optima inter dissentientes sacros interpretes eligenda sententia, ad Esa. IX. 2. et Psalm. XXVII. 13. und Herr Johann Herman Gerken, jetziger Diaconus zu St. Marien in Lübeck, mit einer Schrift contra ingeniosam recentioris Angli translationem verborum Hoseae, cap. IV. comm. 5. Glück wünschten. Der Inhalt dieser dreyen Glückwünschungsschreiben ist in den Hamburgischen Berichten von gelehrten Sachen, 1755. S. 617. fgg: 635. fgg. 1756. S. 31. fgg. erzählet. Wer konte auch in Lübeck bey dem, was einem solchen rechtschaffenen Mann begegnete, gleichgültig seyn? Er besaß alle Eigenschaften, die ihn in und ausser Lübeck beliebt und berühmt machen musten. Dienets insonderheit zum Beweiß seiner Hochachtung ausser seiner Vaterstadt unter andern auch, daß ihm Anno 1755. von Göttingen aus die theologische Doctorwürde angeboten ward: so ist ganz Lübeck bewust, wie redlich, eifrig und getreu er jederzeit für das Beste der Kirche Gottes gestrebet, und wie unerschrocken die Standhaftigkeit, an statt der ihm sonst gewöhnlichen Sanftmuth und Gelindigkeit, Platz genommen habe, so oft das Nachgeben ein Laster würde gewesen seyn. Gegen einen jeden gerecht und gefällig, wuste er zu rechter Zeit auch dasjenige zu beobachten, was er der Stelle, worin die Vorsehung ihn gesetzet hatte, schuldig war. Und im Gegentheil trug er viele, die von andern verstossen seyn würden, so lange noch etwas Gutes an ihnen zu bemerken war. Er hat dadurch viele auch der Kirche gewonnen, die sonst auf die gefährlichsten Irrwege gerathen seyn würden. Sein zahlreicher Bücherschatz, den er bereits vor einigen Jahren mit einem reichlichen, demselben zugleich bestimmten, Unterhalt der öffentlichen Stadtbibliothek in Lübeck vermachet, und seit dieser Zeit sorgfältiger, als jemals, vermehret

mehret hat, wird bey der spätesten Nachwelt zeugen, wie edel und patriotisch er in Ansehung des gemeinen Wesens gesinnet gewesen. Man sehe davon die Noua Acta historico-ecclesiastica, im 2. Bande, S. 66. sgg.

In diesem allem äusserte sich die Gnade Gottes, zu der er seine Zuhörer unverrückt zu locken suchte, und die in seinem ganzen Wandel die Tugenden des getreuen Priesters und des wahren Christen so herrlich hervorleuchten ließ. Eben dieselbe goß eine bewundernswürdige Ruhe und Zufriedenheit in sein Herz, die ihn überall begleitete, ihn stets ihm selber ähnlich, und zu einer anhaltenden Freude im Herrn geschickt und fähig machte. Er blieb vergnügt und ruhig in allerley Schicksalen, bey dem Umgange mit allerley Gemüthern, und bey dem Anstoß von mancherley Leibesschwachheiten. Sein letztes Lager selbst kam ihm so wenig beschwehrlich vor, daß er sich zu seinem Tode bereitete, ohne zu glauben, daß derselbe so nahe wäre. Er betete kräftig und redete wenig, als er sich durch den Dienst seines Beichtvaters, Herrn **Johann Martin Göldelius**, damahligen Archidiaconus, jetzigen Pastoris zu St. Aegidien, am Tage seines Todes zum letztenmale in der geheimnißvollen Geniessung des göttlichen Erlösers erquickte. Er ruhete darauf sanft und wohl, biß er beym Gebet und Zuruf der Umstehenden getrost und ohne alle Unruhe dieser Zeitlichkeit den Abschied ertheilte. Es geschahe diß den 6. Februar des Jahres 1759. Mittags um halb ein Uhr.

Was sein Andenken weder in Lübeck, noch überhaupt in der gelehrten Welt ersterben lässet, sind insonderheit seine gelehrten herausgegebene Schriften, die eine reiffe Kenntniß und gesetzte Urtheilskraft beweisen. Folgende können wir davon nahmhaft machen:

1) Diſſertatio de homicidio doloſo, ſupra aggratiandi ius poſito, praeſide M. *Ioh. Dan. Heinrici.* Ien. 1708. in Quart.

2) Diſſertatio de creophagia, ante diluuium licita, praeſide D. *Ioh. Andr. Danzio.* Ienae. 1709. in Quart.

3) Diſ-

3) Differtatio de prouocatione ad tribunal Dei, pro gradu. Ienae. 1710. in Quart.

4) Differtatio de fatis ſtudii moralis inter Ebraeos, Reſp. *Tito Schroeder.* Lipſiae. 1712. in Quart. Herr Scharbau hat dieſe Abhandlung im 3. Theil ſeiner Obſeruationum ſacrarum, pag. 693. ſeqq. wieder abdrucken laſſen.

5) Exercitatio de ſerpentis aenei ſignificatione myſtica. Lubec. 1713. in Quart. S. unſchuldige Nachrichten, 1713. S. 1085. Man lieſet auch dieſelbe in des ſeligen Verfaſſers Obſeruationibus ſacris, Part. III. pag. 721. ſeqq. wieder abgedruckt.

6) Tractatus de parallelismo cum haereticis inſtituto, cum praefatione D. *Ioh. Fechtii.* Roſtoch. 1714. in Quart. S. gelehrte Fama, im 37. Theil, S. 20. fgg. unſchuldige Nachrichten, 1714. S. 1014. fg. Iournal des Sauans, 1715. Septembr. pag. 340. ſequ. Gegen eine unbillige Recenſion dieſes Werks in den Memoires de Treuoux, A. 1716. menſ. Septembr. pag. 1668. ſeq. vertheidigte ſich Herr Scharbau, doch ſehr beſcheiden, in des ſeligen Herrn Lic. von Seelen Athenis Lubecenſibus, Part. II. pag. 280. ſq.

7) Diſſ. de Caipha eiusque vaticinio, ex Ioh. XI. 49. 50. 51. Lubec. 1715. in Quart. Dem dritten Theil der Obſeruationum ſacrarum, pag. 744. ſqq. iſt dieſelbe hernach wieder einverleibet.

8) Obſeruatio de plantis, a voce πνοῆς comprehenſis et reſpirantibus, ad Actor. XVII. 25. Stehet in den Miſcellaneis Lipſienſibus, Tom. V. pag. 167. ſeqq.

9) Obſeruatio de affectata Arianorum pietate. Stehet eben daſelbſt, Tom. IX. pag. 163. ſqq.

10) Obſeruatio de percuſſore Aegypti, ad Exod. XII. 23. Ebendaſelbſt, Tom. X. pag. 44. ſeqq.

11) Parerga philologico-theologica. Pars I. Lubec. 1719. Pars II. 1721. Pars III. 1723. Pars IV. 1724. Pars V. 1726. in Octav. Der Inhalt derselben wird erzählet in den *Actis Eruditorum*, A. 1729. pag. 277. seqq. in der auserlesenen theologischen Bibliotheck des seligen Hofpredigers Colerus, im 21. Theil, S. 839. fgg. in den unschuldigen Nachrichten, 1719. S. 332. fg. 1723. S. 755. fg. 1726. S. 491.

12) Iudaismus detectus, in quo vindicantur et restituuntur, qui vel iniuste inter Iudaeos relati, vel ex Iudaeorum numero immerito exclusi sunt. Lubecae. 1722. in Octav. S. deutsche *Acta Eruditorum*, im 81. Theil. S. 678. fgg. unschuldige Nachrichten, 1722. S. 849. 1723. S. 756. fg.

13) Bibliotheca Lubecensis. Vol. I-XII. Lubec. 1725. biß 1732. in Octav. Diß Werk gab er nebst dem seligen M. Samuel Gerhard von Melle, Archidiaconus zu St. Aegidien, und dem seligen Lic. von Seelen heraus, verfertigte aber auch selbst verschiedene darinn befindliche gelehrte Abhandlungen, als de traditis Dauidi a Ionathane vestibus, et tradito simul successionis in regnum iure, ad I. Sam. XVIII. 4. in dem 2. Volum. pag. 258. seqq. ferner de ἀναθήμασι templi ad Luc. XXI. 5. im 5. Vol. pag. 81. seqq. imgleichen Obseruationes Basnagianas in Flauium Iosephum, quibus varia illustris Scriptoris loca illustrantur, vindicantur, emendantur, im X. Volum. pag. 202. seqq. und im XII. Volum. pag. 560. seqq. Diesen Abhandlungen hat er seinen Nahmen vorgesetzet. Daß er aber auch Verfasser von den, im X. Volum. pag. 260. seqq. enthaltenen, Obseruationibus philologicis succinctis in censuram Petrinam ἐμπλοκῆς τριχῶν, I. Epist. III. 3. sey, erwehnet der sel. Lic. von Seelen in seinem Programmate funebri, welcher solches, als ehemahliger Mitarbeiter an diesem Werke, wissen konnte. Man sehe von diesem Werke die *Bibliothecam Reimmannianam*, Tom. II. pag. 538. Von den ersten dreyen Voluminibus ist auch in des seligen Hofpredigers Colerus oberwehns

wehnten auserlesenen theologischen Bibliothek, im
21. Theil, S. 852. fgg. Nachricht ertheilet.

14) Dissertatio epistolica de sororio coniugum titulo,
ad *Casp. Henr. Starckium*, Past. Siebenbäumensem, secundas nuptias celebrantem. Lubec. 1729. in Quart.
Der Herr Verfasser hat dieser Schrift nicht seinen wahren
Nahmen vorgesetzet, sondern sich *A. S. Baruch* genennet,
welche Buchstaben seinen Nahmen durch eine, nicht schwehr
zu errathende, Versetzung anzeigen. S. die *Bibliothecam
Lubecensem*, Vol. X. pag. 342. Der selige Herr Lic. von
Seelen hat in seinem, unten anzuführenden, Programmate funebri zu Ende, erwehnet, daß Herr Scharbau
der Verfasser dieser Schrift sey.

15) Observationes sacrae, quibus varia sacri Codicis
vtriusque Foederis loca illustrantur et exponuntur, multaque sanctioris et elegantioris doctrinae capita illustrantur. Pars I. Lubec. 1731. Pars II. 1733. Pars III. 1737.
in Quart. S. auserlesene theologische Bibliothek,
im 60. Theil, S. 1025. fgg. fortgesetzte Samlung
von alten und neuen theologischen Sachen, 1732.
S. 287. fgg. 1735. S. 487. fgg. *Acta Eruditorum*. A.
1731. pag. 545. seqq. *Supplement*. Tom. X. pag. 463.
seqq. *Nova Acta Eruditorum*, A. 1738. pag. 85. seqq.
Iournal litterarire, Tom. XVIII. Part. I. pag. 54. seqq.
Hamburgische Berichte von gelehrten Sachen,
1732. S. 98. fg. 1735. S. 348. fgg. 1737. S.
512. fg.

16) Epistola gratulatoria, Rev. Ministerii Lubecensis
nomine scripta, in honorem Dn. M. *Iacobi a Melle*, Ven.
Minist. Senioris et Pastoris Mariani, dimidio seculo in munere sacro feliciter peracto. Lubec. 1734. in Quart. S.
Hamburgische Berichte, 1734. S. 289. Der Herr
Verfasser hat sie nachmahls dem 3. Theil seiner Observationum sacrarum, pag. 780. seqq. wieder einverleibet.

17) Auszüge seiner Sonn- und Festtäglichen
Predigten. Lübeck. 1740. 1741. 1742. Drey Jahrgänge.

gänge. S. Hamburgische Berichte, 1741. S. 24. 1742. S. 99.

18) Conspectus Oeconomiae divinarum apparitionum, et specimen apparitionis, quae Mosi in itinere Aegyptiaco contigit, Exod. IV. 24. 25. 26. Lubec. 1750. in Quart. Diß war ein Glückwünschungsschreiben an den seligen Herrn D. und Superint. Carpzov, nachdem derselbe zwanzig Jahr sein Amt, als Superintendent, zu Lübeck geführet hatte. Der Herr Verfasser hat nemlich ein wichtiges Werk ungedruckt hinterlassen, Oeconomia divinarum apparitionum genannt, worinn er nicht nur die im A. T. erzählte Erscheinungen Gottes mit vielem Fleiß und sehr gründlich erläutert, sondern auch die Ordnung in ein helles Licht gesetzet, in welcher diese Erscheinungen auf einander gefolget, und gezeiget, wie daraus des Höchsten gütige Absicht, die Welt zur Geburt seines Sohnes immer mehr zu bereiten, deutlich erhelle. Je wichtiger der Inhalt und Zweck dieses Werks zu nennen, desto mehr ist zu bedauren, daß der selige Herr Senior es nicht vollenden und selbst ans Licht stellen können. Doch glauben wir, es werde der gelehrten Welt ein nicht geringer Dienst dadurch geleistet werden, wenn man es auch nur, so weit er es ausgearbeitet, drucken ließe. Wir haben ehedem, bey unserer Gegenwart in Lübeck, und da wir den Herrn Senior besuchet, das Vergnügen gehabt, das Manuscript zu sehen, und sind daher im Stande, unsern Lesern zu berichten, daß dasjenige, was von dem Werk völlig ausgearbeitet, schon einen guten Quartband ausmachen würde, wenn es im Druck erschiene. Von dem Inhalt des Werkes hat inzwischen der Verfasser in diesem Conspectu nähere Nachricht ertheilet. Man findet von demselben eine Anzeige in den Hamburgischen Berichten von gelehrten Sachen, 1751. S. 107. fgg. in den Leipziger neuen Zeitungen von gelehrten Sachen, 1751. S. 782. fgg. in Herrn Prof. Dähnerts critischen Nachrichten, im 2. Bande, S. 280. fgg. und in des sel. D. Krafts theologischen Bibliothec, im 6. Bande, S. 175. fg.

(Der Beschluß künftig.)

Nachrichten von Niedersächsischen berühmten Leuten u. Familien.

Das 85. Stück.

Beschluß des im vorhergehenden Stück abgebrochenen Artikels.

19) Minutiae literariae ad historiam libri, qui vulgo Interim dicitur, spectantes, in dem Brem- und Verdischen Hebopfer, das Herr Generalsuperint. Pratje herausgegeben, im 2. Bande, S. 69. sqq.

20) Das göttliche Bemühen, die Herzen durch gütige Leitungen zu gewinnen, über 5. B. Mos. V. 29. in einer Predigt an einem feyerlichen Bußtage Anno 1751. den 28. October vorgestellet. Lübeck. 1751. in Quart.

21) Conspectus reipublicae literariae Hebraeorum temporibus regni florentissimis, et Bibliothecarum idea. Lubecae. 1753. in Quart. Hiemit wünschte er dem seligen Herrn Lic. von Seelen zu desselben vierzigjährigen Amtsjubiläo Glück. S. Hamburgische Berichte von gelehrten Sachen, 1754. S. 172.

22) Dissertatio de vestigiis pericoparum Synagogae in nouo Testamento frustra quaesitis. Stehet in der noua Bibliotheca Lubecensi, Vol. II. pag. 1. seqq.

23) Pietas et laetitia, inter solemnia Iubilaei Carpzoviani, Praesuli et Patri suo venerabili declarata a Ministerio

rio Lubecenſi. Lubecae. 1754. in Quart. Der Herr Senior verfertigte dieſe Schrift im Nahmen eines hochehrwürdigen Miniſterii in Lübeck, als der weiland hochverdiente Herr Doct. und Superint. Carpzov funfzig Jahr im Amt zurückgeleget hatten. Es handelt dieſelbe de fratrum concordiae pulchritudine et ſuauitate, ad Pſalmum CXXXIII. S. Hamburgiſche Berichte von gel. Sachen, 1755. S. 6. fgg. - Der Samlung von Schriften, die bey Gelegenheit dieſer Carpzovſchen Jubelfeyer gedruckt ſind, und nebſt der Jubelpredigt des ſeligen Herrn Superintendenten zu Lübeck 1754. in Quart ans Licht getreten, iſt dieſes Glückwünſchungsſchreiben S. 52. fgg. mit einverleibet worden.

24) *Vindiciae Geneſeos, contra auctorum anonymum libri, cui titulus: Coniectures ſur la Geneſe.* Man lieſet dieſe gründliche Abhandlung in den Miſcellaneis Lubecenſibus, Vol. I. pag. 39. ſeqq.

Daß der ſelige Herr Senior nebſt der obgedachten *Oeconomia diuinarum apparitionum* auch noch ein deutſches Werk **vom Ernſt im Chriſtenthum** geſchrieben, welches ſchon zum Druck fertig geweſen, imgleichen ein *Conſilium theologicum de iuramento Iudaico* auf Verlangen ausgefertiget, erwehnet der ſelige Lic. von Seelen in ſeinem gleich zu nennenden Leichen-Programmate, zu Ende.

* * *

Die vollſtändigſte Nachricht von des ſeligen Mannes Leben und Schriften ertheilen

   a) Memoria viri admodum reuerendi, ampliſſimi et praeclariſſimi, Domini M. HENRICI SCHARBAV, venerandi Ordinis ſacri Lubecenſis Senioris, et Paſtoris Aegidiani optime meriti, literis conſignata a *Io. Henr. a Seelen*, SS. Theol. Lic. et Gymn. Lubec. Rect. Lubecae. 1759. in Folio.

b) Le

b) Leben und Verdienste des weiland hochehrwürdigen, in Gott andächtigen und hochgelahrten Herrn, Herrn M. Heinrich Scharbau, hochverdienten Hauptpastors der Gemeine zu St. Aegidien, und eines ehrwürdigen Predigerordens alhier hochansehnlichen Seniors, in einer unpartheyischen Beschreibung ausgefertiget, und am Tage der standesmäßigen öffentlichen Beerdigung dem vornehmen und zahlreichen Leichengefolge mitgetheilet von Johann Daniel Overbeck, Conrector. Lübeck, den 15. Februar. 1759. in Folio.

c) Nova Acta historico-ecclesiastica, im 2. Bande, S. 530. sqq.

d) D. Gabriel Wilhelm Göttens jetztlebendes gelehrtes Europa, im 1. Theil, S. 177. sqq. und im 3. Theil, S. 752.

e) D. Johann Jacob Mosers Beytrag zu einem Lexico der jetztlebenden lutherschen und reformirten Theologen in und um Teutschland, im 2. Theil, S. 925. sqq.

f) Johann Mollers Cimbria literata, Tom. I. pag. 586. sequ.

g) das grosse Universal-Lexicon aller Künste und Wissenschaften, im 34. Bande, S. 878. sqq.

David Georg Struben,
königl. Großbritannischer und churfürstl. Braunschweig-Lüneburgischer Vicecanzler zu Hannover.

Deutschland hat immer Männer aufzuweisen gehabt, die in demjenigen Fach, welchem sie sich gewidmet, etwas Ausserordentliches geleistet, und dadurch vor vielen ihres Gleichen einen besondern Vorzug gehabt. Allein dergleichen Leute fangen in unsern Tagen an ziemlich selten zu werden, und es erfahren die geringe Anzahl gründlicher Gelehrten nicht allein academische Lehrstühle, sondern auch die Cabinetter der regierenden Häupter. Unter den würklich grossen Gelehrten, die auch den Hohen der Erden schätzbar sind, behauptet der Herr Vicecanzler Struben einen Platz insonderheit, und, wer ihn näher zu kennen das Glück hat, muß daneben um seiner ungeschminkten Frömmigkeit willen ihn doppelter Hochachtung würdig zu seyn gestehen.

Es ist dieser berühmte Mann im Jahr 1594, den 29. November, alten Stils, zu Zelle gebohren. Sein Vater, Heinrich Anton Struben, war königl. Großbritannischer und churfürstl. Braunschweig-Lüneburgischer Oberappellationsrath zu Zelle, und ein Sohn des sehr gelehrten und um sein Vaterland so wohl, als seine Nachkommen höchstverdienten Johann David Strubens, *) königl. und churfürstl. hannoverischen Schatzraths, Erbherrn auf Berensen und Ovelgünne. Seine selige Mutter war Frau Catharina Christina, gebohrne Knop, eine Tochter des herzogl. Zellischen Cammermeisters Knops.

Die

---

*) Von desselben Vorfahren findet man einige Nachricht in des seligen D. Gebhard Theodor Meiers Monumentis Iuliis, seu memoriis professorum Helmstadiensium, pag. 46. in der Lebensbeschreibung des weiland berühmten dasigen Professoris der Theologie und Superintendentens, D. Heinrich Julius Strubens, der seines Eltervaters Bruder war.

David Georg Struben.

Die erste Anlage zu seiner glücklich gerathenen Bildung hat er nicht so wohl öffentlichen Schulen, als vielmehr besondern Hauslehrern zu danken. Diese unterrichteten ihn in den Humanioribus und in den philosophischen Wissenschaften. Insonderheit genoß er der Unterweisung des nachherigen gelehrten herzogl. Sächsischen Hof- und Consistorialraths zu Coburg, Johann Friedrich Gruners, dessen treue Bemühung bey ihm den schönsten und vornehmsten Grund der philosophischen und juristischen Wissenschaften legte, auf welchen er nachmahls den fernern Bau einer gründlichen Gelehrsamkeit mit dem besten Erfolg aufzuführen im Stande war.

Anno 1713. fieng er an seine academischen Studia auf der Universität Halle zu treiben, und blieb daselbst biß zu Ende des Jahrs 1715. Anfangs hörete er den jüngern Stryk, hernach aber den bekannten Geheimenrath Gundling; bey welchen beyden er im Hause war, und daher eine erwünschte Gelegenheit hatte, sich der vortreflichen Bibliotheken derselben fleißig zu bedienen. Ausser diesen beyden grossen Rechtsgelehrten wohnete er auch vornehmlich den Vorlesungen des Geheimenraths Thomasius und des Canzlers Just Henning Böhmers bey.

Im Jahr 1716. verließ er Halle, und begab sich auf die Universität Leiden. Daselbst besuchte er die Collegia der bekannten berühmten Männer, Noodts, Schultings, Burmanns und Bernards, reisete aber hernach durch die Niederlande nach Engelland, Frankreich und durch den grössesten Theil von Deutschland. Man kann leicht erachten, daß er diese seine Reisen nicht nach der Gewohnheit vieler unserer jungen Herren gethan, die mehr mit Schaden ihres Beutels, als mit wahrem Nutzen für den Verstand fremde Länder besuchen. Sein gesetztes Wesen und eine würkliche practische Klugheit war die Quelle grosser Vortheile, die er von seinen Reisen gehabt zu haben in der Folge zu jedermanns Bewunderung bewiesen. Als Seine Königl. Majestät von Großbrittannien ihm im Jahr 1720. eben eine Bedienung aufgetragen, erwählten ihn noch vor dem Antritt derselben die evangelischen Stände der Ritterschaft und Städte des Hochstifts Hildesheim zu dem, daselbst besonders wichtigen, Amt eines Landsyndicus. So lange er dieses Amt bekleidete, erwarb er sich durch seine Unpartheylichkeit, kluge Freymüthigkeit und unbefleckte Liebe zur Gerechtigkeit nicht nur bey der löblichen Ritterschaft das grösseste Ansehen, sondern auch bey dem Landesherrn selbst viel Gnade, von dessen Ministern, wie auch dem Domcapitul zu Hildesheim er besondere Gewogenheit jederzeit genossen hat. Im Jahr 1721. ward er außerordentlicher Beysitzer im Stift-Hildesheimischen Hofgerichte, Anno 1723. aber Stift-Hildesheimischer Consistorialrath und ordentlicher Hofgerichtsbeysitzer. Im Jahr 1732. ertheileten Seine Churfürstl. Durchl. von Cölln ihm die Würde Dero Hofraths, mit welcher ihn auch Seine Königlichen Majestät von Großbrittannien begnadigten.

Er verwaltete diese Aemter mit Ruhm biß ins Jahr 1740. Denn in demselben beriefen Seine Königl. Majestät von Großbrittannien und Churfürstl. Durchl. zu Braunschweig-Lüneburg Georg der II. ihn zu Allerhöchstdero würklichen Geheimden Justizrath nach Hannover. So groß der Beyfall gewesen, welchen dieser würdige Mann in seinem Hildesheimischen Amte überall gefunden: so allgemein war auch derselbe in Hannover eine Folge seiner rühmlichen Beschäftigungen, damit so wohl sein allergnädigster Landesherr, als desselben hohe Minister ihn beehrten. Auch ward von seiner großen Einsicht und einem, nicht allen Gelehrten gleich eigenen, Vermögen, in die innern Verhältniße der wichtigsten Staatsgeschäfte einzubringen, alle vorkommende Umstände genau zu entwickeln und, was darinn dem Recht und der Billigkeit gemäß, so wohl richtig zu bestimmen, als gründlich zu bestätigen, ihm unzählige Gelegenheit gegeben, da man seiner Feder sich in den schwehrsten Fällen und Begebenheiten bediente. Von der unschätzbaren Gnade seines Königes, des schon verewigten Georgs des II. hochsel. Andenkens, erhielt er einen neuen Beweiß, als Allerhöchstdieselbe ihn im Jahr 1758. an des verstorbnen Andreas von Bernstorf Stelle zu Dero Canzleydirector in Hannover zu

höchsten

höchsten Gnaden verordneten. Wie wenig aber auch des jetzt regierenden Königs Georg des III. Majestät an Huld und Gnade gegen diesen rechtschaffenen Gelehrten, Höchstdero grossem Vorgänger im Regiment ungleich sind, ist daher zu erkennen, daß Allerhöchstdieselbe im verwichenen 1768sten Jahr ihn zu der Würde Dero Vicekanzlers erhoben. Wer muß nicht dem Hannöverschen Lande zu einem solchen verehrungswürdigsten Manne Glück, ihm selbst aber Alles, was so vorzügliche Verdienste zu gewissen Folgen haben, in der spätesten unverrückten und einer stets vergnügenden Erfahrung, anwünschen?

Wir haben noch von seinen häußlichen Umständen etwas zu erwehnen. Im Jahr 1723. den 23. May verehlichte er sich mit Jungfer Anna Dorothea Charlotte Hofmeistern, der einzigen Tochter des seligen D. Johann Melchior Hofmeisters, ehemaligen Stift-Hildesheimischen Consistorialraths und Hofgerichts-Beysitzers, auch nachmaligen Bürgermeisters der Stadt Hildesheim, und hatte das Vergnügen fast 43. Jahre derselben angenehmen Umgangs und ehelichen Gesellschaft zu genießen, biß er im Jahre 1766. den 19. April derselben durch den Tod beraubet ward. Von derselben aber genoß er des Glücks mit verschiedenen Kindern erfreuet zu werden, welche in die rühmliche Fußstapffen ihrer würdigen Eltern allesamt getreten, und durch sich dieselben dergestalt beglücket, daß wenig Eltern gefunden werden, welche eine solche Freude an ihren Kindern erleben. Die besondere Zuneigung aber, deren der Herr Vicecanzler bey der hohen Landesregierung zu Hannover sich für seine Person erfreuen kan, hat sich auch in der gewünschten Beförderung seiner Söhne besonders geäussert, die ihm jedoch in würdiger Verwaltung der ihnen anvertrauten Aemter alle Ehre machen, dadurch Kinder den Ruhm ihrer Eltern zu vermehren oder fortzupflanzen vermögen. Folgende sind es:

1) ein Sohn, Johann Melchior Struben, welcher 1725. den 19. Merz gebohren worden, und, nachdem er die Universität zu Göttingen zur Fortsetzung seiner Studien sich erwählet, daselbst zwo, von ihm selbst ver-

fertigte, gelehrte Abhandlungen auf der Catheder zur öffentlichen Untersuchung mit vielem Ruhm dargestellet, die erstere im Jahr 1745. unter des Herrn Hofrath Böhmers Vorsitz *) de principe sacri Romani imperii, ius suum vi ac armis tuente, und die andere Anno 1746. unter dem Herrn Geheimen Justizrath Ayrer de iure comitiorum sacri Romani imperii in interregno, **) darauf Anno 1748. königl. Großbrittannischer und churfürstl. Braunschweig-Lüneburgischer ausserordentlicher Hofgerichtsassessor zu Hannover, im Jahr 1749. Landsyndicus des Fürstenthums Calenberg, 1751. königl. Großbrittannischer und churfürstl. Braunschweig-Lüneburgischer Hof- und Canzleyrath, wie auch Archivarius beym Zellischen Archiv, 1755. daneben Consistorialrath, seit Anno 1757. aber solche bißher rühmlichst verwaltete ansehnliche Aemter niedergeleget, und von Sr. königl. Majestät zu dero Hofrath und Geheimten Secretarius in allerhöchsten Gnaden ernennet worden.

(Die Fortsetzung folgt.)

Nach-

*) S. die Franckfurtsche gelehrte Zeitungen, 1745. S. 190. ff. und die Göttingische Zeitungen von gelehrten Sachen, 1745. S. 223. fg.

**) S. die Leipziger neue Zeitungen von gelehrten Sachen 1747. S. 102. fgg. die Braunschweigischen Anzeigen, 1746. S. 1185. fgg. und die Göttingischen Zeitungen von gelehrten Sachen, 1746. S. 317. fgg. Wie sie des Herrn Hofraths eigene Arbeit, gleich der ersten Disputation, gewesen: also ward sie hernach unter seinem Nahmen mit der Aufschrift: Commentatio de iure comitiorum - - - cum praefatione Geo. Henr. Ayreri D. gedruckt, und in den erwehnten gelehrten Zeitungen angeführet.

Nachrichten von Niedersächsischen berühmten Leuten u. Familien.

Das 86. Stück.

Fortsetzung des im vorhergehenden Stück abgebrochenen Artikels.

Außer vielen, in den wichtigsten Staatsangelegenheiten ausgearbeiteten, und publico nomine, doch ohne seinen Nahmen, zur Vertheidigung der königl. Großbritannischen und churhannöverschen Rechte während des neulichen schwehren Krieges, wie auch in der bekannten Oßnabrückschen Streitigkeit herausgekommenen, gründlichen Deduction, darin er sich seinem grossen Vater völlig gleich zu seyn bewiesen, hat er, mit Vorsetzung seines Nahmens, im Jahr 1752. zu Hannover in Quart das befestigte Erbrecht der Stiffts-Hildesheimischen Meyer an das Licht gestellet, dessen Inhalt im 9. Bande der allerneuesten Nachrichten von juristischen Büchern, S. 509. fgg. und in den Göttingischen Zeitungen von gelehrten Sachen, 1752. S. 487. fgg. erzählet wird. Diß können wir noch mit Zuverläßigkeit erwehnen, daß er Verfasser sey von der gründlichen Prüfung des Schreibens, die teutsche und anderer Völker Münzverfassung, insonderheit die hochfürstliche Braunschweigische Münzen betreffend, welche ohne seinen Nahmen zu Leipzig 1750. in Quart herausgekommen, und in dem Göttingischen Zeitungen von gelehrten Sachen, 1751. S. 162. fgg. mit gehörigem Ruhm recensiret worden, imgleichen von der zu Hannover im Jahr 1752. in Quart, gleichfals ohne seinen

Nah-

Nahmen, gedruckten Untersuchung der Frage: Ob das Silbergeld zu erhöhen sey? worin die so genannte vernünftige Vertheidigung des Schreibens, die teutsche und anderer Völker Münzverfassung betreffend, *) beantwortet wird, deren Inhalt sehr genau erzählet wird in den gedachten Göttingischen Zeitungen von gelehrten Sachen, 1752. S. 863. sqq. Er ist ferner auch Verfasser von dem, ohne seinen Nahmen und Anzeige des Orts Anno 1759. ins Quart ans Licht getretenen, Beweiß, daß das *ius. eundi in partes*, auch in *causis politicis* Platz habe, dessen Gründlichkeit allein zureichend wäre, seinen Nahmen zu verewigen, wie ein jeder aus der Nachricht erkennen kann, die vom Inhalt desselben in den Göttingischen Anzeigen von gelehrten Sachen, 1759. S. 372. sqq. ertheilet wird.

2) eine Tochter, Sophia Christiana, welche 1726. den 3. Merz gebohren, und im Jahr 1746. mit Herrn Ernst August Rüling, königl. Großbritannischen und churfürstl. Braunschweig-Lüneburgischem Rath und Hofgerichtsassessor zu Hannover, verheyrathet worden.

3) ein Sohn, Christian Ludewig Struben, welcher 1728. den 18. April gebohren, Anno 1756. zum königlichen und churfürstlichen Landrentmeister des Fürstenthums Calenberg ernannt, und im Jahr 1758. mit Jungfer Ernestina Dorothea Ebeln, einer Tochter des Herrn

Ge-

---

*) Die Schrift, welcher diese Abhandlung des Herrn Hofraths entgegen gesetzet ist, war Anno 1752. zu Berlin herausgekommen, und führet die Aufschrift: Vernünftige Vertheidigung des Schreibens, die teutsche und anderer Völker Münzverfassung betreffend, der so genannten gründlichen Prüfung desselben entgegen gesetzt, nebst einem Anhang, worin die, in der Erfahrung gegründete, Ursachen von dem Steigen und Fallen des Gold- und Silberpreises, und dem, darauf sich gründenden, Steigen und Fallen des Wechsel-Courses abgehandelt werden.

Georg Ebels, Abts zu Loccum und ersten Landraths des Fürstenthums Calenberg, ehelich verbunden worden.

4) ein Sohn, Friederich Philipp Struben, der 1732. den 26. August das Licht dieser Welt erblicket, und, nachdem er seine Studia zu Göttingen würdig vollendet, auch daselbst 1754. unter des Herrn Geheimen Justizrath Ayrers Vorsitz eine sehr wohl ausgearbeitete Disputation, Vindiciae juris Brunsuicensis et Luneburgensis in Ducatum Saxo-Lauenburgicum betitelt, öffentlich vertheidiget, deren Inhalt in den Göttingischen Anzeigen von gelehrten Sachen, 1754. S. 593. fgg. erzählet worden, darauf im Jahr 1758. königl. Großbritannischer und churfürstl. Braunschweig-Lüneburgischer Hofgerichtsassessor zu Zelle und Closter-Consulent, 1760. auch Hofgerichtsassessor zu Hannover geworden.

5) eine Tochter, Wilhelmina Sophia, welche 1735. den 23. Februar gebohren, seit 1755. aber mit dem königl. Großbritanischen und churfürstl. Braunschweig-Lüneburgischen Herrn Hof- und Canzleyrath Johann Ludolph von Hugo in vergnügter Ehe lebet.

6) eine Tochter, Henriette Augusta, die 1736. den 12. Junius das Licht dieser Welt erblicket, und zwar mit dem königl. Herrn Oberpost-Commissarius Heinrich Ludewig Pape, glücklich verheurathet worden, im Jahr 1766. aber dieses Zeitliche wiederum gesegnet hat.

7) eine Tochter, Louise, welche 1741. den 16. Junius gebohren, und Anno 1764. mit Herrn Heinrich von Döring, königl. Großbritanischen und churfürstl. Braunschweig-Lüneburgischen Hof- und Canzleyrath verheurathet worden.

Wir wünschen dem, durch sich so wohl, als ihren würdigsten Herrn Vater vorzüglich beglückten, vornehmen Strubenschen Geschlecht Alles, was die unpartheyische Welt eine gerechte Belohnung ächter Frömmigkeit und gehäuffter

Ver-

Berkäufte nennet, zur spätesten Erfahrung von der gnädigen Vorsehung des weisen Regierers aller Dinge.

Die Schrifften unsers hochverdienten Herrn Vicecanzlers, welche von seiner ausserordentlichen Kenntniß der Rechte Deutschlands überhaupt so wohl, als gewisser Provinzen insonderheit, wie auch der Geschichte und Alterthümer der Deutschen, vornehmlich in den mittlern Zeiten, nicht weniger des deutschen Staatsrechts, zeugen, haben ihm in der gelehrten Welt nicht nur, sondern auch bey vielen hohen Ministern der vornehmsten Höfe, und den höchsten Reichsgerichten selbst, eine Hochachtung erworben, deren sich wenige Gelehrte zu rühmen befugt sind. Wir können daher desto weniger umhin, den Lesern unserer Nachrichten sie bekannt zu machen.

1) Dissertatio historico-politico-iuridica de origine Nobilitatis Germanicae, et praecipuis quibusdam eorum iuribus, praeside *Gerhardo Noodt.* Lugd. Batau. 1717. in Quart. Sie ward Anno 1718. wieder aufgeleget, wie ihrer unter des Herrn Vicecanzlers Nahmen des sel. D. Jenichen Part. I. der von ihm vermehrt herausgegeben, Bibliothecae iuridicae des Lipenii, pag. 390. a. gedenket.

2) Commentatio de iure villicorum, vulgo vom Meyerrecht, in qua origo et indoles contractus villicalis ex genuinis fontibus antiquitatis, legum ac morum eruitur, et multa quaestiones iuris colonarii in foro obuenientes enodantur, atque responsis et rebus iudicatis illustrantur. Cellis. 1720. in Quart. Die andere sehr vermehrte Ausgabe erschien 1735. zu Hildesheim, und auf dem Titel desselben stehet: Adiecta est Observationum iuris et historiae Germaniae Decas. S. Leipziger neue Zeitungen von gelehrten Sachen, 1735. S. 276. fg. deutsche *Acta Eruditorum,* im 194. Theil, S. 133. fgg. *Supplementa ad Noua Acta Eruditorum,* Tom. II. pag. 399. seqq. Niedersächsische Nachrichten von gelehrten neuen Sachen, 1735. S. 316. fg. 364. fgg.

3) Grund-

3) **Gründlicher Bericht von dem Abmeyerungs-recht, vornehmlich im Stift Hildesheim, worinn erwiesen wird, daß kein Guthsherr befugt sey, seine Meyer und deren Erben nach Willkühr und Gefallen, ohne erhebliche Ursachen, der Meyer statt zu entsetzen, mithin wie das von den Herren Deputirten löbl. Stift-Hildesheimischer Ritterschaft und Städte am 8. October 1726. ertheilte, dem hochpreißlichen kayserlichen Cammergericht übergebene Attestat der Wahrheit vollkommen gemäß ist. Hildesheim. 1730. in Folio.** Die zwate Auflage erschien 1738. Da diese gründliche Abhandlung von dem Herrn Vicecanzler, nach Veranlassung seines ehemahligen Hildesheimischen Amts, verfasset und herausgegeben ward, so bekam er wegen derselben einen Gegner an dem Stift-Hildesheimischen Amtman zu Wietzenburg, Christian Justin Mühlpfort, welcher im Jahr 1738. dagegen eine Nachricht von den Streitigkeiten über das Meyerrecht im Stift Hildesheim in Quart drucken ließ. Doch der Herr Vicecanzler antwortete ihm in seinen *Vindiciis iuris haereditarii villicorum Hildesiensium*, die in desselben unten Num. 9. angeführten Accessionibus ad Commentationem de iure villicorum, S. 143. fgg. zu lesen. Aber Herr Mühlpfort setzte denenselben *Antiuindicias iuris simplicis coloniae in episcopatu Hildesiensi* wiederum entgegen. Weil nun der Herr Vicecanzler vieler andern Beschäftigungen halber selbst die Feder in diesem Streit nicht weiter führen konnte, so that solches sein ältester Sohn, der Herr Hofrath und Geheime Secretarius, Anno 1752. in dem oben erwehnten befestigten Erbrecht der Stift-Hildesheimischen Meyer. Das Werk selbst findet man kürzlich recensiret in den Leipziger neuen Zeitungen von gel. Sachen, 1738. S. 473. fg. In des weiland bekannten Hällischen Prof. Johann Ehrenfried Zschackwitz neuesten Grundfeste des heiligen römischen teutschen Reichs, im 2. Stück, S. 71. fgg. ist dieser Bericht mit abgedruckt.

4) Vor-

4) **Vorstellung der evangelischen Landstände des Hochstifts Hildesheim, worinn dargethan wird, daß sich das Stift-Hildesheimische** Confiſtorium Aug. Conf. **in ohnſtreitiger** Poſſeſſione vel quaſi **der Gerechtigkeit, Feyer- und Feſttage, inſonderheit die evangeliſchen** Iubilaea, **ohne Zuthun der Landesobrigkeit auszuſchreiben und anzuordnen, jederzeit befunden, auch ſolche Befugniß in dem** Inſtrumento pacis Weſtphalicae **und** Conſiſtorial-Receſs de Anno 1657. **feſt gegründet ſey. Mit dienlichen Anmerkungen. Hildesheim. 1730. in Folio.** Der berühmte Herr Etatsrath Moſer hat dieſe gründliche Deduction dem 7. Theil der Reichsfama mit einverleibet. Ihr Hauptinhalt wird in der fortgeſetzten Samlung vom alten und neuen theologiſchen Sachen, 1738. S. 528. ſg. kürzlich erzählet.

5) **Nöthiger Unterricht von den Strafen der Simonie im Stift Hildesheim, wie ſolchen die löbliche Juriſtenfacultät bey der churpfälziſchen Univerſität zu Heidelberg in einer, in Sachen löblicher Ritterſchaft und Städte des Hochſtifts Hildesheim wider den Bürgermeiſter Hoſeu, die Rathsverwandten Creydt, Kemler und Bremer, und den Achtman Bohdenſtedt abgefaßten Urtheil und deren** Rationibus decidendi **erkannt hat. Nebſt einem dienlichen Vorbericht und einigen Anmerkungen. Hildesheim. 1732. in Folio.** Dieſer wichtigen Schrift hat der Herr Vicecanzler ſeinen Nahmen nicht vorgeſetzet.

6) **Gründlicher Unterricht von Regierungs- und Juſtitzſachen, worinn unterſuchet wird, welche Geſchäfte, ihrer Natur und Eigenſchaft nach, vor die Regierungs- und Juſtitzcollegia gehören. Hildesheim. 1733. in Quart.** S. Leipziger neue Zeitungen von gelehrten Sachen, 1734. S. 99. Niederſächſiſche Nachrichten von gelehrten neuen Sachen, 1734. S. 41. ſgg. Hamburgiſche Berichte von gelehrten Sachen, 1733. S. 704.

7) Ob-

7) Obseruatio de officio litunico. **Stehet in der Pa-**
tergis Gottingensibus, Tom. I. Lib. II. pag. 1. seqq.

8) Obseruatio de vestitu Vasallorum. **Eben daselbst,**
Tom. I. Lib. III. pag. 167. seqq.

9) Accessionum ad Commentationem de iure villicorum Pars prima, cui subiungitur tractatio de bonis Meier-
dingicis. Brunsuigae et Hildesiae. 1739. in Quart. **S.**
Leipziger neue Zeitungen von gelehrten Sachen,
1739. S. 745. fg. Göttingische Zeitungen von
gelehrten Sachen, 1739. S. 283. fgg.

10) Vindiciae iuris venandi Nobilitatis Germanicae.
Accessit Collectio sententiarum, responsorum et resolu-
tionum venatoriarum, vel saltem ad firmandum ius venandi Nobilitatis facientium, notis illustrata. Hildesiae
et Brunsuigae. 1739. in Quart. **S. Leipziger neue Zei-**
tungen von gelehrten Sachen, 1740. S. 148. fgg.
Göttingische Zeitungen von gelehrten Sachen,
1739. S. 721. fgg. Supplementa ad *Noua Acta Eru-*
ditorum, Tom. VII. pag. 176. seqq. **Von der, diesem ge-**
lehrten Werk entgegen gesetzten, Disputation des vormahli-
gen Marpurgischen Rechtsgelehrten, jetzigen Wetzlarschen
Cammergerichtsassessoren, Freyherrn von Cramer, und
andern hiedurch veranlasseten Streitschriften hat Herr Chri-
stoph Weidlich im 2. Theil seiner zuverläßigen Nach-
richten von jetztlebenden Rechtsgelehrten, S. 224.
fgg. Nachricht ertheilet.

11) **Nebenstunden. Erster Theil. Hildesheim. 1742.**
Zweyter Theil. Hannover. 1747 Dritter Theil. 1750.
Vierter Theil. 1755. Fünfter Theil. 1757. Sechster und
letzter Theil, nebst einem Hauptregister über alle sechs
Theile. 1765. in groß Octav. S. *Noua Acta Erudito-*
rum, 1744. pag. 370. seqq. **Leipziger neue Zeitun-**
gen von gelehrten Sachen, 1743. S. 38. fgg. 1747.
S. 565. fgg. 1751. S. 322. fgg. 1755. S. 354. fgg.

Göttingische Zeitungen von gelehrten Sachen, 1742. S. 780. fgg. 1747. S. 249. fgg. 1750. S. 865. fgg. 1755. S. 558. fg. 1757. S. 650. fg. allerneueste Nachrichten von juristischen Büchern, im 6. Bande, S. 392. fgg. und im 8. Bande, S. 505. fgg. Frankfurtsche gelehrte Zeitungen, 1743. S. 67. fg. 1748. S. 111. fg. Den Inhalt der fünf Theile dieses Werks hat Herr Weidlich loc. cit. S. 227. fgg. kürzlich angezeiget.

12) Breuis Expositio iurium, serenissimo et potentissimo Magnae Britanniae Regi, qua Electori Brunsuicensi ac Luneburgensi, in Frisiam orientalem competentium. 1744. in Quart. Es folgten hierauf noch verschiedene, in dieser Streitigkeit publicirte, Deductiones, die auch den Herrn Vicecanzler zum Verfasser gehabt, deren Aufschrift uns aber nicht bekannt geworden.

13) Samlung einiger neuerer, vorhin gedruckter, Schriften von der, im Westphälischen Friedenschluß erlaubten, Selbsthülfe, der catholischen Landesherren geistlicher Gerichtsbarkeit über ihre evangelische Unterthanen, und dem Simultaneo Exercitio religionis, worinn die Gründe enthalten, mit welchen so wohl die Catholische, als Evangelische ihre Auslegungen besagten Friedensschlusses zu behaupten suchen. Leipzig. 1756. in Quart. Diesem Werk ist der Nahme des Herrn Vicecanzlers nicht vorgesetzt. Den Inhalt desselben erzählen die Göttingische Anzeigen von gelehrten Sachen, 1756. S. 620. fgg.

14) Vernichteter Beweiß der teutschen Reichsstände völliger Landeshoheit vor dem so genannten grossem Interregno. Hannover, 1758. in Quart. S. die gedachte Göttingische Anzeigen von gelehrten Sachen, 1758. S. 505. fgg.

(Der Beschluß künftig.)

Nachrichten von Niedersächsichsen berühmten Leuten u. Familien.

Das 87. Stück.

Beschluß des im vorhergehenden Stück abgebrochenen Artikels.

15) Die gerechte Sache Großbritanniens und Chur-Hannover gegen Frankreich und Oesterreich. Hannover. 1758. in Quart. Auch diese Schrift erschien ohne des Herrn Verfassers Nahmen. Im ersten Bande der teutschen Kriegs-Canzley auf das Jahr 1758. S. 944. fgg. ist sie ganz abgedruckt.

16) Rechtliche Ausführung von erlaubten und unerlaubten Kriegen der teutschen Reichsstände wider einander. Frankfurt und Leipzig. 1758. in Quart, gleichfals ohne des Herrn Verfassers Nahmen. S. Göttingische Anzeigen von gelehrten Sachen, 1758. S. 491. fgg. Dem zweyten Band der erwehnten teutschen Kriegs-Canzley auf das Jahr 1758. S. 161. fgg. ist diese Schrift ganz mit einverleibet worden.

17) Gründliche Vertheidigung der churfürstl. Braunschweig-Lüneburgischen Postgerechtigkeit, worinn die Nichtigkeit der Einwürfe, mit welchen man sie fürstl. Taxischer Seits angefochten, und das, den Reichsgesetzen zuwider laufende, Verfahren des kayserlichen Reichshofraths vor Augen geleget wird. Hannover. 1758. in Quart. Man erblickte

2. Band. T

blickte auf dem Titel derselben, auch des Herrn Verfassers Nahmen nicht.

18) **Entdeckte Verdrehung des Westphälischen Friedensschlusses** Art. V. §. 31. und Art. XVII. §. 4. 5. 6. 7. Frankfurt und Leipzig. 1758. in Quart. Den Inhalt dieser, ebenfals ohne den Nahmen des berühmten Herrn Verfassers herausgekommen, gründlichen Deduction zeigen die Göttingische Nachrichten von gelehrten Sachen, 1758. S. 1141. fgg. an.

19) **Zugabe zur entdeckten Verdrehung des Westphälischen Friedensschlusses** Art. V. §. 31. und Art. XVII. §. 4. 5. 6. 7. Hannover. 1759. in Quart. Hiemit vertheidigte und bestätigte der Herr Vicecanzler unter seinem Nahmen die vorige Abhandlung gegen den Herrn Abt von St. Emeran zu Regenspurg, welcher derselben ein so betiteltes entdecktes Blendwerk entgegen gesetzet hatte. Man kan vom Inhalt derselbelben die Göttingische Anzeigen von gelehrten Sachen, 1759. S. 897. fgg. nachlesen.

20) **Beweiß der Nichtigkeit aller Scheingründe**, womit das fürstl. Taxische, den Reichsgesetzen und der verbindlichen Convention vom 25. Junius 1748. zuwiderlaufende, unverantwortliche Betragen gegen Seine Königl. Majestät von Großbritannien, als Churfürsten zu Braunschweig-Lüneburg, in der so genannten Prüfung gerechtfertiget werden wollen. Hannover. 1760. in Quart. Ohne des Herrn Verfassers Nahmen. Diß ist eine Bestätigung der oben Num. 17. angeführten Deduction.

21) **Rechtliche Bedenken.** Erster Theil. Hannover. 1760. Zweyter Theil. 1763. Dritter Theil. 1768. in Quart. S. Leipziger neue Zeitungen von gelehrten Sachen, 1761. S. 615. fg. Göttingische Anzeigen von gelehrten Sachen, 1764. S. 240.

22) Verschiedene Deductionen in wichtigen Rechtshändeln, die den Herrn Vicecanzler zum Verfasser haben, aber ohne desselben Nahmen gedruckt worden, hat Herr **Weidlich** an dem oberwehnten Orte, S. 233. kürzlich angeführet. Doch sind deren ohne Zweiffel noch vielmehr.

* * *

Die Schriften, worinn von des Herrn Vicecanzlers Leben und gelehrten Werken gehandelt wird, sind folgende:

a) **Christoph Weidlichs** zuverläßige Nachrichten von den jetztlebenden Rechtsgelehrten, (Halle, 1758. in Octav) im 2. Theil, S. 212. fgg.

b) Desselben Geschichte der jetztlebenden Rechtsgelehrten in Teutschland, (Merseburg, 1748. in Octav) im 2. Theil, S. 557. fgg.

c) **Grosses Universal-Lexicon** aller Wissenschaften und Künste, im 40. Theil, S. 1063. fgg.

d) D. **Gabriel Wilhelm Göttens** jetztlebendes gelehrtes Europa, im 1. Theil, S. 801. fgg. und im 3. Theil, S. 796. fg.

e) D. **Johann Jacob Mosers** Lexicon der jetztlebenden Rechtsgelehrten in und um Teutschland, (Züllichau, 1739. in Octav) S. 253. fg.

f) **Georg Christoph Hambergers** gelehrtes Teutschland, oder Lexicon der jetztlebenden teutschen Schriftsteller, im 2. Abschnit, S. 456. fg.

Ludolph Otte,

ältester Rathsherr der kayserlichen freyen Reichsstadt Hamburg.

Da die wesentliche Einrichtung einer Republik gemeiniglich es mit sich bringet, daß einige aus ihren Mitbürgern zu wichtigen Bedienungen, ja selbst zu Gliedern des obrigkeitlichen Collegii, welchem das Ruder einer gemeinschaftlichen Regierung anvertraut ist, erhoben werden; so wäre zu wünschen, daß ein jeder, und sonderlich die angesehnste unter den Mitbürgern ihre Kinder auch zu solchen wichtigen Aemtern sorgfältig zubereiten, und besonders in denjenigen Wissenschaften unterrichten ließen, dadurch sie einmahl nicht allein dem Nahmen nach, sondern in der That würdige Väter der Republik werden könnten. Wenigstens würden durch eine solche patriotische Erziehung die edlen Kräfte der Seelen zu ernsthaften Sachen frühzeitig angewöhnet, die thörichten Ausschweifungen der Jugend aber gemäßiget, und die häuffige Klagen über verwilderte Kinder vermindert werden. Denn wer kann leugnen, daß überhaupt die Wissenschaften einen verborgenen Einfluß in die Verbesserung der Sitten haben, und daher nicht bloß den Gelehrten, sondern gleich ernstlich allen jungen Pflanzen eines Staats, die denselben zu beglücken durch ihren Eltern schon einen Beruf haben, zu empfehlen seyn?

Diese Gedanken und Wünsche haben wir insonderheit in uns erweckt gespühret, da wir im Begriff waren, die vornehmsten Lebensumstände eines Mannes zu entwerfen, welcher, als Jüngling, einer solchen klugen Erziehung genossen, und hernach in seinem männlichen Alter die Früchte davon bey allen ihm anvertrauten Ehrenämtern rühmlichst offenbaret, allen seinen Mitbürgern also ein nachahmungswürdiges Exempel hinterlassen hat.

In Hamburg ist dieser rechtschaffene Mann, der selige Herr **Ludolph Otte**, im Jahre 1681. den 25. Sept. gebohren. Sein Vater war alhier ein angesehner Kaufmann, Nahmens **Heinrich Otte**, welcher diesen würdigen Sohn mit seiner Ehegattin, **Maria Elisabeth**, gebohrnen Sechtern, gezeuget, und denselben, wie zur Ehre seines Geschlechts, als auch zu einem brauchbaren Gliede der Republik erzogen hat. Es hatte sich zwar derselbe, seiner ersten Bestimmung nach, denen schönen Wissenschaften gewidmet, und würde auch selbigen treu geblieben seyn, wenn ihn nicht der frühe Tod seines Vaters davon abgerufen hätte. Denn dadurch ward er genöthiget, seines seligen Vaters Handlung fortzusetzen. Doch blieb ihm der Geschmack an den schönen Wissenschaften immerdar eigen, ja, er war nebst der lateinischen und griechischen Sprache auch so gar in der französischen, italienischen, englischen, portugiesischen, holländischen und dänischen Sprache dermaßen geübet, daß es schien, als ob dieselben seine Muttersprachen wären; wie denn auch die zahlreiche Bibliothek, welche der selige Mann hinlassen, mit den schönsten Werken aus den angeführten Sprachen prangete.

Bey zunehmendem, und sonderlich dem männlichen Alter erkanten seine Mitbürger bald das Gute, welches kluge Erziehung, eigene Lust und aufmerksame Erfahrung in ihm gewürket hatten. Sie hielten ihn daher zu allen bürgerlichen Bedienungen unserer Republik fähig, und er verwaltete das sie allesamt mit so vieler Treue, Klugheit und Emsigkeit, daß er im Jahre 1723. den 19. Januar, an des seligen Herrn Johann Adrian Boons Stelle, zum Mitglied eines hochedlen Rathes erwählet ward. Hier dürfen wir nicht das herrliche Zeugniß verschweigen, welches der berühmte hannöversche Gottesgelehrte, Herr D. Gabriel Wilhelm Goetten, in dem jetztlebenden Europa, *) zum Ruhm des seligen Rathsherrn Otte schriftlich hinterlassen hat. Er schreibt unter andern: Die andere Hälfte des Raths bestehet aus Kaufherren, unter welchen sich auch manchmahl Männer finden, die zwar ihrem Nahmen und Beruf nach keine Gelehrte, dennoch aber in der That unter denselben zu zählen sind. Dergleichen ist jetzt z. Ex. Herr Ludolph Otte, Rathsherr seit 1723. welcher eine wahre Gelehrsamkeit, grosse Einsicht in Staatssachen, und schöne Bibliothek besitzet, auch so gar der griechischen Sprache mächtig ist. Diß Zeugniß gereichet dem seligen Herrn Senator zu so viel grösserm Ruhm, je weniger mit demselben ein Verhältniß der Freundschaft den Verdacht einiger Partheiligkeit vereiniget. Die den wohlseligen Mann gekannt oder mit ihm besondern Umgang gepflogen, können noch bezeugen, wie er in Gesellschaften und bey vorkommender Gelegenheit die, so ihn nicht näher gekannt, oft in Zweifel gesetzet, ob er ein Gelehrter, oder ein Kaufmann sey.

Doch wir müssen auch von seinen häußlichen Umständen etwas erwähnen.

Schon

*) im 1. Theil, S. 4.

Schon im Jahr 1707. riethen ihm seine häusliche Angelegenheiten, sich eine getreue Gehülfin zu erwählen; und der alles lenkende Gott schenkte ihm dieselbe in der liebenswürdigen Person der Jungfer Dorothea Renzlern, einer Tochter des weiland berühmten hiesigen Handelsmanns und Oberalten, Johann Renzlers, und Frauen Dorothea, gebohrne Brandts. Diese vergnügte Ehe ward mit dreyen Kindern gesegnet,

nemlich 1) einer Tochter, Maria Elisabeth, welche im Jahr 1709. den 23. May gebohren, und mit Herrn Meinhart von Winthen, angesehenen Kaufmann hieselbst, verheurathet gewesen;

2) einem Sohn, Johann Otte, welcher 1710. den 7. Junius gebohren worden, und nach absolvirten Studien die Würde eines Doctoris beyder Rechten erhalten;

3) einem Sohn, Heinrich Otte, der 1711. den 17. December das Licht dieser Welt erblicket, im Jahr 1716. den 20. Januar aber bereits verstorben.

Als der wohlselige Herr Senator im Jahre 1730. den 30. Merz durch den Tod seiner obgedachten Ehegattin beraubet ward, entschloß er sich zwey Jahre darauf, nemlich Anno 1732. den 18. November eine neue Eheverbindung einzugehen, und zwar mit Frau Coecilia Elisabeth Ecken, einer Tochter des seligen Johann Hauwelmeyers, angesehenen Kaufmanns hieselbst, und Frau Anna Maria, gebohrnen Rellinghusen, welche ihm aber auch 1749. den 10. Merz wiederum von der Seite gerissen ward. Doch überlebte er dieselbe nicht lange, indem er in dem darauf folgenden 1750sten Jahr mit einer Brustkrankheit befallen ward, womit sich ein beständiges Fieber vereinigte, und darauf am 1. Merz seines rühmlichen Lebens ein Ende machte, dessen längere Erhaltung um unserer Stadt willen allerdings zu wünschen gewesen wäre. Sein Andenken bleibet inzwischen allen dankbaren Patrioten unsterblich. Denn unter den weisen Vätern dieser Stadt, die von der gütigen Natur nicht nur mit Vollkommenheiten begabet sind, welche sie ihr wichtiges Amt mit allgemeiner Zufriedenheit zu führen tüchtig machen, sondern auch eine wahre Gottesfurcht ihre vornehmste Zierde seyn lassen, verdienet der selige Herr Otte eine vorzügliche Stelle.

* * *

Eine Nachricht von seinem Leben ertheilen

a) das ihm zu Ehren gedruckte Leichen-Programma, welches folgende Aufschrift führet: Memoriam viri nobilissimi, amplissimi, prudentissimi, LyDOLPHI OTTONIS, Senatoris ac Protoscholarchae meritissimi, ciuibus commendat, ac simul funus, solemni pompa, ad aedem S. Nicolai ducenda, die IX. Martii MDCCL. celebrandum, obseruanter indicit D. *Henricus Theophilus Schellhaffer*, Phil. pract. P. P. ac h. t. Gymnasii Rector. Hamburgi. 1750. in Folio.

b) die Hamburgische Berichte von gelehrten Sachen, 1750. S. 172. sq.

Nachrichten von Niedersächsischen berühmten Leuten u. Familien.

Das 88. Stück.

Heinrich Nettelbladt,

beyder Rechten Doctor, Herzogl. Meklenburgischer Land- und Hofgerichtsassessor zu Güstrow, und Bürgermeister der Stadt Rostock.

Die Lebenszeit eines Menschen, und ihre Länge oder Kürze beurtheilet man insgemein nach der Zahl der Jahre, welche über seinem Daseyn in der Welt verstrichen sind, und er durchlebet hat. Von dem Jahr, in welchem er gebohren worden, rechnet man biß zu demjenigen, das er entweder würklich erreichet hat, oder in welchem er den Weg alles Fleisches gegangen ist, und nachdem man die Summe derselben beträchtlich und groß, oder klein und geringe befindet, so behauptet man auch, in dem einen Fall, daß er lange gelebet, oder in dem andern, daß sein Leben kurz gewesen. Nun bleibet es zwar insofern allerdings richtig, daß das Leben eines Menschen um so viel kürzer, als das Leben eines andern sey, je weniger die Jahre, die er in der Welt zugebracht, an Menge und Anzahl denen, die der andere durchlebt hat, gleich kommen, wenn sonst auf beyden Seiten alles gleich ist, oder man auf weiter nichts siehet, als daß beyde da gewesen sind, und in der Welt ihre Stellen gehabt. Aber wer wird mit Grund der Wahrheit sagen können, daß unter Leben und Daseyn gar kein Unterschied schled sey? Muß doch zu dem Daseyn eines vernünftigen Menschen auch eine gewisse Thätigkeit und Würcksamkeit hinzu kommen. Ein Wesen, das da lebet, muß mit gewissen Fähigkeiten und Kräften begabt seyn, und durch Hülfe derselben, indem es sich ihrer gebrauchet, auch immer neue Veränderungen, bald bey sich selbst, und bald bey andern außer sich, würken. Alsdann erst wird aus dem Daseyn desselben ein eigentliches so genanntes Leben. Folglich verdienet bey der Frage von dem Leben eines Menschen, und dessen Länge und Kürze, die Thätigkeit, mit welcher er seine Tage in der Welt zugebracht, und die Reihe der Geschäfte, welche er ausgerichtet, eben so sehr, als die Zahl der Jahre, die er zurückgeleget, in Betrachtung gezogen zu werden. Solchergestalt gewinnet die Sache eine ganz andere Gestalt, als in welcher sie sich, außerdem bey dem ersten Anblick zeiget. Man stelle sich in Gedanken einen Menschen vor, der sein Leben nicht über dreißig, vierzig oder funfzig Jahre gebracht, aber in dem Lauf dieser Jahre beständig auf die rühmlichste Art würksam und geschäftig gewesen, in unzählichen Absichten und auf allen Seiten seinen Pflichten treulich nachgekommen, Gott, der Welt, dem gemeinen Wesen und der Kirchen die wichtigsten Dienste geleistet hat. Solte das Leben eines solchen Menschen darum ein kurzes Leben genannt werde, weil es in dem Cirkel einer so mäßigen Anzahl von Jahren geblieben? Keinesweges. An sich selbst ist es mit nichten kurz, wenn gleich einer Menge anderer Menschen daran gelegen war, daß es länger gewähret haben mögte. Und es ist auch nicht einmahl in Vergleichung mit dem Leben derjenigen kurz, die ungleich mehrere Jahre zählen; es sey denn, daß diese zugleich die ganze Reihe ihrer mehrern Jahre hindurch eben das sind und bleiben, was er in den wenigern gewesen. Für seine Mitbürger und Zeitgenossen lebt ein redlicher, arbeitsamer und verdienter Mann nimmer lange genug; es mag denn derselbe seine Kräfte gar erschöpft haben, und ganz stumpf oder unbrauchbar geworden seyn. So lange sich das Letztere nicht findet, so lange kann er ihnen noch eben so nützlich werden, als er ihren Vätern, und vielleicht auch ihren Großvätern geworden, ja vielleicht noch nützlicher,

weil

weil er schon so viel geübter in allerley Geschäften ist, und mit einem grössern Maaß von Einsicht, Erfahrung und Klugheit pranget. Die Vorsehung wird ja nie müde, Staaten und Völkern Männer zu schenken, welche neuen Segen über sie herein zu führen, und ihr wahres Wohl zu befördern geschickt sind. Aber sie schenkt ihnen dieselben nur sparsam, und keinesweges in solchem Ueberfluß, daß sie es nicht ein überaus schätzbares Glück nennen müßten, die bißherigen Stützen ihrer Wohlfahrt zugleich neben den neuen bleiben und feste stehen zu sehen. Daher mag ein Mann von dieser Art so spät, und in einem so hohen Alter, als nur immer möglich ist, sein Leben endigen: so stirbt er wenigstens seinen Mitbürgern und Zeitgenossen annoch viel zu frühe, und sein Leben wird ungleich kürzer, als es ohne Nachtheil derselben werden kann. Doch muß man allerdings auch eingestehen, daß das Leben eines solchen Mannes in Absicht auf ihn selbst lange gnug gewähret habe. Es mag daher die Reihe seiner Jahre so klein seyn, als sie immer will, so hat doch die Reihe der Geschäfte, die er in dem Lauf derselben ausgerichtet hat, die Kraft, daß jene ihm am Ende, wo nicht noch länger, doch eben so lang vorkommt, als einem andern, der sich der Arbeit und den Geschäften auf alle mögliche Art entzogen, diejenige, durch welche er gegangen ist.

Auf diese Gedanken hat uns oft das frühzeitige Absterben geschickter, arbeitsamer und um das gemeine Wesen verdienter Männer geführet, und eine gleiche Veranlassung dazu hat uns auch das Absterben des verdienten Herrn D. Nettelbladts gegeben, dessen Andenken der dankbaren Nachkommenschaft zu empfehlen auch unsere Nachrichten billig dienen.

Rostock, welches ihm und seiner väterlichen Sorgfalt viel zu danken hat, kann ihn unter seine Söhne zählen. Denn er ward daselbst im Jahre 1715. den 8. Merz gebohren, und zwar aus einem der ältesten und ansehnlichsten Geschlechter dieser seiner Vaterstadt. Schon mehrere Jahrhunderte hindurch hat es daselbst eine Menge von Nettelbladten, theils vornehmen, theils geringern Standes, gegeben. Aller Wahr-
scheins

scheinlichkeit nach haben dieselben allesamt einen gemein:
schaftlichen Stammvater gehabt, und bloß der Mangel an
Nachrichten aus den entfernten Zeiten, da derselbe sich also
niedergelassen und angebauet hat, ist Schuld daran, daß
man solchen weder namhaft machen, noch sie alle ordentlich
auf denselben zurückführen kann. Was indeß die eigentlichen
und unleugbahren Voreltern unsers Herrn Bürgermeisters betrift, so finden sich von denenselben ziemlich vollständige Nach:
richten, die weit über zweyhundert Jahre reichen. Zwo araber
mische Leichenschriften, die eine auf den Vater, und die andere auf
die Mutter des seligen Mannes, deren jene aus der Feder des
weiland berühmten Herrn Canzley- und Consistorialrath
Manzels geflossen, die andere den jetzigen Bützowschen
Herrn Doctor und Profeſſor Becker zum Verfaſſer hat, bemerket die angesehenen Vorfahren des Wohlseligen von väterlicher so wohl, als mütterlicher Seite. Wir wollen die
vornehmsten davon hersetzen:

1) Jacob Nettelbladt, welcher um das Jahr 1525.
ein Rostockscher Rathsherr war, und Anna Godowen
zur Ehe hatte.

2) Karsten oder Christian Nettelbladt. Dieser
lebte um das Jahr 1533. und war gleichfals ein Mitglied
des Raths, wie auch Cämmereyherr zu Rostock. Seine
Hausgenoßin hieß Jesche, gebohrne Kordes.

3) Heinrich Nettelbladt, der erste dieses Namens,
ein angesehener Bürger und Handelsmann in Rostock, war
mit Anna, gebohrnen Möllers, verehlichet.

4) Heinrich Nettelbladt, der zweyte, war gleichfals ein wohlhabender Bürger und Handelsmann daselbst.
Seine Ehegattin Catharina, gebohrne Langen, hat ihm
14. Kinder gebohren.

5) Heinrich Nettelbladt, der dritte, war, was
sein Vater und Großvater gewesen waren, nemlich ein an-
gesehe-

gesehener und wohlhabender Rostockscher Kauf- und Handelsmann. Zur Ehe hatte er Frau Margaretha, gebohrne Massen, des seligen Marcus Massen Tochter, und des seligen Bürgermeister Gladows Enkelin.

6) Johann Nettelbladt, der erste in seiner Linie, der nach seinem Eltervater wieder die ansehnliche Ehrenstelle eines Rathsherrn zu Rostock bekleidete. Er war mit Frau Catharina Elisabeth, gebohrnen Thurmannen, ehelich verbunden, und starb Ao. 1690.

7) Heinrich Nettelbladt, der vierte, Mitglied des Raths und ältester Cämmerenherr zu Rostock. Dieser war der Vater unsers wohlseligen Herrn Bürgermeisters, und seines Bruders, des jetzigen königl. Preußischen Geheimenraths und Professoris der Rechte auf der Universität zu Halle, Herrn D. Daniel Nettelbladts, *) die er beyde mit seiner zwoten **) Ehegattin, Frauen Christina, gebohrnen Dörcksen, erzeuget.

Zu

*) Von desselben Leben und Schriften findet man Nachricht in Herrn Christoph Weidlichs Geschichten der jetztlebenden Rechtsgelehrten in Teutschland, (Merseburg, 1748. in Octav) im 2. Theil, S. 170. sgg. und in desselben zuverläßigen Nachrichten von den jetztlebenden Rechtsgelehrten, (Halle, 1759. in Octav) im 3. Theil, S. 406. fgg. wie auch in desselben Lexico oder kurzgefaßten Lebensbeschreibung aller jetztlebenden Rechtsgelehrten, (Halle, 1766. in Octav) S. 127. ferner in Herrn Georg Christoph Hambergers gelehrten Teutschland, oder Lexico der jetztlebenden teutschen Schriftsteller, im 2. Abschnitt, S. 289. fg. und in dem großen Universal-Lexico aller Wissenschaften und Künste, im 23. Theil, S. 1989. fg.

**) Desselben erste Ehegattin war Dorothea, gebohrne Korten, welche ihm einen Sohn, Johann Nettelbladt, und zwo Töchter, nemlich Dorothea, die bereits verstorben, und Catharina Maria, gebohren. Man sehe des sel. Herrn Consistorial- und Canzleyrath Manzels Leichen-Programma, so nach desselben Absterben in Folio, ihm zu Ehren, gedruckt worden.

In Absicht auf die Vorfahren des seligen Herrn Bürgermeisters von mütterlicher Seiten wird es gnug seyn, allhier nur einen kurzen Auszug aus der vorhin gedachten Leichenschrift des Herrn Doct. und Prof. Beckers auf die selige Frau Nettelbladten beyzubringen. Vermöge derselben stammte der Wohlselige auch von dieser Seite aus zwoen angesehenen und berühmten Familien, der Dörckschen und Schuckmannschen, her. Sein mütterlicher Großvater war Daniel Dörcks, herzogl. Mecklenburgischer Cammerrath, und die Großmutter Frau Margaretha, gebohrne Schuckmannen, eine Tochter des um die Rostocksche Academie und die Kirche Gottes in Mecklenburg wohlverdienten Hermann Schuckmanns, der heiligen Schrift Doctoris und Professoris, herzogl. Mecklenburgischen Consistorialraths, ersten Hofpredigers und Beichtvaters, auch Superintendentens des Güstrowschen Kreyses, und eine Enkelin des nicht minder berühmten Heinrich Schuckmanns, beyder Rechten Doctoris und Professoris auf der Rostockschen Universität, herzogl. Consistorialraths, auch Beysitzers des Lands und Hofgerichts. Der Eltervater mütterlicher Seiten, Jacob Dörcks, hat in Güstrow mit im Rath gesessen, und Frau Dorothea, gebohrne Trebbowen, zur Ehe gehabt. Auch der Urelterwater, Ulrich Dörcks, dessen Ehegattin Catharina, eine gebohrne Schulzen, gewesen, war zu Güstrow einer der angesehensten und wohlhabendsten Bürger. Der erste von der Familie aber, von dem sich Nachricht findet, Hans Dörcks, ist von Reus, im Cöllnischen, bey Gelegenheit der Verheerungen, die der berüchtigte Herzog von Alba in selbigen Gegenden angerichtet, nach Güstrow gekommen, hat sich daselbst niedergelassen, und Anna, gebohrne Warnickenhof, aus einer zu Güstrow damahls blühenden Familie, zur Ehegattin gehabt.

So viel trefliche Vorfahren, beydes von väterlicher und mütterlicher Seiten, hatte demnach unser wohlselige Herr Bürgermeister aufzuweisen. Wer muß das nicht auch, als Proben einer gnädigen Vorsehung, mit Dank erkennen? Leute, die gleichsam aus Nichts durch sich selbst etwas werden,

den, verdienen in eben dem Maaß, als es ihnen damit gelingt, die Hochachtung, ja wohl die Bewunderung aller Vernünftigen. Aber man gedenket doch auch immer leicht an das Nichts und den Staub, aus welchem sie erst hervorgehen müssen, zurücke. Und dadurch ziehet sich unvermerkt gleichsam ein kleiner Dunst über ihren Glanz. Mit Recht blieben also auch die Vorzüge, die unserm Wohlseligen sein altes und berühmtes Geschlecht gab, demselben allezeit werth und schätzbar. Aber weit gefehlet, daß er sich daran genügen lassen, und darin alleine, wie viele thun, sein ganzes Verdienst gesetzet hätte. Er dachte viel edler, und äusserte in seinem ganzen Betragen solche Gesinnungen, die ihm unstreitig Ehre machen musten. Denn ob er gleich den Werth seiner Abstammung aus einem so alten und ansehnlichen Geschlecht mit einer gerechten Zufriedenheit einsahe, so war er doch auch völlig überzeuget, daß er sich ihrer, wenn sie ihm wahre Ehre bringen sollte, auch selbst durch Gelehrsamkeit, Tugend und einen Gott wohlgefälligen Wandel würdig beweisen müsse.

Das that er würklich, und es gelung ihm damit nach Wunsch, nachdem der Grund hiezu durch eine unverbesserliche Erziehung von seinen Eltern geleget war. Diese behielten ihn beständig unter ihrer Aufsicht, und führten ihn zu allem Guten an. Indem sie zugleich mit Vergnügen seine Fähigkeit zu den Wissenschaften bemerkt, und ihn denselben gewidmet hatten; so versahen sie ihn mit den geschicktesten Hauslehrern, und liessen ihn durch solche von seiner zarten Kindheit an bis zu dem 15. Jahr seines Alters aufs treulichste, wie in den Grundsätzen der christlichen Religion, also auch in den so genannten freyen Künsten und schönen Wissenschaften unterrichten. Er befand sich daher, als er in das 16. Jahr getreten war, schon im Stande, zu den academischen Studien überzugehen. Im Jahr 1730. den 8. April nahm ihn der selige Consistorialrath und Professor der Theologie, D. Franz Albrecht Aepinus, welcher damahls das academische Rectorat verwaltete, unter die Bürger der Rostockschen hohen Schule auf. Er machte darauf

ohne

ohne Verzug den Anfang, in der besten Ordnung Theil an dem academischen Unterricht der dasigen Lehrer zu nehmen. Die Rechtsgelehrsamkeit, welche er sich zu seinem Haupt-Studio ersehen hatte, ließ er vorerst noch ruhen, und trieb mit unermüdetem Fleiß die Wissenschaften, welche die geschicktesten waren, ihn auf solche würdig vorzubereiten. Von dem seligen Rindler, der zu der Zeit, als Magister legens, zu Rostock lebte, und nachmahlen der Schule zu Riga mit vieler Treue, als Rector, vorgestanden, ließ er sich 2. Jahre lang privatissime in der Philosophie unterrichten. Aber er besuchte dabey zugleich die ordentlichen Vorlesungen des mit Ruhm gedachten seligen D. Aepinus, des noch lebenden Herrn Doct. und Prof. Burgmanns, des vor einigen Jahren zu Lübeck selig verstorbenen Herrn Doct. und Past. Beckers, wie auch des seligen Past. und Prof. Jacob Christoph Wolfs, und hatte in der Logic den ersten, in den mehresten Theilen der Philosophie den zweyten, in der Physic den dritten, den vierten aber in seinem Lieblings-Studio, der Historie seines Vaterlandes, zu Lehrern. Mit gleichem Eifer trieb er hienächst auch 2. Jahre lang sein Hauptwerk, die Rechtsgelahrtheit, unter der Anleitung des seligen D. Ciesen, des seligen Consistorialraths und Prof. D. Herings, besonders aber und vornemlich des seligen Herrn Consistorial- und Canzleyrath Manzels, welcher ihn mit allen, sowohl theoretischen, als practischen Theilen der Jurisprudenz zulänglich bekannt machte. Allein er legte auch, nachdem solches geschehen war, eine öffentliche Probe seiner erlangten Geschicklichkeit und Gelehrsamkeit ab, indem er von gedachtem seligen D. Manzel im Jahre 1734. sich zur Catheder führen ließ, und unter dem Vorsitz desselben eine gelehrte Streitschrift von dem Vorzuge des Lübschen Rechts vor dem Römischen in Erhaltung des Credits mit allgemeinem Beyfall vertheydigte, wie in den Hamburgischen Berichten von gelehrten Sachen, 1738. S. 532. erzählet wird. Damit beschloß er gleichsam sein bißheriges Studieren in Rostock, um solches in der Fremde weiter fortzusetzen.

(Die Fortsetzung folgt.)

Nachrichten von Niedersächsischen berühmten Leuten u. Familien.

Das 89. Stück.

Fortsetzung des im vorhergehenden Stück abgebrochenen Artikels.

Er begab sich noch in eben demselben Jahre nach Greifswald zu seinem berühmten Vetter, dem damahligen Professor der Rechte zu Greifswald, jetzigen Cammergerichtsassessoren zu Wetzlar, Christian Freyherrn von Nettelbla.*) Er besuchte die öffentlichen Vorlesungen desselben über die Institutiones, das Recht der Natur und das Ius naturae, hatte sich aber zugleich, bey dem täglichen Umgang mit ihm, der besten Anführung und Unterweisung zu erfreuen, war auch so glücklich, daß ihn derselbe bey einer Reise nach Schwe-

---

*) Es ist demselben, bey seiner Erhebung in den Freyherrnstand, sein Nahme verändert, und er Nettelbla genennet worden, weil nach Schwedischer Mundart das Wort Blad, wie Bla, ausgesprochen wird. Von desselben Leben und Schriften findet man Nachricht in Herrn Christoph Weidlichs Geschichten der jetztlebenden Rechtsgelehrten in Teutschland, (Merseburg, 1748. in Octav) im 2. Theil, S. 156. fgg. wie auch in desselben zuverläßigen Nachrichten von dem jetztlebenden Rechtsgelehrten, (Halle, 1759. in Octav) S. 1. fgg. und in desselben Lexico oder kurzgefaßten Lebensbeschreibungen aller jetztlebenden Rechtsgelehrten, (Halle, 1766. in Octav) S. 126. fg. ferner in dem großen Universal-Lexico aller Wissenschaften und

Schweden mit sich nahm, und ihm Gelegenheit verschafte, die vornehmsten Handelsstädte dieses nordischen Reichs, und die berühmte Academie zu Upsal zu besuchen. Nach seiner Wiederkunft aus Schweden verweilte er indeß nicht lange mehr zu Greifswald, sondern begab sich von dort im Jahr 1735. nach Leipzig, und machte er sich auch daselbst den Unterricht der berühmtesten dasigen Männer zu Nutzen. Bey dem sel. Hofrath **Rechenbergen** hörte er das Kirchenrecht, bey dem sel. Hofrath **Mascov** das Lehnrecht, das Ius publicum und die Reichshistorie, bey **Hommeln** und **Thomasius**

Künste, im 23. Theil, S. 1983. fgg. wie auch in des sel. D. Gottlob August Jenichens unpartheyischen Nachrichten von dem Leben und den Schriften der jetztlebenden Rechtsgelehrten in Teutschland, S. 160. fgg. in Herrn D. Johann Jacob Mosers Lexico der jetztlebenden Rechtsgelehrten in und um Teutschland, (Züllichau, 1739. in Octav) S. 190. fgg. und in Herrn Georg Christoph Hambergers gelehrten Teutschland, im 2. Abschnitt, S. 288. fg. Ein Sohn dieses berühmten Rechtsgelehrten ist der Herr **Carl Friederich Wilhelm Freyherr von Nettelbla**, welcher, nachdem er zu Göttingen studieret, jetzt als herzogl. Meklenburgischer Canzleyrath zu Rostock lebet, und im Jahr 1766. zu Frankfurt am Mayn Nexum Pomeraniae cum S. R. Imperio, oder Versuch einer Abhandlung von der Verbindlichkeit Pommerscher Landen, sonderlich königl. Schwedischen Antheils, mit dem heil. Römisch-teutschen Reich, in Quart ans Licht gestellet, dessen Inhalt erzählet wird in den Göttingischen Anzeigen von gelehrten Sachen, 1766. S. 970. fgg. nicht weniger eben daselbst im Jahr 1765. seines Herrn Vaters vorläufige kurzgefaßte Nachricht von einigen Klöstern der heil. Schwedischen Birgitte außerhalb Schweden, besonders in Deutschland, herausgegeben, davon eine nähere Nachricht gleichfals in den angezogenen Göttingischen Anzeigen von gelehrten Sachen, 1765. S. 214. fgg. zu finden ist.

fius das Ius ciuile, bey demselben. Christ die römischen Alterthümer, und bey Richtern die Mathesin. Auf der Hinreise aber, und theils auch auf der Rückreise nach Rostock, welche Anno 1736. erfolgte, besahe er zugleich verschiedene wichtige Städte, Hamburg, Lübeck, Braunschweig, Wolfenbüttel, Halberstadt und Magdeburg, nebst den dreyen Academien Jena, Halle und Helmstädt, auf welchen er zugleich die gelehrtesten Männer besuchte und kennen zu lernen Gelegenheit fand.

Er hatte also, wie man zu reden pflegt, seine Studia absolvirt, und sich in sieben Jahren einen wahren Reichthum gelehrter Erkenntniß und Wissenschaft gesammlet. Es kam nur darauf an, daß er mit demselben auch wucherte, und der Früchte seines Fleißes genoß. Damit verzog es sich auch gar nicht lange. Das erste Jahr nach seiner Wiederkunft zu Rostock legte er in der Stille unter den Vorbereitungen auf die Dienste, die er der gelehrten Welt und seiner Vaterstadt zu leisten entschlossen war, zurück. In dem darauf folgenden 1738sten Jahr hingegen that er wieder eine Reise nach Greifswald, und ließ sich von der dortigen Juristenfacultät, nach rühmlich überstandenem gedoppelten Examine, gehaltenen so genannten Lectionibus cursoriis, und öffentlich vertheydigter Inauguraldisputation, durch die Hand seines obgedachten berühmten Herrn Vettern den juristischen Doctorhut aufsetzen, auch so gleich, nachdem er nach Rostock zurück gekommen war, von der dasigen Juristenfacultät unter die Doctores der dasigen Academie aufnehmen. Von dem Tage an blieb er auf immer neue Art geschäftig, den Titel und die Würde eines Doctoris der Rechte durch die That selbst zu behaupten. Er legte sich mit allem Fleiß auf das Referiren aus den Acten, die ihm die Rostocksche Juristenfacultät zu dem Ende in die Hände gab, bewieß sich, als einen geschickten Advocaten, stellete verschiedene academische Vorlesungen an, und zeigete sich auch in öffentlichen Schriften, die wir, unserer Gewohnheit gemäß, zuletzt anführen werden.

Wie konnte es demnach fehlen, daß er nicht bald auch zu öffentlichen Ehrenstellen sollte haben erhoben werden müssen?

Seine vorzügliche Gaben und gründliche Gelehrsamkeit, nebst dem unverdrossenen Fleiß, welchen er damit verband, brachten ihm solche zuwege, und gaben einem hochedlen Rath der Stadt Rostock Gelegenheit, ihn, als einen sehr geschickten und brauchbaren Mann, von dem sich Rostock vieles zu versprechen hatte, hochzuachten. Diß hatte die Folge, daß derselbe ihn auch näher mit sich zu verbinden bemühet war. Er erhielte also schon im Jahr 1739. eine Probe dieser Achtung und des allgemeinen Wohlwollens der Stadt. Denn da ward ihm die Stelle eines Procuratoris bey dem dasigen Obergerichte beygeleget. Es blieb aber dabey nicht lange. Sieben Jahre hernach, am Tage Matthias 1746. sahe er sich, bey einer damahls vorgenommenen Rathswahl, selbst in das ansehnliche dasige Rathscollegium versetzet, und mit der Würde einer obrigkeitlichen Person in seiner Vaterstadt bekleidet. *) Hierauf erhielte er immer ein neues und wichtiges Amt nach dem andern. Man ernannte ihn noch in eben demselben Jahr am 15. April zum Archivarius, und versetzte ihn dadurch in sein rechtes Element, wo seine Neigung zur Historie seiner Vaterstadt überflüßige Nahrung fand, er sich auch dergestalt beschäftigte, daß er nach kurzer Zeit die vollständigste Erkenntniß von dem ganzen, seiner Aufsicht übergebenen, und an Schriften und Urkunden sehr reichen, Archiv erlangte. Man bestellete ihn ferner im Jahr 1748. zum Beysitzer des dasigen Raths-Consistorii, Scholarchen bey der grossen Stadt-Schule, und Censor der räthlichen Buchdruckerey. Man übertrug ihm Anno 1755. die Stelle eines Provisoren bey dem Kloster zu Ribbenitz; seiner Versetzung ins Niedergericht, die Wedde, und das Weinamt zu geschweigen, in denen er allmählig nach einander, wie ihn die Reihe traf, bald als Präses, bald als Beysitzer,

---

*) Hiezu wünschte ihm Herr M. Angel. Joh. Dan. Aepinus in einem auf 2. Bogen in Quart zu Rostock in demselben Jahr gedruckten Schreiben Glück, worinn von der Gerechtigkeit und den Pflichten der Regenten gehandelt wird. S. Altonaische gelehrte Zeitungen, 1746. S. 220. sg. Hamburgische Berichte von gelehrten Sachen, 1746. S. 708. sg.

sitzer, zu thun bekam. Im Jahr 1756. den 18. October aber ward ihm durch fast einmüthige Wahl die höchste obrigkeitliche Würde in der Stadt, nemlich die Stelle eines dasigen Bürgermeisters, nebst dem damit verknüpften Patronat beym Hospital zu St. Georg und dem Waysen- und Zuchthause, zu Theil, wozu noch das Jahr darauf den 10. Oct. das Assessorat bey den Quartalgerichten im Land- und Hofgericht zu Güstrow kam.

Von allen diesen Aemtern, welche er nach einander bekleidete, konnte man mit Wahrheit sagen, daß sie mit ihm, nicht er mit ihnen, versehen oder versorget worden. Jedem derselben stand er würdig und mit aller Treue vor. Im Gerichte spahrte er weder Fleiß, noch Mühe, die Händel bald zu schlichten, und einem jeden ohne langes Zögern zu seinem Recht zu verhelfen. Noch lieber war es ihm, wenn er streitende Partheyen in Güte und durch Vermittelung eines Vergleichs aus einander setzen konte. Als Präses bey der Wedde, ließ er es sich äusserst angelegen seyn, die Mängel in der Haushaltung, besonders auf den Stadtgütern, zu entdecken, und Mittel zu erfinden, dadurch denselben abgeholfen werden könnte. In der kurzen und dabey unruhigen Zeit seines Consulats aber übertraf er gleichsam sich selbst, und alles, was von ihm, wer nur billig seyn wollte, immer erwarten konnte. Denn er ließ sich durch nichts ermüden, durch keine Last zu Boden drücken, und entzog sich demjenigen, was seine Würde von ihm erheischte, so wenig, daß er vielmehr aus Liebe zu seiner Vaterstadt ungleich mehr that, als man ihm hätte zumuthen können. Seine Sorge gieng dahin, daß Alles in gehöriger Verfassung und Ordnung bliebe, das wahre Wohl der Stadt sicher gestellet, und je mehr und mehr befördert werden mögte. Aber er gab sich auch alle ersinnliche Mühe, den Unfällen, die von außen kommen wollten, vorzubeugen, und sie, so viel immer möglich war, abzuwenden; eine Mühe, die nie ganz fruchtloß blieb, und nicht selten alle erwünschte Würkung hatte. Im Jahr 1759. ließ er sich in Angelegenheiten der Stadt an das höchste kayserliche Reichsgericht zu Wetzlar verschicken, und

und brachte von demselben, als er bald zu Anfange des vorigen Jahres zurücke kam, solche höchste Erkenntnisse mit, die der Erwartung der ganzen Stadt und ihren Bedürfnissen gemäß waren. So sauer ließ er es sich für das gemeine Beste werden. So viel Gutes stiftete er für Rostock. So vieles hat ihm dasselbe zu verdanken.

Doch wir müssen auch von seinen häußlichen Umständen etwas erwehnen. Die erste Zeit nach seiner Promotion und biß zu seiner Bekleidung mit der obrigkeitlichen Würde hielte er sich bey seiner Mutter auf, und lebte in der Stille, ohne eine eigene Haushaltung anzufangen, säumte aber damit nicht, als jene erfolget war und solches zu erfordern schien. Er fand eine würdige Ehegattin an der Jungfer **Catharina Elisabeth Langen**, der jüngsten Tochter seines damahligen, aber Anno 1756. den 18. Novemb. schon in die Ewigkeit eingegangenen, Collegen, des seligen **Johann Jacob Langen**. Mit derselben verheurathete er sich den 24. Nov. 1746. und brachte in einer vergnügten Ehe an ihrer Seite seine Tage zu, biß der Tod eine schmerzliche Trennung machte. Die in derselben erzeugte Kinder sind

1) ein Sohn, **Johann Jacob**, welcher das Licht der Welt den 19. Nov. 1747. erblickt, und zu Göttingen vor einiger Zeit beyder Rechten Doctor geworden;

2) ein Sohn, **Heinrich**, der 1749. den 10. August gebohren, aber den 22. Dec. desselben Jahres durch einen seligen Tod ihm wieder entrissen worden;

3) eine Tochter, **Christina Henrica**, welche den 10. April 1752. gebohren worden;

4) eine Tochter, **Henriette**, die 1754. den 8. Oct. die Zahl der Weltbürger vermehret.

Was den tödlichen Hintrit des seligen Herrn Bürgermeisters betrift, so hätte Niemand, als er erfolgte, sich denselben

selben so bald vorgestellet. Er hatte nemlich stets mit besonderer Munterkeit die, mit seiner Würde verknüpften, mannigfaltigen Geschäfte betrieben, und man spürte an ihm nie Etwas, das eine Abnahme der Kräfte oder eine geschwächte Gesundheit angezeiget hätte. Noch am Charfreytag 1761. hatte er den öffentlichen Gottesdienst andächtig beygewohnet, und den Morgen darauf in ordentlicher Rathsversammlung mit Berathschlagungen über die öffentlichen Angelegenheiten zugebracht. Allein an eben demselben Tage ward er bettlägerig, und befiel mit einer übel anscheinenden Krankheit. Dieselbe schiene sich einige Tage darauf zu bessern, nahm aber bald hernach dermassen zu, daß er am Donnerstag, als den 26. Merz, frühe um 4. Uhr, das Zeitliche gesegnet. Die Krankheit selbst hatte ihren Grund in einem schmerzhaften Krampf der Blase. Der erste empfindliche Anfall davon meldete sich etwa 5. Jahre vorher, ward zwar durch die Bemühung seines damahligen Arztes überwunden, doch nicht gehoben, indem sich nachher von Zeit zu Zeit einige Spuhren davon wieder äusserten. Am Ende des 1760sten Jahres kam diese beschwehrliche Krankheit wieder, verlohr sich jedoch bey dem Gebrauch gehöriger Medicamente, ohne ausserordentliche Umstände zu verursachen, in kurzer Zeit. Weil inzwischen die Besorgnng der öffentlichen Angelegenheiten dem Wohlseligen nicht erlaubte, die nöthigen Regeln zur Vermeidung der, den krampfhaften Zufällen gewöhnlichen, Wiederkunft gehörig zu beobachten, er auch den Kräften seines Körpers Alles zutrauete, so stellete sich kurz vor Ostern, nach einer vorhergegangenen starken Erkältung, dieselbe Unpäßlichkeit in vermehrtem Grad wiederum ein. Alle mögliche Mittel wurden angewandt. Der Kranke trug das Seinige standhaft mit bey. Dem ungeachtet dauerten die empfindlichsten Schmerzen von des Sonnabends Mittag biß Montag Morgen. An diesem zweyten Ostertag fand sich der, biß dahin mangelnde, und fast nicht mehr erwartete, Schlaf ein, welcher, wie er in solchen Fällen ein Beweiß ist, daß die Heftigkeit des Krampfs nachlasse, also auch dißmahl, da er biß gegen Abend anhielte, die Folge nach sich zog, daß der Schmerz sich verminderte, und die Besserung zu erfolgen

gen schien, biß am Mittwochen Abend eine plötzliche Veränderung sich zeigete, indem Besinlichkeit, Sprache und Bewegung, ohne alle zu ergründende Ursache, auf einmahl weg waren, und er des andern Tages Morgens gegen vier Uhr an diesem neuen Zufal, welcher mit der vorigen Krankheit, wegen der vorbemeldeten Besserung, keinen Zusammenhang haben konnte, sein Leben beschloß. Er starb also in einem Alter von 46. Jahren, 2. Wochen, und 4. Tagen, zum allgemeinen Leidwesen, und zu einer Zeit, da der Stadt an seinem Leben noch gar zu viel gelegen war. Aber er starb als ein Christ, und in einer Gemüthsverfassung, welche den von ihm, im Sterben erfahrnen, Wechsel für ihn höchsterfreulich seyn ließ. Sein Gedächtniß bleibt daher in stetem Segen.

Daß an ihm jedoch nicht diese seine Vaterstadt allein, sondern die gelehrte Welt nicht weniger viel eingebüsset habe, bezeugen folgende gelehrte Schriften, welche er ans Licht gestellet, und deren er gewiß noch mehr ausgefertiget haben würde, wenn ihn sein beschwehrliches Ammt dazu Zeit oder Musse gelassen hätte.

1) Disputatio de praestantia iuris Lubecensis prae iure ciuili circa fidem ciuium augendam, praeside D. *Ern. Ioh. Frid. Mantzel*. Rostoch. 1734. in Quart.

2) Disputatio inauguralis de vidua nobili Mecklenburgica, praecipue de portione viduarum nobilium in Megapoli statutaria, praeside D. *Christiano Nettelbladt*. Gryphisw. 1738. in Quart.

3) **Kurzer Entwurf einer Mecklenburgischen Historie.** Rostock. 1739. in Quart. Er hatte denselben zum Gebrauch academischer Vorlesungen bestimmet, hat auch mehr, als einmahl, darüber gelesen.

(Der Beschluß künftig.)

Nachrichten von Niedersächsischen berühmten Leuten u. Familien.

Das 90. Stück.

Beschluß des im vorhergehenden Stück abgebrochenen Artikels.

4) Disputatio de actionis Paulinianae vero fundamento, obiecto, vt et eius duratione, Resp. *Dan. Nettelbladt*, jetzigem Doct. und Prof. der Rechte zu Halle. Rostock. 1739. in Quart.

5) Succincta Notitia Scriptorum, tum editorum, tum anecdotorum, Ducatus Megapolitani, historiam literariam, ecclesiasticam, politicam, iusque ciuile, feudale, ecclesiasticum et publicum illustrantium atque explicantium, secundum materiarum argumenta, cum praefat. de eius vtilitate et necessitate in addiscendis rebus Germaniae, speciatim Megapoleos. Rostoch. 1745. in Quart. Zu diesem Werk hat der Herr Verfasser nachher eine Menge wichtiger Zusätze gesammelt, und man hat ihm oft angelegen, solche drucken zu lassen, um dadurch ein so gemeinnütziges Werk vollständiger zu machen. Allein er dachte auf eine ganz neue Ausarbeitung, und wolte nur die Zeit abwarten, da die Exemplare der ersten Ausgabe gänzlich vergriffen seyn würden. Der Tod hat ihn aber an der Ausführung dieses löblichen Vorhabens verhindert. Man kan inzwischen von diesem Werk die Altonaischen gelehrte Zeitungen, 1745. S. 293. sqq. die Hamburgischen Berichte von gelehrten Sachen, 1745. S. 292. sg.

und die Pommerschen Nachrichten von gelehrten Sachen, 1744. S. 529. fg. nachschlagen.

6) Schreiben von gelehrten Mecklenburgischen Fürsten. Rostock. 1746. in Quart. Hiermit wünschte er dem Herrn M. Angel. Joh. Dan. Aepinus zur erhaltenen Profeßion in der philosophischen Facultät Glück. S. Altonaische gelehrte Zeitungen, 1746. S. 338.

7) Libellus singularis de dotalitio e legibus & moribus Germanorum, speciatim Megapolensium. Rostoch. et Wismar. 1746. in Quart. S. Hamburgische Berichte von gelehrten Sachen, 1746. S. 707. fg. Altonaische gelehrte Zeitungen, 1747. S. 28. fg.

8) Denkmahl der zu Rostock gehaltenen zwoten Jubelfeyer des Religionsfriedens, den 25. Sept. 1755. in der urkundlichen Erzählung einiger Rostockschen Friedensbegebenheiten, gestiftet von einem Rostockschen Bürger. Rostock. 1755.

9) Historisch-diplomatische Abhandlung von dem Ursprung der Stadt Rostock Gerechtsame, und derselben erstern Verfassung in weltlichen Sachen, biß ans Jahr 1358. nebst denen von Originalien genommenen Urkunden, Münzen, Siegeln und andern Alterthümern der mittlern Zeit, welche die Beweise enthalten. Rostock. 1757. in Folio. Ein überaus beträchtliches, und für die Stadt Rostock und derselben Vorrechte, die es in ein Licht und ausser Zweifel zu setzen bestimmt war, wichtiges Werk war dieses, welches der sel. Herr Verfasser auf seine Kosten abdrucken ließ. Es solte noch mit einem zweyten, auf die neuern Zeiten gerichteten, Bande vermehret werden. Aber der Mangel der Zeit haben ihn daran gehindert.

10) Verzeichniß allerhand, mehrentheils ungedruckter, zur Geschichte und Verfassung der Stadt Rostock gehörigen, Schriften, Münzen, Verord-

Ordnungen und Urkunden, so wohl nach der Zeitordnung, als nach denen darinn enthaltenen Materien abgefaßt. Rostock. 1760. in Quart Diß Verzeichniß ist aus den Zusätzen, die sich der Herr Bürgermeister zu der Num. 5. angeführten *Succincta Notitia* gesammelt hatte, entstanden, und nach dem Plan, nach welchem er es eingerichtet hatte, gedachte er, auch diese künftighin, bey einer neuen Auflage, einzurichten und auszuführen.

11) **Rostocksche Nachrichten nnd Anzeigen von 1752. biß 1761.** An statt der gelehrten Artikel, die sich sonst vor Blättern dieser Art finden, hat Herr Nettelbladt ihnen eine Menge Rostockscher Urkunden aus dem Archiv der Stadt, zur Erläuterung der Rostockschen Geschichte und Gerechtsame, ohne sich an eine gewisse Ordnung zu binden, mit beygefügten kurzen historischen Erläuterungen vordrucken lassen. Es wäre zu wünschen gewesen, daß er ein so nützliches Werk lange noch hätte fortsetzen können.

Ausser diesen, durch den Druck bekannt gewordenen, Schriften war der selige Herr Bürgermeister noch verschiedene andere Werke ans Licht zu stellen willens, davon wir aber nun eines anzeigen können, nemlich eine Abhandlung von dem **Arm mit der Binde** in dem herzogl. Mecklenburgischen Wapen, darinn zugleich die Materie von dem **Erzvorschneider-Amt** berühret werden sollen. Auch hat er zur Geschichte Königs Gustav des I. von Schweden Beyträge liefern wollen. Zeit und Musse haben aber ihm gefehlet.

* * *

Von seinem Leben und Schriften kann man nachlesen

a) **Wohlverdientes Denk- und Ehrenmahl, dem weiland wohlgebohrnen, hochgelahrten und hochweisen Herrn, Herrn Heinrich Nettelbladt, beyder Rechten Doctor, hoch-**

ansehnlichen Bürgermeister der hiesigen Stadt, des Hospitals zu St. Georg, imgleichen des Waysen- und Zuchthauses wohlverdienten Patron, auch würdigen Beysitzer bey den Quartals-Gerichten im Land- und Hofgericht zu Güstrow, auf Verlangen der hochbetrübten Frau Wittwe, zum immerwährenden Nachruhm des wohlseligen Herrn Bürgermeisters, und zu einiger Aufrichtung und Beruhigung des gesammten hochgeehrtesten Trauerhauses, aufgerichtet von dem jetzigen Rector der Academie zu Rostock, Johann Jacob Quistorp, der heiligen Schrift Doctor, der Metaphysick Professor, Pastor der Gemeine St. Nicolai, auch fürst-bischöfl. Lübeckschen und Schleßwig-Hollsteinischen Consistorialrath. Rostock. 1761. in Folio.

b) Hamburgische Nachrichten aus dem Reiche der Gelehrsamkeit, 1761. S. 618. fgg.

c) Christoph Weidlichs Geschichte der jetztlebenden Rechtsgelehrten in Deutschland, (Merseburg, 1749. in Octav) im 2. Theil, S. 177. fgg.

d) Hällische Beyträge zu der juristischen Gelehrten-Historie, im 10. Stück, S. 308. fgg.

e) D. Christian Nettelbladts Progr. de velo viduarum virginumque, Gryphisw. 1738. zu Ende.

o

Johann Hermann Becker,
der heil. Schrift Doctor, und Pastor zu St. Marien in Lübeck.

Ist es schon schwehr, den Charakter eines rechtschaffenen Gottesgelehrten dergestalt zu entwerfen, daß desselben reitzende Schönheiten alle mit einander vereint erscheinen, und keiner von den edlen Zügen fehle, die ihm einen gerechten Beyfall erwecken: so ist es unstreitig noch schwehrer, selbst ein lebendiges Bild solches Geistes zu seyn, und durch Einsichten so wohl, als Rechtschaffenheit des Herzens bey der unpartheyischen Welt Lob und Ehre zu verdienen. Der wahre Theolog muß auch ein wahrhaftig grosser Mensch seyn, und wenn gleich ein anderer Mensch wahrhaftig groß ist, so ist doch oft der Nahme eines würdigen Gottesgelehrten für ihn noch zu erhaben. Wer sich durch seine sittliche Grösse unter andern Menschen hervorthun will, würde seine Absicht schlecht erreichen, wenn er die regelmäßige Verbesserung seiner Seelenkräfte vernachläßigen wollte. Aber er würde auch noch von der wahren Grösse des Menschen weit entfernt bleiben, wenn er, zufrieden mit einer etwanigen Verbesserung seiner Kräfte, sie ungebrauchet lassen wolte. Ein grosser Mann muß eine, über die gemeine Stärke der sogenannten Gelehrten sich weit erhebende, Erkenntniß besitzen. Diese Erkenntniß würde jedoch eine gemeine Erkenntniß seyn, wenn sie bloß aus der Quelle der Empfindungen hergeleitet wäre; wäre aber auch nicht wichtig gnug, wenn sie bloß philosophisch wäre. Beyde Arten der Erkenntniß müssen daher in ihm vereinigt seyn, und in dieser würdigen Verbindung legen sie den Grund zur wahrer Grösse desjenigen, welcher sie besitzet. Dieser Vorzüge ungeachtet könte man inzwischen einen Menschen doch mit Recht zu dem Pöbel zählen, wenn sein Wille ungebessert, verwildert und einer natürlichen Frechheit unterthan bliebe. Wie kann der groß heissen, dessen Seele an der Pest der menschlichen Gesellschaft, dem Eigennutze, krank darnieder

der liegt, und sich mit Thorheiten befleckt, welche aus dieser Quelle aller Unarten, die den Menschen verstellen, unaufhörlich sich ergiessen? Ein grosser Mann muß stark genug seyn, die Reitzungen zu unterdrücken, die ihn von der Bahn der Tugend entfernen, sie mögen in den verführerischen Vorstellungen der Sinne, oder in den Ueberredungen der Beyspiele, oder in andern Dingen ihren Ursprung haben. Sein Geist muß in einer wahren Unschuld seine Vollkommenheit suchen, von der Herrschaft der Leidenschaften frey seyn, und, ohne geheime Züge der Boßheit zu fühlen, in der Tugend seine Beruhigung finden. Seine Begierden müssen sich von dem entfernen, was mit der allgemeinen Absicht des Schöpfers, der wahren Vollkommenheit, streitet, und nicht einmahl seine eigene Vollkommenheit suchen, wenn deren Besitz mit grössern Unvollkommenheiten anderer Menschen verbunden ist. Man suche sich unter der grossen Anzahl der Menschen jemand auf, in dem diese erhabene Eigenschaften hervorstralen, und untersuche, ob auch diese seine Vollkommenheiten die allgemeine Vollkommenheit der Welt regelmäßig erweitern. Findet man dieses; so mag man mit Recht denjenigen einen wahrhaftig grossen Mann nennen, der durch so grosse Eigenschaften seinen Namen gewiß verewiget. Doch bleibet es allezeit gewiß, daß das Bild eines rechtschaffenen Gottesgelehrten nicht nur alle vortrefflichen Züge in sich begreiffe, welche einen grossen Mann bewunderungswehrt machen, sondern daß es auch noch besondere und grössere Schönheiten besitze.

Ein Beyspiel dessen war der selige Herr Doctor Becker, dessen Geschichte wir uns zu erzählen vorgenommen.

Er ward im Jahr 1700. den 10. December zu Rostock gebohren. So wohl diese seine berühmte Vaterstadt, als die würdigen Voreltern desselben könnten uns Gelegenheit geben, Vieles zu seinem Lobe zu sagen, wenn man zu seinem Ruhme Verdienste nöthig hätte zu nennen, die nicht im eigentlichen Verstande seine eigene gewesen. Wir wollen also nur die verehrungswürdigen Nahmen derjenigen hersetzen, aus dessen Blute er entsprossen ist. Sein Vater war der

selige

selige Heinrich Becker, Pastor der Kirche zu St. Jacobi in Rostock, und des dasigen ehrwürdigen Predigamts Director. Seine Mutter, Frau Christina Magaretha, gebohrne Schomerus, eine würdige Schwester des weiland grossen Rostockschen Theologen, D. Schomerus, lebte fast 26. Jahre nach dem Tode seines beliebten Vaters, der Anno 1720. starb. Von den Vorfahren seines Vaters finden wir folgende Nachrichten. M. Hermann Becker, der Mathematik öffentlicher Lehrer auf der Rostockschen Akademie, wie auch Pastor zu St. Jacob, und Frau Agneta, gebohrne Hassertz, die der würdige Enkel noch selbst als eine mehr wie 80jährige Matrone zu kennen das Glück gehabt hat, waren von dieser Seite seine Großeltern. Der Eltervater war Hermann Becker, ein Kaufmann in Rostock, und die Elternmutter Frau Gertrud, gebohrne Mahnen. Dieser rechtschaffene Mann, der durch die damahligen Drangsale sich gezwungen sah, sein Vaterland, Westphalen, zu verlassen, um sich in einer ruhigern Gegend aufzuhalten, hat von seinen Eltern keine gewisse Nachricht hinterlassen.

Die Mutter unsers seligen Herrn Doctors war eine Tochter des seligen Nicolas Schomers, beyder Rechten Doctors, der erstlich Rath und Syndicus in Braunschweig, nachher aber in Lübeck Rathsherr und ältester Kämmereyherr gewesen, und Frauen Susannen, gebohrnen Schlaafen, die von Christoph Schlaaf, ehemahligen Rathsherrn und Secretair in Oßnabrück, nachmahligen Secretair und Vicesyndicus des Hamburgischen Domkapittels, und Frauen Anna, gebohrnen von Lengerken, gezeugt worden. Jacob Schomerus, Secretair des Kappelnschen Gerichts, und Aufseher der zum Dom in Oßnabrück gehörigen Güter, und Frau Sophia, gebohrne Karnebecks, waren die väterlichen Großeltern seiner seligen Mutter.

Es erhellet aus diesen erwehnten Vorfahren unsers seligen Herrn D. Beckers, daß er von einem berühmten Geschlecht entsprossen gewesen. Es zeigte sich auch gar bald, daß er ihren Geist geerbet, daß er ihnen künftig gleich seyn, wo nicht

viele

viele von ihnen dermahleins übertreffen würde. Diß ward seinem seligen Vater eine kräftige Anforderung, um so viel fleißiger für die frühzeitige Ausbesserung seiner, so viel Hofnung erweckenden, Seele besorgt zu seyn. Er bestellte daher geschickte Männer zur Erziehung seines Sohnes, die er durch sein eigenes Beyspiel und durch seine eigene öftere Erinnerungen in ihrem wichtigen Geschäfte kräftig unterstützte. Er selbst lenkte den Unterricht seines hoffnungsvollen Kindes. Insonderheit ließ er sichs angelegen seyn, den Lehrern desselben so wohl die Sachen, die sie ihn lehren sollten, als auch die Lehrart zu bezeichnen, durch Unterredungen zu erforschen, was sein Sohn begriffen hätte, ihm durch Exempel noch begreiflicher zu machen, was ihm schon bekannt geworden war, und ihm nach und nach die Handgriffe zu entdecken, durch deren Anwendung er gelehrt werden konnte, ohne das Gedächtniß zu quählen. Unter solchen Umständen darf man sich nicht wundern, daß Herr **Becker** bereits im Jahr 1717. geschickt war, sich den Lehrstühlen der akademischen Lehrer mit Nutzen zu nähern. Der weiland berühmte Rostocksche Rechtslehrer, D. **Matth. Stein**, nahm ihn unter die gelehrten Bürger Rostocks auf. Der selige D. **Aepinus** unterrichtete ihn in der Philosophie, sein Vetter aber, der selige **Peter Becker**, insbesondere in der Experimentalphysik. Vornehmlich befliß er sich, in den mathematischen Wissenschaften diejenige Erkenntniß zu erlangen, wodurch er nach der Zeit in Lübeck zur Pracht des heiligen Gebäudes, in welchem er gelehret hat, vieles beytrug. Und darinn waren sein erwehnter selige Vetter, nebst dem bekannten **Leonhard Christoph Sturm**, seine Vorgänger. Zu diesen Vorbereitungen, die er mit Recht voraussetzte, ehe er sich an die Erlernung derjenigen Wahrheiten wagte, welche eigentlich zur Gottesgelahrheit gehören, sind noch die Bemühungen zu rechnen, welche er unter der Anführung des seligen M. **Tarnovius** auf die Hebräische, Chaldäische und Syrische Sprache verwandte.

(Die Fortsetzung folgt.)

Nachrichten von Niedersächsischen berühmten Leuten u. Familien.

Das 91. Stück.

Fortsetzung des im vorhergehenden Stück abgebrochenen Artikels.

Er näherte sich nun mit ehrerbietigen Schritten der heiligen Wissenschaft, der er sich insbesondere gewidmet hatte, und erwählte sich die berühmten Männer, D. Krackevitz, D. Weidner und D. Engelken, zu Führern. Unter deren Anleitung gieng er mit lehrbegierigem Gemüth alle Theile der Gottesgelahrtheit durch, und der selige D. Aepinus unterstützte seine Bemühungen auch durch seinen Unterricht. Herr Becker sahe es gar zu wohl ein, wie sehr sich der Geist eines Gelehrten durch fleißiges und ordentliches Disputiren in der Erkenntniß der Wahrheit und in deren überzeugenden Vertheidigung geschickt macht. Diß war der Grund von den fruchtbaren Uebungen, die er in diesem Stücke besonders mit seinem ältesten Bruder zum öftern anstellete, und der Erfolg überzeugte ihn, daß der daraus verspührte Nutzen seine Erwartung noch übertroffen habe.

Es war ungefähr um diese Zeit, als Herr D. Becker seinen Vater verlohr. Nun war für ihn Rostock öde und traurig. Dazu kam die Begierde, auch die Lehrsätze der berühmten Männer, welche damahls die Obersächsischen Academien schmückten, aus ihrem eigenen Munde zu hören. Er gieng daher Anno 1720. um Michaelis mit seinem seligen Bruder nach Halle. Daselbst hörete er Wolfens Vorlesungen

2. Band. X in

in der Philosophie, in den theologischen Wissenschaften aber
D. Francken, D. Langen und zuweilen den Abt Breithaupt. Auch die Schulen der damaligen grossen Rechtslehrer in Halle, Thomasius, Ludwigs, Gundlings,
Ludovici und Böhmers wurden von ihm besuchet. Nach
Verlauf eines halben Jahres reisete er auf die Academie nach
Jena, um die gleichfals berühmte Männer, D. Förtsch,
D. Buddeus, D. Weissenborn, und D. Zülich, kennen zu lernen. Von hieraus gieng er über Weimar nach
Erfurt, daselbst die kirchlichen Gebräuche der Papisten
mit eigenen Augen zu betrachten. Das in der Nachbarschaft
liegende Gotha sättigte er seine gelehrte Neubegierde durch
die Anschauung der treflichen Bibliotheck, der fürstlichen Münzsammlung und des grossen Kunstkabinets. Von da gieng
er über Jena zurück nach Wittenberg, wo ihn der berühmte
D. Bastineller unter die academischen Bürger aufnahm,
D. Wernsdorf aber, D. Chladenius und D. Janus
ein halbes Jahr lang unterrichteten. Nach seiner Absicht hatte
er seine Zeit solchergestalt in Obersachsen rühmlich zugebracht,
und trefliche Schätze der Weisheit und der Erkenntniß
gesammlet. Er stellte deßwegen seine Rückreise in seine Vaterstadt an, und kam über Leipzig, Magdeburg, Helmstädt, Braunschweig, Zelle, Hamburg und Lübeck glücklich
nach Rostock, woselbst er 1721. im Monath November von
der philosophischen Facultät unter Herrn D. David Röpkens
Decanat die Magisterwürde erhielte.

So viel Fleiß und Ordnung, eine so gründliche Gelehrsamkeit, die er sich erworben hatte, konnten nicht lange ohne würdige Belohnungen bleiben, und die hohe Schule in
seiner Vaterstadt, welche schon die Vortheile vorher sahe, deren sie bald durch ihn würde theilhaftig werden, bahnte ihm
gleich nach seiner Zuhausekunft den Weg zu den verdienten
Ehrenstellen. Sein Trieb zu den mathematischen Wissenschaften hielt ihn daselbst noch eine Zeitlang bey seinem Vetter,
dem seligen M. Peter Becker, auf, unter dessen besonderer
Anführung er dieses Feld seiner Erkenntniß immer weiter
anbauete. Und es gelung ihm diese Absicht vollkommen,

juindem er es dadurch dahin brachte, daß er fähig war, oft die Stelle seines Lehrers in dessen mathematischen Vorlesungen zu vertreten. Der grosse Ruhm dieses Mannes breitete sich auch gewissermaaßen über unsern Herrn Becker aus, dem es daher nie an Zuhörern fehlte, welche nicht nur aus hohem Geblüt entsprossen waren, sondern auch hernach in den wichtigsten Ehrenstellen ihrem ehemaligen Lehrer zum Ruhme gelebt haben.

Biß ins 34ste Jahr seines Alters beschäftigte sich der Wohlselige mit Privatvorlesungen auf der Akademie zu Rostock, ob ihm gleich während der Zeit verschiedentlich öffentliche Aemter angetragen wurden, die er aber anzunehmen sich nicht entschliessen konte. Er ward nemlich im Jahr 1733. zum Rector an der Schule in Plön erwählet. Er merkte aber bald, daß sich diese Schule in solchen Umständen befände, die ihn verhindern würden, mit Nutzen auf derselben zu lehren. Solches war ihm gnug, diese Stelle zu verbitten. Daher war es ein Irthum, als in den Hamburgischen Berichten von gelehrten Sachen, 1733. S. 271. gemeldet ward, daß er gegen Johannis diß Amt antreten würde; wie denn S. 761. solches wiederrufen ward.

Wir könten noch verschiedene öffentliche Aemter nennen, zu denen er entweder vorgeschlagen, oder würklich berufen worden. Aber wir wollen nur diejenigen anführen, wovon gewisse und beglaubte Nachrichten vorhanden sind, daß man ihn für würdig geachtet, sie zu bekleiden. Im Jahr 1734. den 3. März ward er von Gott ins Predigamt berufen, und der Gemeine zu St. Marien in Rostock, als Archidiaconus, vorgesetzet. Anno 1737. ward ihm das Pastorat an der Marienkirche in Stralsund angetragen, welches er aber wichtiger Ursachen wegen von sich ablehnete. Dreymal hatte man ihn hier zu Hamburg auf dem engen Auffsatz bey erledigten Pastoraten mit aufgesetzet, und 1741. ward er in Greifswald von der theologischen Facultät zugleich mit dem Herrn D. Stenzler zur theologischen Profeßion vorge-

X 2

schla-

schlagen. Im Jahr 1746. den 10. September, alten Stils, ward dieser Antrag erneuert, und er würklich zu diesem wichtigen Amt, mit welchem das Pastorat an der Greifswaldischen Jacobskirche verknüpft war, berufen. Er erkannte diesen Beruf für göttlich, folgte ihm, und reisete mit seinem Hause zu Anfang des Jahres 1747. an den Ort seiner neuen Bestimmung, wo er im Monath Junius deſselben Jahres von dasiger theologischen Facultät zum Doctor der Theologie erkläret ward, nachdem er vorher am 15. Junius unter des seligen Herrn Generalsuperint. D. Jacob Heinrich von Balthaser Vorsitz seine Inauguraldisputation de fide infantum öffentlich vertheidiget hatte. Zwey Jahr darauf, nemlich im Jahr 1749. ward ihm noch die Stelle eines Assessoris im königlichen Consistorio zu Greifswald aufgetragen. Jedermann weiß, mit welchem Segen er diese ihm anvertraueten Geschäfte und Aemter verwaltet. Doch war im Rath der Wächter beschlossen, daß er nicht daselbst sein Leben beschliessen solte. Lübeck solte noch dieses würdigen Mannes sich erfreuen.

Es war im Jahr 1751. als er den Ruf zum Pastor der Lübeckschen Marienkirche erhielt und annahm, nachdem er dazu den 11. Februar an stat des seligen Past. von der Hude erwählet worden, wie in den Hamburgischen Berichten von gelehrten Sachen, 1751. S. III. gemeldet wird. Hiezu wünschte ihm der selige Lic. von Seelen in einer gelehrten Abhandlung de pastoralis Messiani Psalm. XXIII. versione Berlenburgica, anderthalb Bogen stark in Quart, Glück. Den 26. März ward er mit Freuden empfangen, und den 4. April am Palmsonntage zu seinem neuen Amte von dem seligen Herrn Doct. und Superint. Carpzov eingeführt. Mit welcher Treue er auch diesem Amte vorgestanden, mit welchem neuen Segen er daselbe geführet, welche grosse Liebe er sich überall erworben, rühmet ganz Lübeck, und wirds nie zu erkennen, aufhören können.

Was die Umstände seiner Familie anlanget, so hat er sich zweymahl verheurathet, zuerst im Jahr 1729. den 4. Merz

zu

zu Rostock mit Jungfer Johanna Magdalena Mollern, eine Tochter des seligen Valentin Mollers, Aufsehers der Mecklenburgischen Salzwerke, mit welcher er 18. Jahr in einer höchst vergnügten Ehe lebte, und mit derselben 8. Kinder zeugete. Der Tod trennete diese Ehe Anno 1746. den 25. Junius. Worauf er sich in dem darauf folgenden 1747sten Jahr den 6. October zu Greifswald mit Jungfer **Gertrud Margaretha Engelbrecht**, des ehemahligen Greifswaldschen wohlverdienten Hofgerichtsassessoris, **Hermann Christoph Engelbrechts**, Tochter wiederum ehelich verband, die ihn durch die Geburt dreyer Kinder erfreuet hat.

Die Kinder ersterer Ehe sind folgende,

1) ein Sohn, **Peter Hermann Becker**, jetzt Doctor der Weltweißheit, und Pastor zu St. Jacobi in Lübeck, welcher zu Rostock 1730. den 19. Julius das Licht dieser Welt erblicket, und, nachdem er zu Greifswald und Jena studiret, Anno 1753. im Monath November zu Greifswald Magister worden, darauf 1754. zu Jena unter des dasigen berühmten Gottesgelehrten, D. **Johann Christoph Röchers**, Vorsitz de peccati originalis existentia disputiret, von welcher Disputation die *vollständige Nachrichten von dem Inhalt academischer Schriften*, 1755. S. 13. fgg. einen zulänglichen Auszug ertheilen. Er hielte darauf auf eben dieser Universität im Jahr 1755. als Präses eine Disputation de iuramento imprimis metu extorto, und erhielt dadurch die Freyheit, philosophische Vorlesungen zu halten. Anno 1756. um Fastnacht reisete er nach Lübeck, und ward daselbst am 20. May desselben Jahres zum jüngsten Prediger an der Petrikirche erwählet, im Jahr 1767. aber zum Pastorat an die Jacobikirche befördert. Seine bey Gelegenheit dieser letzten Amtsveränderung gehaltene Abschieds- und Antrittspredigten sind in ebendemselben Jahr zu Lübeck unter dem Titel: **Zwo Predigten, bey Veränderung seines Amts gehalten**, in Octav ans Licht getreten. Sonst hat er auch an

den beyden erften Bänden der, zu Lübeck bißher herausgekommenen, Nachrichten von den merkwürdigften theologifchen Schriften mit gearbeitet, und die Ausgabe derfelben beforget: Er verheurathete fich Anno 1759. den 17. May mit Jungfer Ilfabe Catharina Schmidten, eines angefehenen Lübeckfchen Kaufmanns, Franz Dieterich Schmidts, einzigen Tochter, die ihm fünf Kinder gebohren, a) einen Sohn, Johann Hermann, 1760. den 26. December, b) einen Sohn, Franz Heinrich, 1762. den 8. October, c) einen Sohn, Gottlieb Arnold, 1764. den 1. Auguft, d) eine Tochter, Johanna Elifabeth, 1767. den 25. Januar, und e) eine Tochter, Anna Dorothea, 1769. den 20. Januar. Wir wünfchen diefem gelehrten und mit Recht beliebten Lehrer ein reiches Maaß aller Glückfeligkeiten, die eine unverrückte Dauer erhöhen kan.

2) ein Sohn, Heinrich Valentin Becker, jetziger Doctor der Weltweisheit, ordentlicher Profeffor Mathematum inferiorum, und Archidiaconus zu St. Jacobi in Roftock. Derfelbe ward dafelbft 1732. den 27. Julius gebohren, ftudierte zu Greifswald und Jena, gieng 1754. im Monath November nach Lübeck, und ward dafelbft in die Zahl der Canditatorum Rev. Minifterii aufgenommen. Anno 1756. den 29. Auguft erhielte er zu Roftock die Würde eines Magifters, und fieng dafelbft an academifche Vorlefungen zu halten, difputirte auch 1757. de palmariis quibusdam philofophorum argumentis, quibus immortalitas animae demonftrari folet. Hierauf ward er 1759. den 16. Jan. zum Archidiaconus an der dafigen Jacobi Kirche eingeführet, auch 1762. den 26. Auguft zum Profeffore Mathematum inferiorum berufen. Anno 1759. den 8. May verheurathete er fich mit Jungfer Anna Dorothea Burgmans, einer Tochter des jetzigen älteften Herrn Bürgermeifters Burgmans zu Roftock, mit welcher er bißher drey Söhne gezeuget, a) Johann Hermann, welcher 1764. den 9. October gebohren worden, b) Hermann Friederich, der 1766. den 21. April das Licht diefer

Welt

Johann Hermann Becker.

Welt erblicket, und c) Johann Georg, welcher 1768. den 13. März die Zahl der Lebendigen vermehret hat. Da er bey der gelehrten Welt bereits durch verschiedene gründliche Schriften sich rühmlich bekannt gemacht, so wollen wir dieselben kürzlich auch alhier anführen: (a) Gesetze zur Bestimmung der Geschwindigkeit der Cörper in der geradlinichten Bewegung. 1756. in Octav. Man kan von dem Inhalt dieser Abhandlung die Rostockschen gelehrte Nachrichten, 1756. S. 207. fg. nachlesen. (b) Dissert. de palmariis quibusdam philosophorum argumentis, quibus immortalitas animae demonstrari solet, Resp. Ioh. Erdm. Klatt. Rostoch. 1757. in Quart. In den vollständigen Nachrichten von dem Inhalt academischer Schriften, 1757. S. 1004. fgg. in den gründlichen Auszügen aus den neuesten theologischen und philosophischen Disputationibus, 1760. S. 285. fgg. und in des sel. D. Krafts theologischen Bibliothek, im 12. Band, S. 896. fg. ist von derselben mit Mehrerem gehandelt. (c) Diss. de ratiociniis consequentiae immediatae. Rostoch. 1760. in Quart. S. die Rostockschen gelehrte Nachrichten, 1760. im 37. Stück. (d) Progr. personalitatem Spiritus sancti, contra peruersam Pseudonymi *Theodori Klema* [*]) Scripturae interpretationem defendens. Rostoch. 1765. in Quart. S. die Lübeckschen Nachrichten von den neuesten theologischen Schriften, im 1. Bande, S. 467. fgg. die Danziger theologische Berichte, im 22. Stück, S. 125. fgg. die Hamburgische Nachrichten aus dem Reich der Gelehrsamkeit, 1765. S. 421. fg. (e) Progr. de versione loci Hebr. I. 14. Rostoch. 1765. in Quart. S. die erwehnte Lübecksche Nachrichten von theol. Schriften, im 1. Bande, S. 654. fg. und die Hamburgische Nachrichten, 1765. S. 685. fg. (f) Progr. necess-

---

[*]) Unter diesem angenommenen Nahmen hat sich der bekannte Berlinische Rector, Christian Tobias Damm, welcher die Socinianischen Irrthümer mit aller Macht auszubreiten sich bemühet, versteckt.

necessitatem paedobaptismi, a Dn. *Basedouio* in dubium vocatam, vindicans. Rostoch. 1767. in Quart. S. die **Hamburgische Nachrichten**, 1767. S. 612. fg. die **Rostockſche gelehrte Berichte**, 1767. im 26. Stück. (g) Progr. quare Deus Dauidem, factae numerationis populi ſerio poenitentem, peſtilentia puniuerit? et in genere: quando Deus puniat, quibus peccata remiſit? Roſtoch. 1767. in Quart. S. **Lübeckſche Nachrichten von theol. Schriften**, im 2. Bande, S. 946. fg. **Hamburgiſche Nachrichten**, 1767. S. 722. fg. **Roſtockſche gel. Berichte**, 1767. im 41. Stück. Die Vorſehung erhalte dieſen verdienten Mann noch lange der gelehrten Welt zum Beſten!

3) ein Sohn, **Zacharias Wilhelm Becker**, welcher im Jahr 1734. den 29. Junius gebohren, aber 13. Tage nach ſeiner Geburt wiederum der Zeitlichkeit entriſſen worden.

4) ein Sohn, **Johann Rudolph Becker**, der 1736. den 27. Merz das Licht dieſer Welt erblicket, und, nachdem er zu Jena der Rechtsgelehrſamkeit obgelegen, verſchiedene Jahre ſich zu Lübeck, als Iuris Practicus, aufgehalten, im verwichenen 1768ſten Jahr aber den 4. November, nach gehaltener Inauguraldiſputation de iure de non euocando, zu Greifswald beyder Rechten Licentiat geworden. Er hat ſonſt zu Lübeck Anno 1757. eine Commentationem de vrbibus immediatis sacri Romani imperii ans Licht geſtellet. Auch hat eine von ihm nach Berlin eingeſchickte Abhandlung über die, von der daſigen königlichen Academie der Wiſſenſchaften aufgeworfene, Fragen: 1) **Wann hat die oberſte Gewalt der griechiſchen Kayſer in Rom gänzlich aufgehöret?** 2) **Welche Art der Regierung hatten die Römer damahls?** 3) **Zu welcher Zeit ward die Gewalt der Päbſte feſtgeſetzet?** das bekannte Urtheil *Accessit* erhalten.

(Der Beſchluß folgt.)

Nachrichten von Niedersächsischen berühmten Leuten u. Familien.

Das 92. Stück.

Beschluß des im vorhergehenden Stück abgebrochenen Artikels.

Es ist dieselbe mit der Sabbathierschen gekrönten Preißschrift zu Berlin Anno 1764. in Quart unter der Aufschrift: Dissertation, qui a remporté le prix proposé par l'Academie Royale des Sciences et belles Lettres de Prusse, *sur l'epoque de la puissance souveraine des Papes,* avec un piece, qui a concouru, zugleich gedruckt. Man kan von ihrem Inhalt die Lübeckschen Nachrichten von den merkwürdigsten theologischen Schriften, im 1. Bande, S. 212. sgg. nachschlagen. Es wird von dieser Schrift auf die bevorstehende Leipziger Ostermesse des gegenwärtigen 1769sten Jahrs zu Lübeck eine neue Ausgabe mit des Herrn Verfassers Zusätzen ans Licht treten.

5) eine Tochter, **Sophia Magdalena**, welche 1737. den 8. November gebohren worden, im Jahr 1749. aber verstorben ist.

6) ein Sohn, **Friederich Wilhelm Becker**, der 1739. das Licht der Welt erblicket, Anno 1740. jedoch gleichfals Todes verblichen.

7) eine Tochter, Johanna Magdalena, die 1742. den 18. Januar gebohren, 1743. den 4. November aber gestorben.

8) ein Sohn, Carl Christian Becker, welcher 1743. den 15. October gebohren ist, und 1746. den 7. October wiederum das Zeitliche gesegnet hat.

Die Kinder aus der zwoten Ehe sind:

9) ein Sohn, Hermann Carl Becker, gebohren 1748. den 8. August, welcher jetzt die Theologie auf der Universität zu Göttingen studieret.

10) ein Sohn, Franz Nicolaus Gustav Becker, gebohren 1750. den 6. Februar, welcher sich der Handlung gewidmet hat.

11) eine Tochter, Amalia Henriette Sophia, gebohren 1752. den 6. August.

Wer hätte nicht einer so zahlreichen Familie noch lange die Erhaltung ihres theuern Hauptes wünschen sollen? Und die gelehrte Welt würde nicht weniger von demselben vielen Vortheil annoch künftig zu erwarten gehabt haben, wenn dem Höchsten solches gefallen hätte. Das Fach der theologischen Wissenschaften so wohl, als der mathematischen hat an ihm eine große Stütze und Zierde verlohren; wie seine Schriften, deren wir gleich gedenken werden, beweisen. Er fand allezeit an der practischen Mathematik ein besonderes Vergnügen, und pflegte sich dadurch von seinen gehäuften Amtsgeschäften oftmahls zu erhohlen. Verschiedne Tubos und andere optische Instrumente, die er zu astronomischen Beobachtungen gebrauchte, hat er selbst geschliffen. Von seiner Kenntniß der Mathematik sind noch die beyden Uhrwerke in der Marienkirche zu Rostock und in der Marienkirche zu Lübeck die deutlichsten Beweise, unter welchen vornehmlich das Letztere von allen Kennern für sehr kunstreich gehalten wird. Beyde sind

sind nach der Angabe und unter der Aufsicht des seligen Herrn D. Beckers verbessert und in solche Ordnung gesetzet worden, daß sie jetzt auf mehr, als hundert, Jahre die Bewegungen der Himmelskörper richtig anzeigen.

Doch ein unvermutheter Tod raubte diesen geschickten Mann seinem Hause und der Kirche viel früher, als man es gemeinet hätte. Er ward nemlich im Jahr 1759. zu Ende des Monaths Februar von einem heftigen Gichtfieber befallen, welches mit starkem Schmerzen und einem Geschwulst der Glieder verbunden war. Hiezu kam der Friesel, der aber zurücke trat, und daher sein Absterben beschleunigte, welches den 7. April, Abends zwischen 8. und 9. Uhr erfolgete.

Seine Schriften, die sich durch ihre Gründlichkeit besonders empfehlen, sind:

1) Diss. de duplici visionis organo et modo, dioptrico altero, altero catoptrico, praeside M. *Petro Becker*, Mathem. Prof. publ. ord. Rostoch. 1720. in Quart.

2) Diss. de vmbra. Rostoch. 1722. in Quart.

3) Diss. de maculis solaribus. Rostoch. 1723. in Quart.

4) Fundamentum praelectionum physico-dogmaticarum. Rostoch. 1725. in Octav. Im Jahr 1736. kam davon die zwote Auflage heraus.

5) Theoria motae circa solem telluris, Scripturae non inimica. Rostoch. 1726. in Quart. S. fortgesetzte Sammlung von alten und neuen theologischen Sachen, 1728. S. 1230. fg. Eine Erinnerung des Herrn D. Beckers gegen diese Recension ward eben dieser Sammlung; 1731. S. 1052. fg. unverleibet.

6) Statica, dirigens quietem corporis humani in stando et sedendo. Eine academische Disputation. Rostoch. 1726. in Quart.

7) Diss.

7) Diss. de hostilitate naturali, bonitati diuinae non contraria. Rostoch. 1728. in Quart.

8) Diss. de experientia, matre scientiarum. Rostoch. 1730. in Quart.

9) Diss. de adulterio brutorum. Rostoch. 1731. in Quart.

10) Anthropologia physico-theologica, das ist, eine Betrachtung des Geheimnisses der Widergeburt, nach Anleitung und Gleichniß der leiblichen Geburt des Menschen, zu desto besserer Erkenntniß der Kraft Gottes an denen, die da glauben, aus Gründen der heiligen Schrift, und nach dem Sinn der christlutherischen Glaubensbücher angestellet und entworfen. Rostock und Leipzig. 1733. in Octav. Eine neue Auflage davon trat Anno 1738. ans Licht. S. Niedersächsische Nachrichten von gelehrten neuen Sachen, 1733. S. 435. fgg. Michael Lilienthals fortgesetzte theologische Bibliotheck, S. 560. fg. Colerus, auserlesene theologische Bibliotheck, im 75. Theil, S. 389. fgg. fortgesetzte Sammlung von alten und neuen theologischen Sachen, 1738. S. 158. fg.

11) Geprüfte Auflösung des Wunders am Zeiger Ahas, in den Belustigungen des Verstandes und Witzes, 1743. im Christmonath. Stehet, jedoch ohne des Verfassers Nahmen, in dem zweyten Bande der Hamburgischen vermischten Bibliotheck, S. 449. fgg. Kürzlich wird der Inhalt erzählet in den Hamburgischen Berichten von gelehrten Sachen, 1744. S. 466. fg.

12) Auf-

12) Aufgehobene Hindernisse des frölichen und seligen Sterbens, zur seligen Erkenntniß der Kraft des Todes Jesu. Rostock. 1746. in Octav. S. die Hamburgische Berichte, 1747. S. 216.

13) Der letzte Segen der christlichen Gemeine zu St. Marien in Rostock, im Jahr 1747. am zweyten Sonntage nach Epiphanias, beym bevorstehenden Abzuge, öffentlich ertheilet. Rostock. 1747. in Quart. S. die Hamburgische Berichte, 1747. S. 165. fg. Altonaische gelehrte Zeitungen, 1747. S. 148.

14) Anzugspredigt in Greifswald. Greifswald, 1747. in Quart.

15) Diss. de inauguralis theologica de fide infantum praesumta, praeside *Iac. Henr. de Balthasar.* Gryphiswald. 1747. in Quart. S. die vollständige Nachrichten von dem Inhalt academischer Schriften, 1748. S. 719. fgg.

16) Diss. de vocatione ministrorum ecclesiae vere divina. Gryphiswald. 1748. in Quart.

17) Diss. de virtute baptismi ad salutem vere effectiua. Gryphisw. 1749. in Quart. S. die Hamburgischen Berichte von gelehrten Sachen, 1749. S. 387. fgg. und die vollständige Nachrichten vom Inhalt academischer Schriften, 1750. S. 630. fgg.

18) Anmerkung über die ehelichen Gesetze, und den Grund ihrer erweiterten Erklärung. Greifswald. 1749. in Quart. S. die Hamburgischen Berichte von gelehrten Sachen, 1749. S. 399. fgg.

19) Diss.

19) Diff. de Isaco, fidei coniugalis exemplo. Gryphisw. 1750. in Quart.

20) Grund der Seligkeit, oder Anleitung zur Erkenntniß der Erlösung Christi. Greifswald. 1751.

21) Abzugspredigt zu Greifswald, am Sonntage Oculi 1751. über Luc. XI. 14-28. von dem Rückfall aus der Gnade, gehalten. Lübeck 1751. in Quart. S. des Greifswaldischen Herrn Prof. Dähnerts critische Nachrichten, im 2. Bande, S. 153.

22) Anzugspredigt in Lübeck, am ersten Ostertage 1751. über Marc. XVI. 1-9. von der Amtspflicht eines evangelischen Lehrers, als eines Zeugen der Auferstehung Jesu, gehalten. Lübeck. 1751. in Quart. S. die gedachte critische Nachrichten, im 2. Bande, S. 154.

23) Theoricae Iobeae Specimen, ad loca Iobi cap. IX. 9. et XXXVIII. 31. 32. magnifico Senatui academiae Gryphicae dicatum. Lubec. 1752. in Quart. S. Herrn Prof. Dähnerts critische Nachrichten, im 3. Bande, S. 46. fg.

24) Coccus in via ductor ignarus et heterodoxus, ad Matth. XV. 14. Stehet in der *noua Bibliotheca Lubecensi*, Vol. III. pag. 26. seqq.

25) Breuis disquisitio de gloria apparitionis filii Dei in V. T. vtrum audiat μορφη θεȣ Phil. II. 6. Stehet eben daselbst, Vol. V. pag. 33. seqq.

26) Epistola gratulatoria ad D. *Ioh. Gottlob Carpzovium*, Superintendentem, Iubilaeum ministeriale celebrantem. Lubecae. 1754. in Quart. S. Hamburgische

gische Nachrichten aus dem Reiche der Gelehrsamkeit, 1755. S. 9. In der Samlung sämmtlicher Jubelschriften auf diese Carpzovsche Jubelfeyer, die nebst des sel. Herrn D. und Superint. Carpzovs Jubelpredigt zu Lübeck Anno 1755. in Quart ans Licht getreten, lieset man S. 110. fgg. diese Epistolam des sel. Herrn D. Beckers wieder mit abgedruckt.

27) **Der sterbenden Christen Freudigkeit zum Eingang in das Heilige.** Lübeck. 1758. Ist der Titel der auf den seligen Pastor Blanck in Schluckup, einem Lübeckschen Dorf, gehaltene Leichenpredigt.

* * *

Von dem Leben und Schriften des seligen Mannes ertheilen folgende Schriften Nachricht:

a) Memoria viri maxime reuerendi, amplissimi et praeclarissimi, Domini IOHANNIS HERMANNI BECKER, SS. Theol. Doctoris celeberrimi, et Pastoris Mariani meritissimi, literis consignata a Io. Henr. a Seelen, SS. Theol. Lic. et Gymn. Lubec. Rectore. Lubec. 1759. in Folio.

b) **Leben, Verdienste und Schriften des weiland hochwürdigen, in Gott andächtigen und hochgelahrten Herrn, Herrn Johann Hermann Beckers, der heiligen Schrift hochberühmten Doctors, und hochverdienten Hauptpastors der Gemeine zu St. Marien,** beschrieben und ausgefertiget von M. Balthasar Münter, *) der philosophischen Facultät

zu

*) jetzigem Doctor der Theologie, und Pastor der deutschen Gemeine in Copenhagen.

zu Jena Adjunct, der daſigen deutſchen Geſellſchaft Mitglied, und der Altdorfſchen auſſerordentlichem Ehrenmitglied. Lübeck. 1759. in Folio.

c) Noua Acta hiſtorica-eccleſiaſtica, im 2. Bande, S. 551. fgg.

d) Hamburgiſche Nachrichten aus dem Reiche der Gelehrſamkeit, 1759. S. 427. fgg.

e) das neue gelehrte Europa, welches jetzt der Berliniſche Herr D. Ferdinand Stoſch fortſetzet, im 12. Theil, S. 818. fgg.

f) D. Jacob Heinrichs von Balthaſar Programma, quo ad audiendam viri ſumme reuerendi doctiſſimique, Domini IO. HERMANNI BECKERI, S. Theol. Prof. in hac academia celeberrimi, et ad aedem S. Iacobi Paſtoris vigilantiſſimi, diſſertationem inauguralem de fide infantum praeſumta in auditorio maiori die xv. Iunii publice ventilandam inuitat. Gryphisw. 1747. in Quart.

g) vollſtändige Nachrichten von dem Inhalt academiſcher Schriften, 1748. S. 716. fgg.

h) Supplemente zu dem groſſen Univerſal Lexico aller Wiſſenſchaften und Künſte, im 3. Bande, S. 412. fg.

§ o §

Nach-

Nachrichten von Niedersächsischen berühmten Leuten u. Familien.

Das 93. Stück.

Johann Heinrich Pratje,

Königl. Großbrittanischer und Churfürstl. Braunschweig Lüneburgischer Consistorialrath, und Generalsuperindent der Herzogthümer Bremen und Verden.

Nicht allezeit sind in der Welt Ansehen, Gründlichkeit und Leutseligkeit mit einander in einer Person verbunden. Derjenige Gottesgelehrte, dessen Geschichte wir jetzt unsern Lesern vor Augen legen, vereiniget sie nebst vielen andern guten Eigenschaften, in sich aufs genaueste. Was ist daher billiger, als daß er auch unsere Nachrichten vorzüglich ziere?

Er betrat den 17. September 1710. zu Horneburg, einem zwischen Stade und Burtehude liegenden uralten adelichen Burgflecken, den Schauplatz dieser Welt. Sein Vater war Heinrich Pratje, dasiger Bürger und Brauer, und seine Mutter Frau Gerdrut, gebohrne Rechten. In seinem andern Jahr mußte er mit der Mutter aus seinem Vaterlande fliehen, weil die Dänen ins Bremische eingefallen waren. Nachher kam er in die Hamburgische Schule, wo er im Lesen und den ersten Gründen der Religion unterwiesen ward. Mehr, als einmahl, nahete er sich, weil Horneburg auf allen Seiten mit Wasser umgeben ist, aus Unvorsichtigkeit dem Wasser dergestalt, daß er mit genauer Noth errettet ward. Unter andern begab er sich zu Anfang des 1716. Jahres, in Gesell-

2. Band. Y

Gesellschaft mehrerer Kinder, aufs Eiß. Diese waren kaum von ihm entfernet, als das Eiß unter seinen Füßen brach. Wie sie zurücke kehrten, funden sie ihn im Wasser, und verursachten durch ihr klägliches Geschrey, daß Leute aus der Nachbarschaft herzueileten. Ein Becker zog ihn heraus, zweifelte aber, ob er noch lebte. Doch brachte er ihn in ein Bette, und legte einige frische Brode, die man eben aus dem Ofen gezogen hätte, zu ihm. Selbige erwärmeten den erstarrten Körper, daß er wieder zurecht kam. Seine Eltern entschlossen sich darauf, ihn zu seinem Großvaterbruder, dem Major Heinrich Recht in Braunschweig, zu thun. Kaum war er aber daselbst angelanget, als ihn eine schwehre Krankheit befiel, von welcher er erst nach langer Zeit befreyet ward. Man schickte ihn darauf in die Catharinenschule zu Braunschweig. Ob er nun gleich zuerst in die unterste Classe derselben kam, so durchwanderte er doch dieselbe und die weiter folgenden bald, und ward Anno 1722. in die andere Classe versetzte, wo er den seligen Johann Basilius Hofmann zum Lehrer bekam. Seine Mutter, die ihn den Kriegsdiensten bestimmet hatte, starb in diesem Jahre. Der Vater, welcher ihn der Handlung zu widmen gedachte, kam in der Laurentiusmesse 1724. nach Braunschweig, um ihn nach Hamburg zu einem Kaufmann in Dienste zu bringen. Erwehnter Hofmann aber lenkte den Vater auf andere Gedanken. Der Sohn bezeugte Lust zum Studieren, und erhielte dazu endlich die Einwilligung seines Vaters. Im Jahr 1725. verwechselte er also die andere Classe mit der ersten. Daselbst unterwiesen ihn der Rector Bremer, und Anfangs der Conrector Cordes, nachmals der Conrector Schrodt. In dem Osterfeste 1728. versuchte er zweymal, im Predigen sich zu üben, und zwar in dem Dorfe Wollenstedt, zwo Meilen von Braunschweig. Auf Ostern 1729. zog er nach der Universität zu Helmstedt, wo ihn der weiland berühmte Hofrath Heister unter die academischen Bürger aufnahm. Den seligen Mosheim hörete er in der Glaubenslehre, Streittheologie, geistlichen Sittenlehre und Auslegungskunst, wie auch in der Kirchengeschichte so wohl überhaupt, als besonders in der Reformationshistorie und der Geschichte der verschie-

Johann Heinrich Pratje.

schiedenen Secten in der Christenheit. Der selige D. Münden lase ihm die Predigertheologie und ein exegetisches Collegium über unterschiedliche Stellen der Bibel. Hofrath Treuer lehrete ihn die Weltweisheit und weltliche Geschichte. Unter dem seligen Prof. Lackemacher trieb er das Hebräische, hielte auch bey demselben ein philologisches und talmudisches Collegium über den Tractat Pirke Aboth, imgleichen über Relands hebräische Alterthümer. Bey dem Herrn D. Georg Heinrich Ribov, jetzigem Hannöverschen Consistorialrath, welcher damahls, als Magister legens, zu Helmstädt sich aufhielte, hörte er die Weltweisheit und ein Privatissimum über die dogmatische Gottesgelahrtheit. Anno 1730. ward er in die Zahl dererjenigen aufgenommen, die in der Universitätskirche predigen. Mittewochens und Sonnabends besuchte er die Universitätsbibliothek, wobey er mit dem seligen Hermann von der Hardt, als Bibliothecar, viel Umgang hatte. In demselben Jahre vertheidigte er unter dem seligen D. Jonas Conrad Schram desselben zwote Abhandlung über das Corpus doctrinae Iulium.

Im Jahr 1731. den 28. April verließ er die Helmstädtsche Universität, und kehrte er zu den Seinigen zurücke. Bald darauf erhielte er von dem seligen Generalsuperintendenten, Lucas Backmeister, die Erlaubniß zu predigen. Er machte damit am ersten Pfingsttage in Horneburg den Anfang. Noch in demselben Jahr wählte ihn Herr Dieterich von Schulte, Burgmann und Gerichtsherr in Horneburg, welcher aber zu Esteburg, im Altenlande, seinen adelichen Sitz hat, zum Hauslehrer seiner Kinder. Anno 1732. ward er von dem königlichen Consistorio zu Stade examiniret, und unter die Candidaten des Predigamtes aufgenommen. Den 6. Februar 1733. wehlte man ihn in Horneburg zum zweyten Prediger, nachdem der dasige Prediger, Johann Vogt, zum Pastor der Dohmkirche in Bremen berufen worden, dessen Stelle zu Horneburg aber der bisherige zweyte Prediger Blank erhalten hatte. Herr Pratje hielte darauf den 14. April seine Antrittspredigt. Ohne sein Vermuthen berief man ihn aber im Jahr 1743.

nach Stade zum königlichen Etatsprediger und Diaconus an der Wilhadikirche, da der bisherige Pastor der Nicolaikirche daselbst, Meinhard Plesken, als Generalsuperintendent, nach Zelle berufen, und desselben Bruder, Hermann Anton Plesken, von der Wilhadikirche in Stade an die Nicolaikirche versetzet ward. Herr Pratje nahm demnach am eilften Sonntag zu Horneburg Abschied, und hielte am zwölften seine Antrittspredigt zu Stade, als Etatsprediger, Dienstags drauf aber, als Diaconus zu Wilhadi. Man sehe die Acta historico-ecclesiastica, im 10. Bande, S. 148. Anno 1744. ward er hieher nach Hamburg zu einer Wahlpredigt, wegen eines erledigten Diaconats an der hiesigen Petrikirche eingeladen, verbat aber dieselbe. Darauf ward er Anno 1745. Pastor an der Städischen Wilhadikirche, an die Stelle des seligen Daniel Christoph Klee, welcher zur Superintendentur nach Bremen berufen ward. Im Jahr 1746. ernannten ihn Se. Königl. Majestät von Großbrittannien und Churfürstl. Durchl. zu Braunschweig-Lüneburg zu Allerhöchstdero Consistorialrath im Brem- und Verdischen Consistorio, wozu ihm Herr Joachim Heinrich Rief in einer zu Rostock 1746. in Quart gedruckten Schrift de definitione justitiae recentiori Glück wünschte, deren Inhalt in den Hamburgischen Berichten von gelehrten Sachen, 1747. S. 87. erzählet wird. Doch die würdigste Erhebung unsers Herrn Pratje erfolgte, als im Jahr 1748. den 3. December der vorhin genannte Generalsuperintendent Backmeister verstorben war. Denn da ernannte ihn die königliche Regierung in Stade zu dessen Nachfolger im Ammte, und Se. königliche Majestät bestätigten solche Ernennung in allerhöchsten Gnaden, wie in den Hamburgischen freyen Urtheilen und Nachrichten, 1749. S. 280. erwehnet worden. Die bey solcher Gelegenheit von dem Herrn Pastor Winckelman, Herrn Senior Carstens und Herrn Pastor Pohleman, wie auch Herrn Rector Gehle in Stade, Herrn Past. Rüte und Herrn Klindtworth ihm zu Ehren gedruckte Glückwünschungsschriften sind in Herrn M. Schmersahls Geschichten jetztlebender Gottesgelehrten, im 4. Stück, S. 422.

422, fg. und in des seligen Johann Christoph Strodtmanns neuem gelehrten Europa, im 7. Theil, S. 725, fg. augeführet worden. Mit vielem Ruhm und Segen führet dieser verehrungswürdige Mann noch sein wichtiges Ammt biß auf die gegenwärtige Stunde. Der Höchste lasse ihn noch lange, als eine Stütze unsers evangelischlutherischen Zions und eine Zierde der gelehrten Welt, des dauerhaftesten Wohlergehens geniessen! Von der Hochachtung, die auch Auswärtige gegen ihn hegen, ist ein Beweiß, daß ihn 1747. die deutsche Gesellschaft zu Göttingen, 1759. die Bremische deutsche Gesellschaft, und 1766. die Zellische Landwirthschaftsgesellschaft zu ihren Ehren-Mitgliedern aufgenommen. Anno 1759. wolte ihn auch die kayserliche Francisische Academie in Augsburg zu ihrem Rath ernennen. Der Herr Generalsuperintendent hatte aber gewisse Ursachen, die ihn hinderten, diese Ehre anzunehmen.

Im Jahr 1733. verheurathete er sich mit Jungfer Anna Gerdrut Hencken, ältesten Tochter des seligen Herrn Johann Otto Hencken, Landraths und ältesten Bürgermeisters in Burtehude, mit welcher er folgende Kinder gezeuget:

1) einen Sohn, Johann Heinrich Pratje, welcher 1736. den 27. Junius gebohren, und, nachdem er zu Helmstädt, Göttingen und Jena studieret, auch zu Helmstädt unter des Herrn D. Schuberts Vorsitz 1757. eine öffentliche Disputation de modo agendi cum iis, qui fidem non sentiunt, deren Inhalt in den Hamburgischen Berichten von gelehrten Sachen, 1757. S. 329. fgg. erwählet wird, vertheidiget, im Jahr 1761. zum Amtsgehülffen des seligen Past. Johann Vogts in Bremen verordnet ward, bey welcher Gelegenheit sein Herr Vater ihm ein besonderes Glückwünschungsschreiben widmete, dessen Inhalt in den Hamburgischen Nachrichten aus dem Reiche der Gelehrsamkeit, 1762. S. 25. fgg. erwähnet wird, dem Herrn Generalsuperintendenten aber der hiesige verdiente Herr Conrector Müller in einem Glückwünschungsschreiben seine gerechte Theilnehmung bezeugte, wovon

von in eben diesen Nachrichten, 1762. S. 47. fg. gehandelt, auch S. 48. des, von dem Stadischen Herrn Rector Gehle gedruckten, Glückwünschungsschreiben gedacht wird. Als Herr Past. Vogt 1764. starb, hielt ihm der junge Herr Past. Adj. Pratje die Leichenpredigt, welche zu Stade in demselben Jahr in Quart gedruckt ward, unter der Aufschrift: Das dankbare Herz eines sterbenden Lehrers, u. s. f. von deren Inhalt man die obgedachte Hamburgische Nachrichten aus dem Reiche der Wissenschaften, 1764. S. 689. fgg. nachlesen kan. Im Jahr 1765. ward er zu Steinkirchen, im Herzogthum Bremen, Prediger, wozu ihm der hiesige Herr Conrector Müller in einer gelehrten Abhandlung von der Gegenwart himlischer Geister bey der feyerlichen Gesetzgebung auf Sinai Glück wünschte, welche in den erwehnten Hamburgischen Nachrichten, 1765. S. 489. fgg. und im Beytrag zu dem Reichspostreuter, 1765. Num. 64. recensiret worden. Er verheurathete sich 1765. mit Jungfer Anna Margaretha Heßmans, eines Bremischen Kaufmans Tochter, welche ihm bisher drey Kinder gebohren, a) eine Tochter, Ilsabe, 1766. den 26. Julius, b) einen Sohn, Johann Heinrich, 1767. den 5. August, und c) eine Tochter, Anna Gerdrut, 1768. den 22. August. Er giebet jetzt die Landwirthschaftlichen Erfahrungen heraus, davon das 1. und 2. Quartal zu Altona in groß Octav ans Licht getreten, von dessen ersten Quartals Inhalt die Hamburgische Nachrichten aus dem Reiche der Gelehrsamkeit, 1768. S. 715. fg. nachzulesen sind.

2) eine Tochter, Anna Ottilia, welche 1738. den 4. Januar gebohren, und 1755. mit Herrn Johann Gotthard Schlichthorst, damahligem Prediger zu Bostel im alten Lande, jetzigen Pastorn am Dohm zu Bremen, verheurathet worden, demselben auch folgende Kinder gebohren: a) einen Sohn, Johann Heinrich, 1757. den 9. December, welcher 1759. im Monath Merz wieder verstorben; b) eine Tochter, Sophia Magaretha, 1759. den 25. April; c) einen

Johann Heinrich Pratje.

ten Sohn, Johann Heinrich, 1760. den 24. October;
d) einen Sohn, Peter Gotthard, 1762. den 17. Dec.
e) eine Tochter, Anna Charlotte, 1764. den 23. Jul. welche 1764. den 30. December wiederum verstorben;
f) einen Sohn, Johann Wilhelm, 1765. den 9. November; g) einen Sohn, Hermann, 1766. den 15. December; und h) einen Sohn, Johann Friederich, 1768. den 5. Nov.

3) eine Tochter, Charlotta Magdalene Gerdrut, welche 1740. im Monath May gebohren worden, 1742. den 30. April aber bereits in die Ewigkeit eingegangen.

4) einen Sohn, Heinrich Wilhelm, der 1742. den 27. April das Licht dieser Welt erblicket, und jetzt Postsecretair in Hannover ist.

5) eine Tochter, Margaretha Maria, welche 1746. den 16. Merz gebohren, und 1767. mit Herrn Johann Horn, zwotem Prediger zur Balje im Lande Kedingen, verheurathet worden, mit welchem sie eine Tochter, Anna Charlotte, 1768. den 25. Jan. zur Welt gebracht.

6) eine Tochter, Magdalena Dorothea, gebohren 1748. den 23. Januar. die 1764. mit Herrn Conrad Meinhard Lüning, Pastor zu Hammelvorden, im Lande Kedingen, sich verehliget, und in solcher Ehe drey Söhne gebohren, a) Johann Christoph, 1765. den 23. April; b) Heinrich Wilhelm, 1766. den 24. May. welcher den 22. Junius desselben Jahres wieder verstorben; c) Jacob Wilhelm, 1767. den 19. May.

Die Schriften des Herrn Generalsuperintendenten, wodurch er seines Namensgedächtniß verewiget, sind:

I. Besonders gedruckte:
1) Der weinende Jesus. Eine Predigt über das Evangel. Dom. X. post Trinit. Hamburg. 1736. in Quart.
2) Kurzgefaßter Entwurf von Predigten über die christliche Glaubenslehre. Stade. 1744. in Octav. S. Hamburgische Berichte von gel. Sachen, 1744. S. 780.

3) Der

3) Der betrübte und unselige Zustand derer, welche die erste Liebe verlassen, am *XIV.* Sonnt. nach Trinit. aus Luc. *XVII.* 11. vorgestellet. Stade. 1746. in Octav.

4) Epistola postoralis de Ioh. Christoph. Edelmanni vita et scriptis, *prima*, Stadae. 1749. *secunda*, ibid. 1750. *tertia*, ibid. 1751. in Quart. S. Hamburgische Berichte von gel. Sachen, 1750. S. 1. fg. 410. 1751. S. 505. Göttingische Zeitungen von gel. Sachen, 1751. S. 899. fg. neue Hamburgische gelehrte Zeitungen, 1749. S. 387. fg. freye Urtheile und Nachrichten, 1750. S. 347. fg. 1751. S. 432. fg. gelehrte Neuigkeiten, 1750. S. 407.

5) Brem= und Verdisches Hebopfer. Zween Bände. Stade. 1752. in Octav. S. D. Krafts theol. Bibliothek, im 7. Bande, S. 377. und im 9. Bande, S. 123. Hamburgische Berichte, 1751. S. 210. 481. 650. 1752. S. 181. gelehrte Neuigkeiten, 1751. S. 212. Leipziger gelehrte Zeitungen, 1751. S. 452. 581. den Hagelstolzen, 1751. S. 216. Oldenburgische wöchentliche Anzeigen, 1751. Hamburg. Correspondent, 1751. Num. 59. 116. 172. 1752. Num. 35. 95. 154. 1753. Num. 52. Göttingische gelehrte Zeit. 1751. S. 452. 853. 899. 1752. S. 547. freye Urtheile und Nachrichten, 1751. S. 401. 432. 597. 1752. S. 197. 387. 604. 1753. S. 193. 612. neue Beyträge von A. und N. theol. Sachen, 1756. S. 553. 556. Rathlefs Theologen, im 1. Bande, S. 253. 687. Lübeckische Fama, 1753. Num. 87.

(Die Fortsetzung folgt.)

Nachrichten von Niedersächsischen berühmten Leuten u. Familien.

Das 94. Stück.

Fortsetzung des im vorhergehenden Stück abgebrochenen Artikels.

6) De episcopo, vnius vxoris marito. Stadae. 1752. in Quart. S. freye Urtheile und Nachrichten, 1752. S. 424. Hamb. Berichte, 1752. S. 397. Diese Abhandlung ist nachmahls, vermuthlich auf des Herrn Probst Harenbergs Veranstaltung, dem 10. Bande der Nouorum Miscellaneorum Lipsiensium, S. 335. sqq. einverleibet worden.

7) Historische Nachrichten von Joh. Christ. Edelmanns Leben, Schriften und Lehrbegrif. Hamb. 1753. in Octav. S. freye Urtheile und Nachrichten, 1753. S. 227. Hamb. Correspond. 1753. Num. 58. Götting. gel. Zeitungen, 1753. S. 591. Baumgartens Nachr. von merkw. Büchern, im 3. Band, S. 367. Lübeckische Fama, 1753. Num. 45. 65. Hamb. Nachrichten von gel. Sachen, 1753. S. 517. Krafts theol. Bibliothek, im 8. Bande, S. 591. Westphälische Bemühungen, im 2. Bande, S. 121. Die zwote vermehrte und verbesserte Ausgabe trat Anno 1755. aus Licht, und ward recensiret in den freyen Urtheilen und Nachrichten, 1755. S. 226. 1756. S. 632. im

Hamburg. Correspond. 1755. Num. 60. in den Göttingischen gel. Zeitungen, 1755. S. 455. in Rathlefs Theologen, im 2. Bande, S. 395. in den neuen Beyträgen von alten und neuen theol. Sachen, 1755. S. 763. in den *Actis hist. eccl.* im 18. Bande, S. 957. in D. Krafts theol. Bibliothek, im 10. Bande, S. 704. in den Leipziger gel. Zeitungen, 1755. S. 226. Sonst erwehnen dieses Werks auf eine rühmliche Weise der sel. D. Börner in seiner *Isagoge ad s. s.* p. 73. not. c. Herr D. Schubert in *Theol. polem.* Part. I. Cap. I. §. 21. p. 88. (91) Herr D. C. W. F. Walch in *Comp. hist. eccl. recent.* p. 91. 95. Herr D. Schellhorn in seinen Ergötzlichkeiten, im 1. Bande, S. 365. Herr Rath Jugler in *Bibl. hist. liter.* Tom. III. p. 1722. die unpartheyische Kirchenhistorie, (in groß Quart) im 3. Bande, S. 1851. im 4. Bande, S. 383.

8) Brem- und Verdische Bibliotheck. Erster Band. Hamburg. 1754. Zweyter Band. 1756. Dritter Band. 1757. Vierter Band. 1758. Fünfter Band. 1760. in groß Octav. S. freye Urtheile und Nachrichten, 1753. S. 243. 580. 753. 1754. S. 285. 701. 1755. S. 750. 1756. S. 356. 358. 773. 1757. S. 380. 382. 1758. S. 365. fgg. 646. 1759. S. 473. 638. Hamburgischen Correspond. 1753. Num. 60. 144. 153. 1755. Num. 129. Hamburg. Berichte, 1753. S. 345. 1754. S. 714. 1757. S. 539. fg. Rathlefs Theologen, im 2. Bande, S. 191. Lübeckische Fama, 1753. Num. 88. des sel. D. Krafts theol. Bibliothek, im 9. Bande, S. 125. Göttingische gel. Zeitungen, 1754. S. 938. fgg. 1755. S. 46. 1756. S. 218. 1757. S. 773. *Miscellanea Lubec.* Vol. I. p. 141. Hamburgische Nachrichten aus dem Reiche der Gelehrsamkeit,

Johann Heinrich Pratje.

keit, 1758. S. 86. 244. 537. 1759. S. 547. 681. 1760. 161. 729.

9) Panis ex lapidibus. Stadae. 1753. in Quart. S. freye Urtheile und Nachrichten, 1753. S. 428. Hamburg. Correspond. 1753. Num. 122. Göttingische gel. Zeitungen, 1753. S. 883. Hamburgische Berichte, 1753. S. 508.

10) Sendschreiben an den Herrn Probst Hellmann von des ersten Lutherischen Predigers in Stade, Johann Hellmans, Lebensgeschichte. Stade. 1753. in Quart. Diese Lebensgeschichte ist nachmahls vermehrt und verbessert in der I. Sammlung der Nachrichten von den Herzogthümern Bremen und Verden, S. 325. fgg. wieder abgedruckt worden. S. freye Urtheile und Nachrichten, 1753. S. 429. Hamb. Correspond. Num. 122. Hamb. Berichte, 1753. S. 507. Götting. gel. Zeitungen, 1753. S. 893. Jenaische gel. Zeitungen, 1754. S. 302. Rathlefs Theologen, im I. Bande, S. 351. D. Baumgartens Nachr. im 4. Bande, S. 371.

11) Nachricht von Adolph Hells Leben, Schicksahlen und Irthümern. Erste Abtheilung. Stade. 1754. Zwote Abtheilung. 1755. Dritte Abtheilung. 1756. in Quart. S. Hamburgische Berichte, 1754. S. 430. 1754. S. 427. 1756. S. 441. freye Urtheile und Nachrichten, 1755. S. 489. 1756. S. 521. Göttingische gel. Zeitungen, 1754. S. 930. 1755. S. 958. Rathlefs Theologen, im I. Bande, S. 479. im 2. Bande, S. 527. im 3. Bande, S. 543. D. Baumgartens Nachrichten von merkwürdigen Büchern, im 6. Bande, S. 184. im 10. Bande, S. 376. D. Röchers catechetische Geschichte der Waldenser, S. 264.

12) Kurz=

12) Kurzgefaßte Nachricht von dem Anno 1555. gestifteten Religionsfrieden. Stade. 1755. in Quart. Es stehet dieselbe hinter der, daselbst publicirten, Verordnung, wie das, dieses Friedens halber ausgeschriebene, Jubelfest gefeyert werden solle, und ist nachher, etwas weiter ausgeführt, der Hannöverschen nützlichen Samlung, 1755. S. 1285. sqq. einverleibt worden. S. Hamburgische Berichte, 1755. S. 739.

13) Samlung verschiedener Aufsätze zum Vortheil neu angehender Feldprediger. Erster Theil. Hamburg. 1757. Zweyter Theil. 1758. in Octav. S. Hamburgische Nachrichten, 1757. S. 133. 1758. S. 310. freye Urtheile und Nachrichten, 1757. S. 383. 1758. S. 526. Altonaischen Reichspostreuter, 1757. Num. 71. 1758. Num. 71.

14) Nachrichten von dem adelichen Kloster Neuenwalde. Stade. 1758. in Octav. S. Hamburgische Nachrichten aus dem Reiche der Gelehrsamkeit, 1758. S. 310. freye Urtheile und Nachrichten, 1758. S. 526. D. Krafts theol. Bibliothek, im 13. Band, S. 908.

15) Die Herzogthümer Bremen und Verden, oder vermischte Abhandlungen zur Erläuterung der politischen, Kirchen- Gelehrten- und Naturgeschichte, wie auch der Geographie dieser beyden Herzogthümer. Erste Samlung. Bremen. 1757. Zwote Samlung. 1758. Dritte Samlung. 1759. Vierte Samlung. 1760. Fünfte Samlung. 1761. Sechste Samlung. 1762. in groß Octav. S. Hamburgischen Correspond. 1757. Num. 101. 1759. Num. 32. 57. 1763. Num. 18. Herrn D. von Selchow juristische Bibliothek, im 1. Band, S. 639. Göttingische gel. Zeitungen, 1757. S. 756. 1759. S. 105. 534. freye Urtheile und Nachrichten,

richten, 1757. S. 443. 1759. S. 196. 765. Hamburgische Nachrichten, 1758. S. 138. 529. 1759. S. 313. 1760. S. 446. 1762. S. 361. 773. Altonaischen gel. Mercur, 1763. S. 152.

16) Obseruationum sacrarum Decuria prima. Stad. 1759. Decuria secunda. ibid. 1761., in Quart. S. Hamburgische Nachrichten, 1759. S. 406. 1761. S. 346. freye Urtheile und Nachrichten, 1759. S. 611. Göttingische gel. Zeitungen, 1759. S. 1063. Dreßdensche gel. Anzeigen, 1759. im 41. Stück. Die zwote Decuria ist nachmahls in dem theolog. Magazin, im 2. Bande, und desselben 1. Stück, S. 163. fgg. wieder abgedruckt.

17) Dankpredigt über den grossen Sieg bey Minden. Hamburg. 1759. in groß Quart. S. freye Urtheile und Nachrichten, 1759. S. 612. Hamburgische Nachrichten, 1759. S. 607. Herr M. Schmersal hat sie nachher seiner homiletischen Vorrathskammer, im 6. Band, S. 19. fg. einverleibet.

18) Heilige Reden, welche bey der Einweihung zwoer Kirchen, davon die eine ganz neu fundiret, die andere aber neu auferbauet worden, gehalten, und nebst einer historischen Nachricht von diesen Kirchen und den dazu gehörigen Gemeinen, ans Licht gestellet worden. Hamburg. 1760. in Octav. S. Hamburgische Nachrichten, 1760. S. 260. Ein Auszug der, dabey befindlichen, historischen Nachrichten stehet in den *Nouis Actis hist. eccl.* im 4. Bande, S. 369. fgg.

19) Theologisches Magazin, worinn brauchbare Abhandlungen und Anmerkungen, zur Aufnahme der Wissenschaften, sonderlich der theologischen, philologischen und historischen,

rischen, gesammelt worden. Erster Band. Gotha. 1761. Zweyter Band. 1762. Dritter Band. 1764. in Octav. S. Hamburg. Nachrichten, aus dem Reiche der Gelehrsamkeit, 1761. S. 273. 609. 1762. S. 333. 773. 1763. S. 409. 633. 789. Hamburg. gemeinnützige Anzeigen, 1764. S. 49. fg. 67. fg. Hamburg. Correspond. 1763. Num. 100. 101. allgemeine deutsche Bibliotheck, im 1. Bande, 1. Stück, S. 248.

20) Das zärtliche Herz eines Christen gegen seinen wohlthätigen Gott. Eine Predigt über das Evangel. am XIV. Sonnt. nach Trinit. Hamb. 1761. in groß Quart. S. Hamburg. Nachrichten, 1761. S. 580. Dreßdensche gel. Anzeigen, 1762. im 9. Stücke. Diese Predigt stehet auch in der homiletischen Vorrathskammer, im 8. Bande, S. 224. fgg.

21) Aufmunterungen zur redlichen Ausrichtung des evangelischen Predigtamts, in einigen Einführungsreden. Erstes Zehend. Hamburg. 1762. Zweytes Zehend. 1764. Drittes Zehend. 1766. in Octav. S. Hamburgische Nachrichten aus dem Reiche der Gelehrsamkeit, 1761. S. 705. Hamburg. gemeinnützige Anzeigen, 1764. Num. 39.

22) Sendschreiben an seinen Sohn, daß ein Prediger seinem Amte Ehre zu machen suchen müsse. Hamburg. 1761. in groß Quart. S. Hamburg. Nachrichten, 1762. S. 25.

23) Brem- und Verdische Catechismusgeschichte. Stade. 1762. in Quart. S. Hamburg. Nachrichten, 1762. S. 393. Beytrag zum Altonaischen Postreuter, 1762. Num. 69.

24) Beruhigende Gedanken einer Mutter bey dem Tode ihrer geliebten Tochter. Stade. 1762. in Quart. S. Hamburg. Nachrichten, 1762.

1762. S. 428. Beytrag zum Altonaischen Postreuter, 1762. Num. 69.

25) Exegetisch-homiletische Abhandlungen einiger wichtigen Stellen des A. und N. Test. Bremen. 1762. in groß Octav. S. Hamb. Nachrichten, 1762. S. 706. Beytr. zum Altonaischen Postreuter, 1762. Num. 93.

26) Brem- und Verdische Bemühungen, die Bekenner Jesu auf ihren allerheiligsten Glauben, Gott zur Ehre, durch schriftmäßige Predigten zu erbauen. Erster Versuch. Hamburg. 1763. Zweyter Versuch. 1763. Dritter Versuch. 1764. Vierter Versuch. 1765. in Octav. S. Hamburgische Nachrichten aus dem Reiche der Gelehrsamkeit, 1762. S. 805. 1763. S. 420. 1764. S. 503. Hamburg. Correspond. 1763. Num. 18. 116. 1764. Num. 186. Beytrag zum Alton. Postreuter, 1763. Num. 4. 1764. Num. 57. allgem. deutsche Bibliotheck, im I. Bande, I. Stück, S. 243.

27) Heilige Erweckungen für ein Volk, dem der Herr Ruhe gegeben hat. Hamburg. 1763. in groß Quart. S. Hamburgische Nachrichten aus dem Reiche der Gelehrsamkeit, 1763. S. 89. Hamburg. Correspond. 1763. Num. 44. Alton. gel. Mercur. 1763. S. 88.

28) Ernstliche Erweckungen zur redlichen Ausrichtung des evangelischen Predigtamts, in einem Sendschreiben an die Brem- und Verdische Geistlichkeit, über 2. Tim. IV. 1. 2. Stade. 1763. in Quart. S. Hamburg. Nachrichten, 1763. S. 397. Hamburg. Correspond. 1763. Num. 100.

29) Verdische Schulgeschichte. Stade. 1765. in Quart. S. Hamburg. Nachrichten, 1764. S. 484.

30) **Buxtehudische Schulgeschichte.** Stade. 1765. in Quart. S. Alton. gel. Mercur. 1765. S. 177. Hamburg. Corresp. 1765. Num. 174. Hamburg. Nachrichten, 1765. S. 440.

31) Statuta Stadensia de Ao. 1279. e codice authentico accurate descripta, cum introductione historica, lectionum variantium farragine, et Glossari specimine. Gotting. 1766. in Quart. Diese Schrift ist unter des Herrn Hofrath Pütters Vorsitz zu Göttingen, von Herrn Ant. Hinr. Jul. von Grothaus, als eine Disputation, ventiliret worden. S. Hamburg. Nachrichten, 1766. S. 269. Götting. gel. Anzeigen, 1766. S. 441. Leipziger gel. Zeitungen, 1767. S. 26. Was der Hallische Herr Prof. Hausen in seiner allgemeinen Bibl. der Geschichte, im I. Bande, S. 113. über eine Stelle aus Uebereilung erinnert hat, hat der Anticriticus im I. Bande, S. 363. beantwortet.

32) **Rede über 2. Cor. IV. 1. 2.** bey seines Sohnes Einführung zum Prediger zu Neukirchen. Hamb. 1766. in groß Quart. S. Hamb. Nachrichten aus dem Reiche der Gelehrsamkeit, 1766. S. 305.

33) **Neues theologisches Magazin,** worinn allerhand nützliche, sonderlich aber für einen Gottesgelehrten brauchbare Abhandlungen geliefert werden. Erstes Stück. Altona und Lübeck. 1766. Zweytes Stück. 1766. Drittes Stück. 1767. Viertes Stück. 1768. in Octav. S. Hamburgische Nachrichten aus dem Reiche der Gelehrsamkeit, 1766. S. 390. Alton. gel. Mercur. 1766. S. 253. Danziger theol. Berichte, im 5. Bande, S. 290. neue critische Nachr. 1767. S. 29. Leipziger gel. Zeitungen, 1767. S. 606.

(Die Fortsetzung folgt.)

Nachrichten von Niedersächsichsen berühmten Leuten u. Familien.

Das 95. Stück.

Fortsetzung des im vorhergehenden Stück abgebrochenen Artikels.

34) Stadische Schulgeschichte. Erstes Stück. Stade. 1766. Zweytes Stück. 1767. Drittes 1768. in Quart. S. Hamburg. Correspond. 1766. Num. 114. Hamburg. Nachrichten, 1766. S. 421. 1767. S. 398. 1768. S. 414. Der darauf in der Kayserl. privilegirten neuen Hamb. Zeitung, 1767. Num. 180. gethane Angrif ist daselbst 1768. Num. 28. abgelehnet worden. Man sehe auch die Hamburg. Nachrichten, 1768. S. 131. Das vierte Stück wird nächstens erscheinen.

35) Kurzgefaßte Erläuterungen der Buß-texte, über welche an den dreyen allgemeinen feyerlichen Fast- Buß- und Bettagen in den Herzogthümern Bremen und Verden geprediget werden soll. Stade. 1750. biß 1769. in Quart. Wir erwehnen dieser, seit Ao. 1749. jährlich herauskommenden, Erklärungen unter denen, besonders gedruckten, Schriften des Herrn Generalsuperintendenten zuletzt, weil sie noch alle Jahr fortgesetzet werden. Doch hat er die 12. ersten Jahrgänge von Anno 1750. biß 1761. unter dem oben Num. 25. erwehnten Titel zusammen drucken lassen,

auch in der Vorrede die Journale angeführet, da diese Erklärungen recensiret worden. Von den hernach, nemlich auf 1762. und folgende Jahre herausgekommenen kan man die **Hamburgische Nachrichten aus dem Reiche der Gelehrsamkeit,** 1761. S. 751. 1762. S. 725. fg. 1763. S. 805. fg. 1764. S. 787. 1765. S. 745. fgg. 1766. S. 812. 1768. S. 4. 796. nachlesen.

II. Schriften, die anderwärts eingerücket worden.

A) Als Vorreden.

1. Zu des damahligen Otterndorfischen Herrn Rectoris, jetzigen hiesigen Conrectoris, **Johann Martin Müllers,** gelehrtem Hadeln, darin einige die Herzogthümer Brem- und Verden betreffende Nachrichten verbessert werden.

2. Zu des seligen Past. **Polemanns** zu Schermbeck **Herzensänderung und Lebensbesserung,** darin von der Erbauung eines Christen auf seinen allerheiligsten Glauben, über Brief Jud. v. 20. gehandelt wird.

3. Dissertatio prooemialis de M. Tindalo, eiusque libro: The Christianity as old &c. zu Herrn **Heinr. Wellers,** Past. zu Neukirchen, im Verdischen, Disquisitione de insufficientia luminis rationis ad salutem.

4. Zu des seligen Pastoris **Joh. Just Rösters** Erläuterung der Worte Jesu Matth. XVIII. 8. 9. darin die Eigenschaften eines guten Lehrers aus Tit. I. 9. erklärt werden. S. Herrn D. **Wincklers** biblische Pastoralhandlungen, im 1. Theil, S. 96.

5. Zu Herrn **Dieter. Aug. von Stade,** Past. zu Hellern, im Altenlande, Abhandlung von den Fest- und Sonntagen, darin die guten Absichten Gottes

bey der Anwendung des Sabbaths erwogen werden.

6. Zu dem 4. Theil der Löwenschen Sammlung von Kanzelreden, darin von der, in den Predigten anzustellenden, Prüfung gehandelt wird.

7. Zu Heinrich Janssens Gedichten, darin dieses Verfassers Leben kürzlich beschrieben wird.

B) Als Beyträge.

1. Zu den Hamburgischen Berichten.

a. Ein Brief über die Frage: Ob das Böse im Verstande, oder im Willen seinen Anfang genommen habe? 1737. und ist der erste von denen, welche diesem Jahrgange, statt einer Vorrede, vorgesetzt worden.

b. Gedanken über Joh. II. 4. 1747. S. 212. fg. Diese Gedanken sind nachmahls in den Nachrichten von A. und N. kleinen exegetischen Schriften, im I. Bande, S. 263. fgg. wieder abgedruckt worden.

c. Ein deutscher Brief zur Vertheidigung eines verstorbenen Gelehrten. 1751. S. 209. fg.

2. Zu der vermischten Hamburgischen Bibliothek.

a. Erörterung der Schriftstelle: Sprüchw. XII. 11. im I. Bande, S. 131. fgg.

b. Erklärung über Sprüchw. XII. 28. im I. Bande, S. 616. fgg.

c. Unvorgreifliche Gedanken über Apostgesch. X. 34-38. im I. Bande, S. 989. fgg.

d. Cogitationum exegetico-philologicarum Pentas, im 2. Bande, S. 785. fgg.

3. Zu des sel. Hrn. Senioris Wagners Sammlung von Canzelreden.

    a. Das Recht der göttlichen Wiedervergeltung im Strafen; im 1. Bande, S. 37. fgg.

    b. Das von der Herrlichkeit Jesu Christi zeugende Sacrament der heiligen Taufe; im 1. Bande, S. 217. fgg. Diese beyde Predigten sind auch besonders abgedruckt worden.

    c. Die Lehre von der Verstockung; im 2. Bande, S. 473. fgg.

    d. Der betrübte und gefährliche Zustand derer, welche die erste Liebe verlassen; im 5. Bande, S. 647. fgg. Diese Predigt ist in demselben Jahre auch besonders zu Stade gedruckt worden. S. oben Num. 3.

    e. Die Vorsorge Gottes für die unvernünftigen Thiere; im 6. Bande, S. 309. fgg.

4. Zu den freyen Urtheilen und Nachrichten.

    a. Gedanken über 1. Cor. V. 7. 1747. S. 137. fgg.

    b. Vertheigung dieser Gedanken. Ebendaselbst S. 200. fgg.

    c. Drey Samml. von raren Büchern. Ebendas. S. 588. fgg. 597. fgg. 605. fgg.

    d. Abhandlung über 1. Mos. XLVII. 31. 1748. S. 337. fgg.

    e. Ein lateinischer Brief über Luc. II. 7. 1750. S. 33. fgg.

5. Zu des sel. Rector Strodtmanns Geschichten. Das Leben des Herrn geh. Raths Phil. Ad. von Münchhausen; im 12. Theil, S. 241. fgg.

6. Zum gesammleten Briefwechsel der Gelehrten.

    a. Vom deutschen Silbenmaaß; im 1. Bande, (oder aufs Jahr 1750.) S. 352. fgg.

b. Er-

b. Erläuterung zwoer Schriftstellen; im 2. Bande, (oder aufs Jahr 1751.) S. 225. fgg. Der Erläuterung der ersten Stelle erwähnet, und billiget sie Herr D. Winckler in seinen Animadversionibus philologicis et criticis, pag. 444. und der selige Herr D. Kraft in der theol. Bibl. im 7. Bande, S. 331.

7. Zu der homiletischen Vorrathskammer.

a. Die Glückseligkeit eines guten Gewissens; im 3. Bande, S. 685. fgg.

b. Die nöthige Sorge eines Hausvaters für das Christenthum seiner Hausgenossen; im 3. Bande, S. 101. fgg.

c. Die Thorheit und Unseligkeit derer, die ohne Religion in den Tag hinein leben; im 3. Bande, S. 225. fgg. Einen Auszug dieser Predigt findet man in dem Merkwürdigen aus kleinen Schriften, im 2. Bande, S. 126. fgg.

d. Die Bewahrung der Lauterkeit des Sinnes unter dem Umgange mit der argen Welt; im 3. Bande, S. 256. fgg. Einen Auszug findet man an dem vorhin angezeigten Orte, S. 127. fgg.

e. Die Freude der Kinder Gottes über die Bekehrung der Sünder; im 3. Bande, S. 439. fgg. Einen Auszug siehe ebendaselbst, S. 234. fgg.

f. Die wohlgegründete Ermahnung unsers Erlösers zur Gutthätigkeit gegen die Armen; im 3. Bande, S. 473. fgg. Ein Auszug steht eben daselbst, S. 237. fgg.

g. Der rechte Gebrauch der Langmuth Gottes; im 3. Band, S. 663. Der Auszug steht ebendaselbst, S. 449. fgg.

h. Natur und Gnade in Ansehung der Gedanken; im 3. Bande, S. 695. fgg. Den Auszug lieset man eben daselbst, S. 452. fg.

i. Die versäumte Zeit der Gnaden; im 4. Bande, S. 1. fgg.

k. Zweifel in Sachen des Glaubens; im 4. Bande, S. 40. fgg.

l. Die Glückseligkeit gutthätiger Seelen; im 4. Bande, S. 443. fgg.

m. Das Volk des Eigenthums Gottes; im 4. Bande, S. 477. fgg.

n. Die Herrschaft Jesu über Wind und Meer; im 4. Bande, S. 865. fgg.

o. Das Vertrauen der Gläubigen durch Christum zu Gott; im 4. Bande, S. 904. fgg.

p. Gründe des Trostes bey den Anfechtungen des Satans; im 5. Bande, S. 207. fgg.

q. Zwiefacher Beweis von der Göttlichkeit der heiligen Schrift; im 5. Bande. S. 235. fgg.

r. Die Wahrheit und Schwachheit der christlichen Religion; im 5. Bande, S. 575. fgg.

s. Das sündliche Scheelsehen der Menschen bey der Güte Gottes gegen ihre Brüder; im 5. Bande, S. 610. fgg.

t. Dankpredigt über den Sieg bey Minden; im 6. Bande, S. 19. fgg.

u. Widerlegung derer, welche die Gnade Gottes zur Sünde mißbrauchen; im 6. Bande, S. 377. fgg.

v. Die Ehrerbietung, die man Gotteshäusern schuldig ist; im 7. Bande, S. 5. fgg.

w. Das zärtliche Herz eines Christen gegen seinen wohlthätigen Gott; im 8. Bande, S. 224. fgg.

8. Zu des sel. Superint. Rathlefs Theologen.

a. Ein Brief von einem Zwist in der Reformirten Kirche über die Lehre vom heil. Abendmahl; im 1. B. S. 401. fgg.

b. Vermischte Anmerkungen über das berüchtigte Buch de tribus impostoribus; im 2. Bande, S. 40. fg. 119. fg.

9. Zu des Hrn. Senior Götzens Sammlung von Kanzelreden.

a. Die Herrlichkeit Gottes an den Vögeln unter dem Himmel; im 1. Bande, S. 87. fgg.

b. Die Aehnlichkeit des Todes; im 2. Bande, S. 51. fgg.

c. Die selige Armuth des Geistes; im 3. Bande, S. 153. fgg.

d. Die sündliche Kleiderpracht; im 4. Bande, S. 139. fgg.

e. Das Gebet, als ein gesegnetes Mittel zur Beförderung des geistlichen Wachsthums; im 8. Bande, S. 151. fgg.

f. Das Aeusserliche in der Religion; im 9. Bande, S. 1. fgg.

g. Die unergründliche Tiefe der Erkenntniß und Weisheit Gottes; im 10. Bande, S. 47. fgg.

10. Zu den erläuterten Kirchenliedern, die Herr Canonicus Ziegra herausgegeben.

a. Ueber das Lied: Nun ruhen alle Wälder, ꝛc. S. 69. fgg.

b. Ueber

b. Ueber das Lied: Allein Gott in der Höh sey Ehr! S. 133. fgg.

c. Die 5. ersten Psalme Davids in Versen; S. 84. 129. 130. 227. 228.

11. Zu des Herrn Generalsuperint. Löwen gesammleten Canzelandachten.

   a. Der Friede mit Gott, als göttl. Warheit der göttl. Kraft; im 2. Bande, S. 29. fgg.

   b. Die Rache Gottes an seinen Feinden; im 3. Bande, S. 574. fgg.

   c. Der Hunger Jesu Christi; im 4. Bande, S. 283. fgg.

   d. Glaube und Hofnung zu Gott, als Früchte der Erhöhung Jesu Christi; im 5. Bande, S. 99. fg.

   e. Der erbauliche Unterricht Pauli von dem zwiefachen Stande unsers Erlösers; im 6. Bande, S. 1. fgg.

   f. Die Geschichte Ismaels und Isaacs; im 6. Bande, S. 153. fgg.

   g. Petri erbaulicher Unterricht von den letzten Schicksalen der Welt; im 7. Bande, S. 567. fgg.

   h. Die Reinigung von Sünden durch die Kraft des Blutes Jesu; im 8. Bande, S. 1. fgg.

   i. Der verherrlichte Jesus; im 9. Bande, S. 213. fgg.

   k. Jesus, ein grosser Freund und Liebhaber der Kinder; im 10. Bande, S. 69. fgg.

   l. Ohne Geburt aus Gott kan niemand ein rechtschaffenen Lehrer und Prediger seyn; im 11. Bande, S. 19. fgg.

(Der Beschluß folgt.)

Nachrichten von Niedersächsischen berühmten Leuten u. Familien.

Das 96. Stück.

Beschluß des im vorhergehenden Stück abgebrochenen Artikels.

 m. Die Klugheit der Gerechten zur bösen Zeit; im 12. Bande, S. 133. fgg.

 n. Der Sieg des Glaubens über die Welt; im 13. Bande, S. 1. fgg.

 o. Eine Einführungsrungsrede über Jerem. XLVIII. 10. im 14. Bande, S. 49. fgg.

 p. Eine Einführungsrede von der Wichtigkeit des evangelischen Lehr- und Predigtamts; im 15. Bande, S. 323. fgg.

12. Zu den Hannöverischen Anzeigen.

 a. Nachricht von der Gowgräfenschaft Achim, von den Kirchen daselbst, und von den seit der Reformation daran gestandnen Predigern; 1754. in der Zugabe. S. 197. biß 310.

 b. Gedanken von der schwärzen Maria; 1755. S. 1500. fgg.

 c. Vom bequemsten Raum zum Anbau des Holzes, ohne Nachtheil und Beengung des Saat- Weide- und Wiesenlandes; 1756. S. 393. fgg.

Z 5   d. Muth-

d. Muthmaßungen vom Ursprung des Nahmens Pastuaristen; 1756. S. 447. fgg.

e. Gedanken vom Tampersonntage; 1756. S. 1513. fgg.

f. Grobe Entheiligung der heil. Weynachtenzeit, 1757. S. 1593. fgg.

g. Vom Weseme-Sonntag; 1757. S. 613. fgg. 843. fgg.

h. Etwas zum Vortheil neu angehender Feldprediger; 1757. S. 849. fgg. 913. fgg.

i. Etwas von Regenwürmern; 1758. S. 490. fgg.

k. Nachricht von Cap Breton und Louisburg, und von dem Stockfischfange daselbst; 1753. S. 1105. fgg.

l. Von dem Worte Ochtum; 1759. S. 607. fgg.

m. Neue Fabeln; 1759. S. 683. fg. 699. fg. 781. fg. 845. fg.

n. Mittel wider den Biß toller Hunde; 1759. S. 957. fg. und 1760. S. 446. fg.

o. Samlung moralischer Sätze; 1759. S. 1275. fgg.

p. Von dem Bremischen Erzbischof Hartwig; 1760. S. 557. fgg.

q. Versuch eines Lexicons sehr berühmter Gelehrten, die überall nicht gelebt haben; 1760. S. 881. fgg.

r. Eine, zur Genealogie der Herren von Wersebe gehörige, Urkunde; 1761. S. 622. fgg.

s. Vom gemengten Feldsaamen; 1761. S. 897. fgg.

t. Von Bedüngung der Felder mit Buchweitzen; 1761. S. 1013. fgg.

u. Nachricht von der Insel Martinique; 1762. S. 917. fgg.

v. Phi-

v. Philotheus, das Bild eines rechtschaffenen Predigers; 1762. S. 465. fgg.

w. Vom Ausbrüten junger Hähne durch Capaunen; 1762. S. 781. fgg.

x. Von den neuen Vicariis am Dom zu Bremen; 1762. S. 1035. fgg.

y. Beweiß, daß man nicht Schmäucheln, sondern Schmeicheln, schreiben müsse; 1762. S. 1313. fg.

z. Von dem Verhalten der Herrschaften, und sonderlich der Frauen, gegen ihr Gesinde; 1763. S. 321. fgg.

aa. Etwas aus der Bremischen Kirchengeschichte; 1763. S. 485. fgg.

bb. Von Erzeugung der Aale; 1763. S. 493. fgg.

cc. Vom Gebrauch des weissen Pfeffers zur Stärkung des Magens; 1763. S. 1661. fgg.

dd. Erklärung einer Stelle in dem alten Stabischen Stadtrechte; 1764. S. 13. fgg.

ee. Zusätze zur Nachricht von A. Mandelslo; 1764. S. 59. fgg.

ff. Aufklärung einer dunklen Stelle; 1764. S. 329. fgg.

gg. Zwo Anmerkungen vom Gebrauch der Präposition: Vor; 1765. S. 539. fgg.

hh. Kurze Nachricht von Josias Ibach; 1766. S. 1471. fgg.

ii. Etwas vom Falkenfange im Herzogthum Bremen; 1766. S. 1483. fgg.

kk Nachricht von der Stiftung der h. Dreyfaltigkeitskirche in London, und dem ersten Prediger an derselben; 1767. S. 55. fgg.

ll. Wider den Erbfloh; 1767. S. 623. fgg.

mm. Von Vertilgung der Schellbeißer; 1767. S. 1039. fgg. 1768. S. 735. fgg.

nn. Wider das Durchsäugen der Brüste; 1767. S. 1245. fgg.

oo. Beschreibung einer durchwinternden Mohnstaude; 1767. S. 1653. fgg.

pp. Wie der widrige Geruch der Betten zu verhüten; 1768. S. 221. fgg.

qq. Stadische Wetterbeobachtungen; 1768. S. 315. fgg. 649. fgg.

rr. Vom Behauen der Weidenbäume; 1768. S. 591. fgg.

13. Zu den Hamburgischen Nachrichten aus dem Reiche der Gelehrsamkeit.

a. Anmerkungen und Zusätze zu Prof. Gottscheds Beobachtungen über den Gebrauch und Mißbrauch deutscher Wörter und Redensarten; 1758. S. 313. 437. 487. 513. 543. 618. 651.

b. Gedanken über seinen Unterricht von den deutschen Vorwörtern; 1759. S. 793.

c. Schreiben an den Verfasser eines Artikels im Correspondenten; 1761. S. 83.

d. Nachricht von des sel. R. Gehlen Leben und Schriften; 1764. S. 185. fgg.

e. Nachricht von den Predigern zu Altenwalde; 1765. S. 161. fgg.

f. Nachricht von des sel. Past. Hermann Matthias Pohlemanns Leben und Schriften; 1767. S. 608. fgg.

g. Nach-

g. Nachricht von des Hofmedicus, D. Fischers, Leben und Schriften; 1767. S. 633. fgg.

h. Nachricht von Herrn Past. Schünemanns Leben und Schriften; 1768. S. 51. fg.

i. Ueber Anacreons Od. XV. vers. ult. 1768. S. 329.

14. Zum Hamburgischen Journal.

   a. Zufällige Gedanken über Röm. V. 1. 2. im I. Bande, S. 519. fgg.

   b. Von Goliaths Schwerdt; im 2. Bande. S. 45. fgg.

15. Zu Herrn D. Barkey Bibliotheca noua Bremensi.

   a. De voce הרוית. Tom. V. p. 78. sqq.

   b. In 2. Cor. IV. 6. Ebendaselbst, S. 90. fgg.

   c. Briefwechsel über Coloss. II. 14. Tom. VI. p. 251. sqq.

16. Zu Herrn Prof. Cassels Bremensibus.

Sieben erzbischöfl. Bremische, das Closter Osterholz betreffende, Urkunden; im 2. Bande, S. 307. fgg.

17. Zu Herrn Senior Götzens neuen Sammlung von Canzelreden.

   a. Die Geschäfte der Engel bey der Auferstehung Jesu Christi; im 2. Bande. S. 157. fgg.

   b. Eine Anmerkung wider den Herrn Oberconsistorialrath Teller, daß Jesus aus eigener Macht auferstanden; Ebendaselbst S. 207. fgg. S. Danziger theol. Berichte, im 6. Bande. S. 261.

   c. Eine Einführungsrede von der Freudigkeit eines Lehrers und Predigers in seinem Amte; Ebendas. S. 435. fgg.

d. Die Bewahrung der Lauterkeit des Sinnes in Jesu Christo unter dem Umgange mit der, im Argen liegenden, Welt; im 3. Bande, S. 1. fgg.

18. **Zu den Landwirthschaftlichen Erfahrungen.**

  a. Allgemeine Anmerkungen über die Sorge eines Hausvaters für seine und seiner Hausgenossen Gesundheit; im 1. Bande S. 65. fgg. Diese Anmerkungen sind größestentheils aus dem Tissot genommen.

  b. Von der Stallfutterung; im 1. Bande, S. 265. fgg.

  c. Schreiben, wie die Bienen des Winters über in den Schlaf zu bringen, damit sie ihren Honig den Winter über nicht verzehren; im 1. Bande, S. 314. fgg.

C. Als Anhänge.

  1. Zu Hermann Pfingstens, weiland Predigers zu Jork, zwiefachen Zeugniß der Liebe. Die bey seiner Einführung gehaltene Rede von der Verherrlichung Gottes, als dem Hauptzweck des evangelischen Predigtamts.

  2. Zu Herrn J. G. Olbers Antrittspredigt. Die Einführungsrede über 1. Cor. II. 4. 5.

  3. Zu Herrn J. G. Schlichthorsts Antrittspredigt. Die Einführungsrede über 1 Petr. V. 4.

  4. Zu Herrn D. Prangens wohlunterrichteten Bademutter. Hamburg. 1768. Ein Unterricht für die Hebammen von der Nothtaufe. S. Hamb. Nachr. 1768. S. 671.

Johann Heinrich Pratje.

* * *

Man kann von des Herrn Consistorialraths Leben und Schriften nachschlagen

a) M. Elias Friederich Schmersahls Geschichte jetztlebender Gottesgelehrten, im 4. Stück, S. 417. fgg.

b) Johann Christoph Strodtmanns Beyträge zur Historie der Gelahrtheit, worinn die Geschichte der Gelehrten unserer Zeit beschrieben werden, im 2. Theil, S. 182. fgg.

c) Desselben neues gelehrte Europa, im 7. Theil, S. 725. fgg.

* * * * * * * * * * * * * * * * *

Johann Just Ebeling,
der Lüneburgischen Kirchen Superintendent.

Daß das Verhältniß der Aemter, worinn gelehrte Männer stehen, ihnen oft eine Veranlassung zu gewissen gelehrten Beschäftigungen sey, welche, wenn sie andere Aemter bekleidet hätten, vielleicht von ihnen nicht zum Vorwurf gewählet worden wäre, beweisen die Exempel verschiedener angesehenen Leute so wohl in unsern, als in vorigen Zeiten. Ihre Neigung würde oft auf andere Gegenstände ihr Bemühen gelenket haben, wenn nicht ihr Amt sie genöthiget hätte, denenselben vorzuziehen, was damit eine nähere Verbindung gehabt. Wir glauben der Wahrheit nicht zu verfehlen, wenn wir eben dieses auch von dem verdienten Herrn Superintendenten Ebeling behaupten. Denn gewisse Freunde, die ihn näher kennen, haben uns manchmahl gelegentlich erzählet, daß er in den morgenländischen Sprachen eine besondere Stärke besitze, und daher es zu bedauern sey, daß er nicht eine academische Catheder ziere, weil er als denn gewiß zum Besten der orientalischen Literatur durch Schriften viel würde beygetragen haben.

Johann Just Ebeling.

Es ist dieser rechtschaffene Mann den 27. Aug. 1715. *) zu Elze, einer Stadt des Stifts Hildesheim, gebohren. Sein Vater, Johann Daniel Ebeling, war daselbst ein Schumacher, und nachher Rathsherr. Seine Mutter war Frau Anna Maria, gebohrne Romeln. Sein Geschlecht hat seit vielen hundert Jahren in dem Stifte Hildesheim und dem Hannöverischen geblühet, auch ehedem schöne Lehngüter besessen, welche aber sehr zertheilt sind, weil das Geschlecht in viele Aeste und Zweige ausgebreitet worden.

Gott erweckte bey ihm von den Jahren an, da das Gemüth die Lust zu einer gewissen Lebensart zu äussern pflegt, einen Trieb zum Studieren. Dieser ward durch die Unterweisung der Lehrer an der Schule seiner Vaterstadt in ihm immer stärker. Seine Eltern suchten aber denselben zu ersticken, weil sie sich nicht reich gnug hielten, die Kosten herzuschaffen, welche zu seinem Studieren würden erfordert werden. Da er nun einen beugsamen Sinn hatte, so ward er durch diese Vorstellung fast wankend, von seinem Vorsatze abzukehren. Gott lenkte aber endlich die Herzen seiner Eltern durch die Vorstellung der Prediger zu Elze, daß sie ihn die Freyheit liessen, der Neigung seines Herzens zu folgen.

Im dreyzehnten Jahr seines Alters ward er nach Hildesheim ins dortige Gymnasium gesandt, wo ihn der selige Director Losius alsobald in die erste Classe setzte. Daselbst genoß er des Unterrichts dieses weiland braven Schulmannes, wie auch des Rectoris Panzers. Als aber der erstere, Alters wegen, bald die Ruhe erwählte, und darauf der letztere das Directorat erhielte, so nahm der junge Ebeling auch an der muntern Unterweisung des vom Conrectorat zum Rectorat erhobenen Sprengers Theil.

(Die Fortsetzung folgt.)

---

*) Es ist ein Irthum, wenn in Daniel Eberhard Barings Beschreibung der Saale, im Amte Lauenstein, im I. Theil, S. 294. das Jahr 1710. als sein Geburtsjahr, angeführet wird.

Nachrichten von Niedersächsischen berühmten Leuten u. Familien.

Das 97. Stück.

Fortsetzung des im vorhergehenden Stück abgebrochenen Artikels.

Nach einigen Jahren machte er zwischen der Schule und dem academischen Leben ein Zwischenraum, da ihn der Pastor König zu Gestorf, in dem Hannoverschen Amte Calenberg, zu sich berief, um seine Söhne zu unterweisen. Doch konnte er diese Stelle nicht lange vertreten, weil ihn ein Fieber befiel und sehr auszehrte. Er zog also nach Hause, und trieb nach wieder erlangter Gesundheit seine Schulbemühungen in der Stille, dienete auch dabey den benachbarten Predigern auf dem Lande mit Predigen, so gut er konnte. Denn, seinen Eltern zu gefallen, wagte er sich schon in seinem funfzehnten Jahre auf die Kanzel. Ungelehrte Eltern meinen oft, daß daraus allein zu erkennen sey, ob ein junger Mensch fleißig gewesen sey, wenn er fein bald predigen lernet. Diese frühzeitige Eile zur Kanzel, welche sonst auf keine Weise anzurathen ist, dienete jedoch dem Herrn Ebeling dazu, daß er beyzeiten die Blödigkeit der Natur ablegte, die er von Jugend auf gehabt, und die ihn hinderte, mit der nöthigen Freymütigkeit vor andern das Gelernete vom Munde zu geben.

Um Ostern 1731. zog er nach Helmstädt, wo er anfangs den seligen Professor Lackemacher in der Philologie hörete, und vielen Nutzen aus den Umgang mit dem in diesen Wissenschaften weiland großen Gelehrten, dem seligen

gen Probſt von der Hardt hatte, deſſen bekante beſondere
Meinungen ihm jedoch niemahls gefielen. Daneben be-
ſuchte er die Vorleſungen des damahligen daſigen Abts,
nachmahligen Göttingiſchen Canzlers, von Moheim in
der Kirchenhiſtorie und allen beſondern Theilen der Gottesgelahrheit. In der Weltweißheit war ſein Lehrer der ſelige
Profeſſor Frobeſe.

Während ſeiner Univerſitätsjahre ſo wohl, als vorhin
auf Schulen, ließen es ihm die Eltern an keinem Nöthigen
mangeln. Sie erhielten ihn mit weniger Beyhülfe, ohne
daß er zu Hildesheim nöthig hatte Freytiſche zu genieſſen.
Zu Helmſtädt fand er Gelegenheit, mit einer ſchlecht geübten Dichtkunſt, dazu er auf Schulen durch Nacheiferung
Luſt erlanget hatte, etwas zu verdienen. Dafür ſchafte er
ſich Bücher an, wozu er von Jugend auf eine unerſättliche
Begierde gehabt, und die er auch noch bißher nicht dämpfen
können.

Da ihn ſeine Eltern nöthigten, die Univerſität zu verlaſ-
ſen, wandte er ſich nach Lauenſtein zu dem ſeligen Gogreven
und Bürgermeiſter Walbaum, ſeinem nachmahligen Schwiegervater. Daſelbſt brachte er bey ſchon erwachſenen Söhnen ſeine Wiſſenſchaften in Uebung, und genoß des ſtillen
Landlebens mit Vergnügen. Dieſe Lebensart ſetzte er drey
Jahre fort, biß der älteſte Sohn, welcher hernach Paſtor
zu Lauenſtein geworden, aber bereits in die Ewigkeit eingegangen iſt, ſeine acadeiſche Studien anfieng. In dieſer
Zeit äuſſerte ſich hie und da Gelegenheit, einen Verſuch zu
thun, ob ihn Gott frühzeitig in ſeinen Weinberg rufen
wolte. Er glaubte, durch Gönner ſeine Beförderung an
Orten, da man ihn zur Probepredigt eingeladen hatte, zu
finden. Der Ausgang aber zeigete, daß es noch nicht die
rechte Stunde ſey, da ihn der Höchſte befördern wolte. Zuletzt bot er ſeine Dienſte auch zu Hildesheim der kleinen Kirche auf der Neuſtadt an. Aber die Hofnung, die er hatte,
muſte gleichfals, jedoch zu ſeinem Beſten, verſchwinden.
Der Herr wolte, daß er erſt zu Garmiſſen, im Amte Steinbrück, des Stifts Hildesheim, kennen lernen ſolte, was vor

Hin-

Hindernisse auf dem Lande sich dem Amt der Lehrer entgegen setzen. Damahls war der Herr von Garmessen, ein rechtschaffener Edelmann, welcher zu den Stillen im Lande gehörte, willens, nebst seinen Vettern die ledige Pfarstelle am erwehntem Orte zu besetzen. Denn der dortige evangelische Edelmann und die Gemeine haben das Patronatrecht wechselsweise. Gedachten Herren war die Person des Herrn Ebelings von Hildesheim aus, durch einen Bürger, angepriesen. Und diß diente zur Anleitung, daß er zur Probepredigt gefordert, und hernach zum Pastor erkohren ward. Diß geschahe im Jahr 1740. worauf er am 13. Sonntage nach Trinitatis desselben Jahres zu Alfeld von dem seligen Herrn Consistorialrath und Generalsuperintendenten D. Owenus ordinirt ward, und am 21. Sonntage nach Trinitatis zu Garmessen sein Amt feyerlich antrat. Die bey solcher Gelegenheit von ihm gehaltene Predigten sind in seinen, Anno 1742. herausgekommnen, Erstlingen des Ammts, das die Versöhnung prediget, zu lesen.

Er fand hier eine Pfarre, wo er hinlängliche Nahrung bey einer ziemlich weitläuftigen Gemeine hatte. Er gedachte daher, daselbst seine Tage zu beschliessen, weil ihm der redliche Patron gewogen war, und die Gemeine ihn sehr liebte. Deßwegen verheurathete er sich bald nach dem Antrit seines Amts im Jahr 1741. den 17. Januar mit Jungfer Sophia Elisabeth Walbaums, des obgedachten Herrn Gogreven Walbaums Tochter. Diese Ehe segnete der Höchste mit 4. Söhnen und einer Tochter. 1) Christoph Daniel, welcher zu Garmessen 1741. den 20 Nov. gebohren ward, und, nachdem er so wohl aus dem Gymnasio zu Hildesheim, als nachher auf der Universität zu Göttingen seine Studien mit vielem Fleiß getrieben, anjezt einen jungen Herrn von Adel auf Reisen führet; 2) Ernst Friederich Ludewig, welcher 1743. den 8. August zu Garmessen das Licht dieser Welt erblicket, im Jahr 1746. den 27. Julius aber daselbst wieder verstorben; 3) Levin Arnold, welcher an eben diesem Orte 1745. den 7. November gebohren, und sich der Arzneywissenschaft gewidmet hat; 4) Maria Louise Dorethea, die 1748. den 7. Januar zu Hildesheim gebohren worden; und 5) Johann Dieterich Philipp Christian, welcher 1753. den 31. October zu Lüneburg die Zahl der Lebendigen auf Erden vermehret hat, und ein Jurist zu werden gedenket.

Ob nun zwar unser Herr Ebeling keine weitere Beförderung suchte, sondern zu Garmessen recht vergnügt war, und daselbst sein Amt nicht eher, denn mit dem Ende seines Lebes, zu schliessen willens war, so muste er doch dem göttlichen Willen sich ergeben, und das stille Landleben mit dem Geräusch der Stadt vertauschen, da ohne sein Wissen und Vermuthen Gottes Wink und Ruf ihn Garmessen verlassen hieß. Es ist merkwürdig, was ihm in Ansehen dessen vorher fast in einem Traum zum voraus angekündiget worden, da er von Nichts gewust, und auch Nichts weniger, denn diß, gedacht; welches ein Beweiß seyn kann, daß, so wenig man abergläubischer Weise auf Träume zu bauen hat, so wenig man auch gänzlich sie zu verachten berechtiget sey. Es kam ihm nemlich im Traum vor, daß er von dem Rathe der Stadt Lemgo zum Prediger verlangt würde, nachdem daselbst einer der dortigen Prediger, M. Haccius, gestorben wäre. Als er des Morgens erwachte, erzählte er seiner Ehegattin, was ihm im Traum begegnet, und machte dabey die Anmerkung, was vor eitele Träume ein Mensch oft haben, und wie wunderbahr die Phantasey erwecket werden könne. Denn er hatte vorher an Lemgo nie gedacht, wuste auch nicht einmahl, daß ein Prediger daselbst verstorben sey. Ja, er kannte den Ort nicht weiter, als daß einige Schriften von ihm in der dasigen Meyerschen Buchhandlung verlegt worden. Er ließ also den Traum, als eitel, verschwinden, und achtete darauf mit nichten. Allein nach wenig Tagen fand sich die Deutung. Er erhielte in der That von dem Lemgoischen Magistrat die Einladung zu einer Gastpredigt. Doch die Liebe zu seiner Gemeine in Garmessen machte, daß er den Auftrag verbat und ausschlug. Und zwar stellete er dem Rath zu Lemgo vor, daß er, wegen der Unruhe, welche in der Nachbarschaft unter den Predigern entstanden,

Be=

Bedenken trage, das einsame Landleben mit den Städten zu verwechseln. Ob er nun gleich solchergestalt die Hofnung, nach Lemgo zu kommen, sich selbst benommen hatte: so konnte er doch hernach kaum über diese geschwinde Entschliessung ruhig werden. Sie lag ihm immer im Sinne. Er spührte bey einer aufrichtigen Prüfung seines Herzens, daß er nach Lemgo keinen innern Trieb der Freudigkeit gehabt. Aber dennoch machte ihm sein Abschreiben manchen Gemüthskummer.

Nicht lange nachher, zu Anfang des Jahrs 1746. ward er von der Gemeine zu St. Pauli in Hildesheim befraget: Ob er ihrem Ruf folgen würde, wenn sie ihn zu ihrem Prediger erwehlte? Seine Antwort war mehr verneinend, als bejahend. Dem ungeachtet erhielte er in wenig Wochen die Nachricht, daß er am 22. April des gedachten Jahres von besagter Gemeine zu ihrem Prediger erwählet worden. *) Die Lemgoische Begebenheit hatte ihn in seiner Entschliessung vorsichtiger gemacht. Er bat sich also einige Bedenkzeit aus, um die Sache mit andern Gottesgelehrten zu überlegen. Seine Meinung gieng dahin, daß man ihm, wegen seiner Einwendung, die er von dem Zustande und der äusserlichen Beschaffenheit der bepden Gemeinen, zu Garmessen und Hildesheim, hernahm, nicht zumuthen würde, die geschehene Wahl anzunehmen. Die Gemeine zu Garmessen war vornehmlich grösser, als die Hildesheimische zu St. Pauli. Solche und andere Bedenklichkeiten trug er einigen Gottesgelehrten vor, insonderheit dem jetzigen Jenaischen Herrn D. Köcher, welcher damahls Superintendent zu Braunschweig war, dem seligen Herrn D. Oporin zu Göttingen, den bepden damahligen Stifthildesheimischen Generalsuperindenten, Herrn D. Owenus und Herrn Lamprecht. Die meisten Stimmen fielen aber dahin, er sey verbunden, dem Ruf nach Hildesheim zu folgen. Er entschloß sich darauf hiezu, ob es ihm gleich sehr hart ankam, den Liebesbund mit dem adelichen Hause der Herren von Garmessen

und

---

*) S. die Hamburgischen Berichte von gelehrten Sachen, 1746. S. 359.

und seiner bisherigen Gemeine daselbst ssserne zu trennen. Er nahm also den Hildesheimischen Ruf an, ob er zwar glaubte, daß er seine zeitliche Umstände, weil die Städte mehr Aufwand fordern, als das Land, in der That verschlimmern würde. Den 26. Junius, am dritten Sonntage nach Trinitatis, führte ihn der damahlige Superintendent, unser jetziger Herr Doctor Winckler, *) zu seinem neuen Amte ein, wie in den **Hamburgischen Berichten von gelehrten Sachen, 1746. S. 420.** erwehnet worden, und die bey Gelegenheit dieser neuen Amtsveränderung von ihm gehaltene Predigten wurden noch in demselben Jahr unter der Aufschrift: **Vier geistliche Reden, bey Gelegenheit des Berufs an die St. Pauls Kirche in Hildesheim u. s. f.** gedruckt. Die Gemeine zu St. Pauli in Hildesheim nahm ihn mit grosser Liebe auf, und er führete an derselben sein Amt mit Freudigkeit und Segen.

In eben diesem 1746sten **) Jahr, den 12. September ward er nach Absterben des seligen Pastor Lauensteins unvermuthet von der Gemeine zu St. Jacobi in Hildesheim zum Prediger ihrer Kirche erwehlet. Er lehnete aber diesen Ruf von sich ***) ab, und hielte es unerlaubt, seine Paulinische Gemeine so bald wieder zu verlassen, zumahl da ihn dieselbe sehr gerne behalten wolte. Doch wählte man ihn Anno 1749. den 21. August. zum Pastore bey der Hauptkirche zu St. Andreas daselbst, an des seligen D. Just Martin Gläseners Stelle, welcher wegen der bekannten, von ihm erregeten Unruhen, endlich seines Amtes

*) Die bey des Herrn Ebelings damahliger Introduction gehaltene Einführungspredigt des Herrn D. Wincklers ist, ihrem wesentlichen Inhalte nach, in desselben biblischen Pastoral=Abhandlungen, im 3. Theil, S. 1. sgg. gedruckt.

**) Herr M. Schmersahl nennet in seiner Geschichte jetztlebender Gottesgelehrten, im 4. Stück, S. 522. das Jahr 1747. Es ist aber solches ein Irthum.

***) S. die Beyträge zu den Actis historico-ecclesiasticis, im 1. Bande, S. 299. sg. und die Hamburgischen Berichte von gelehrten Sachen, 1747. S. 59.

tes gar entsetzet ward. Herr Ebeling muste bey denenjenigen Umständen, die damahls gar besonders und bedenklich waren, diesen Ruf annehmen, weil solches fast ein Mittel war, die Zerrüttung der Andreanischen Gemeine am leichtesten zu dämpfen. Er sahe demnach, es sey des Höchsten Wille, daß er nicht länger in seiner bißherigen Ruhe zu St. Pauli bleiben solte. Daher folgte er den gedachten neuen Ruf, und ward den 7. September, am 14. Sonntage nach Trinitatis, von dem Herrn D. Winckler, damahligem Superintendenten zu Hildesheim, in der Andreaskirche eingeführet. *) Die von ihm, bey Gelegenheit dieses abermahligen Amtswechsels gehaltene, Predigten traten noch in demselben Jahr unter dem Titel: Denkmahl eines göttlichen Berufs zu Hildesheim aus Licht. **) Er diente daselbst einer grossen Gemeine, und hatte das Vergnügen, alle erwünschte Liebe bey derselben zu finden, welche sich vornehmlich äusserte, da er im Jahr 1753. sie zu verlassen genöthiget ward.

Er glaubte zwar, daß, nach den bißherigen verschiedenen Veränderungen des Amts, er nunmehr keinen weitern Wechsel zu gewarten haben werde, und seine Zufriedenheit war vorzüglich ein Grund, nach keiner Veränderung im Geringsten sich zu sehnen. Dennoch erfuhr er in der Folge, daß Gottes Wege oft ganz anders beschaffen seyn, als sich der Mensch es vorstellet. Denn er ward im Jahr 1753. den 20. Januar von einem hochedlen Rath der Stadt Lüneburg zum Superintendenten der dasigen Kirchen erwählet, und je deutlicher auch dabey eine göttliche Direction zu merken war, desto weniger konte er umhin, dieselbe in gelas-

*) S. die Beyträge zu den Actis historico-ecclesiasticis, im I. Bande, S. 1094. und im 2. Bande, S. 777. fg. wie auch die Hamburgischen Berichte von gelehrten Sachen 1750. S. 142.

**) Die bey dieser Gelegenheit von dem Herrn Doctor Winckler gehaltene Introductionspredigt ist gleichfals, ihrem wesentlichen Inhalt nach, in desselben biblischen Pastoral-Abhandlungen, im 2. Theil, S. 71. sgg. abgedruckt zu lesen.

gelaſſener Folge zu ehren. Er nahm demnach die Lüneburgiſche Vocation an, hielte am Sontage Jubilate in der Andreaskirche zu Hildesheim ſeine Abſchiedspredigt, reiſete Tages darauf mit ſeiner Familie nach Lüneburg ab, woſelbſt er den 18. May geſund und wohl anlangte, und am 25. deſſelben Monaths feyerlich introduciret ward. S. die **Hamburgiſchen Berichte von gelehrten Sachen**, 1753. S. 88. 342. 474. fg. Die auch bey ſolcher Gelegenheit von ihm ſo wohl zu Hildesheim, als Lüneburg gehaltene Predigten gab er in demſelben Jahr, unter dem Titel: **Vier Predigten, bey beſonderer Gelegenheit des Berufs nach Lüneburg gehalten**, in Octav heraus. Ein jeder, der Verdienſte zu ſchätzen weiß, wünſchet dieſem würdigen Mann die beglückte Erreichung des ſpäteſten Ziels menſchlicher Jahre mit getreuer Theilnehmung an deſſelben wahrem Wohl.

Seine Schriften, die Gründlichkeit und ein lebhafter Vortrag doppelt angenehm machen, ſind folgende:

1) **Erſtlinge des Amts, das die Verſöhnung predigt, in einigen Reden vorgetragen, und auf Verlangen der allgemeinen Erbauung gewidmet.** Braunſchweig und Hildesheim. 1742. in Octav. S. Leipziger neue Zeitungen von gelehrten Sachen, 1742. S. 405. fg. Frankfurtſche gelehrte Zeitungen, 1742. S. 462. Nachrichten von den neueſten theologiſchen Büchern und Schriften, die der ſelige Herr D. Kraft herausgegeben, im 1. Bande, S. 894. fgg. Hamburgiſche Berichte von gelehrten Sachen, 1742. S. 540. fg. Hamburg. Correſpond. 1742. Numm. 143.

2) **Die wahre Geſtalt eines treuen Lehrers, in dem Bilde ⁒ Herrn Melchior Chriſtoph Farenholtzens**, welcher, als ein 41jähriger Prediger der evangeliſchen Gemeine zu Schellerten, und zehnjähriger Aelteſter im Amt Steinbrück und Steuerwalt, im 73ſten Jahr ſeines Alters verſchieden, in einer Trauerrede gewieſen. Hildesheim. 1743. in Octav.

(Der Beſchluß künftig.)

Nachrichten von Niedersächsischen berühmten Leuten u. Familien.

Das 98. Stück.

Beschluß des im vorhergehenden Stück abgebrochenen Artikels.

3) Die Herrlichkeit des Herrn auf den Feldern, als lehrreichen Blättern des grossen Buchs der Natur, in sieben Erndtepredigten gezeiget. Braunschweig und Hildesheim. 1745. in Octav. S. Altonaische gelehrte Zeitungen, 1745. S. 608.

4) Vier geistliche Reden, bey Gelegenheit des Berufs an die St. Paulskirche in Hildesheim, gehalten, und zum Denkmahl der göttlichen Führung auf Verlangen der allgemeinen Erbauung gewidmet. Hildesheim. 1746. in Octav. S. Altonaische gelehrte Zeitungen, 1746. S. 645. fgg. Göttingische Zeitungen von gelehrten Sachen, 1746. S. 754.

5) Andächtige Betrachtungen aus dem Buche der Natur und Schrift, zum Preise des herrlichen Schöpfers, bestehend in erbaulichen Gedichten. Vier Theile. 1747. in Octav. S. Hamburgische Berichte von gelehrten Sachen, 1746. S. 498. 1747. S. 604. fg. D. Krafts theologische Bibliotheck, im 3. Bande, S. 418. fgg. 526. fg.

6) Sünden der Menschen, die unter dem Schein des Gottesdienstes begangen werden, in Ansehen der Tugenden und Pflichten, die unmittelbar auf

Gott gehen. Lemgo. 1748. in groß Octav. S. Nachrichten von den neuesten theol. Schriften, im 6. Bande, S. 614. fgg. Göttingische Zeitungen von gelehrten Sachen, 1747. S. 899. fg. D. Krafts theologische Bibliothek, im 4. Bande, S. 27. fgg.

7) **Heilige Wahrheiten des Glaubens**, zur Beförderung des heiligen Lebens, aus den Sonn- und Festtags-Evangeliis durch das ganze Jahr vorgetragen und erbaulich angewendet. Hildesheim. 1748. in Quart. S. Hamburgische Berichte von gelehrten Sachen, 1748. S. 715. fgg.

8) **Denkmahl eines göttlichen Berufs**, zur Erinnerung seiner wunderbaren Führung im Lehramte, auf Verlangen einiger Zuhörer, in dreyen Predigten gestiftet und zum Druck befördert. Hildesheim 1749. in Quart. S. D. Krafts theologische Bibliothek, im 5. Bande, S. 224. fg. Hamburgische Berichte von gelehrten Sachen, 1749. S. 687. fg.

9) **Die Herrlichkeit Gottes im Wetter**, über Psalm. LXXVII. v. 14-19. am Buß- Bet- und Danktage der, wegen der in der Nacht vom 27. auf den 28. April durch einen Wetterstrahl entstandenen, aber bald gelöschten Entzündung des Kirchthurms zu St. Jacob, am 8. May 1750. in der Stadt Hildesheim gefeiert wurde, in der Hauptkirche zu St. Andreas betrachtet. Hildesheim. 1750. in Quart. S. Hamburgische Berichte, 1750. S. 444. Das Merkwürdige aus den kleinen deutschen theologischen Schriften, im 1. Bande, S. 581. fgg.

10) **Die Weißheit Gottes**, aus der Einrichtung des Ehestandes überhaupt, und insbesondere aus der Verknüpfung des Vergnügens oder Mißvergnügens im ehelichen Leben, zur Verherrlichung der göttlichen Vorsehung betrachtet. Hildesheim. 1750. in Quart. Ist ein Glückwünschungs-

schrei-

Schreiben bey der Verheurathung des Herrn Esaias Culemans und Jungfer Johanna Margaretha Wincklern. S. Hamburgische Berichte, 1751. S. 43. fgg. Das Merkwürdige aus den kleinen deutschen theologischen Schriften, im I. Bande, S. 592. fgg.

11) Schreiben an Se. Hochwürden, Herrn D. Johann Dieterich Winckler, den rechten Verstand der Stellen Matth. XXI. 19. und Marc. XI. 13. betreffend. Stehet in dem Hamburgischen gesammelten Briefwechsel der Gelehrten, aufs Jahr 1750. S. 513. fgg. S. Hamburgische Berichte, 1750. S. 613. fg.

12) Schreiben an Se. Hochwürden, Herrn D. und Superint. Winckler, den Verstand der beyden Stellen 2. Mos. XIV. 24. und Psalm. LXXVII. 18. betreffend. Stehet in eben diesem Briefwechsel, S. 626. fgg. S. Hamburgische Berichte, 1750. S. 783. fg.

13) Commentatio de eo, num regibus, ex stirpe Dauidis prognatis, in templo sedendi facultas concessa fuerit, ad 2. Samuel. VII. 18. Stehet in des Herrn D. Wincklers *Animaduersionis philologicis & criticis*, pag. 384. seqq.

14) Die Thorheit der Menschen, die sich zum langen Leben gewisse Hofnung machen, am 16. Sonnt. nach Trinitatis aus dem ordentlichen Evangelio Luc. VII. 11-17. vorgestellet. Ist eine Predigt, welche in der homiletischen Vorrathskammer, die jetzt der Zellische Garnisonprediger, Herr M. Schmersahl, herausgiebt, im II. Theil, S. 145. fgg. gedruckt worden.

15) Predigt von den unerkanten Wohlthaten Gottes aus dem Reich der Natur und Gnaden, am I. Adventssonntage 1751. gehalten. Stehet ebendaselbst, S. 174. fgg.

16)

16) **Erbauliche Betrachtungen für Leute, so in Städten wohnen.** Erster Theil. Leipzig. 1752. Zweyter Theil. 1753. Dritter Theil. 1760. in Octav. S. die Leipziger neue Zeitungen von gelehrten Sachen, 1752. S. 135. fg. 1753. S. 239. fgg. 1760. S. 584. Hamburgische Berichte von gelehrten Sachen, 1752. S. 164. fgg. 1753. S. 223. fg. Hamburgische Nachrichten aus dem Reiche der Gelehrsamkeit, 1760. S. 573. fg. des seligen Herrn D. Krafts theologische Bibliothek, im 7. Bande, S. 742. fgg. im 9. Bande, S. 438. fgg.

17) **Vier Predigten, bey besonderer Gelegenheit des Berufs nach Lüneburg, im Jahr 1753. gehalten, und auf Verlangen der allgemeinen Erbauung gewidmet.** Hildesheim. 1753. in Octav. S. die Hamburgischen Berichte von gelehrten Sachen, 1754. S. 205. fg. das Merkwürdige aus den kleinen deutschen theologischen Schriften, im 2. Bande, S. 97. fgg.

18) **Betrachtungen über die Verwahrungsmittel wider die Aergernisse in der Leidensgeschichte des Erlösers.** Leipzig. 1759. in groß Octav. S. die Leipziger neue Zeitungen von gelehrten Sachen, 1759. S. 119. fg. Hamburgische Nachrichten aus dem Reiche der Gelehrsamkeit, 1759. S. 306. fg. D. Krafts theologische Bibliothek, im 14. Bande, S. 453. fgg.

19) **Heilige Wahrheiten des Glaubens, zur Beförderung eines heiligen Lebens, in Grundrissen der Predigten über die Sonn- und Festtägigen Episteln.** Lüneburg. 1758. fgg. in Octav. Unter dieser Aufschrift giebet der Herr Superintendent von Anno 1758. an die Auszüge seiner Sonn- und Festtagspredigten heraus, welche annoch fortgesetzet werden.

20) Ein Werk, das er unter der Feder hat, und ans Licht zu stellen versprochen hat, wird folgende Aufschrift füh-

führen: **Das Wiedervergeltungsrecht Gottes bey Bestraffung des Bösen in Zeit und Ewigkeit, mit vernünftigen Gründen und deutlichen Zeugnissen der heiligen Schrift gerechtfertiget, auch durch mannigfaltige Exempel aus glaubwürdigen Geschichten der Zeiten und Völker bestätiget.** Eine Nachricht von dem Inhalt dieses Werks, dessen baldige Herausgabe wegen seiner Wichtigkeit lange schon gewünschet worden, ist zu lesen in den **Hamburgischen Berichten von gelehrten Sachen**, 1751. S. 81. fgg. und in Herrn M. **Christian Wilhelm Beckers theologischen Büchersaal**, im 2. Bande, S. 676. fgg.

* * *

Von dem Leben und den Schriften des Herrn Superintendenten kan man nachlesen.

a) M. **Elias Friederich Schmersahls Geschichte jetztlebender Gottesgelehrten**, im 4. Stück, S. 515. fgg.

b) **Daniel Eberhard Barings Beschreibung der Saala im Amt Lauenstein des Braunschweig-Lüneburgischen Fürstenthums Calenberg**, im 1. Theil, S. 294. fgg.

c) **das Merkwürdige aus den kleinen deutschen theologischen, philosophischen und philologischen Schriften**, im 2. Bande, S. 348. fgg.

d) **Georg Christoph Hambergers gelehrtes Teutschland oder Lexicon der jetztlebenden teutschen Schriftsteller**, im 1. Abschnit, S. 86. fg.

Hermann Samuel Reimarus,

der Weltweisheit Doctor, und Professor der hebräischen und morgenländischen Sprachen am Gymnasio zu Hamburg.

So gewiß es Hamburg zur vorzüglichen Ehre gereichet, an diesem berühmten Mann einen Gelehrten vom ersten Range gehabt zu haben, und so wenig es den Verlust wird leichtlich vergessen können, welchen es durch den Tod desselben erlitten: so sehr haltens wirs für unsere Pflicht, sein ruhmvolles Andenken auch in diesen Nachrichten bey der, wahre Verdienste schätzenden, Nachwelt zu erhalten.

Alhier in Hamburg, dessen Zierde er war, und welches manche berühmte und verdienstvolle Gelehrte zur Vaterstadt gehabt; ward unser seliger Reimarus im Jahre 1694. den 22. December gebohren. Sein Vater, Nicolaus Reimarus, war aus Pommern gebürtig, und ein Sohn eines Predigers aus Stolzenburg, nahe bey Stettin. Dieser sein Vater ward von Kiel, wo er unter dem seligen Kortholt, Morhof und Franke die Theologie studierte, von dem damahligen Rathsherrn und nachmahligen Bürgermeister Schaffshausen nach Hamburg gerufen, um seinen Sohn, den nachmahligen Protosyndicus, Nicolaus Schaffshausen, und den jungen Barthold Heinrich Brockes, der nachher als ein berühmter Dichter und wohlverdienter Hamburgischer Rathsherr überall bekant geworden, zu unterrichten. Einige Jahre hernach ward derselbe zum Lehrer des hiesigen Johannei erwählt, welchem Amte er 23. Jahre mit allem Ruhme vorgestanden. Dieser rechtschaffene und zum Schulwesen gebohrne Mann unterwieß selbst, als Vater, unsern Reimarus nicht nur in den ersten Gründen der Gottesfurcht, sondern auch in der griechischen und lateinischen Sprache, wie auch denjenigen Wissenschaften, welche der Jugend in Schulen zur Bildung der Tugend und guten Sitten beygebracht zu werden pflegen.

gen. Seine Mutter war Johanna, gebohrne Wetken, die nicht nur aus einer Familie abstammte, aus welcher Hamburg seit vielen Jahren Bürgermeister und Rahtmänner gesehen, sondern auch selbst die Tugend, als eine eigentliche Ehre, besaß.

Nachdem unser Reimarus biß in sein vierzehntes Jahr vorzüglich die Unterweisung seines rechtschaffenen Vaters genossen hatte, kam er im Jahr 1708. in die oberste Klasse des Hamburgischen Johannei, in welcher damahls der grosse D. Fabricius, als Rector, lehrete, weil er seinem Schwiegervater zu Gefallen das Schulrectorat nebst dem Professorat zu verwalten übernommen hatte. Zwey Jahre darauf ward er in das Gymnasium aufgenommen, an welchem die beyden Gebrüder Edzard, D. Müller, Menzer, Wolf und gedachter D. Fabricius, als Lehrer, standen, die beyden lezten aber diejenigen waren, deren Lehrstunden der junge Reimarus vornehmlich besuchte. Hier legte er sich nun nicht allein auf die so genannten schönen Wissenschaften, sondern machte sich auch mit allen Theilen der Gelehrsamkeit hinlänglich bekannt, daß er hernachmahls eine Stärke darinnen erlangte, in mehr, als einer, Wissenschaft mündlich und schriftlich unterrichten zu können. Nach vier Jahren, die er auf dem hiesigen Gymnasio zugebracht, zog er Anno 1714. um Ostern auf die Jenaische hohe Schule, wo er sich besonders des Unterrichtes des seligen D. Buddeus, D. Danz und Geßners bediente, unter welchem leztern er auch eine Dissertation de aetate et auctore dialogi Luciani, qui Philopatris inscribitur, vertheidigte. Im Jahre 1716. um Michaelis gieng er nach Wittenberg, woselbst er die Magisterwürde annahm, hernach als Präses, öffentlich disputirte, und zum Beysitzer der philosophischen Facultät ernennet ward. Nachdem er in Wittenberg mit seinen Vorlesungen sich rühmlich bekannt gemacht, besuchte er Anno 1719. seine Vaterstadt, gieng aber 1720. nach Holland, und 1721. nach England, um der dortigen Bibliotheken zu gebrauchen, aus welchen er während seiner Reise in Leiden des

Ca-

Camariota zwo Reden de fato contra Plethonem, nebst dieses Plethonis Büchlein de fato und etlichen Briefen, griechisch und lateinisch herausgab. Im Jahr 1722. begab er sich nach Wittenberg, sezte daselbst seine ehemahligen philologischen und philosophischen Vorlesungen mit vielem Beyfalle fort, und bereitete sich solchergestalt zu einem academischen Lehramt. Er wäre gerne auf dasiger Academie geblieben. Allein im Jahr darauf erhielt er den Ruf zum Rectorat in Wismar, welchen er annahm, und diß Amt biß ins fünfte Jahr mit solchem guten Erfolg verwaltete, daß die dortige Schule durch ihn ihren vorigen Flor wieder erlangte. Die Schriften, welche er daselbst nach Veranlassung seines Amts herausgab, beweisen hinlänglich, daß er sich schon damahls zu den grössern Werken geschickt gemacht, dadurch er hernach einen solchen Ruhm erworben, als jeder weiß, der nicht in der Gelehrtengeschichte gar ein Fremdling ist.

Endlich eignete sich seine Vaterstadt im Jahr 1727. diesen gelehrten Bürger von neuem wieder zu. Denn er ward nach dem Tode des seligen Georg Eliezer Edzards den 6. November des gedachten 1727sten Jahres zur Profeßion der hebräischen und orientalischen Sprachen von Wismar nach Hamburg berufen, welches Amt er den 3. Junius des folgenden 1728sten Jahres mit einer Rede de studio literarum Graecarum et humaniorum apud priscos Hebraeos antrat. Er entschloß sich darauf, sein Leben hier in Hamburg zu beschliessen, ließ sich auch durch keine angebotene auswärtige Vortheile bewegen, diese Entschliessung zu ändern. Nur einen Beweiß desselben anjezt anzuführen, so geschahe ihm nach des weiland berühmten Göttingischen Professoris und Hofrath Geßners Tode der Antrag, den Verlust dieses so grossen Gelehrten in Göttingen zu ersetzen, und alle ihm selbst beliebige Bedingungen vorzuschlagen. Aber er lehnte solchen Antrag bescheiden von sich ab. Doch fehlte es ihm keinesweges an andern Zeugnissen, dadurch die Auswärtige ihre vorzügliche Achtung gegen ihn an den Tag geleget.

(Die Fortsetzung folgt.)

Nachrichten
von
Niedersächsischen
berühmten Leuten u. Familien.

Das 99. Stück.

Fortsetzung des im vorhergehenden Stück
abgebrochenen Artikels.

Seine gelehrte Schriften bewogen die kayserliche Academie in Petersburg, daß sie ihn ohne sein Wissen noch vor 7. Jahren auf den Vorschlag des Herrn Grafen von Kayserling in die Zahl ihrer Mitglieder aufnahm. Auch die lateinische Gesellschaft in Jena ernannte ihn Anno 1740, zu ihrem Ehrenmitgliede.

Wie ihn nun nichts von Hamburg abziehen konte, so war er auch beständig in allen vierzig Jahren, da diese Stadt ihn, als einen verdienstvollen Lehrer, in ihrem Schooß gehabt, darauf bedacht, wie er den angehenden Studirenden auf alle Weise nützlich werden mögte, und er besaß dabey die vorzügliche Gabe, seinem Unterrichte die grösseste Deutlichkeit zu geben, und das Gemüth der Lernenden auf alle Dinge zu richten, die er eben so angenehm, als gründlich, vortrug. Ob er gleich seinem Beruf nach eigentlich nur philologische Wissenschaften zu lehren verpflichtet war: so suchte er doch auch dem Verlangen derer ein Genügen zu leisten, welche von ihm besonders in der Weltweisheit unterrichtet zu werden wünschten. Denn diese war eben diejenige Wissenschaft, welche den Fleiß der männlichen Jahre des seligen Mannes mit der Philologie theilte, ja die letzten Jahre fast ganz allein hatte. In diesem, die Philosophie gewidmeten, Unterricht wurden seine eigene

2 Band. Bb philos

philosophischen Einsichten immer reiffer, und diesen Beschäftigungen hat man auch die philosophischen Schriften zu danken, wodurch er sich so viel Beyfall in der gelehrten Welt erworben. In seinem Unterricht aber sahe er überall darauf, daß er den grossen Votrath seiner Gelehrsamkeit nicht mit einer unangenehmen Weitläufftigkeit vortrug, oder sich mehr, als seinen Zuhörern, zu gefallen und zu nutzen suchte. Vielmehr setzte er sich, besonders in den philosophischen Lehrstunden, zum Zweck, seine Zuhörer zum richtigen Philosophiren zu gewöhnen, ihnen die hauptsächlichsten Begriffe deutlich und hinlänglich bekannt zu machen, und sie dazu anzuführen, daß sie das ganze Feld der Wissenschaften, welche ihnen vorgetragen wurden, ohne Mühe übersehen konten. Was ein jeder Theil der Gelehrsamkeit Angenehmes und Nützliches hat, was nur zum Besten des menschlichen Geschlechts gelernet werden kann, das bemühete er sich den Lehrbegierigen deutlich zu machen. Zu dem Ende entwarf er noch vor etwa sechs Jahren einem seiner Zuhörer, der ihn darum ersuchte, zu Gefallen, eine Encyclopädie, einige Blätter stark, die er hernach zu einem kleinen Werke erweiterte, welches einen wahren Reichthum gründlicher Gelehrsamkeit aller Art enthielt, und welches, wenn er die letzte Hand daran hätte legen können, außer Zweifel ein vortreffliches Lehrbuch auch für andere Lehrer geworden seyn würde. Mit einem Worte, unser Reimarus kante den ganzen Umfang der Wissenschaften so genau, daß der Name eines Polyhistors mit Recht ihm beygelegt werden kann.

Aber er war im gesellschaftlichen Leben nicht weniger gefällig, angenehm, munter und aufgeräumt. Er unterschied sich auch hier von denen, welche mit einem nurrischen Wesen das Ansehen grosser Gelehrsamkeit sich zu Wege zu bringen glauben, wenn sie gleich dieselbe würklich nicht besitzen. Ja er konnte seinen Umgang selbst solchen Leuten nützlich machen, die sich nicht eigentlich den Studien gewidmet haben. Daher veranlassete er in den letzten Jahren seines Lebens in seinem Hause eine Zusammenkunft gelehrter

Männer so wohl, als auch geschickter Kaufleute, in welchen man sich nicht bloß von den eigentlich so genannten gelehrten Wissenschaften, sondern auch von allerhand, der bürgerlichen Gesellschaft nützlichen, Erfindungen und Entdeckungen, von gemeinnützigen Künsten und deren vortheilhaften Belohnungen auf eine lehrreiche Art unterredete. Welch einen brauchbaren Mann hatte nicht an ihm unser beglücktes Hamburg!

Doch wir müssen bey Erzählung seiner Geschichte auch von seiner häußlichen Umständen etwas erwehnen. Er verheurathete sich nemlich bald hernach, als er hier in Hamburg Professor geworden war, nemlich im Jahre 1728. den 11. November mit der jüngsten Tochter unsers weiland berühmten D. Joh. Alb. Fabricius, seines ehemahligen getreuen Lehrers und nachherigen Collegen, Jungfer Johanna Friderica Fabricius, welche er von ihrer Jugend her, als eine, ihrem redlichen Herrn Vater recht ähnliche, fromme und tugendhafte Person, kennen zu lernen Gelegenheit gehabt hatte. Aus dieser Ehe sahe er folgende Kinder und Kindeskinder:

1) einen Sohn, **Johann Albert Henrich**, gebohren den 11. Novemb. 1729. welchen unser Hamburg jetzt, als einen seiner besten und glücklichsten Aerzte, ehret. Es verheiratete sich derselbe im Jahre 1759. den 30. Januar mit Jungfer **Anna Maria Thorbeck**, einer würdigen, aber schon im Jahre 1762. selig verstorbenen, Tochter des noch lebenden Herrn **Dieterich Thorbecks**. Diese Ehe ward mit dreyen Kindern von Gott gesegnet, a) einem Sohn, **Hermann Dieterich**, geb. 1759. den 27. Novemb. b) einer Tochter, **Johanna Margaretha**, geb. 1760. den 20. Novemb. und c) einem Sohn, **Arnold Matthias**, welcher den 17. Januar 1762. gebohren, aber schon 1763. den 1. Februar wieder verstorben.

2) einen Sohn, **Rutger Dieterich**, gebohren den 2. October 1731. gest. den 3. May 1732.

3) eine Tochter, Margaretha Elisabeth, gebohren 1735. den 22. Januar.

4) eine Tochter, Anna Catharina, geb. den 9. Sept. 1736. gest. 1737. den 9. August.

5) eine Tochter, Anna Johanna, geb. 1738. den 6. October, gest. den 31. December desselben Jahres.

6) eine Tochter, Hanna Maria, welche 1740. den 3. Jul. gebohren, und im Jahr 1766. den 28. October mit Herrn Hermann Thorbecke, angesehenem Kaufmann in Bremen, verheurathet worden, in welcher Ehe sie folgende Kinder zur Welt gebracht, a) Johann Hermann, der 1767. den 14. Septemb. gebohren, aber bald drauf nach 3. Monathen wieder gestorben; b) Johann, welcher 1768. den 27. November das Licht dieser Welt erblicket.

7) Johann Joachim, geb. 1741. den 6. Decembr. gest. 1746. den 19. November.

Die Gesundheit unsers Herrn Professoris Reimarus war fast schwächlich. Besonders hatte er in seinen mittlern Jahren öftere Anfälle von Krankheiten erfahren müssen. In Holland überfiel ihn ein Fieber. In Wismar war ihm die Luft nicht zuträglich, und zog ihm manche Beschwehrlichkeiten in Ansehung der Brust zu. Wie er im Jahre 1740. den seligen Herrn Amtmann und Senator Brockes in Ritzebüttel besuchte, fiel er daselbst in eine schwehre Krankheit, und im Jahre 1758. hätte ihn beynahe ein artheitisches Fieber, welches bald in ein hectisches ausgeschlagen wäre, der Welt entrissen. Manchmahl muste er die Nächte schlaflos zubringen, wodurch er nicht selten sehr entkräftet ward. Dem ungeachtet behielt er beständig einen gesetzten und muntern Geist, wünschte auch nur, daß er, so lange die Vorsehung ihm das Leben fristen wolle, stark gnug seyn mögte, seinem Amte vorzustehen. Doch sahe er auch diesen gerechten Wunsch hinlänglich erfüllet. Denn seine letzten Jahre waren nicht so sehr den Anfällen der Krankheit ausgesetzt.

ꝛc. Vielleicht war davon besonders mit ein Grund die Freude, an seinen Kindern und Enkeln, welche letztere nach ihrer Mutter Tode in seinem Hause, folglich unter ihrer Großeltern beständiger Auffsicht waren, wie auch der angenehme Umgang mit guten Freunden, die ihn liebten und hochschätzten. Er genoß also eines vergnügten Alters, biß im Winter des verwichenen 1767sten Jahres an Händen und Füßen verschiedene Beschwehrlichkeiten ihm zustießen, die dennoch an der Munterkeit des Geistes ihn keine Abnahme empfinden ließen. Endlich überfiel ihn den 22. Februar 1768. ein schleichendes Fieber, welches anfangs nicht gefährlich zu seyn schiene, aber doch in der That sein Ende beförderte, indem er am 1. Merz Morgens früh um drey Uhr sanft einschlief. Wobey merkwürdig ist, daß er selbst den 19. Februar vorher einigen zu sich geladenen Freunden, bey noch ziemlich guter Gesundheit, mit einer zwar heitern, doch ernsthaftern Stimme verkündigte, sein Tod sey nicht weit mehr entfernet, und er habe sie jetzt zu seiner Abschiedsmahlzeit geladen.

Was die Schriften dieses vortrefflichen Mannes betrifft, so sind sie alle so beschaffen, daß man ihnen die Genauigkeit, Gründlichkeit und wahre Reife deutlich ansehen kan. Nebst dem war er auch sorgfältig darauf bedacht, daß nichts von seinen Schriften ans Licht kommen mögte, als was würdig wäre, von der gelehrten Welt mit Beyfall aufgenommen zu werden. Deßwegen hat er noch erst vor zweyen Jahren in dem öffentlichen Verzeichniß seiner Vorlesungen seine vormahlige und damahlige Zuhörer ausdrücklich gebeten, nichts von seinen in Händen habenden Collegiis, wie er sie ihnen in die Feder dictirt, herauszugeben. Die von ihm ans Licht gestellete Schriften sind folgende:

1) Oratio de felici conditione eorum, qui in Gymnasio Hamburgensi literis operam dant. Diese jugendliche Arbeit, die der selige Mann noch vor seine Universitätsjahren verfertiget, stehet in des seligen Herrn D. Fabricius Memoriis Hamburgensibus, Vol. IV. pag. 34. seqq.

2) Epi-

2) Epiſtola gratulatoria ad S. R. *Io. Chriſtoph. Wolfum*, Paſtoris ad aedem S. Catharinae muneri admotum. Hamburg. 1717. in Quart.

3) De differentiis vocum Hebraicarum Differt. I. II. III. IV. Witteb. 1717. 1718. in Quart. Die erſte dieſer Diſputation hielte er unter des ſeligen Herrn Prof. Weihmanshauſen Vorſitz, die drey letztern aber, als Präſes. S. Hamb. Berichte von gel. Sachen, 1746. S. 742. Daß er auch ein Werk de-differentiis vocum graecarum verſprochen, erſiehet man aus den Altonaiſchen gelehrten Zeitungen, 1745. S. 252. und den Hamburgiſchen Berichten von gelehrten Sachen, 1743. S. 840.

4) Epiſtola gratulatoria ad *Rutger. Rulandum*, honore ſenatorio anno 1719. potitum. Hamburgi. 1719. in Quart.

5) Diſſ. de Machiauelliſmo ante Machiauellum. Witteb. 1719. in Quart. Die Abhandlung ſelbſt, davon dieſe Diſputation gleichſam ein Vorläufer war, iſt nicht zum Vorſchein gekommen, weil der ſelige Mann damahls durch eine Reiſe an deren Verfertigung verhindert ward.

6) *Matth. Cameriotae* Orationes duae in Plethonem de fato, ex Bibliotheca publica Lugdunenſi primum editae et latinae redditae, cum praefat. *Ioh. Alb. Fabricii* de Camariota. Lugd. Bat. 1721. in Octav. Diß Werk gab er, wie das folgende, auf ſeiner Reiſe in Leiden heraus. S. *Acta Eruditorum*, 1722. pag. 274. ſqq. Leipziger. neue Zeitungen von gel. Sachen, 1721. S. 780. 831. 1722. S. 438. fg.

7) *Plethonis* Libellus de fato, eiusdemque et Beſſarionis epiſtolae amoebaeae de eodem argumento. Lugd. Bat. 1722. in Quart.

8) Primitiae Wismarienſes, i. e. Orationes, altera quidem oſtendens, omnes homines aeque felices eſſe, altera vero de genio Socratis. Wismar. 1723. in Quart.

9) Progr. de Philosophiae in re scholastica vsu. ibid. 1723. in Quart.

10) Progr. de decori cum philosophia morali nexu. ibid. in Quart.

11) Obseruatio de natura infiniti mathematici. Dieselbe befindet sich in *Iusti Sinceri* *) vermischten Nebenstunden, (Wismar, 1724. in Octav) im 3. Stück, S. 135. fgg.

12) Quaestio: Quatenus virtus facilis dici possit? Ist eben daselbst im 5. Stück, S. 277. fgg. zu lesen.

13) Progr. de instinctu brutorum, existentis Dei eiusdemque sapientissimi indice. Wismar. 1725. in Quart.

14) Progr. quo fabula de apibus (*Mandeuille* fable of the Bees) examinatur. ibid. 1726. in Quart.

15) Progr. de certitudine, ex methodo mathematica non facile speranda. ibid. 1727. in Quart.

16) Memoria *Petri Theodori Seelmanni*, Past. ad aed. S. Michael. et Reu. Minist. Senioris. Hamb. 1730. in Folio. In des sel. Herrn D. Fabricius Memoriis Hamburgensibus, Vol. VII. pag. 299. seqq. ist bis Programma wieder mit abgedruckt.

17) Johann Adolph Hofmanns neue Erklärung des Buchs Hiob, mit einer Paraphrasi und Vorberichte von Hiobs Person, Buche und dessen Auslegern vermehret. Hamburg. 1734. in Quart. S. Leipz. gel. Zeit. 1730. S. 712. Niedersächsische Nachrichten von gelehrten Sachen, 1733. S. 649. fgg. Hamb. Berichte von gelehrten Sachen, 1733. S. 607. fgg.

18) Monumentum doloris communis de obitu *Ioh. Alb. Fabricii*, Th. D. et Eloqu. ac Phil. Mor. Professoris. Hamb.

*) Unter diesem Nahmen hatte sich der selige Jacob Staabkopf, Prediger zu Wismar, verborgen.

Hamb. 1736. in Fol. S. Niedersächs. Nachrichten von gelehrten Sachen, 1736. S. 313. sqq. Hamb. Berichte von gelehrten Sachen, 1736. S. 372. sqq.

19) Pietas erga Collegam, *Sebast. Edzardum*, Log. et Metaph. Prof. Publ. Hamburg. 1736. in Folio. Ist dem 8. Volumini der Memoriarum Hamburgensium, welches der selige Herr D. Evers herausgegeben, pag. 377. seqq. einverleibet.

20) De vita et scriptis *Joh. Alb. Fabricii* commentarius, cui accedunt argumenta historico-critica ex epistolis virorum clarorum ad Fabricium, praeter *Christi. Kortholti* parentatio Lipsiensis et variorum epicedia. Hamb. 1737. in Octav. S. Nachricht von der Stollischen Bibliothek, im 12. Theil, S. 356. fg. Leipz. gel. Zeit. 1737. S. 227. fg. *Nova Acta Erudito*r. 1738. pag. 606. seqq. Hamburgische Berichte von gelehrten Sachen, 1737, S. 118. sqq.

21) Bibliothecae beati *Joh. Alb. Fabricii*, S. S. Theol. Doct. P. P. Hamb. Pars I. 1738. Pars II. 1739. Pars III. 1739. Pars IV. 1741. in Octav. S. Leipziger neue Zeitungen von gelehrten Sachen, 1739. S. 474. sqq. Hamburgische Berichte, 1739. S. 270. sqq.

22) Cogitationes de legibus Mosaicis ante Mosen, Resp. *Christiano Ziegra*, (jetzigem Canonico minori hieselbst) Hamb. 1741. in Quart. S. Leipziger Zeitungen von gel. Sachen, 1741. S. 845. sqq.

23) Funus *Rugeri Rulanti*, I. V. D. Reip. Hamb. Consulis, indictum. Hamb. 1742. in Folio. S. Hamb. Berichte von gel. Sachen, 1742. S. 767. fg.

24) Obitus vniuersae ciuitati lugubris *Joh. Geo. Palmii*, Past. ad aed. S. Petri et Reu. Min. Hamb. Senioris. Hamb. 1743. in Fol. S. Hamb. Berichte von gel. Sachen, 1743. pag. 209.

(Der Beschluß folgt.)

Nachrichten von Niedersächsischen berühmten Leuten u. Familien.

Das 100. Stück.

Beschluß des im vorhergehenden Stück
abgebrochenen Artikels.

25) Ad Emin. ac Reuer. Cardinalem *Quirinum* epistola, qua occasione edendi *Dionis Cassii* ad Nic. Carminii Falconis editionem trium vltimorum Dionis librorum animaduersiones nonnullas summi viri iudicio submittit. Hamb. 1746. in Quart. S. Leipziger gel. Zeit. 1746. S. 277. fg. Hamb. Berichte von gel. Sachen, 1746. S. 63. fg. freye Urth. und Nachrichten, 1746. S. 89. fg.

26) Pietatis officium memoriae *Io. Iul. Surlandi, I. V. L.* et reip. Hamb. Protosyndici praestitum. Hamb. 1745. in Folio. S. Altonaische gel. Zeit. 1748. S. 682. Hamb. Berichte von gel. Sachen, 1748. S. 764. freye Urtheile und Nachrichten, 1748. S. 797. 801. fg.

27) *Cassii Dionis* historiae Romanae quae supersunt. Vol. I. Hamburgi. 1750. Vol. II. 1752. in groß Folio. S. Leipziger gel. Zeit. 1748. S. 213. 1750. S. 373. fg. 1752. S. 390. fg. Hamb. Berichte von gel. Sachen, 1749. S. 617. fg. 1752. S. 301. fg. freye Urtheile und Nachrichten, 1748. S. 210. 1749. S. 321. fgg. 641. *Noua Acta Eruditorum* 1750. pag. 49. sqq. 1752. pag. 625. sqq.

28) Diss. de assessoribus Synedrii magni LXX. linguarum peritis, Resp. *Ioh. Alb. Sam. Reimaro*, jetzigem Doctor

der Medicin hieselbst. Hamb. 1751. in Quart. S. Altonaische gel. Zeitungen. 1751. S. 179. Hamb. Berichte von gel. Sachen, 1751. S. 195. fg.

29) Vita optime de patriâ meriti Consulis, *Conr. Widouii*, I.V.L. publice exposita. Hamb. 1754. in Folio. S. Hamburg. Berichte von gel. Sachen, 1755. S. 340. fg.

30) **Die vornehmsten Wahrheiten der natürlichen Religion, in zehen Abhandlungen auf eine begreifliche Art erkläret und gerettet.** Hamburg. 1754. Zwote Auflage, mit einigen Zusätzen vermehrt. 1755. Dritte Ausgabe, vermehrt. 1766. in Octav. Ins Holländische ist dieses Buch übersetzt worden von Lulofs 1754. wie auch ins Englische von R. *Wynne*, London. 1766. welche Uebersetzung aber so gerathen, daß der selige Herr Professor grosse Ursache hatte, damit sehr unzufrieden zu seyn, so, daß er sich auch desfalls in einem Briefe an die Verfasser der Monthly Review, so wohl in Ansehung seines verstümmelten Werkes, als auch des gar nicht bequemen Titels desselben wegen, beschwehrte. S. Leipz. gel. Zeitungen, 1755. S. 635. Jenaische gel. Zeit. 1754. S. 478. Zuverläß. Nachrichten von dem gegenwärtigen Zustande der Wissenschaften, im 204. Theil, S. 903. fgg. Alton. gel. Mercur. 1766. S. 199.

31) **Die Vernunftlehre, als eine Anweisung zum richtigen Gebrauch der Vernunft in der Erkenntniß der Wahrheit, aus zwoen ganz natürlichen Regeln, der Einstimmung und des Widerspruchs, hergeleitet.** Hamb. 1756. Zwote Ausgabe. 1758. in Octav. S. Leipz. gel. Zeit. 1756. S. 755. Alton. gel. Mercur. 1766. S. 199.

32) **Allgemeine Betrachtungen über die Triebe der Thiere, hauptsächlich über ihre Kunsttriebe, zur Erkenntniß des Zusammenhanges der Welt, des Schöpfers und unser selbst.** Hamb. 1760. Zwote Ausgabe, mit einem Anhange von der verschiedenen Determination der Naturkräfte. 1762. in Octav. Auch dieses Werk

Hermann Samuel Reimarus.

Werk überſetzten die Holländer, bey denen ſich Herr Reimarus eine beſondere Hochachtung erworben hatte, bald in ihre Sprache. Dieſe Ueberſetzung iſt mit Luloſs Vorrede von Joh. Wilh. van Haar 1761. in Leiden herausgekommen. S. Leipz. gel. Zeit. 1760. S. 724. fgg. 1762. S. 644. Alton. gel. Mercur. 1763. S. 231.

33) Monumentum virtutibus et meritis *Joannis Slüteri*, I. V. D. et primi Syndici, poſitum. Hamb. 1760. in Folio.

34) Ciuitatis et eccleſiae purioris ſenſus acerbus, ex obitu *Friderici Wagneri*, Theol. D. Paſt. ad aed. S. Mich. et ord. Sacri Senioris. Hamb. 1750. in Folio.

35) Dignus longiore vita *Lucas Henricus Helmerus*, I. V. D. Phil. Mor. Profeſſor. Hamb. 1760. in Folio.

36) Memoria virtutum *Pauli Schaffhauſen*, Eloqu. et Metaphyſices Profeſſoris. Hamb. 1761. in Folio. S. Leipz. gel. Zeit. 1761. S. 280.

37) Praefatio, parti I. Catalogi bibliothecae b. *Mich. Richey* praemiſſa. 1762. in Octav. S. Leipz. gel. Zeit. 1762. S. 132.

* * *

Von dem Leben, Schriften und Verdienſten des Herrn Profeſſoris handeln

a) Das ihm zu Ehren gedruckte Leichen-Programma, welches folgende Aufſchrift führet: Memoriae immortali HERMANNI SAMVELIS REIMARI, linguarum orientalium in Gymnaſio Hamburgenſi per xxxxi. annos Profeſſoris, qualecunque hoc monumentum officii et pietatis cauſa poſuit Ioannes Georgius *Büſch*, Math. P. P. in Gymnaſio Hamburgenſi. Hamburg. 1769. in Folio, 8. Bogen.

b) D.

b) D. Gabriel Wilhelm Göttens jetztlebendes
  gelehrtes Europa, im 1. Theil, S. 119. fgg.
  und im 3. Theil, S. 748.

c) Georg Christoph Hambergers gelehrtes Teutschland, im 2. Abschnit, S. 343. fg.

Friederich Joachim Schnobel,
Pastor zu St. Marien in Lübeck.

Je weniger geleugnet werden kan, daß ein rechtschaffener Prediger im Leben und nach seinem Tode verehrungswürdig sey, um des vielen Guten willen, das er unter Gottes Segen stiftet: desto billiger ists auch, nach diesem Grundsatz, das Andenken des seligen Herrn Pastoris Schnobels durch unsere Nachrichten zu verewigen.

Er war zu Lübeck am 18. October im Jahr 1718. gebohren. Sein Vater war Joachim Johann Schnobel, welcher von 1716. biß 1737. als jüngster Prediger, und biß zu Anfang des 1741sten Jahrs, als Archidiaconus, an hiesiger Petri Kirche gestanden; die Mutter Frau Magdalena Catharina, gebohrne Rüsterbecken, des seligen Joachim Rüsterbecks, Superintendenten und Hauptpastoris in Eutin, jüngste Tochter. Sein Großvater, Friedrich Schnobel, war Prediger zu Sandesneben, einem unter das Amt Steinhorst gehörigen Dorfe, und seine Großmutter Frau Sophia Amalia, gebohrne Nordanen, deren Vater M. Martin Nordanus, Pastor zu Sandesneben gewesen. *) Sein Elter-Vater, Johann Schnobel, war Prediger zu Bergstede im Amte Trittov, und eine Eltermutter Fr. Catharina, gebohrne Hogendorfsen.

*) Die Voreltern dieses Mannes sind insgesamt berühmte Leute gewesen, und unter denselben ist sonderlich Brixius Nordanus, ein Schüler und Mitarbeiter Lutheri, welcher auch die Schmalkaldischen Artikel unterschrieben hat, merkwürdig.

Friederich Joachim Schnobel,

sen. Sein Ureltervater, Joachim Schnobel, war Bürger und Brauer zu Salzwedel, dessen Vater, Johann Schnobel, bischöflicher Einnehmer an einem Orte gewesen, den wir aus Mangel zuverläßiger Nachrichten nicht nennen können.

Von so verdienten Voreltern entsprossen, ward unser selige Herr Schnobel von seiner frühen Jugend an Gott gewidmet. Seine frommen Eltern unterliessen nicht, ihn durch die heilige Taufe zu Gott zu führen, und in diesem Bunde mit Gott durch heilsame Lehren und durch erbauliche Beyspiele zu befestigen. Sein Vater ward bald bey ihm die Gemüthsgaben gewahr, welche ihm Recht gaben, sich von diesem geliebten Sohn die grösseste Hofnung zu machen, und er sorgete dafür, daß durch geschickte Haußlehrer ihm bey Zeiten der nothwendige Unterricht gegeben würde. Wie er das gehörige Alter erreichet hatte, um mit Nutzen die obern Classen des dasigen berühmten Athenäi besuchen zu können, fand er an dem seligen Cantor Sievers, dem Subrector Stampeel und dessen Nachfolger, M. Lange, an dem Conrector Göldelius und an dem Licentiat und Rector von Seelen so geschickte, als sorgfältige Lehrer. Er entzog sich dem Unterricht dieser verdienten Lehrer nicht eher, als biß er sich in den schönen Wissenschaften festgesetzt hatte, und in der Sprache der Gelehrten sich gehörig auszudrucken wuste. Am 10. April 1736. nahm er öffentlich vor einer ansehnlichen Versamlung von der Schule Abschied, und zwar mit einer zierlichen lateinischen Rede, in welcher er untersuchte, ob die Auferstehung der Todten den Heiden bekant sey? Der selige Hr. Lic. von Seelen schrieb zu dieser feyerlichen Rede eine Einladungsschrift, in welcher er die gewöhnliche Uebersetzung und Erklärung der herrlichen Worte Hiobs Cap. XIX. v. 25-27. wider eine neue Erklärung vertheidigte. *) Herr Schnobel ward von seinen Lehrern

mit

*) In Iobeae Confessionis de Resurrectione, Iobi XIX. 25-27. versionem Berleburgensem animaduersiones, Lutheri interpretationem simul vindicantes. Man sehe des sel. Mannes Meditationes exegeticas, Part. III. pag. 895. seqq.

mit den zärtlichsten Segenswünschen überhäufet. Sie rühmten öffentlich seine nicht geringe Geschicklichkeit, seinen unverdroßnen Fleiß, und gestunden, daß er ihnen nie Ursache gegeben habe, über ihn im Geringsten mißvergnügt zu seyn. Es bezeugen dieses zwo bey seiner Abreise verfertigte Gedichte seiner Lehrer, ein lateinisches von dem seligen Conrector Goldelius, und ein deutsches von dem damahligen Subrector, M. Carl Heinrich Langen.

Er kam nach Ostern 1736. zu Jena an. Er wuste, daß die Erkentniß der philosophischen und mathematischen Wissenschaften den Verstand der Menschen aufklären, und ihn geschickt machen, alle andere Wissenschaften desto leichter zu fassen. Ehe er also das Heiligthum der Gottesgelahrtheit, der er sich gewidmet hatte, betrat, hielte er sich in den Vorhöfen der Weltweißheit eine Zeitlang auf. Er hörete die Vernunftlehre, die Mathematik, die Grundlehre, das Naturrecht und die auf Versuche gegründete Naturlehre bey den weiland berühmten Männern, Wiedeburg, Reusch, Köhler, Stellwag und Hamberger. Da aber zur Erkentniß der Gottesgelahrtheit die morgenländischen Sprachen, die Regeln der Auslegungskunst und die jüdischen Alterthümer unentbehrliche Hülfsmittel sind, so nahm er mit vieler Aufmerksamkeit den Unterricht an, den ihm Hoffmann, Tympe und Reckenberger in diesem Fache ertheileten, und seine Schriften bewiesen, daß er es in der Sprachkunde und Critik weit gebracht habe. Nach einer solchen Vorbereitung betrat er nun das weite Feld der Gottesgelahrtheit, und durchwanderte es, ohne stille zu stehen. Er hörte die großen Gottesgelehrten, Weißenborn, Walch und Reusch, und erhielte von ihnen gründlichen Unterricht in der christlichen Glaubens- und Sittenlehre. Imgleichen ließ er sich von ihnen in der Streittheologie Anweisung geben, und lernte folglich die hohen Wahrheiten unsrer Religion nicht allein gründlich beweisen, sondern auch wider die wichtigsten Einwürfe der Gegner vertheidigen. Er setzte hieben zugleich seine Bemühungen zur Erforschung des wahren Verstandes der heiligen Schrift fort. Tympe, Richter

ter und Pfeffer gaben ihm nicht allein Erklärungen der Beweißstellen unsrer christlichen Lehre, sondern giengen mit ihm ganze Bücher der heiligen Schrift durch. Er ließ sich in der Kirchengeschichte von dem berühmten Stolle unterrichten, und der jetzige gelehrte Rector zu Nordhausen, Herr M. Fabricius, der damahls noch Adjunct der philosophischen Facultät zu Jena war, zeigte ihm, wie man den Vortrag auf der Kanzel regelmäßig und erbaulich einrichten müsse. Um endlich eine Fertigkeit im Disputiren zu erlangen, nahm er die dahin zielende Uebungen unter Aufsicht des seligen Lic. Züllichs vor, und ward dadurch in den Stand gesetzt, öffentlich aufzutreten, und im Jahr 1739. den 25. April Corvins Streitschrift de principio identitatis indiscernibilium mit Ruhm zu vertheidigen.

Vier Jahre waren solchergestalt unter den rühmlichen Bemühungen des Wohlseligen, sich in den Wissenschaften festzusetzen, verflossen. Darauf kam er im Jahr 1740. wieder zu den Seinigen zurück. Er besuchte die damahls gewöhnlichen Disputirübungen des seligen Herrn D. Carpzovs, weiland hochverdienten dasigen Superintendenten, ward auch von demselben nach vorhergegangener Prüfung in die Zahl der Candidaten eines hochehrwürdigen Ministerii aufgenommen. Im folgenden 1741sten Jahr gieng er nach Kiel, woselbst ihm die Aufsicht über zween jungen Herren Reyher in dem Hause des seligen Prof. und Consistorialassessoris Lakmans aufgetragen ward. Der Aufenthalt auf einer Akademie erneuerte seine Lernbegierde, und er fieng an, den exegetischen Vorlesungen des seligen D. und Procanzelarii Friese beyzuwohnen. Wie seine beyde Untergebene die Jenaische Academie bezogen, ward er von dem seligen Hrn. Geheimenrath, Rittern des St. Annenordens und Probste des hochadelichen Fräuleinklosters zu Pretz, Hr. von Blohme, zum Hofmeister seines jüngsten Sohnes, des nachmahligen königl. Dänischen Kammernherrn von Blohme, verlangt, mit welchem er 3. Jahre zu Kiel verblieb. Daselbst vertheidigte er mit der größten Fertigkeit den 3. Jul. 1745. des seligen Prof. Lakmans Streitschrift von den ursachen, warum man bey den Profanscribenten so wenig Zeugnisse von Christo, und so wenige Uebereinstimmung mit der heiligen Geschichte antrift, besuchte die Vorlesungen des Hrn. Kirchenraths Hame über die Kirchengeschichte, übte sich im Predigen in der Stadt und bey Hofe, ließ sich auch fleißig in den Disputirübungen finden, welche der jetzige Lübeckische Herr Syndicus und Dohmprobst Dreyer, damahliger Canzelleyrath und Lehrer der Rechte zu Kiel, über die Reichshistorie zu halten gewohnt war.

Im Jahr 1746. kam er zum zweytenmahle in seine Vaterstadt zurück. Er hatte sich einige Jahre, als Candidat des Predigtamtes, daselbst aufgehalten, als es Gott gefiel, ihn im Jahr 1748. den 24. October an die Stelle des seligen Scholvin zum Prediger an der Marien Kirche zu berufen. Wie er kaum zwey Jahre in diesem Amte gestanden war, so ward die Beschwehrlichkeit desselbigen durch das erfolgte Absterben der sämtlichen Prediger, welche mit ihm dieser Gemeine vorstunden, sehr vermehret. Schon Anno 1750. war er Archidiaconus, und nach dem Tode des seligen Herrn D. Beckers ward ihm am 23. August 1759. die Pastoratwürde übertragen.

Um bey den Beschwehrlichkeiten des Amts durch das Vergnügen des gesellschaftlichen Lebens aufgemuntert und unterstützet zu werden, verheurathete er sich im Jahr 1749. den 28. August mit Jungfer Engel Christina Stoltersohten, einer Tochter des seligen Johann Bernhard Stoltersohts, angesehenen Kaufmanns, und der noch lebenden Frau Catharina, gebohrne Braschen, welche ihm 1766. in die Ewigkeit gefolget. Diese glückliche Ehe ist mit 3. Kindern gesegnet gewesen,

1) Johann Friedrich, gebohren 1751. den 30. April, der sich dem Studieren gewidmet;

2) Catharina Dorothea, gebohren 1755. den 16. May;

3) Mar-

3) Margaretha Amalia und 4) Engel Elisabeth, Zwillinge, die 1757. den 20. März gebohren worden, von welchen aber die letztere den 27. Octob. die erste den 13. Decemb. desselbigen Jahres wieder verstorben;

5). Johann Bernhard, gebohren 1761. den 13. Februar.

Zu bedauren wars, daß ein so lieber Mann seiner Kirche und Familie nicht länger vorstehen können. Der Höchste aber hatte ein anderes beschlossen. Noch am stillen Freytage des 1765sten Jahres wartete er sein Amt selbst ab. Er war nach der Predigt sehr kraftloß, der folgende Tag aber war der Anfang des Ausbruchs einer Krankheit, die seinen frühen Abschied aus der Welt beschleunigte. Denn ob er gleich einige Zeit bereits über Schwehre der Glieder, Beängstigung und Unruhe geklaget hatte, so befiel er doch erst den 6. April, Abends gegen 9. Uhr, mit einem Seitenstiche in der rechten Brust, mit schwehren und beklemten Ohnmachten, kleinem Husten und starkem hitzigen anhaltenden Fieber. Es wich aber der Schmerz, und das Fieber ließ merklich nach, nachdem gegen Morgen eine Ader geöfnet, und noch einmahl gegen den Abend die Aderlaß wiederholet ward. Ein freyeres Othemholen, ein gelinder Schweiß, ein guter leichter Auswurf gaben Hofnung zu einer baldigen Genesung. Allein den 9. April stellete sich eine krampfartige schmerzhafte Windcolic ein, mit vielem Abgange. Auch diese legte sich nach angewandten guten Mitteln, doch fanden sich die Schmerzen in der rechten Brust etwas wieder ein, verschwunden aber auch wieder nach einem kleinen Husten und gelinden etwas blutigen Auswurf. In der hierauf folgenden Nacht, nach einem vorhergegangenen geringen Schrecken oder kleinen Furcht, äufferten sich Phantaseyen, Krämpfe und Unruhe. Die Krämpfe nahmen zu, und wurden so stark, daß auch die Umstehende Mühe hatten, den Kranken im Bette zu erhalten. Nach angewandten dienlichen Mitteln verschwunden zwar auch diese Zufälle, die Ruhe stellete sich wieder ein, die kleinen Phantaseyen aber blieben, und bey der Stille selbst waren die Augen offen und herum fliegend, die Unreinigkeiten giengen unwissend von ihm, und auf diese Weise wurden 24. Stunden hingebracht. Da fand sich ein kleiner Schlaf ein. Dieser war aber allezeit unterbrochen und mit stetigen Phantaseyen verknüpfet, biß gegen das Ende des neunten Tages der Krankheit auch das Ende der Krankheit und des Lebens da war. Am Freytage, den 12. April, nahm er von seiner geliebten Ehegattin und von seinen Kindern, imgleichen von seinen umstehenden Freunden und Verwandten, den zärtlichsten und liebreichsten Abschied, zog von der Zeit an seine Gedanken von dem ab, was ihn an diese Welt hätte fesseln können, und richtete sie zu seinem Erlöser, ließ sich auch in der Vereinigung mit Jesu durch den Genuß des heiligen Abendmahls befestigen, und starb bey völligem Verstande und unter andächtigem Gebete am Montage, von 15. April, Abends um 12. Uhr.

Die Schriften des seligen Mannes haben ihn der gelehrten Welt, als ein würdiges Mitglied derselben, bekannt gemacht.

1) De die appropinquante, ad Hebr. X. 25. Lubecae. 1752. in Quart. War ein Glückwünschungsschreiben an den seligen Herrn Senior Scharbau, da derselbe Senior geworden. S. Hamburgische Berichte von gelehrten Sachen, 1752. S. 213.

2) De recentiori quadam verborum ἐπὶ κεφαλῆς I. Cor. X. 10. translatione. Lubecae. 1754. in Quart. S. Hamburgische Berichte, 1755. S. 59. fg.

3) Noua Bibliotheca Lubecensis. Vol. I - VIII. Lubecae. 1753 - 1756. in Octav. Diß Werk fieng der selige Herr Past. Schnobel nebst dem Herrn Past. Hake und dem Herrn Rector Overbeck an. In den Hamburgischen Berichten 1752. S. 770. aber wird gemeldet, daß er dabey die Feder geführet.

4) Mis-

4) Miscellanea Lubecensia. Vol. I-IV. Rostoch. et Wismar. 1758-1761. in Octav. Diß war eigentlich eine Fortsetzung des vorhergehenden Werks. An statt des Herrn Past. Hake war bey diesem Herr Pastor Ostermejer der Mitgehülfe.

5) Obseruatio grammatica et philologica ad Psalm. VIII. 2. Stehet in obgedachter *Noua Bibliotheca Lubecensi*, Vol. I. pag. 119. seqq.

6) Index et argumentum disputationum, ad forum theologicum et philosophicum pertinentium, in academia Scaniae Londinensi habitarum. Ebendaselbst, Vol. IV. pag. 146. seqq.

7) Accessionum et supplementorum ad beati M. *Michaelis Lilienthalii* Archiuarium biblicum Specimen. Auch daselbst, Vol. VIII. pag. 120. seqq.

8) Eine Predigt von der Taufe der Erwachsenen, über Apostelgesch. VIII. 35-39. bey der Taufe eines jungen Mohren gehalten. Lübeck. 1750. in Quart.

9) Die allernöthigsten Lehren der christlichen Religion. Plön. 1750. in Octav.

10) Einige Lebensbeschreibungen verstorbener Lübecker, z. Er. des seligen Herrn D. Beckers, des seligen Herrn Engelbert Braschen, u. s. f.

* * *

Von ihm ertheilen sonst eine genauere Nachricht

a) Memoria vitae viri admodum reuerendi et praeclarissimi, FRIDERICI IOACHIMI SCHNOBEL, sacri Pastoris ad aedem D. Mariae insigniter meriti,

meriti, moerenti calamo, sed accurato studio conscripta a *Iah. Dan. Overbeck*, Gymnas. Lubec. Rectore. Lubecae. 1765. in Folio.

b) Lebensgeschichte des weiland hochehrwürdigen und hochgelahrten Herrn, Herrn Friederich Joachim Schnobel, hochverdienten Hauptpastors an der Gemeine zu St. Marien, als eines rechtschaffenen Predigers, aus wahrer Freundschaft gegen den Wohlseligen beschrieben, und am Tage seiner volkreichen Beerdigung den 25. April 1765. dem hochansehnlichen Leichengefolge mitgetheilet von M. Peter Hermann Becker, Prediger an St. Petri Kirche. Lübek. 1765. in Folio.

c) Nova Acta historico-ecclesiastica, im 7. Bande, S. 704. fgg.

Alphabetisches Register
der berühmten Leute,

deren Leben in diesem zweyten Bande beschrieben werden.

Bateman, (Heinrich Dieterich) beyder Rechten Licentiat, und Bürgermeister der kayserlichen freyen Reichsstadt Lübeck.   pag. 8.

Becker, (Heinrich Valentin) der Weltweißheit Doctor, ordentlicher Professor Mathematum inferiorum, und Archidiaconus zu St. Jacobi in Rostock.   326.

Becker, (Johann Hermann) der heil. Schrift Doctor, und Pastor zu St. Marien in Lübeck.   317.

Becker, (Peter Hermann) der Weltweißheit Doctor, und Pastor zu St. Jacobi in Lübeck.   325.

Brokes, (Heinrich) Erbherr auf Krempelstorf, beyder Rechten Doctor, Herzogl. Sachsen-Gothaischer Hofrath, und Bürgermeister der kayserlichen freyen Reichsstadt Lübeck.   233.

Carpzov, (Johann Benedict) der heiligen Schrift Doctor, Prälat und Abt des kayserl. freyen Stifts zu Königslutter, der Gottesgelahrheit und griechischen Sprache ordentlicher Professor auf der Universität zu Helmstädt.   202.

Ebeling, (Johann Just) der Lüneburgischen Kirchen Superintendent. . . . 367.

Gebhardi, (Johann Ludewig Levin) königl. Großbritannischer Rath, und Professor bey der Ritteracademie zu Lüneburg. . . . 41.

Grupen, (Christian Ulrich) königl. Großbritannischer und churfürstl. Braunschweig-Lüneburgischer Consistorialrath, und Bürgermeister der Altstadt Hannover. . . . 172.

Jencquel, (Georg) ältester Rathsherr der kayserlichen freyen Reichsstadt Hamburg. . 193.

Isselhorst, (Gotthard Arnold) Jurisconsultus und ältester Bürgermeister der kayserlichen freyen Reichsstadt Lübeck. . . . 163.

Lundius, (Christian Ernst) königl. Dänischer Consistorialrath, Probst des Amts Flensburg und der Landschaft Bredstedt, und Pastor zu St. Johannis in Flensburg. . . . 29.

Mattheson, (Johann) großfürstl. Hollsteinischer Legationsrath. . . . 70.

von Mauricius, (Johann Jacob) accreditirter Minister der hochmögenden Herren Generalstaaten bey dem Niedersächsischen Kreise, und vormahliger General-Gouverneur von Suriname. . . I.

Nettelbladt, (Heinrich) beyder Rechten Doctor, herzogl. Meklenburgischer Land- und Hofgerichtsassessor

Alphabetisches Register.

zu Güstrow, und Bürgermeister der Stadt Rostock. . . . 297.

Orlich, (Ernst Ludewig) Pastor zu St. Michaelis und Scholarch in Hamburg. . . 49.

Otte, (Ludolph) ältester Rathsherr der kayserl. freyen Reichsstadt Hamburg. . . 292.

Pratje, (Johann Heinrich) königl. Großbritannischer und churfürstl. Braunschweig-Lüneburgischer Consistoriairath, und Generalsuperintendent der Herzogthümer Bremen und Verden. . . 337.

Reimarus, (Hermann Samuel) der Weltweißheit Doctor, und der morgenländischen Sprachen Professor am Gymnasio zu Hamburg. . 382.

Richey, (Michael) der Weltweißheit Doctor, der Geschichte und griechischen Sprache Professor an dem Gymnasio zu Hamburg . . . 146.

Rodde, (Matthäus) Bürgermeister der kayserlichen freyen Reichsstadt Lübeck. . . 59.

Scharbau, (Heinrich) der Weltweißheit Doctor, eines hochehrwürdigen Ministerii Senior, und Pastor zu St. Aegidien in Lübeck. . . 258.

Schnobel, (Friederich Joachim) Pastor zu St. Marien in Lübeck. . . 396.

Struben, (David Georg) königl. Großbritannischer und churfürstl. Braunschweig-Lüneburgischer Vicecantzler zu Hannover. . . 276.

Stru-

Strusen, (Johann Melchior) königl. Großbritannischer und churfürstl. Braunschweig-Lüneburgischer Hofrath und Geheimer Secretarius zu Hannover. 279.

Surland, (Johann Julius) beyder Rechten Licentiat, und erster Syndicus der kayserlichen freyen Reichsstadt Hamburg.   123

Ulber, (Christian Samuel) Pastor zu St. Jacobi und Scholarch in Hamburg.   21.

Walch, (Christian Wilhelm Franz) der Theologie Doctor und erster Professor, wie auch ordentlicher Professor der Philosophie auf der Universität zu Göttingen.   101.

www.ingramcontent.com/pod-product-compliance
Lightning Source LLC
Chambersburg PA
CBHW030601300426
44111CB00009B/1061